한국의 노동조합과 노동운동의 역사

한국의 노동조합과 노동운동의 역사

초판 1쇄 인쇄 2016년 7월 20일
초판 1쇄 발행 2016년 7월 30일

저   자 | 임송자
발행인 | 윤관백
발행처 | ❙도서출판선인

영   업 | 김현주

등   록 | 제5-77호(1998.11.4)
주   소 | 서울시 마포구 마포동 324-1 곳마루 B/D 1층
전   화 | 02) 718-6252/6257
팩   스 | 02) 718-6253
E-mail | sunin72@chol.com

정가 28,000원
ISBN 978-89-5933-620-3 93300

한국의 노동조합과 노동운동의 역사

임 송 자

 도서출판 선인

책머리에

지금까지 오랫동안 노동조합이나 노동운동에 대한 연구를 해 왔다. 그다지 많은 성과를 거두지는 못했지만 물리적인 시간으로 따져볼 때 노동조합 중심의 노동문제나 노동운동 연구에 몰두한 기간은 길었던 것 같다. 석사학위 논문 주제로 대한노총을 쓰겠다고 마음을 정하였을 때에도 이렇게 오랫동안 노동조합이나 노동운동에 관심을 가질 것이라고는 전혀 생각하지 못했다. 노동조합에 대한 관심은 박사학위논문으로 이어졌다. 대한노총이 지금의 한국노총으로 이어져 왔기에 오늘의 노동문제를 해결하기 위한 대안을 찾기 위해서는 1950년대와 4월혁명기의 대한노총의 역사를 분석할 필요가 있다고 느끼고 박사학위 논문주제로 정했다.

박사학위 논문을 수정·보완하여 『대한민국 노동운동의 보수적 기원』이라는 단행본을 출간하였을 때는 노동조합 연구를 어느 정도 마무리했다는 생각에 한편으로 속 시원하기도 했지만 또 다른 한편으로 노동사에 대해 좀 더 깊이 연구해야 할 과제가 산적해 있다는 점을 연구과정에서 체득했기에 이를 외면할 수 없다는 책임감이 밀려와 마음이 그렇게 홀가분하지는 않았다. 역사학계에서 그다지 각광받는 주제도 아니었고 많은 연구자들이 관심을 두지 않는 영역이지만 주제와 시기를 확장하여 연구할 필요가 있으며, 이것이 필자의 몫이라고 절감하게 되면서 무거운 중압감이 한편으로 밀려왔다.

이리하여 몇 개의 주제로 나누어 연구하기 시작하였다. 먼저 이승만 정권 하에서 진보적 노동운동의 가능성이 있었는지를 깊이 탐색하고 싶었으며, 이를 구체적으로 드러낼 수 있는 방법으로 대한노총과 전국노협을 비교하는 것이라 여기고 진보와 보수로 대별되는 조직이었는지에 천착하여 연구하였다. 구술채록도 병행하고 이를 토대로 지금까지의 연구를 보완하고 수정하는 작업을 거쳐 두 편의 논문을 생산해 냈다. 둘째로, 1961년 5·16 이후 노동사 연구를 본격화하였다. 대부분의 노동운동사 연구에서 1960년대 암흑기를 거쳐 민주노조가 1970년대에 재등장하였다고 바라보는 관점에 대해 이의를 제기하고 싶었다. 이러한 문제의식에서 1960년대를 시기대상으로 조직적인 변화, 내부 분열·대립상을 분석하였다. 이를 통해 4월혁명기 노동운동의 고양 속에서 전개된 운동의 흐름은 단절되지 않고 1960년대에도 이어져 왔으며, 1970년대 민주노조운동의 기반을 마련하였다는 결론을 도출하였다. 셋째로, 한국노총 산별노조에 대한 연구를 시작하였다. 전국외국기관노동조합(외기노조)를 먼저 연구하기 시작하였다. 한미행정협정 문제에 관심을 갖고 있던 차에 외기노조가 한미행정협정 체결 운동과 깊은 관련이 있다는 것을 알게 되면서부터 외기노조를 연구하기 시작하였다. 이후 부두노조와 광산노조로 관심을 옮겨갔다. 이때 노동조합 지도자들의 활동을 집중적으로 연구하는 방식으로 방향을 설정하였다. 노동조합 주요 지도자들은 저항과 협력의 노동정치를 통해 한편으로는 국가-자본에 호응하였고, 다른 한편으로는 노동조직의 지도자로서 노동자대중의 저항에 합류하는 모습을 보였기 때문에 이에 대한 연구가 필요하다고 생각했기 때문이다. 넷째로, 1970년대 한국노총의 활동을 구체적으로 탐색하고자 하였다. 1970년대는 종교세력이 노동운동을 지원하는 중심적인 역할을 하였기 때문에 한국노총과 도시산업선교회의 관계를 살펴보고 싶었다. 그리고 1970년대 농촌에서 새마을운동이 범국민적으로 전개되고 공장에서는 공장새마을운동이 전개되는데, 이러한 운동에서 한국노총이 어떠한 역할을 하였는지, 그리고 더 나아가 민주노조는 공장새마을운동을 어떻게 이해했는지 탐색하고자 했다.

이 책은 그동안 학술지에 발표한 논문을 수정·보완하여 하나로 묶은 것이다. 학술지에 게재된 각각의 독립적인 논문을 하나의 단행본으로 엮는 것은 결코 단순하거나 쉬운 작업이 아니다. 일관된 흐름과 논지에 따라 장과 절을 만들어내야 하며, 서장부터 종장까지 짜임새 있는 내용을 유지하도록 해야 하는 것은 물론이며 중복된 내용을 깎고 다듬는 과정이 필요한 것이다. 그럼에도 편의적으로 약간의 수정과 보완작업만을 할 수밖에 없었다. 보다 치밀하고 짜임새 있는 단행본으로 출간하기 위해서는 더욱더 많은 노력과 연구가 필요한데, 이러자면 무한정 세월을 보낼 것 같다는 생각이 퍼뜩 들었다. 그래서 일단 부족하나마 책으로 펴내어 비판의 목소리를 듣는 것이 필자의 연구에 도움이 될 것이라고 스스로 위안 삼으면서 감히 출간하겠다는 결정을 내리기에 이르렀다.

제1부는 세 개의 장으로 구성하였다. 제1장에서는 노동운동의 보수와 진보라는 관점에서 1950년대 대한노총과 전국노협의 이념과 활동을 비교하였다. 대한노총은 1950년대 후반까지 전국 유일의 노동조합 연맹체로 존재하였기에 1950년대 노동운동을 이해하기 위해서는 대한노총의 이념과 활동을 살펴보는 것이 무엇보다 중요하다고 볼 수 있다. 그리고 대한노총의 보수성·반동성·어용성에 의해 왜곡·굴절된 노동운동을 변화시키려는 목적을 갖고 전국노협이 탄생되었으므로 1950년대 후반 진보적인 노동운동의 가능성을 파악하기 위해서는 전국노협의 지향점과 활동을 파악하는 것이 선행되어야 한다. 비록 이승만·자유당 권력의 탄압으로 4월혁명 전까지 뚜렷한 활동을 전개하지는 못했지만 대한노총과 결별하고 새로운 형태의 전국조직체를 건설하였다는 점에서 전국노협은 1950년대 노동운동사에서 커다란 의의가 있다.

제2장에서는 1950년대 대한노총과 전국노협이 이승만·자유당 권력과 어떠한 관계를 맺고 있었는지를 살펴보았다. 제1장에서 대한노총과 전국노협이라는 두 조직의 활동도 다루었기에 다소 내용상 중복된 부분이 있

지만, 노동조합과 권력과의 관계에 초점을 맞추어 두 조직을 비교하였다. 먼저 대한노총이 자유당 창당과정에서 행한 역할, 대한노총 리더십과 자유당 사이의 관계를 구체적으로 분석하였다. 다음으로 전국노협과 이승만·자유당 권력과의 관계를 다루었다. 제3장에서는 1961년 5·16 군부쿠데타 이후 재조직된 한국노총에 저항하고 도전한 반대세력을 중점적으로 분석하였다. 한국노총에 저항하고 도전했던 반대세력은 대체로 ① 전국노협·한국노련계(김말룡·김대연 등), ② 대한노총의 전직 임원들(이종성, 전진한, 박청산 등), ③ 한국노련의 임원 중에서 재건조직에 포섭된 세력(김정원 등), ④ 재건조직에 포함되었지만 이후 한국노총에 반기를 든 세력(지연일 등), ⑤ 기타 세력으로 분류할 수 있는데, 이들 세력이 어떠한 활동을 하였는지, 그리고 한국노총은 반대세력에 직면하여 어떠한 대응방식을 구사하였는지를 밝힐 필요가 있다. 또한 이러한 세력들의 도전이 조기에 수습된 이후인 1960년대 중·후반에도 끊임없이 한국노총 집행부에 대한 저항과 도전, 그리고 이에 따른 분열이 지속되었으며, 이 과정에서 집행부의 어용성에 대한 비판이 두드러지게 나타나고 있었다. 다시 말하면 한국노총의 내부 균열 속에서 권력과 자본으로부터 자주성을 견지해 나가면서 조합을 민주적으로 운영해 나가고자 했던 세력들이 두각을 보이고 있었다. 따라서 1960년대 한국노총에 대한 저항을 분석하는 것이 필요하다. 이러한 분석작업은 자유당 말기에 민주노조운동이 출현하여 4월혁명기 성장·발전했으나 1961년 군부쿠데타에 의해 좌절되어 민주노조운동의 암흑기는 1960년대 말까지 이어졌다고 이해하는 기존의 견해를 수정하는 것이라 할 수 있다.

　제2부는 네 개의 장으로 구성되었다. 제4장과 제5장에서는 한국노총 산별조직의 하나였던 외기노조의 활동을 다루었다. 외기노조는 외국 기관에 속해있는 노동자들이 단결하여 조직한 것인데, 이러한 조직에 포함된

노동자들은 민족적인 차별과 인권유린의 사각지대에서 열악한 노동조건을 감내하는 존재였다. 이들에게 열악한 노동조건을 타개하기 위한 시급하고도 절박한 과제는 한미행정협정 체결이었다. 따라서 제4장에서는 외기노조의 결성과 조직, 그리고 한미행정협정 체결을 위한 활동을 살펴보았다. 민족적 차별에 저항하고 노동조건을 개선하기 위한 외기노조의 운동은 1960년대 중반을 전후한 시기에 활발히 전개되었다. 이러한 활동이 뒷받침되어 1966년 7월 9일 한미행정협정이 체결될 수 있었다. 제5장에서는 1966년 한미행정협정이 체결된 이후 외기노조가 전개한 활동을 다루었다. 한미행정협정의 노무조항은 여러 가지 독소조항이 포함되어 있어 외기노조는 한미행정협정 개정을 요구하는 운동을 전개하였다. 그러나 1960년대 후반부터 휩쓸기 시작한 주한미군 감축에 따른 감원파동으로 인해 한미행정협정 개정운동을 접고 감원반대, 감원철회 운동, 그리고 퇴직금 개선투쟁에 역량을 집중하였다. 이 과정에서 외기노조는 한미행정협정이나 단체협약의 절차를 밟지 않고 직접적으로 단체행동을 표출해 나갔다. 이러한 외기노조의 활동을 볼 때, 그리고 활동 과정에서의 한계점이 있었을지라도 1960년대 노동운동은 암흑기만 존재한 것은 아니라는 사실을 확인할 수 있다.

제6장에서는 부두노동조합을 대상으로, 그리고 1950년대 후반기부터 1960년대 초를 시기대상으로 한 연구가 없다는 점에 유의하여 1950년대 후반에 본격화된 십장제 비판운동, 그리고 4월혁명기 부산부두노동조합과 노동세력의 교체, 5·16 이후 전국부두노동조합의 재편과 조직운영을 살펴보았다. 중간착취기구로 기능했던 십장제에 대한 비판운동은 반(反) 김기옥운동과 긴밀한 관계를 맺고 전개되었으며, 이를 통해 성장한 세력이 4월혁명 이후 노동조합 활동에서 주도권을 행사하였으나 이들은 5·16 이후 일선에서 후퇴하고 이춘희가 위원장에 선출됨으로써 새로운 판도를

구축하게 되었다. 새롭게 형성된 노동세력은 조직운영 체계를 변화시키고 중간착취의 온상을 제거하고자 하였으나 오랫동안 지속되어 왔던 과거의 폐단을 쉽사리 제거할 수 없어 1960년대까지 온존하게 되었다. 제7장에서는 1950~60년대 광산노조 리더십 변화과정과 조직활동을 살펴보았다. 일반적으로 '광산노조=어용노조'로 인식하고 있는데, 이는 사북사건(항쟁)과 관련이 깊다. 그런데 한국노총이나 산별노조의 경우, 자본과 권력에 순응만 한 것이 아니라 시대에 따라 저항하기도 했고, 순응과 저항의 수위도 달랐다. 따라서 1950~1960년대의 광산노조를 탐색하는 것을 목적으로 했다. 광산노조의 조직활동에서 여타 산별노조와 비교하여 독특한 것이 덕대제 폐지 활동과 연료정책 반대 활동이었다. 광산노조에도 중간착취 기능을 했던 덕대제가 존재하였는데, 덕대제 폐지를 위한 광산노조의 활동을 구체적으로 탐색하였다. 또한 정부는 연료정책의 근대화라는 미명하에 주유종탄정책을 실시하였고, 이에 따라 석탄산업의 파탄, 노동자들의 실직, 노임체불로 이어졌는데, 이러한 상황에서 광산노조는 어떠한 역할을 하였는지를 파악하는데 중점을 두었다.

제3부는 두 개의 장으로 구성하였다. 제8장과 제9장에서 도시산업선교회와 한국노총의 갈등·대립, 그리고 한국노총의 공장새마을운동 전개 양상과 그 내용을 다루었다. 1970년대 노동운동에 대한 연구성과는 많은 반면 한국노총에 대한 연구가 거의 이루어지지 않은 현실에서, 그리고 한국노총을 배제한 채 노동운동을 다루는 것은 균형 있는 시각을 담보하는 데 문제가 있을 수 있다는 인식에서 연구하게 되었다. 제8장에서는 도시산업선교회의 노동운동 지원활동, 한국노총 조직행동대의 조직과 활동, 한국노총과 교회조직과의 갈등관계 등을 살펴보았다. 이를 통해 1960년대 후반에서 1970년대 초반까지 도시산업선교회와 한국노총 사이에는 갈등관계가 내재해 있었지만 적대적인 관계에 있지 않았으며, 1971년 12월 말

국가보위에 관한 특별법 공포와 뒤이은 유신체제 수립 이후에 갈등·대립 관계가 형성되었으며, 1973년을 거쳐 1974년 초에 이르러 전면적인 공격전술을 사용하였음을 파악하였다. 이는 한국노총의 유신체제 적극 지지와 진보적기독교계의 신학적 인식전환이 충돌하고 있었다는 사실과 깊은 관련이 있다. 제9장에서는 공장새마을운동의 추진목적과 한국노총의 공장새마을운동 전개양상과 특징을 중점적으로 다루었다. 이러한 연구를 통해 한국노총은 정부 주도로 범국민적인 운동을 추진하기 전부터 공장새마을운동을 전개하였으며, 노사협조라는 구호 밑에 국가권력과 자본에 대립하는 노동자들의 계급적 이해관계를 외면하면서 노동운동을 무력화시켜 나갔고 유신체제를 강화시키는 조직으로서 기능하였다는 것을 실증적으로 파악할 수 있었다.

마지막으로 보론으로 「1987년 노동자대투쟁 시기 강원도 탄광노동자들의 노동쟁의 양상과 특징」이라는 제목의 논문을 이 책에 첨부하였다. 1987년 노동자대투쟁에 대한 연구가 진척된 반면 광산노동자들의 노동쟁의를 구체적으로 다룬 연구는 없는 실정에서 강원도 지역 탄광노동자들의 노동쟁의를 분석하여 그 특징과 양상을 도출하는데 목적을 둔 것이다. 강원도 지역 탄광노동자들의 노동쟁의를 1) 울산 현대엔진노동조합 결성으로 촉발된 노동운동이 광산지역으로 확산되는 과정, 2) 국영광업소와 대규모 민영탄광으로 노동쟁의가 확대되는 과정, 3) 대규모 탄광의 재파업과 중소탄광의 노동쟁의 지속이라는 세 시기로 구분하여 노동쟁의 전개양상을 살펴보았으며, 노동쟁의 과정에서 제기된 노동자들의 요구사항이나 투쟁방식, 참가층 등을 분석하여 쟁의의 양상과 특징을 도출하였다.

필자가 쓴 논문을 뒷날 읽어야 할 기회가 있을 때, 아스라이 집필에 투여된 시간과 노력을 반추하게 된다. 풀리지 않는 난제에 골몰했던 과거의 기억이 되돌아오기도 하고, 인내의 과정을 거쳐 하나의 논문을 완성해 냈을 때 홀가분하면서 약간의 뿌듯함을 느꼈던 그 순간들이 어렴풋한 울림으로 다가오기도 한다. 그런데 이렇게 모두 10개의 논문을 제1부 제1~3장, 제2부 제4~7장, 제3부 제8~9장, 보론 등으로 구분하여 하나의 단행본으로 묶어냈지만 뿌듯함보다는 미진한 부분이 많아 손 볼 곳이 많이 존재한다는 것을 새삼 깨달았다. 앞으로 더욱 분발하여 부족한 부분을 채워나가야겠다고 마음을 다지는 계기가 됐다.

　책을 펴내는 기회를 빌려 감사드려야 할 분들이 많다. 석·박사논문이 나올 수 있도록 엄격히 지도해주시고 연구자로 성장할 수 있도록 가르침을 주셨던 지도교수님을 비롯한 여러 선생님, 그리고 필자가 성균관대 사학과 BK사업단 연구교수와 한국방송통신대 학술연구교수로 재직할 때 과분한 은혜를 베풀어 주신 여러 선생님이 계신다. 우청(于靑)이라는 호(號)를 내려주신 은사님의 뜻은 각별하게 다가온다. 그리고 연구자로써 어려움에 처했을 때마다 조언과 충고를 아끼지 않았던 선배님과 동학, 후배님들의 도움도 많이 받았다. 순천대 지리산권문화연구원에서 HK연구교수로 재직하고 있는 지금도 여러모로 은혜를 입고 있는 중이다. 일일이 거명하여 많은 가르침과 은혜를 베풀어 주신 모든 분께 감사를 드리는 것이 도리이겠으나 이를 생략하고 마음에 새기는 것으로 대신하고자 한다. 끝으로 부족한 원고이지만 출판 요청을 흔쾌히 받아주신 선인출판사 윤관백 사장님과 원고 편집에 애쓰신 직원 여러분께도 감사를 드린다.

차례

제1부 노동운동의 보수와 진보, 그리고 민주노조운동의 가능성

표 목차

그림 목차

제1부

노동운동의 보수와 진보, 그리고 민주노조운동의 가능성

제1장

한국 노동운동의 보수와 진보

제1장
한국 노동운동의 보수와 진보

1. 들어가며

1948년 대한민국 정부 수립 이후 대한노총은 남한 유일의 전국적인 노동조합으로 부상하였다. 1950년대 후반 대한노총에 대항하는 전국노동조합협의회(전국노협)가 결성되었지만 이 조직은 전국조직으로 발전하지 못했다. 전국노협은 4월혁명기에 노동단체 통합과정에 따라 한국노련으로 이어지지만 1961년 5·16 군부쿠데타 이후 군부세력이 발포한 포고 제6호(1961.5.23)에 의해 해체되었다. 이후 노동조직은 〈근로자의 단체활동에 관한 임시조치법〉(1961.8.3)에 따라 재조직 과정을 밟았으며, 한국노련 내 김말룡 세력은 군부 세력에 의해 배제되었다. 이러한 의미에서 대한노총이 1950년대 전국적인 노동조합 조직으로 유일하게 존재하였다.

1961년에 결성된 한국노총도 1990년 전국노동조합협의회(전노협) 결성 전까지 대한민국 유일의 전국적인 노동조직으로 기능하였다. 따라서 정부 수립 이후부터 1980년대까지 한국의 노동운동은 대한노총, 한국노총으로 이어지는 노동조직에 강한 영향을 받으면서 전개되었다.

1950년대 후반 전국노협 결성은 노동운동의 획을 가르는 일대 사건이었다. 흔히들 1950년대를 대한노총의 보수·반동·어용에 의해 왜곡·굴절된 노동운동의 퇴조기·정체기로 파악하고 있다. 그러나 전국노협의 결성은 이러한 인식을 재고하게 만드는 근거가 된다. 전국노협은 1950년대 중·후반 노동운동의 점진적 성장에 기초하여 결성되었으며, 대한노총의 자유당 예속을 비판하면서 성장한 조직이다. 따라서 전국노협 결성은 노동운동의 일보 전진으로 평가할만한 일대 사건이었다고 볼 수 있다.

이 장에서는 1950년대 존재했던 대한노총과 전국노협을 비교하여 살펴보면서 진보와 보수로 대별되는 조직이었는지를 파악하는 것이 목적이다. 노동조직 평가에서 중요한 지점은 그 조직이 개량적인 노동조합주의를 표방하였는지, 아니면 혁명적인 노동조합주의를 견지하였는지가 될 것이다. 그런데 대한노총은 노동조합주의에 충실한 조직도 아니었을 뿐더러 정치권력에 예속된 사이비 노동조직으로서의 성격이 강하였다. 이에 대항하여 조직된 전국노협은 순수한 노동조합주의를 표방하였다. 이러한 점으로 인해 1950년대 노동운동을 개량적인 노동조합주의의 길을 걸었는지, 아니면 혁명적인 노동조합주의에 입각한 조직이었는지로 파악하기보다는 보수와 진보라는 개념에 맞추어 설명하는 것이 타당할 것이라 여겨진다.

지금까지 1950년대 노동조합과 노동운동을 다룬 논문은 여러 편 있지만[1] 대한노총과 전국노협이라는 두 개의 노동조직을 비교하여 분석한 연구는 없다. 따라서 두 조직의 이념과 활동을 비교·분석하면서 어느 정도의 보수적인 내용과 진보적인 내용을 담았는지, 그리고 어떠한 방식으로 노동조

---

1) 한국노동조합연맹, 『한국노동조합운동사』, 1979; 김낙중, 『한국노동운동사 ―해방후편―』, 청사, 1982; 정영태, 「노동조합 정치참여의 역사와 평가」, 인하대사회과학연구소, 『논문집』 9, 1990.6; 김용철, 「제1공화국 하의 국가와 노동관계 ―수혜적 포섭에서 약탈적 후원으로―」, 『한국정치학회보』 29-3, 1995.12; 조돈문, 「1950년대 노동계급의 계급해체 ―노총의 호응성 전략과 노동자들의 저동원」, 『경제와사회』 29, 1996년 봄호; 이우현, 「건국초기 한국노동조합의 조직적 특성」, 『경제논총』 19, 2000.11; 송종래 외, 『한국노동운동사』 4, 지식마당, 2004; 임송자, 『대한민국 노동운동의 보수적 기원』, 선인, 2007; 장미현, 「1950년대 후반 대구 대한방직 노동쟁의와 전국노동조합협의회」, 연세대학교 사학과 석사학위논문, 2007 등 참조.

합 활동을 전개하였는지 살펴보려 한다. 그런데 한 가지 유의할 점은 노동조직을 보수와 진보로 대별하여 평가를 시도하였으나 보수주의, 진보주의라는 이론적인 바탕에서 다룬 것은 아니라는 점이다.

2. 대한노총의 이념과 보수성

1) 대한노총의 이념

대한노총은 1946년 3월에 결성하였을 때 선언문을 통해 "모든 번잡한 이론"을 타파하고 "민주정치 하에 만민이 갈망하는 균등사회를 건설"할 것이라고 밝혔다.[2] 여기서 "모든 번잡한 이론"은 공산주의 이론, 맑스-레닌주의 노동조합이론을 뜻하는 것이다. 따라서 선언문에서 드러나는 바와 같이 대한노총 조직의 목표는 조선공산당과 전평에 대항하는 것이었다. 또한 대한노총은 균등사회 건설을 내세웠지만 그것을 실현하기 위한 구체적 정책이 거의 없었다.[3]

강령으로는 "민주주의와 신민족주의의 원칙으로 건국을 기함", "자유노동과 총력발휘로서 건국에 헌신함"을 내세웠는데[4] 이는 안재홍이 주창한 신민족주의 이론의 영향을 받았음을 시사하는 것이다. 또한 강령으로 "혈한불석(血汗不惜)으로 노자간 친선을 기함"이라고 밝혔는데, 이는 대한노총이 노자협조주의를 지향했다고 볼 수 있는 지점이다.

---

2) 김중열, 『노동문제총론』, 집현사, 1969, 220쪽.
3) 金三洙, 「韓國資本主義國家の成立とその特質 1945~1953年」, 동경대 경제학연구과 박사학위논문, 1990, 110쪽.
4) 『동아일보』 1946년 4월 8일자, 「대한독립노동총연맹이 결성되다」(국사편찬위원회, 『자료 대한민국사』 2, 362쪽. 강령 첫 번째에 나오는 "민주주의와 신민족주의의 원칙으로 건국을 기함"이라고 내세운 것은 안재홍이 이끌고 있는 국민당의 정책에서 영향을 받았음을 시사하는 것이다. 그런데 이를 두고 국민당이 전적으로 주도하여 선언문과 강령을 작성하였다고 보는 것에는 문제가 있다. 이승만·한민당이나 한독당도 위 선언문이나 강령을 공감하고 있었으므로 우익정치세력의 합의에 의해 이루어진 것으로 보아야 할 것이다.

대한노총은 결성 이후 1946년 10월에 임시대의원대회를, 이어서 1947년 3월에 제1차 전국대의원대회를 개최하였다. 제1차 전국대의원대회에서는 결성 당시의 선언, 강령을 변경하였으며, 당면행동강령도 새롭게 채택하였다. 선언문에서 "편향적인 자본주의 세력의 형성을 배제하며 일방으로는 계급독재적 정치조직을 배격"한다고 밝혔으며, "건설적 노동운동을 전개함으로써 완전 자주독립 전취에 매진할 것을 맹세"한다고 천명하였다.[5]

대한노총은 전평의 주도 하에 이루어지거나 전평 산하조직에 의해 일어난 임금인상 투쟁, 파업 등을 생산파괴 활동으로 간주하고 있었다. 따라서 선언문에 나타난 "건설적 노동운동"이란 전평의 노동운동을 분쇄하는 것을 의미하는 것이다. 그리고 "완전 자주독립 전취에 매진"한다는 선언문 문구에서 "완전 자주독립"이라는 것의 실제 의미는 이승만·한민당이 주창하고 있던 남한만의 단독정부 수립을 뜻하는 것이었다. 결성 때와 비교하여 1947년에 채택된 선언문의 내용은 달라진 점이 있었다. 그것은 "국민경제를 좀먹는 악질모리배와 악질친일파를 숙청"한다는 것을 포함시킨 점이다. 또한 강령에서 "혈한불석으로 노자간 친선을 기함"이라는 내용이 없어지고, "근로대중의 복리와 사회적 지위향상", "국민경제 재건과 만민공생의 균등사회 건설"을 포함시켰다. 당면행동강령으로는 "8시간 노동제 실시", "최저임금 실시", "14세 미만 남녀 노동금지", "노동자의 단체계약권 확립", "노동자의 파업권 확립" 등 20개항을 내세웠다.[6]

---

5) 김중열, 「노동일화낙수」(1), 『노동공론』 1972년 4월호, 223-224쪽.
6) 1947년 3월에 채택된 20개항으로 이루어진 당면 행동강령은 다음과 같다. (1) 8시간 노동제 원칙 실시 (2) 노동자의 생활보장을 위하여 최저임금제 실시 (3) 직업희생보험 실업보험 질병보험제 실시 (4) 정근자(精勤者) 특대(特待)와 정기휴양제 실시 (5) 14세 미만 남녀노동금지와 그 보호책 확립 (6) 산업발전을 위하여 숙련공 기술자 과학자 우대 (7) 공상자(公傷者)의 임금과 치료비 전액지불 (8) 위험작업에 대하여 최저노동시간제 실시 (9) 부녀노동자의 산전 산후 2개월 유급휴가제 실시 (10) 노동자의 단체계약권 확립 (11) 노동자의 파업권 확립 (12) 공장운영에 대한 노동자 발언권 확립 (13) 노동자의 주택 기타 후생시설을 고주(雇主) 부담으로 완비 (14) 노동자 농민의 교양기관 설치 (15) 공장폐쇄 노동자 불법해고 반대 (16) 생활필수품을 노동대중에게 우선 분배 (17) 노동을 취미화(趣味化)하도록 적절한 시설정비 (18) 언론 집회 결사 출판 신앙의 절대자유 (19) 실업자대책 적극 실시 (20) 자유노동자의 공동숙박소 공설(公設) 완비.

이러한 선언문, 강령, 당명행동강령은 결성 때와 비교하여 진일보한 면이 있었던 것은 사실이다. 그러나 그러한 내용을 담보해 내기 위한 실천활동은 전혀 이루어지지 않았다. 따라서 강령이나 행동강령은 실천으로 이어지지 않은 공허한 문구에 지나지 않았던 것이다. 오히려 대한노총은 노동자의 권익활동을 등한히 하였을 뿐만 아니라 반공활동에 전념하여 노동조직으로서 자기역할을 포기하였다. 이는 9월총파업 이후 위원장으로 있었던 전진한의 다음과 같은 글에서 분명히 드러난다.[7]

> 노동조합이 근로자의 권익신장을 위한 자주적 조직임을 감안할 때 일차적 활동목표가 근로자 권익신장·투쟁에 있다 하겠으나 민족의 수난기에는 1차적 행동지침을 국가와 민족적 대의에 입각해야 한다는 것은 두 말할 여지가 없으며 한국노총의 역사는 이러한 면에서 순수한 노동조합주의와 비교할 수 없는 면이 없지 않았다.

노동조합은 자본가계급의 부당한 대우와 착취에 저항하기 위해서 존재하는 것이므로, 노동조합의 직무는 ① 조합원들의 고용조건에 관하여 경영자 측과 교섭하고, ② 정부에 압력을 가해서 노동자들의 처우개선을 보장하는 법률을 제정하고, ③ 노동력의 집단적 철수(파업) 등의 방법을 통하여 불평등을 시정하는 것이다. 그러나 대한노총은 노자 간에 존재하는 계급대립과 계급투쟁을 방기한 무원칙한 노사협조주의로 일관하였다. 이는 대한노총이 노동조직으로서보다는 정치조직으로 기능하였다는 것을 의미한다.

이승만·한민당 세력의 단독정부 수립노선이 승리하여 대한민국 정부 수립으로 이어지는 과정에서 좌익의 노동운동은 커다란 타격을 받았다. 그리고 정부수립과 더불어 전평은 거의 소멸했으며 남한에서의 노동조합

---

7) 전진한, 「노동운동과 협동조합주의」, 『노동공론』 1972년 1월호, 39쪽.

은 대한노총 산하에서만 존재할 수 있는 상태가 되었다.[8] 이리하여 대한노총은 전국적으로 유일한 노동조합 중앙조직으로 부상하였다. 이러한 상황에서 대한노총은 1948년 8월 임시대의원대회를 개최하여 선언문, 강령, 행동강령 등을 개정하였다.[9] 그러나 미군정기 때의 것과 비교하여 전혀 새로운 내용이 없었다. 좌익의 노동조직이 소멸된 상태에서 대한노총이 건전한 노동조합 조직으로 거듭났어야 했음에도 실상은 그렇지 않았던 것이다. 선언문은 1946년 3월 결성 당시의 것을 그대로 이어받아 "모든 번잡한 이론을 타파하고 민주정치 하에 만민이 갈망하는 균등사회를 건설"한다고 밝혔다. 강령도 1947년도 제1차 전국대의원대회 것을 그대로 채택하여 "노동대중의 복리와 사회적 지위 향상", "국민경제 재건과 만민 공생의 균등사회 건설"을 목표로 내걸었다. 행동강령 또한 1947년의 것과 거의 동일하였다.[10] 이러한 선언문, 강령, 행동강령은 1960년 4월혁명에 의해 대한노총이 무력화될 때까지 계속 유지되었다.

2) 대한노총의 보수성

〈이승만 · 자유당 권력과의 주종관계〉

이승만은 대중연설에서 항상 노동자들의 권익을 주장하였지만, 집단적인 협상의 수단이었던 스트라이크를 강력하게 반대하였다. 그는 노동분쟁에서 경찰의 개입과 간섭은 "공공의 안정 유지"를 위하여 필요한 것으로 정당화하였으며, 거의 예외 없이 자본가 편을 지지하였다.[11] 이승만의 노동관은 노자협조주의로 요약될 수 있다. 그가 발표한 노자문제에 대한 담

---

8) 김낙중, 『한국노동운동사 -해방후편-』, 청사, 1982, 122쪽.
9) 전국철도노동조합, 『철로30년사』, 1977, 41쪽.
10) 다만 제1차 전국대의원대회에서 채택된 행동강령과 비교하여 본다면 "위험작업에 대하여 최저노동시간제 실시", "노동을 취미화 하도록 적절한 시설 정비"를 삭제하고 대신에 "기업 측 사정에 의한 휴양일과 불가항력에 의한 노무 중지일에 대한 정상임금 지불"을 삽입하였다.
11) Robert W. Tucker, 「미대사가 국무부에 보낸 반연간(semi-annual) 노동보고서」, 1958.8.28(NARA, 『Record of the Department of State internal affairs of Korea, 1955~1959』).

화를 보면 그의 노동관을 분명하게 확인할 수 있다. 그는 "공산주의의 요점은 계급투쟁을 만드는 것이므로 자본과 노동의 투쟁을 일으키어 서로 싸움을 주장하는 것이니 민주진영에서는 모든 계급과 당파들의 합심협력으로 서로 도와서 함께 발전하자는 것이 목적이므로 자본과 노동이 평균한 이익을 누리기 위하여 피차 서로 양보 서로 도웁기를 힘써야 할 것"이라면서 노자협조주의를 강조하였다.[12]

대한노총 총재이기도 했던 이승만이 대한노총에 행사하는 영향력은 거의 절대적이었다. 대한노총은 이승만의 유시에 의해 조직이 운용되었다고 해도 과언이 아닐 정도였다. 대한노총의 지도자들은 이승만의 뜻을 수직적으로 받들었으며, 이승만의 정치노선을 충실하게 뒷받침하는 역할을 하였다. 이승만 또한 정치권력을 유지 · 확보 내지는 강화하는 도구로써 대한노총을 유효적절하게 활용하였다.

따라서 이승만 권력과 대한민국 유일의 전국적인 노동조합 연맹체였던 대한노총 사이에는 지배-예속의 관계였다고 볼 수 있다. 그런데 이러한 지배-예속의 관계는 시기에 따라 편차가 존재하였다. 1952년 11월 이승만에 의해 대한노총의 중심인물인 전진한이 제거되기 전까지는 대한노총 내에서 이승만의 정치노선과 대립된 면모를 보이기도 하였다. 이러한 모습은 조방쟁의와 자유당 결당과정에서 드러난다. 대한노총은 조방쟁의를 둘러싸고 전진한을 중심으로 하는 조방파와 조광섭 · 주종필을 중심으로 하는 정화파로 갈라졌는데, 조방파는 원내자유당에 뜻을 같이한 반면 정화파는 원외자유당을 추종하였다. 이렇듯 조방쟁의와 자유당 결당과정을 볼 때, 대한노총 내에서도 이승만 권력에 영합하지 않으려는 하나의 독자적인 세력권이 형성되어 갈등 · 대립하고 있었다.

이승만은 권력을 행사하여 자신에게 반기를 든 인물이나 세력을 제거하

---

12) 전업노동조합, 『전업노조 10년사』, 1959, 218-219쪽.

려 했다. 그는 1952년 10월 31일 자신을 반대하는 세력, 즉 조방파의 중심인물인 전진한을 제거하기 위해 〈대한노총 통일을 위하여 지도자에게 권고〉라는 담화를 발표하였다.[13] 담화에서 이승만은 "모든 분파 행동하는 사람은 앞으로 누구일지라도 다 삭제하고 단순히 노총 안에서 직접 일하는 사람만이 여기 참가해서 대회를 진행하여야 하고 다소간 분규 있는 곳은 쌍방이 협의하여 원만을 이루되 그 분쟁을 대회에다 부쳐서 전체의 통일을 방해해서는 못 쓸 것이다"라고 하여 분파 행동하는 사람을 제거하겠다는 뜻을 밝혔다. 이러한 이승만의 뜻을 충실히 받들어 대한노총은 11월 8~9일 대회를 개최하였으며, 결국 양 파벌의 중심인물인 전진한과 주종필이 제거되었다. 당연히 두 인물의 제거는 이승만의 지시에 의한 것이었다.[14] 대회 이후 대한노총은 그 이전 시기보다 더욱더 정치권력에 밀착되어 갔으며, 이승만 권력에 충실히 복무하는 조직으로 거듭났다.

11월 대회에서 최고위원이 된 이진수, 송원도, 조경규는 1953년 1월 28일 자유당 중앙당부 위원으로 선출되어 활동하였다. 노동계급의 입장을 대변하기 위해서 정부와 여당에 압력을 가해야할 처지에 있는 노동조직의 수장들이 권력 밑으로 들어갔다는 것이 무엇을 의미하는지는 자명하다. 이들은 이후 이승만의 의향에 따라 자유당 내 족청계 제거에 적극 가세하였다. 1953년 12월 10일 이범석, 진헌식, 안호상, 이재형, 양우정, 원상남, 윤재욱, 신태악 등 8명의 족청계 주요 인사들이 자유당에서 제명됨으로써 족청계 제거는 일단락되었다. 그리고 1954년 총선을 통해 족청계는 자유당 내에서 완전히 제거되었고, 이기붕이 완전히 당권을 장악하였다.

대한노총은 노동관계법 제정·공포에 따라 1954년 대회를 개최하여 조직을 재편성하였다. 대회 이후 대한노총은 정대천에 의해 주도되었으며,

---

13) 공보처, 『대통령 이승만 박사 담화집』, 1953, 103쪽.
14) 전진한은 1952년 11월의 통일대회에 대해 '노총 운동사상 전무후무한 대치욕'이라고 비판하였다. 『조선일보』 1952년 11월 12일자, 「노총(勞總)의 치욕(恥辱), 전진한씨 성명」.

정대천을 매개로 자유당과의 주종관계가 형성되었다. 정대천은 자유당 내 제2인자였던 이기붕의 최측근이었다. 따라서 대한노총은 자유당 → 이기붕 → 정대천 → 대한노총이라는 라인선상에서 조직이 작동, 운영되었다.

대한노총의 주도세력은 서로 앞 다투어 이승만·자유당에 대한 충성 경쟁을 일삼았다. 이리하여 이승만-자유당-대한노총이라는 상하관계 속에서 노동조직으로서의 자율성을 상실하였으며, 이승만의 담화나 유시에 의해 조직이 운영되었다고 해도 과언이 아니다. 이승만이나 자유당은 대한노총의 분열이 있을 때마다 대한노총에 압력을 행사하였으며 정치적 목적을 위하여 대한노총을 적극 활용하였다. 특히 총선이나 대선을 앞두고 개최된 전국대의원대회에서의 분열은 극심했다고 볼 수 있는데, 이때마다 자유당은 정략적으로 대한노총에 대하여 강력한 압력을 행사하였으며, 자유당에 충성스런 분파를 중심으로 통합하도록 유도했다.

정부수립 초기나 자유당 초기에는 대한노총의 내부 분열을 이승만이 직접 나서서 해결하였으나, 자유당이 결성되고 1954년 5·20선거를 거치면서 이승만·이기붕체제로 굳어지면서부터는 자유당에서 전담하여 처리하였다. 대한노총에 대한 권력 행사는 이기붕이 주도하였지만, 한편으로 자유당의 내부 분파에 따라 대한노총에서도 분파가 형성됨으로써 내부 분열상이 심화되기도 하였다. 다시 말하면, 자유당의 분규는 대한노총에 반영되어 나타났고, 대한노총의 내부 알력은 또한 자유당에 반영되어[15] 헤게모니 싸움으로 이어졌다.

대한노총은 자유당과 긴밀한 관계를 형성하고 있었지만 당과 노동조합 사이의 연결은 주로 상부 수준의 노동조합에서 나타나는 것이었다. 지방적이고 하부 수준의 조직에서는 당과의 연결이 직접적이거나 강고하지는 않았다. 그렇지만 하부 수준의 노동조합을 포함하여 대부분의 노동조

---

15) 『동아일보』 1955년 5월 8일자, 「노총을 정치도구화. 세력분포에 변화무쌍」.

합은 이승만 · 자유당 권력을 유지하기 위한 관제시위나 정치선거에 적극 협력하여야 한다는 것을 당연하게 여겼다. 대한노총이 자유당으로부터 재정적 지원을 받기 위해서, 그리고 노사협상에서 어느 정도의 지원을 받기 위해서도 자유당과 협력해야 한다는 것을 자연스럽게 받아들이고 있었던 것이다.[16]

〈소수 간부들의 정치적 출세를 위한 활동〉

노동조합의 활동은 크게 대내 활동과 대외 활동으로 나눌 수 있다. 대내 활동은 기업체 안에서 조합원들의 경제적인 이익과 권익향상을 위한 것이며, 대외 활동은 노동자계급의 정치적, 경제적, 사회적인 지위 향상을 위한 것이다. 노동조합의 대내 활동이 조직활동 내지는 산업활동이라고 한다면, 대외 활동은 정치활동이라고 말할 수 있다.[17] 그런데 노동자들의 경제적인 이익을 위한 노동조합의 활동은 노사교섭을 통해 실현되지만, 이러한 경제활동을 효과적으로 추진하려면 노동기본권이 확립되어야 하고 민주적인 노동법제가 필요하며, 나아가 각종 사회경제정책을 개선할 필요가 있다. 따라서 노동조합의 경제활동과 정치활동은 상호 긴밀한 관계를 맺고 있는 것이다.[18] 그러나 대한노총의 정치활동은 노동자계급의 정치적, 경제적, 사회적인 지위향상을 위한 활동이 아니었다. 1960년 4월혁명에 의해 자유당권력이 무너지기까지 대한노총의 정치활동이란 이승만 · 자유당의 권력유지를 위한 것이었고, 소수 몇몇 간부들의 정치적인 출세를 위한 것이 대부분을 차지하였다.

---

16) 「주한미대사관 경제문제 상담역(Counselor of Embassy for Economic Affairs) Edwin M. Cronk가 미 국무부에 보낸 보고서(1959.12.30)」(NARA, 『Records of the Department of State internal affairs of Korea, 1955~1959』).

17) 장을병, 「노동조합과 정치활동」, 『현대노사』, 한국노동연구원, 1984, 54~55쪽(공덕수, 「한국노동조합과 정당의 관계 연구」, 동국대 정치학과 박사학위 논문, 1999, 7쪽에서 재인용).

18) 김윤환, 「전환기의 노조정치 활동의 이념과 방향」, 『현대노사』, 한국노동문제연구원, 1989, 21쪽(공덕수, 위 논문, 9쪽에서 재인용).

대한노총 간부들은 국회의원 선거 때마다 선거에 입후보하여 의회로 진출하고자 하였다. 1948년의 5·10총선거(제헌 국회의원선거)를 비롯하여 1950년의 5·30총선거(제2대 국회의원선거), 1954년의 5·20총선거(제3대 국회의원선거), 1958년의 5·2총선거(제4대 국회의원선거)에도 대한노총 간부들은 입후보하였다. 이들 간부들 대부분은 노동조합 조직을 발판으로 정치적으로 출세하기 위해 혼신을 다하였다.

5·10총선거에서는 1948년 3월 24일 중앙선거대책위원회를 구성하여 선거에 대비하였으며, 대한노총 자체에서 12명의 후보를 내세웠다.[19] 5·30총선거에서는 대한노총 후보자가 당선될 수 있도록 각 선거구마다 선거추진위원회를 두기로 결정하였으며, 중앙집행위원회는 직장별로 100명을 선출하여 선거추진위원회를 구성하였다. 또한 선거강령을 발표하여 선거에 만전을 기하기도 하였다.[20] 그러나 선거에 참여한 40여 명의 대한노총 간부 중에서 당선된 인사는 조광섭, 임기봉 등 4~5명에 불과하였다.[21]

1954년의 제3대 국회의원 선거에서는 전·현직 대한노총 간부들이 5·10총선거와 5·30총선거와는 달리 소속단체 간판을 내걸지 않고 자유당이나 무소속으로 입후보하였다. 이는 자유당 부차장회의에서 나온 결정에 따른 것이었다.[22] 그런데 자유당에서는 공인후보의 전제조건으로 국회의원 소환제, 국민투표제 등의 개헌 지지를 내세웠지만 자유당 공천을 받은 대한노총 간부들은 이러한 조건에 순응하였다. 이리하여 1954년 국회의원 선거에 최고위원 정대천과 김두한을 비롯하여 대한노총의 전·현직

---

19) 중앙선거관리위원회, 『대한민국선거사』 제1집, 1973, 613쪽, 618쪽.
20) 김영태, 「도큐멘터리 노동운동 20년 소사」(4), 『노동공론』 1972년 3월호, 174쪽; 『조선일보』 1950년 4월 27일자, 「각 당의 선거강령. 대한노총」.
21) 임송자, 『대한민국 노동운동의 보수적 기원』, 선인, 2007, 206-207쪽.
22) 『동아일보』 1954년 4월 10일자, 「개헌 찬동 서약이 선행. 공천에 부차장회의」. 1954년 4월 8일 자유당 최고 의결기구인 부차장회의에서 "동당의 기간단체인 부인회 농민회 노총 국민회 등 간판을 내걸고 입후보할 수 없고 자유당 간판 아래 입후보하여야 한다"는 원칙을 세웠다.

간부 21명이 입후보하였으며, 선거 결과 6명이 당선되었다.[23] 이들 6명 중에서 정대천(대한노총 최고위원), 조경규(前 대한노총 최고위원), 김재곤(인천해상연맹 위원장)은 자유당 공천을 받아 당선된 경우였으며, 전진한(前 대한노총 위원장), 김두한(대한노총 최고위원), 하태환(포항부두노조 위원장)은 무소속으로 출마하여 당선되었다.[24]

자유당에서는 1958년 제4대 국회의원 선거에 대비하여 대한노총을 비롯한 사회단체와 연석회의를 갖고 당세 강화책을 협의하였다.[25] 그리고 10월 21일에는 중앙당 조직위원회와 각 도당부(道黨部) 조직, 훈련, 사회, 산업, 부녀 등 5부장 연석회의를 열었다. 이때 대한노총을 비롯한 사회단체에 대한 대비책을 논의하였는데, 5부장 연석회의에서 결의된 사항은 다음과 같다.[26]

- 기간단체에 대한 등한성(等閑性)을 지양하고 그 발전과 육성에 진력하여 열성당원의 침투와 획득을 기할 것.
- 특수조직으로서 비밀조직을 강화할 것.
- 이미 입당한 각종 산업별 직업별 단체의 핵심적 인사들을 체계 있게 조직화하여 본당에 유리한 여론을 환기하도록 지도를 할 것.
- 9인조 핵심세포의 부활과 당원의 재정비는 명년 총선거에 대하여 필요불가결이며 승리의 길이다.

이러한 자유당의 선거방침에 따라 대한노총은 1957년 10월 25~26일에 전국대의원대회를 개최하였다. 대회에서는 대한노총의 인물을 국회로 보내기 위한 계획을 토의하였다. 그리고 다수의 대한노총 출신자가 선출

---

23) 한국노동조합연맹, 『한국노동조합운동사』, 1979, 414~415쪽.
24) 중앙선거관리위원회, 앞의 책, 115-1, 124쪽.
25) 『조선일보』 1957년 8월 26일자, 「래(來) 9일에 기간단체 회의. 자유당 총선에 대비」.
26) 『조선일보』 1957년 10월 22일자, 「59당부 개편 논의. 자유당 부장회의」.

되도록 선거대책위원회를 조직하여 활동할 것을 결의하였다.[27] 이리하여 1958년 국회의원선거에서는 최고위원 정대천, 김두한을 비롯한 전·현직 간부 19명이 입후보하였으며, 이들 중 정대천, 조경규, 김공평, 하태환은 자유당 공천으로, 이종남은 민주당 공천으로, 김재곤은 무소속으로 출마하여 당선되었다.[28]

〈정치적 동원체로 기능〉

이승만·자유당 권력은 정권유지를 위한 개헌이나 각종 선거, 그리고 정치적으로 야당세력을 탄압하는 데 대한노총을 적극 활용하였다. 대한노총 지도세력 또한 이승만·자유당 권력을 유지하기 위한 시위에 노동조합원들을 동원하여 자신들의 정치적인 입지를 강화하고자 하였다. 대한노총의 노동조합원 동원은 '민의(民意)'라는 명목으로 이루어졌다.

1949년 내각책임제 개헌이 대두되자 대한노총을 비롯한 국민회·대한청년단·대한부인회 등으로 구성된 전국애국단체연합회는 개헌반대투쟁위원회를 조직하였다. 대한노총은 1950년 2월 16일에 "개헌안의 실현은 일당독재를 유도할 것이며 민주정치에서의 이탈을 의미하면서 나아가서는 세계 민주주의 진영으로부터의 지지를 상실하게 될 것이다. 그러므로 본 연맹은 이를 단연코 반대하는 바이다"[29] 라는 내용의 담화를 발표하고 개헌추진을 적극 반대하였다. 그리고 2월 19일에는 개헌반대총궐기 국민대회에 대한노총 영등포지구를 비롯한 수천 명의 노동자를 동원하였다.[30]

1952년 1월에는 정부가 내놓은 대통령직선제 개헌안이 국회에서 부결되자 또다시 '민의'라는 명목으로 대중동원에 적극 가세하였다. 이때 원외

---

27) 「주한미대사관 일등서기관 Edwin M. Cronk가 미국무부에 보낸 보고서(1958.1.16)」(NARA, 『Records of the Department of State internal affair of Korea, 1955~1959』).
28) 한국노총, 앞의 책, 415쪽 ; 중앙선거관리위원회, 앞의 책, 1,135~1,147쪽.
29) 『서울신문』 1950년 2월 17일자, 「여자국민당. 전국애국단체연합회. 대한노동총연맹. 국민회, 개헌 반대입장을 천명」(국사편찬위원회, 『자료 대한민국사』16, 426~427쪽).
30) 『동아일보』 1950년 2월 20일자, 「한청(韓青) 노총(勞總) 맹원 일부 모여 어제 개헌반대 궐기대회」.

자유당을 추종하는 대한노총 내 한 분파는 대한노총 정화위원회를 구성하고, 조선방직공장 내부에 '땃벌떼', '백골단' 등의 이름으로 이승만의 개헌안을 좌절시킨 국회의원들의 소환을 요구하는 어용데모(1952.2.18)를 벌였다.[31]

이러한 대한노총의 대중동원은 1956년 '민의 아닌 우의(牛意) 마의(馬意)'라는 유행어를 만들어 냈던 데모에서 절정을 이루었다. 1956년 5월의 정부통령 선거를 앞둔 3월 5일 자유당은 전당대회에서 대통령 후보에 이승만, 부통령 후보에 이기붕을 지명하였다. 이승만이 "3선은 민주주의에 배치되니 다른 인물을 내세우라"는 요지의 메시지를 공표하여 대통령 후보 지명을 수락할 생각이 없는 것 같은 발언을 하였다. 당연히 이승만이 대통령 후보로 나설 생각이 없어서 그런 발언을 한 것은 아니었다. 사사오입개헌에 책임이 없으며, 집권 연장을 위한 불법행위 같은 것을 저지르지 않은 것처럼 자신을 대중들에게 각인시키기 위한 제스처에 불과하였던 것이다.[32]

대한노총은 이승만의 제스처에 즉각적으로 반응하였다. 대한노총 최고 위원이며 전업노련 위원장인 정대천은 그 다음 날인 3월 6일 전업노련 산하의 노동조합원을 동원하여 이승만의 대통령 재출마염원 데모를 벌였다.[33] 또한 3월 12일에는 대한노총에서 긴급회의를 소집하여 이승만이 대통령 재출마를 승낙하지 않을 경우에는 13일 정오를 기하여 교통부문 노조에서 총파업을 단행하겠다는 중대결의를 하였다. 그리고 대한노총 전국 대표자 60여 명은 "이대통령이 재출마를 하지 않으면 직장을 포기하고 죽음을 택하겠다"는 내용의 탄원서를 이대통령에게 전달하였다. 예정대로 3월 13일 대한노총 경전노조의 발동으로 시내 전차가 낮 12시부터 하오 2

---

31) 김낙중, 앞의 책, 150쪽.
32) 김낙중, 앞의 책, 231쪽.
33) 「주한미대사관 일등서기관 Edwin M. Cronk가 미국무부에 보낸 보고서(1956.12.12)」(NARA, 『Records of the Department of State internal affairs of Korea, 1955~1959』).

시까지 두 시간 동안 완전히 정지되었다.[34] 한편 대한노총 최고위원 이준수(李俊洙)는 13일 2시까지 경무대로부터 아무런 회답이 없을 경우 전국 각 산하노조에 파업을 지시하겠다고 언명하기도 하였다.[35]

대한노총은 우마차까지 동원하여 시가행진을 하며 이승만의 대통령 재출마를 요구하는 시위를 전개하였다. 이 때 세간에서는 '민의 아닌 우의, 마의'의 데모라며 대한노총의 시위를 풍자하였다. 한편 민주당은 이승만과 대한노총의 이러한 행태에 대해 13일 성명을 발표했다. 성명서에서 민주당은 "……사사오입개헌의 강행으로 그의 삼선의 길을 준비해 놓은 것을 종합고려(綜合考慮)하면 이 불출마 언명은 비민주적 삼선을 기도함에 있어 4년 전 부산에서 한 것과 동일한 수법을 써서 국내외에 대하여 체면을 세우고 교묘한 선거운동의 실(實)을 거두려는 것"이라고 비판하였다.[36] 대한노총의 시위와 '민의' 동원이 있은 후, 23일 이승만은 정해진 수순에 따라 "민의에 못 이겨 차기 대통령선거에 출마하기로 작정하였다"고 성명을 발표하였다.[37]

이승만의 삼선 출마를 요구하면서 벌어진 '민의'동원과 '백지날인' 운동은 27일 국회에서 문제가 되었다. 민주당의 조재천 의원 외 24명은 "이박사 삼선 출마를 위한 민중데모와 백지날인연판장 추진에 대해서 29일 국회 본회의에 내무부장관을 출석 질의할 것"을 긴급동의로 제안하였던 것이다. 그러나 성원이 미달되어 내무부장관의 국회 출석은 이루어지지 않았다. 긴급동의 제안자인 조재천의원은 '우의(牛意) 마의(馬意) 그리고 귀의(鬼意)'까지 동원된 이번의 민의 및 백지날인 연판장추진운동은 경찰에서 조작 혹은 묵인한 증거가 있으며 경찰이 일개인(이승만) 혹은 일정당(자유당)에게 예속될 경우 민주·대의정치를 지향하는 이 나라는 '독재화

---

34) 『조선일보』 1956년 3월 14일자, 「서울전차 두 시간 총스톱. 버스도 파업 기미. 각 교통기관에 점차 파급?」.
35) 『동아일보』 1956년 3월 14일자, 「이대통령 재출마를 요청. 노총서 파업」.
36) 『동아일보』 1956년 3월 14일자, 「국민정력(國民精力)을 낭비(浪費). 민주당서 민의운동(民意運動)에 성명」.
37) 『동아일보』 1956년 3월 25일자, 「이대통령 재출마 정식 성명」.

를 충분히 우려'하게 될 것이라고 강력히 비판하였다.[38]

'우의 마의' 데모에 이어 대한노총은 1956년 4월 9일 정책위원회 모임을 갖고 다가오는 선거에서 대통령과 부통령을 각각 자유당 후보를 지지하겠다는 결의를 채택하였다.[39] 이리하여 대한노총은 자유당에서 외곽단체, 산하단체 등을 선거운동에 동원하기 위해 설치한 정부통령선거추진위원회에 적극 참여하였고,[40] 선거운동에 대한노총원을 총동원하였다.

대한노총은 3·15부정선거에도 깊이 개입하였다. 일찍부터 자유당은 1960년의 정부통령선거에 승리하기 위한 필사적인 대책을 강구하였다. 1958년 9월 13일 자유당은 각급 당부(黨部)에 "시군구 이하 핵심당부(核心黨部) 조직강화 실천방안"을 조직위원장 명의로 시달하였고[41], 11월 7일에는 각 도당부 조직부장회의를 열어 12월 9~10일에 개최되는 전당대회에 대처하기 위한 핵심당부 조직개편 촉진 및 당세 확장 등을 논의하였다.[42] 그리고 1959년 6월 29일에 열린 자유당 제9차 전당대회에서는 대통령 후보로 이승만을, 부통령 후보로 이기붕을 지명하였다.[43] 8월 18일에는 자유당 당무회에서는 조직위원회가 작성한 '조직확대 강화 요강'을 승인하였는데,[44] 대한노총과 관련된 내용은 아래와 같다.[45]

---

38) 『동아일보』 1956년 3월 28일자, 「벽두에 민의운동 문제화. 경찰조작의 증거 있다」.
39) 「주한미대사관 일등서기관 Edwin M. Cronk가 미국무부에 보낸 보고서(1956.12.12)」 (NARA, 『Records of the Department of State internal affairs of Korea, 1955~1959』).
40) 중앙선거관리위원회, 앞의 책, 474쪽.
41) 『조선일보』 1958년 9월 14일자, 「조직강화 방안 시달. 자유당 각급 당부(黨部)에」. 조직 강화 실천방안의 구체적 내용은 개인 중심을 피하고 당(黨) 본위로 할 것, 임원선출은 대의원대회에서 민주방식에 의하여 개편할 것, 시군구당(市郡區黨) 치중을 지양하고 읍면당(邑面黨)의 조직을 강화할 것, 각 리동당부(里洞黨部)의 핵심당원은 매 부락유권자 총수의 50% 이상을 목표로 9인조를 조직할 것 등이었다.
42) 『조선일보』 1958년 11월 8일자, 「당세확장 논의. 자유당 도당부 조직부장회의」.
43) 『조선일보』 1959년 6월 29일자, 「대통령 후보에 이승만 박사 지명. 부통령 후보엔 이기붕 의장을」.
44) 『조선일보』 1959년 8월 19일자, 「각 기관과 군부(軍部)에 세포망. 자유당 당무회 조직 강화 요강 승인」; 『동아일보』 1959년 8월 19일자, 「당원 배가에 주력. 명년 정·부통령선거 대비 관·군·경에 침투 강화 등. 자유당 당무회 조직 확대 요강 통과」.
45) 『동아일보』 1959년 8월 20일자, 「비밀리 실천을 모색. 조직 확대 요강 숙의」.

- 각급 노조 및 연합체 책임자는 전 조합원에게 당강·당책을 주입시켜 당에 대한 이해를 갖도록 노력하고 당 기관지와 선전계몽운동을 통한 이념적인 지도방식으로써 진실한 당 지지운동을 일으켜 전체적인 조직공작을 전개하여야 한다.
- 노총조직이 있는 지역에 있어서는 각급 지방당 사회부장을 노총 지방조직체 내에서 선임한다.
- 각 단위노조 책임자는 당원 획득 공작을 철저히 하고 질적 세포조직 구성에 치중한다.
- 각 단위노조 책임자는 조합에 대한 당적(黨籍)관계를 조사하고 당성이 을·병에 속하는 지도인물에 대해서는 당성이 강해지도록 노력해야 한다.
- 입당자에 대한 직장보장과 신분보장을 철저히 하여 당원의 사기를 앙양시키고 계속적인 지도방침을 확립해야 한다.
- 노총조직 내에서 야기되는 조직적인 분규는 자체 내에서 수습토록 하는 것을 원칙으로 하고 자주적이고 자율적인 노동조합운동에 대하여 당책에 의거하여 보장 육성한다.
- 노총조직이 침투되어 있지 않는 미조직사업장에 대한 조직화문제는 총연합회에서 제출하는 조직확대 강화계획에 의거하여 당 방침으로써 추진한다.

이렇듯 자유당은 정부통령선거를 위한 사전공작을 일찍부터 진행하고 있었다. 자유당 방침에 부응하여 대한노총은 조직적으로 선거운동을 전개하였다. 1959년 10월 7일에 개최된 전국대의원대회에서 자유당의 대통령 후보 이승만과 부통령 후보 이기붕을 적극 지지할 것을 결의하였으며, 독자적인 선거대책위원회를 구성하기로 의견을 모았다. 1959년 12월 5일의 제6차, 12월 21일의 제7차 회무처리위원회에서는 선거대책위원회를 조직하고 조직요강 초안을 작성하였다.[46]

---

46) 한국노총, 앞의 책, 448~449쪽.

한편 정대천이 위원장으로 있던 대한노총 경전노동조합에서는 1959년 12월 2일 임시대의원대회를 열어 정부통령 선거에서 대통령에 이승만, 부통령에 이기붕이 당선되도록 총역량을 집중할 것을 결의하였으며,[47] 정부통령 선거대책추진위원회를 구성하였다.[48] 이어서 1960년 1월 19일에는 당선추진위원회 결성식을 거행하였다. 이러한 선거운동은 대한노총 경전노동조합뿐만 아니라 여러 지구의 대한노총 조직에서도 전개되었다. 대한노총 경북연맹의 경우 1960년 2월 8일에 개최된 대회가 자유당의 선거대책을 위한 대회가 될 정도로 선거운동에 혼신의 힘을 다하였다. 선거운동의 명분은 경북연맹의 2월 8일 대회에서 나온 결의문에서 찾아 볼 수 있다. 그 결의문은 "자유당 정·부통령 입후보자를 당선시켜 전국 노동자간의 유대를 공고히 한다"는 것으로, 상당히 비논리적인 내용으로 채워져 있었다.[49] 대한노총은 3·15선거가 가까워 오자 산업별, 지역별, 직업별 노동조합의 조합원들에게 부정선거를 지시하기도 하였다. 그리고 전국의 노동조합으로부터 거둬들인 조합비를 선거자금으로 이용하였으며, 대한노총 간부들은 자유당으로부터 수억 환의 선거자금을 받아 횡령하기도 하였다.[50]

3. 전국노동조합협의회 결성과 진보적 노동운동의 가능성

1) 전국노동조합협의회 결성과 이념

1950년대 후반에 이르러 민주적인 노동조합운동을 전개하려는 세력이 성장하기 시작하였다. 이들은 조선방직쟁의, 대구 대한방직쟁의 등 투쟁

---

47) 대한노총 경전노동조합, 『노동』 제8권 제1호, 1960년, 68~69쪽.
48) 대한노총 경전노동조합, 『노동』 제8권 제1호, 1960년, 80쪽.
49) 한국노총, 앞의 책, 448~449쪽.
50) 『조선일보』 1961년 2월 12일자 「노총간부에 체포령. 부정선거자금도 횡령」.

과정에서 성장하였다. 조선방직쟁의(조방쟁의)는 한국전쟁 중에 일어난 쟁의로, 노동질서를 유지할 수 있는 법적인 틀이 존재하지 않는 악조건에서 전개되었다.[51] 조방쟁의에서 노동조합은 비록 패배하였지만 (1) 노동관계법을 제정하는 계기가 되었다는 점, (2) 조방쟁의에서 현장 조합주의가 태동하기 시작했다는 점 등에서 노동운동에 상당한 영향을 미쳤다고 볼 수 있다.[52] 대구 대한방직 쟁의는 1955년 5월 설경동이 공장을 인수받은 직후 2,600여 명의 노동자를 일시에 해고시킨 것이 발단이 되었다. 대한방직은 집단해고와 인권유린, 차별대우, 조직탄압 등 부당노동행위를 자행하였는데, 노동자들은 이에 저항하여 1956년 2월 쟁의에 돌입하여 투쟁을 전개하였다. 그리고 이러한 투쟁은 1960년 4월혁명에 이르는 시기까지 법정투쟁으로 지속되었다.

대구 대한방직 쟁의과정에서 두드러진 인물은 김말룡이었다. 그는 대한노총 대구지구연합회 위원장으로서, 쟁의과정에서 해고된 종업원들과 더불어 투쟁의 제일선에서 헌신한 인물이었다.[53] 김말룡은 조방쟁의 과정에서도 지원투쟁에 적극적으로 참여하였는데, 이에 대하여 김기곤[54]은 다음과 같이 회고하였다.[55]

경상북도 대구지구연맹도 부산 조방쟁의를 지원하려고 하는 그런 결의를 했는데, 얼마 있다가 나중에 그것이 오히려 역으로 일부 간부들이 부산쟁의는 오히려 불법이다 하는 식으로 반대를 했어요. 그때 인자 김말룡 씨가 부산에 그 본부에 전진한씨가 그때 대한노총 위원장 할 때, 총본부의 조직, 조사통계부장으로 갔었는기라.

---

51) 송종래, 『한국노동운동사』4(서울, 지식마당, 2004), 333쪽.
52) 송종래, 앞의 책, 346-347쪽.
53) 김사욱, 『한국노동운동사』 하, 산경문화, 1979, 106쪽.
54) 김기곤은 1933년생으로, 대한노총 대구지구연합회 총무, 전국노협 경북협의회 총무부장, 전국연합노련 대구시청노조 위원장을 지냈다. 김기곤은 1951년 11월 대구 대한방직에 입사하면서 김말룡과 인연을 맺었고, 이후 김말룡의 최측근으로 활동하였다.
55) 김기곤 인터뷰(일시: 2007년 3월 22일 / 녹취: 임송자).

김기곤의 회고에서 주목되는 점은 대한노총 중앙조직에서 조방쟁의를 놓고 조방파와 정화파로 분열된 상황이 대구지구에서도 그대로 재현되었다는 것이다. 그리고 김말룡은 이 당시까지만 해도 전진한을 중심으로 하는 조방파에 속했다고 볼 수 있다.

대구 대한방직쟁의 이외에도 1950년대 중·후반 노동운동의 점진적 성장을 반영하여 일어난 노동쟁의로는 서울자동차노조 파업(1954.6~1955.4), 대구 내외방직 노동쟁의(1954.9~1954.12), 남선전기 노동조합결성투쟁(1955.2~1956.2), 대한석탄광공사 노동자들의 쟁의(1956.12), 대구 이용사노조의 파업(1958.2), 전국섬유노련의 노동시간단축 쟁의(1959.2~1959.10), 부산 부두노조의 쟁의(1959.1~1959.6) 등이 있다.

이러한 노동운동의 성장은 1953년에 제정된 노동관계법의 영향으로 볼 수도 있다. 노동관계법 제정·공포는 국가가 노동운동을 통제할 장치를 법적으로 마련한 것이지만[56] 한편으로는 민주주의적 노동운동을 위한 법률적 기초가 세워진 것을 의미한다.[57] 다시 말해서, 정부가 강제로 집행할 의사가 없었다고 하더라도 법적인 보호(?) 아래에서 노동자들은 끊임없이 노동조합 결성 투쟁, 임금인상 투쟁, 생존권 투쟁을 전개해 나갈 수 있었던 것이다. 노동관계법 제정·공포 이후 노동조합 결성이 증가하였는데, 이들 노동조합은 1950년대 후반 민주적인 노동운동의 밑바탕이 되었다. 특히 노동관계법 제정·공포 이후 대구·경북지역에서의 노동조합 결성 운동은 김말룡의 주도로 이루어졌다.[58] 이에 대한 김기곤의 회고 내용

---

56) 윤여덕, 『한국초기노동운동연구』, 일조각, 1991, 317쪽(유광호, 「제1공화국의 노동정책」, 『한국 제1·2공화국의 경제정책』(한국정신문화연구원, 1999, 222쪽에서 재인용).

57) 김윤환·김낙중, 『한국노동운동사』, 일조각, 1992, 164쪽.

58) 김말룡의 이력은 다음과 같다. 일본에서 중학과정 유학. 1945년 조선기계공작소 입사. 1946년 9월총파업 당시 영등포 경성맘푸공장 청년부장. 대한노총 경북연맹 쟁의부장. 1952년 11월 대한노총 조사부장. 1954년 대한노총 대구지구연맹 위원장. 1954년 4월 대한노총 회계감사위원. 1957년 12월 대한노총 회계감사위원. 1959년 10월 전국노협 의장. 민주화운동기념사업회 2007년 현장민주화운동연구사업 구술자발표회(2007.4.2)에서의 김관호·김기곤 발표; 장미현, 「1950년대 후반 대구 대한방직 노동쟁의와 전국노동조합협의회」, 연세대 사학과 석사학위논문, 2007, 34-35쪽.

을 보면 다음과 같다.[59]

노동법 제정 이후에 김말룡 씨가 역시 대구에서 여기저기 많은 신규조
직을 했어요. 또 과거 기성조직도 법에 따른 개편을 해서, 진실된 노동
활동이 노동조합 활동이 대구에서 전개됐지요. 그때 포항이라든지 여기
김천이라든지 경상북도 지역에는 중소도시에서는 많은 노동조합이 없
었고요. 김천 뭐 포항 정도에 그저 뭐 있었죠. 그런데 53년도에 많은 조
직을 신규조직을 해서 54년도 10월 26일인가 합법적인 대한노총 대구지
구연합회 연합회입니다. 연합회 위원장에 김말룡 씨가 초대 위원장 합
법적인 위원장 초대 위원장이 되었지요.

1950년대 후반에 성장한 노동세력은 1958년 전국대의원대회에서 김기
옥이 규약을 고쳐가며 위원장제를 만들어 1인 독재체제를 수립한 것을 계
기로 투쟁을 전개하였다.[60] 김관호[61]의 증언에 의하면, 1958년 대회에서
정대천의 헤게모니 장악을 우려하여 한국운수 사장 임봉순이 한국운수 위
원장으로 있던 김기옥을 내세운 것이다. 김기옥은 한국운수 위원장을 하
면서 한국운수 사장 임봉순과 야합하여 비료조작비를 횡령하였으며, 이렇
게 횡령한 자금으로 1958년 부산대회에서 대의원을 매수하여 위원장이 되
었다.[62] 이에 부산대회에서 정대천 계열은 참패하였고, 김말룡은 제명처
분되었다. 이러한 상황에서 노응벽 · 김말룡 · 김관호 · 최종자는 김기옥의

59) 김기곤 인터뷰(일시 : 2007년 3월 22일 / 녹취 : 임송자).
60) 김낙중, 앞의 책, 247쪽.
61) 김관호는 1922년생으로 대한노총 결성의 주역이었으며, 대한노총 감찰부장, 경기도연맹 부위원장, 광산연
맹 사무국장 · 부위원장을 지냈다.
62) 김관호 인터뷰(일시: 2007년 3월 16일 / 녹취: 임송자). 임봉순은 자유당의 임흥순과 인척관계였다. 이러
한 관계에서 임봉순은 청와대 곽영주와 연줄을 맺게 되었다. 김기옥이 대한노총 위원장이 될 수 있었던 것
은 한국운수 사장 임봉순과의 야합, 그리고 자유당의 뒷배경이 작용한 것으로 보인다.

부정부패, 김기옥이 위원장으로 있는 부산부두노동조합의 불법성,[63] 규약 개정의 부당함[64] 등을 이유로 내세워 각각 보건사회부장관에게 이의를 제기하였으며, 제11차 전국대의원대회 결의사항 중 임원 개선의 결의가 무효라고 주장하였다. 아울러 이들 반김기옥파는 대한노총과는 별도로 노동조합 중앙조직을 결성하고자 운동을 추진하였다.

그 결과 1959년 8월 11일 전국노동조합협의회 설립준비위원회가 설립되었으며, 10월 26일 전국노동조합협의회 결성이 완료되었다. 전국노협은 이승만·자유당권력의 억압 밑에서 민주적인 노동조합운동을 전개하고자 에 대항하여 결성되었다는 점에서 1950년대 노동운동사상 중요한 의미를 지닌다. 그런데 전국노협 결성과정에서 짚어야 할 부분이 있다. 그것은 전국노협 설립준비위원회 때와 전국노협 결성단계에서의 임원 변동상황이다. 전국노협 설립준비위원회 때와 전국노협 결성 때 조직된 임원을 비교해 보면 아래 〈표 1〉과 같다.[65]

---

63) 김관호, 최종자는 보건사회부장관에게 〈대한노총 전국대의원대회 및 결격노동조합에 대한 이의신립〉이라는 문서를 보내 대한노총 제11차 전국대의원대회가 무효임을 주장하였다. 그 주요 이유는 "부산부두 노동조합은 위원장 김기옥을 위시하여 조합간부 전원이 도반장, 십장, 반장으로서 노동조합 본래의 설립목적에 위배되며 사용자로부터 작업을 인수받아 하청원의 형식으로 조합간부들이 사용자와 결탁 공모하여 노동조건의 저하를 기도할 뿐만 아니라 십장몫, 반장몫이라는 명목 하에 조합원의 노임을 착취"하였는데 "이는 중간착취 배제의 근로기준법 제36조 및 제3조에 위배되는 행위"이므로 부산부두노동조합은 노동조합법 제3조에 저촉되는 노동단체라는 것이었다. 한국노총, 『한국노동조합운동사』, 1979, 474쪽.

64) 노응벽, 김말룡이 보건사회부장관에게 〈대한노총 전국대의원대회에 대한 이의신립〉이라는 문서를 보내 대한노총 제11차 전국대의원대회에서의 규약변경 및 임원개선이 무효이므로 취소하여야 한다고 주장하였다. 그 주요 이유는 "노동조합의 규약변경은 총회 또는 대의원대회의 결의사항(노동법 제17조)에 속하는 것이며 이 변경을 위하여는 노조법 제27조에 의하여 대회 목적 사항으로 대회 2주일 전에 공고해야 하며 또한 대한노총 규약 제15조 1항 단서 및 제2항 제1호에 정한 바 절차를 준수"하여야 하는데도 불구하고 제11차 전국대의원대회에서 노동법과 규약을 위반하였다는 것이었다.

65) 김진선, 「자유당시대의 노동조합운동」, 『노동공론』 1975년 3월호, 36쪽; 한국노총, 앞의 책, 490쪽; 『동아일보』 1959년 10월 27일자, 「노조협의회. 편당적 태도 지양. 참다운 노동운동 전개한다고」.

<표 1> 전국노협 설립준비위원회와 전국노협 결성 때의 임원 변동 상황

전국노협 설립준비위원회 임원	전국노협 임원
• 지도위원 : 이두형(李杜炯), 정대천(丁大天), 노응벽(魯應壁), 최유식(崔有植), 김영태(金永泰) • 위원장 : 김정원(金正元) • 부위원장 : 이상진(李相鎭), 김말룡(金末龍) • 총무위원 : 김성환(金成煥), 김광배(金光培), 이팔갑(李八甲), 남상희(南相熙), 방홍규(方弘奎), 김덕현(金德顯) • 선전위원 : 신현수(申鉉洙), 김규성(金奎星), 최종자(崔鍾子), 박석기(朴石基), 이세영(李世榮), 김말룡(金末龍) • 연락위원 : 김관호(金觀浩), 서원우(徐源雨), 김갑수(金甲洙), 송기봉(宋基鳳), 정영권(丁永權), 문익모(文益模) • 규약기초위원 : 김경호(金敬浩), 한기수(韓箕洙), 김원환(金元煥), 박상익(朴商翊), 박월식(朴月植)	• 중앙위원회 의장 : 김말룡(金末龍) • 중앙위원 : 심순택(沈順澤), 강수면(姜洙冕), 김말룡(金末龍), 김갑수(金甲壽), 이팔갑(李八甲), 김운한(金雲漢), 이세영(李世榮), 김호택(金浩澤), 박월식(朴月植), 양의성(楊義成), 배형(裵亨) • 사무총장 : 한몽연(韓夢淵) • 정책위원회 위원장 : 엄동각(嚴東玨) • 쟁의지도위원회 위원장 : 김은호(金殷鎬) • 법규연구지도위원회 위원장 : 강기엽(姜基燁) • 회계감사위원회 위원장 : 김갑수(金甲洙) • 징계감사위원회 위원장 : 심순택(沈順澤)

전국노협 설립준비위원회는 대구지구노동조합연맹 위원장 김말룡, 부산지구노동조합연맹 위원장 최종자, 광산노동조합연맹 위원장 김정원 · 부위원장 김관호, 대한노총석탄광노동조합연맹 위원장 노응벽, 경전노동조합 정대천 · 이상진 등이 중심이 되었다. 이들 세력은 1950년대 중반 이후 대내 민주화투쟁을 통해 성장한 세력과 김기옥체제가 성립되기 전까지 대한노총을 주도한 세력 즉 어용과 부패의 장본인이라는 책임을 면하기 어려운 세력들로 구성되었다. 이들은 반김기옥 투쟁이라는 목표에서 연합할 수 있었다고 볼 수 있는데,[66] 이러한 연합관계는 전국노협 결성과정에서 깨져나갔다. 이리하여 전국노협 설립준비위원회 당시에 가담하였던 광산노동조합연맹(위원장 김정원, 부위원장 김관호), 석탄광노동조합연맹

---

66) 임송자, 「1950년대 후반 전국노동조합협의회 결성과 4월혁명기 노동운동」, 『한국민족운동사연구』 49, 2006, 271-274쪽.

(위원장 노응벽), 부산지구노동조합연맹(위원장 최종자), 경전노동조합
(정대천, 이상진) 등이 전국노협에서 이탈하였다.

이러한 상황에 대하여 김기곤은 정통파들이 김기옥체제에 반발하여 새
로운 노동조합을 만들자고 결의하여 결성된 것으로,[67] 그리고 처음에는
김기옥체제에 반발한 세력이 많았지만 나중에 많은 조직이 이탈함으로써
대구를 중심으로 한 36개 단위노조[68]가 모여 조직된 것으로 회고하였다.
또한 그는 1958년 대회 이후 "대한노총이 자유당의 어떤 그늘에서 여기에
서 이래서는 안되겠다. 정치적으로 중립하고 올바른 어떤 노동조합을 해
야 되겠다. 민주적인 노동조합을 해야 되겠다" "새로운 노동조합을 만들
자 여기는(대한노총 : 필자) 자유당 앞잡이 뿐이고 권력의 시녀로 정상적
인 노동조합이 아니다"고 하면서 대한노총에서 이탈하여 중앙조직을 만
들려고 하였지만 자유당의 탄압에 의해 거의 대다수가 대한노총 조직으로
들어간 것으로 설명하였다.[69]

김말룡을 중심으로 한 노동세력은 노동조합을 "노동자에 의한 노동자를
위하는 자주적인 집단"으로 인식하였으며, "대한노총의 기초 조직인 단위
노조가 민주화되고 그것이 노조로서의 정상적인 기능을 발휘"하여야만 노
동운동의 민주적인 발전이 있을 것으로 전망하였다. 또한 이들은 "민주적
이고, 정상적인" 노동운동 발전을 위해서는 대한노총과 결별하고 새로운
형의 전국조직체를 건설할 필요가 있다고 판단하여[70] 자유당 탄압을 예상
하면서도 의지를 굽히지 않고 전국노협을 결성하였다.

전국노협은 선언문에서 "이 땅에 진정 자유로우며 민주적인 노동조합
운동의 발전을 기하기 위하여" 노동조직이 결성되었음을 밝히고 있다. 또
한 "노동자의 권익을 짓밟는 악질기업주와 그 주구 및 노동 '부로커'들과의

---

67) 김기곤 인터뷰(일시: 2007년 3월 22일 / 녹취: 임송자).
68) 실제적으로 14개 단위노조였다. 김기곤은 36개 단위노조로 잘못 알고 있는 듯했다.
69) 김기곤 인터뷰(일시: 2007년 3월 22일 / 녹취: 임송자).
70) 한국노총, 앞의 책, 489-490쪽.

가책 없는" 투쟁을 선언함으로써 대한노총과 대립되는 노동조직임을 분명히 하고 있다. 전국노협은 선언문에서 중간착취제 제거를 중점적으로 내세웠는데, 이는 전국노협이 김기옥의 전국자유노동조합연맹을 주공격대상으로 설정하고 있다는 것을 의미한다. 전국자유노동조합연맹에는 십장제, 반장제와 같은 중간착취제도가 뿌리 깊이 박혀 있었는데,[71] 노동조합의 정상적인 발전을 위해서는 이러한 악폐를 제거할 필요가 있었던 것이다.

전국노협은 강령에서 "자유로우며 민주적인 노동운동을 통해서 노동자의 인권수호와 복리증진", "민주노동운동을 통해서 건전한 국민경제의 발전을 기하고 노자평등의 균등사회건설" 등을 내걸었다. 전국노협은 결성 당일에 "대한노총과 대결하여 참다운 노동운동을 전개할 것이며 특정된 정당을 지지 반대하는 편파적인 태도를 지양하고 시시비비주의로 나갈 것"[72]임을 결의함으로써 정당으로부터 독립적인 조직체임을 강조하였다. 그리고 전국노협 의장 김말룡도 1960년 1월 29일자 『동아일보』 논단을 통해 전국노협의 운동방향을 ① 노동조합의 본질에 입각한 노동운동 전개, ② 노동조합과 정당과의 관계에서 노동조합의 정치적인 중립주의 견지, ③ 노동조합의 주체성 확립 등이라고 밝혔다.[73]

2) 진보적 노동운동의 가능성

정부와 자유당은 전국노협의 결성이 1960년에 있을 정부통령 선거에 악영향을 미칠 것을 우려하여 그 합법성을 인정하지 않았다.[74] 보건사회부 장관은 "그들은 법에 의하여 합법적으로 결성하였다고 주장하고 있으나

---

71) 임송자, 앞의 책, 339–340쪽.
72) 『동아일보』 1959년 10월 27일자, 「노조협의회. 편당적 태도 지향. 참다운 노동운동 전개한다고」.
73) 『동아일보』 1960년 1월 29일자, 김말룡 (논단) 「한국노동운동의 비판 –앞으로의 방향을 중심으로–」.
74) 한국노총, 앞의 책, 448쪽.

결성함에 있어서 합법적인 절차를 밟지 않고 결성하였기 때문에 행정당국은 유령단체로 보고 있다"는 견해를 피력하였다.[75]

전국노협 임원명단에서 확인 가능한 인물은 김말룡, 배형, 한몽연, 김은호, 김갑수 등이다. 김말룡은 대한생사노조에 적을 두고 활동하였으며, 배형은 대구 대한방직쟁의 과정에서 노동조합 위원장에 선출되어 사장 설경동에 대항하여 투쟁한 인물이다.[76] 김갑수 또한 대한노총 대구지구섬유연합회 위원장으로서 대한방직쟁의를 적극 지원했던 인물이다.[77] 그런데 한몽연이나 김은호는 노동자(근로자) 출신이 아니다. 한몽연은 노동부서에서 노동행정을 담당한 인물이며, 김은호는 변호사로서 1958년의 대한노총대회 결의 무효확인 청구소송을 맡았던 인물이었다.[78] 이러한 사실로 보면, 전국노협은 "노동조합이란 근로자가 주체가 되어 자주적으로 단결"한다는 노동조합법 조항에 어긋나는 조직으로 볼 수 있다.

결성 당시 전국노협 세력은 미약했다. 1959년 8월 11일 설립준비위원회 결성에 합의했을 당시에는 24개 노조연합회 대표 32명이 참여하였으나, 10월 26일 전국노협 결성에 참여한 세력은 14개 단위노조 대표 21명으로 크게 줄었다. 자유당의 회유공작에 포섭된 정대천세력을 비롯하여 김기옥 체제에 반대하여 '이의신립'운동을 전개하였던 세력이 전국노협에서 대거 이탈한 결과였다. 1959년 말 현재 조합수가 558개였음에 비추어 14개의 단위노조를 거느린 전국노협의 세력은 상당히 미약했다고 볼 수 있다.[79] 또한 전국노협은 전국적인 조직체였다기보다는 대구 대한방직 쟁의과정에서 성장했던 세력을 중심으로 대구·경북지역에 기반한 조직이었다.

이승만·자유당권력의 탄압과 더불어 조직력의 미약으로 전국노협은

---

75) 『동아일보』 1959년 10월 29일자 「노조협의회는 유령. 손 보사장관 담(談)」.
76) 임송자, 앞의 책, 346쪽.
77) 장미현, 앞의 논문, 34쪽, 40쪽.
78) 김관호 인터뷰(일시: 2007년 3월 16일 / 녹취 : 임송자); 김기곤 인터뷰(일시: 2007년 3월 22일 / 녹취: 임송자).
79) 임송자, 앞의 책, 347쪽.

결성 이후 4월혁명 전까지 뚜렷한 활동을 전개하지 못했다.[80] 그럼에도 전국노협의 의의를 과소평가할 수는 없다. 자유당에 예속된 대한노총을 비판하고 이에 대항하여 대한노총과는 별도로 조직된 전국노협은 노동운동의 새로운 가능성을 제시해 주는 것으로 평가할 수 있다.

전국노협의 진가는 4월혁명 이후에 발휘되었다. 전국노협은 4월혁명 후 통치권력이 이완되고, 대한노총이 와해되는 상황에서[81] 본격적인 활동에 들어갔다. 4월혁명의 여세를 몰아 대한노총의 어용성 · 비민주성에 대한 공격과 더불어 조직활동을 활발히 전개하였다.[82] 조직활동의 결과 전국노협은 상당한 정도의 조직을 개편하여 전국노협 세력으로 포섭하였다.[83] 4월혁명 시기 주목할 만한 특징은 정신노동자로 불린 교원, 은행원, 신문기자 등에 의해 전개된 노동조합결성투쟁으로 노동조합운동의 폭이 넓어졌다는 점이다.[84] 이러한 노동조합 결성투쟁에서 전국노협은 정부당국의 교원노조 불허방침에 저항하기도 하고, 지원투쟁을 전개하기도 하는 등 노동운동을 선도적으로 이끌어 나가는 역할을 했다.

4월혁명 시기 전국노협 활동에 대한 자료는 별로 없어 자세한 파악은 곤란하지만 당시 대구에서 활동했던 인사들의 증언을 통해서 그 대략적인 윤곽을 파악할 수 있다. 김기곤은 전국노협이 교원노조, 은행노조 설립에 중

---

80) 4월혁명 전까지의 전국노협 활동으로 드러난 것은 1960년 3월 10일 노동절 행사였다. 전국노협은 대한노총과 별도로 대구와 부산에서 기념행사를 추진하였다. 『동아일보』 1960년 3월 10일자, 「노조협의회 측서 노동절 맞아 성명」.

81) 김관호는 4월혁명 이후 대한노총은 자유당과 밀착했던 김기옥을 중심으로 한 세력이 물러나고 수습위원회가 가동되었지만 대한노총 산별노동조합은 건재해 있었다고 회고하였다. 김관호 인터뷰(일시 : 2007년 3월 16일 / 녹취 : 임송자).

82) 4월혁명기 노동운동의 주요한 특징은 미조직 노동분야에서의 활발한 노조결성이라 할 수 있다. 1959년에 노동조합 547개, 노동조합원 280,438명이던 것이 1960년에는 노동조합 914개, 노동조합원 321,097명으로 증가하였다. 1959년에 신고 · 설립된 노동조합이 81개인데 반하여 1960년 한 해 동안에 388개의 노동조합이 신고 · 설립되었다. 보건사회부, 『보건사회통계연보』, 1959, 440~441쪽; 보건사회부, 『보건사회통계연보』, 1960, 478~479쪽.

83) 전국노협은 4월혁명 이후 6월 초순까지 170개 단위노조를 개편 · 포섭하여 16만 명의 노조원을 흡수하였다는 견해가 있지만 이는 과장된 것으로 보인다. 『동아일보』 1960년 6월 9일자, 「자유 찾은 노동운동, 노총은 해산상태. 월말까지 전국노조 개편」.

84) 한국역사연구회 현대사연구반, 『한국현대사』 2, 풀빛, 1991, 215쪽.

요한 역할을 했다고 회고하였다.[85] 또한 대구지역에서 활동했던 권오봉[86]
은 다음과 같이 회고하였다.[87]

> 삼호방직, 내외방직 전부다 노협으로 의무금(조합비: 필자)도 가지고
> 노협 산하에 들어왔지. 전부다 깡패들 어용노조 아닌가. 내외방직도 삼
> 호방직도 전부 어용노조인데. 그 당시에 그런 큰 흐름이 말이야 이래 하
> 니 전부다 산하에 들어온다 이 말이야. …… 내 그 당시에 내가 문경 가
> 서 문경시멘트 그 노동조합도 설립하고 이랬어요.

권오봉의 회고는 대한노총 산하에 있던 대구지역의 어용노조가 전국노
협으로 대거 흡수되었다는 사실을 확인시켜 주는 것이다. 한편 4월혁명
기 대구지역에서 전개된 노동조합결성투쟁의 대표적 사례로는 제일모직
을 꼽을 수 있다. 제일모직의 노동조합 결성에서 주목되는 점은 제일모직
이 전국노협과 직접적인 관계를 맺지 않고 자발적으로 결성하였다는 점이
다. 그 이유에 대해서 나경일[88]은 1960년 5, 6월 결성 당시 계엄령 상태
였기 때문에 시국이 안정되고 어느 정도 사회질서가 유지되었을 때 상부
조직에 가입할 계획이었다고 설명하였다.[89] 실제로 제일모직 노동조합은
1960년 12월 파업 당시에 한국노련과 연계하였으며, 한국노련에도 가입
하였다.[90]

1960년 7·29총선 때까지 노동계는 (1) 김말룡을 중심으로 한 전국노협
세력 (2) 성주갑·김주홍 등의 대한노총 세력과 각 산별노조 세력 (3) 새

---

85) 김기곤 인터뷰(일시: 2007년 3월 22일 / 녹취: 임송자).
86) 권오봉은 1926년생으로 대구 대한방직노동조합에서 활동하였으며, 섬유노련 대구지구연합회 쟁의부장을
    지냈다.
87) 권오봉 인터뷰(일시: 2007년 3월 22일 / 녹취: 임송자).
88) 나경일은 1930년생으로 제일모직 노동조합 감찰위원장, 섬유노련 대구지구연합회 쟁의부장을 지냈다.
89) 나경일 인터뷰(일시: 2007년 3월 23일 / 녹취: 임송자).
90) 1960년 11월에 한국노련이 결성되므로 1960년 12월 제일모직 노동조합 파업 당시에는 전국노협 조직이
    아닌 한국노련이 존재하였다. 그런데 나경일은 제일모직 노동조합이 전국노협에 가입하였다고 이야기하
    고 있어 필자가 한국노련으로 정정하였다.

롭게 등장한 전진한·김두한 등의 제3세력 등으로 구성되어 있었다. 대한노총과 전국노협은 1960년 9월 13일 노동계 통합에 합의하였으며,[91] 1960년 10월과 11월, 두 차례의 통합대회를 열어 한국노련을 출범시켰다. 4월혁명기 노동활동을 주도적으로 전개했던 전국노협이 대한노총과 통합하였다는 사실은 당시 노동운동세력의 민주적 역량이 충분히 성숙되지 않았음을 드러내는 것이다. 11월 통합대회 때 참석한 대의원 구성만 보더라도 대한노총 439명, 전국노협 36명, 비노동계 198명이었다.[92] 또한 한국노련 임시의장으로 김말룡이 선출되기는 하였지만 중앙운영위원이나 임원 대부분은 대한노총세력이었다. 이는 4월혁명기 열려진 공간에서 전국노협이 왕성한 노동활동을 전개했지만 일거에 대한노총 세력을 배제할 수 있을 정도로 성장하지 못했다는 사실을 단적으로 드러내는 것이다. 또한 1950년대 내내 유지해 온 대한노총의 뿌리 깊은 보수·반동성을 미완의 혁명으로서의 4월혁명으로 제거할 수 없었던 한계에서 기인한 것이다. 이러한 한계로 인해 통합된 한국노련은 이후 '민주적이고 자주적'인 노동운동을 적극적으로 전개하지 못하였고, 1961년 5·16 군부쿠데타에 의해 해산의 운명을 맞이할 수밖에 없었다.

4. 나오며

1950년대 존재했던 대한노총과 전국노협을 비교하면서 이들 조직이 진보와 보수로 대별되는 조직이었는지를 중심적으로 살펴보았다. 1950년대 한국의 노동운동을 군이 보수와 진보로 나눈다면, 진보적인 노동조직이란 권력과 자본으로부터의 독립을 지향한 운동, 즉 자주적이며 민주적인 운동을 지향하고 실천했던 노동조직을 일컫는다. 이에 반해 보수적인 노동

---

91) 통합 결정 배경에 대해서는 자료의 제약으로 파악하기 곤란하다.
92) 『동아일보』 1960년 11월 26일자, 「노동단체 통합키로 결의, 25일 하오 대회서 규약 토의 시작」

조직은 자본과 권력에 타협적이고, 협조적이었던 운동, 즉 비자주적이며 비민주적인 운동을 지향했던 노동조직이었다.

1948년 대한민국정부의 수립과 함께 남한에서 전평이 소멸·쇠퇴하고, 이에 따라 대한노총만이 남한 유일의 전국적인 노동조직으로 부상하였다. 따라서 이 시점에서는 미군정기에 나타났던 노동운동에서의 보수와 진보라는 대립관계는 나타나지 않았다. 다만 대한노총 내에서 미군정기의 보수반동적인 성격을 탈피하려는 세력 즉 노동조합주의를 표방하려는 세력과 자본과 권력에 타협적이고, 협조적인 세력과의 갈등·대립이 있었을 뿐이다. 그렇지만 세력 대 세력 간의 대립·갈등이 1950년대 내내 일관된 흐름을 갖고 전개되지는 않았다.

대한노총은 이승만·자유당권력과의 주종관계에서 조직이 작동되었으며, 대한노총 내 소수 간부들은 노동조합운동 본연의 임무에 충실하지 않은 채 노동조합 조직을 발판으로 정치적인 출세의 길을 마련하기 위해 여념이 없었다. 그리고 대한노총 조직은 이승만·자유당권력을 유지하기 위한 정치적인 동원체로서 기능하였다. 더욱이 노동쟁의를 지도할 책임과 의무가 있음에도 이를 방기하고 오히려 사측의 입장을 대변하거나 사측이 조직한 어용노조를 지지하는 경우도 있을 정도로 보수·반동의 성격이 강한 조직이었다. 이러한 대한노총의 보수·반동성은 4월혁명에 의해 자유당권력이 무너지기까지 지속되었다.

1950년 후반에 이르러서야 대한노총의 보수·반동성에 대항한 조직으로서 전국노협이 결성되었다. 이승만·자유당권력의 노동운동 억압에 대한 저항 움직임은 1950년대 중·후반부터 서서히 일어나기 시작했으며, 조선방직쟁의, 대구 대한방직쟁의 등 투쟁의 흐름을 이어받아 1959년 전국노협의 결성으로 나타난 것이다.

전국노협은 "민주적 정상적" 노동운동 발전을 위해 대한노총과 결별하고 새로운 형의 전국조직체를 건설하고자 하였으며, "특정된 정당을 지지 반대하는 편파적인 태도를 지양하고 시시비비주의로 나갈 것"을 결의하였다. 그러나 세력 면에서 상당히 미약했으며, 이승만·자유당권력의 탄압으로 인해 4월혁명 전까지 뚜렷한 활동을 전개하지 못하였다.

4월혁명기는 전국노협의 전성기로 일컬을 정도로 그동안의 침체기에서 벗어나 왕성한 활동을 전개하였으며 그 결과 상당한 정도로 조직을 확대하는 성과를 거둘 수 있었다. 그러나 1960년 노동계 통합대회를 통한 한국노련의 결성과정에서 보여지듯이 대한노총 세력을 일거에 배제할 수 있을 정도로 성장하지는 못하였다. 이는 1950년대 내내 유지해온 대한노총의 뿌리 깊은 보수·반동성을 미완의 혁명인 4월혁명으로 제거할 수 없었던 한계에서 기인한 것이기도 했다. 이러한 한계로 인해 한국노련은 이후 '민주적이고 자주적'인 노동운동을 적극적으로 전개할 수 없었다.

제2장

노동조직과 이승만 · 자유당 권력과의 관계

제2장
노동조직과 이승만 · 자유당 권력과의 관계

1. 들어가며

1946년 3월 10일 결성된 대한노총은 미군정기 반공 · 반전평 활동을 유감없이 전개하였고, 1948년 대한민국 정부수립 후 전평이 와해 · 소멸된 상황에서 남한 유일의 전국적 노동조합 연맹체로 부상하였다. 정부수립 후 대한노총은 태생적인 한계에서 벗어나 노동조직으로 환골탈태함으로써 노동자들의 권익옹호에 나섰어야 했다. 이래야만 대한노총이 노동조직으로서의 존립기반을 세워나갈 수 있는 것이다. 그러나 여전히 이승만정부에 협력하는 어용조직, 외곽단체로서 기능하면서 노동운동을 외면하였으며, 오히려 노동운동에 해악을 끼치기까지 하였다. 그리고 1960년 4월 혁명에 의해 와해되기까지 이승만 정권기 내내 노동조직이라는 간판을 내걸고 이승만 · 자유당 권력에 복무하는 조직으로 존재하였다.

이렇게 1950년대 내내 대한노총이 노동조직으로서 제대로 기능을 발휘 못하는 상황이었음에도 불구하고 이에 대항한 노동조직이 1950년대 후반에 이르기까지 나오지 않았다는 사실은 한국의 정치적 사회적 현실을 그대로 반영하는 것이기도 하다. 1950년대 한국의 극우반공체제가 각종 사회단체, 이익단체의 자율성을 억압하고, 국가권력에 종속시켰다는 사실에서 이러한 해석이 가능하다. 조봉암 · 진보당사건에서 볼 수 있듯이 1950년대 이승만 · 자유당 권력은 한 치의 혁신도 용납하지 않았던 것이다.

그러나 대한노총 내에서도 노동조합주의의 일정한 흐름이 존재하고 있었다. 1950년대 중반부터 노동조직의 자유당 예속을 비판하는 움직임이 일어나기 시작하였으며, 1950년대 중 · 후반기에는 노동자들의 조직화가 이루어지고 노동쟁의가 많아졌다는 사실에서 노동조합주의의 흐름이 어느 정도 존재하였다는 것을 확인할 수 있다. 그리고 이러한 흐름이 결집되어 1959년 10월 전국노협이라는 조직으로 결실을 맺게 된 것이다. 전국노협은 노동운동의 새로운 가능성을 보여주는 것이었고, 4월혁명기 열려진 공간은 이러한 가능성을 실현하는 시험대가 되었다고 볼 수 있다.

지금까지 1950년대 노동운동을 다룬 저서와 논문은 여러 편 나와 있다.[1] 2007년에 나온『대한민국 노동운동의 보수적 기원』이라는 저서는 기존의 연구에서 다루지 않은 대한노총의 조직변화, 특히 1953년 노동관계법 제정 · 공포 이후부터 1961년 한국노총으로 재편성되는 시기의 조직변화상을 탐색하였다. 그리고 시기별 활동상, 대한노총과 정당과의 관계, 즉 대한노총과 자유당, 대한노총과 민주당과의 관계 등을 밝히는데 중점을 두었다. 이리하여 대한노총의 조직적인 변화와 시기별 활동상에 대해서는 어느 정도 해명이 되었다고 볼 수 있다. 그러나 노동조직과 국가권력과의 관계에 대한 구체적이고 분석적인 연구는 이루어지지 않아서 연구를 좀 더 진전시킬 필요가 있다.

---

1) 한국노동조합총연맹, 『한국노동조합운동사』, 1979; 김낙중, 『한국노동운동사—해방후편—』, 청사, 1982; 정영태, 「노동조합 정치참여의 역사와 평가」, 인하대사회과학연구소, 『논문집』 9, 1990.6; 김용철, 「제1공화국하의 국가와 노동관계—수혜적 포섭에서 약탈적 후원으로—」, 『한국정치학회보』 29-3, 1995.12; 조돈문, 「1950년대 노동계급의 계급해체—노총의 호응성 전략과 노동자들의 저동원」, 『경제와사회』 29, 1996년 봄; 이우현, 「건국초기 한국노동조합의 조직적 특성」, 『경제논총』 19, 2000.11; 송종래 외, 『한국노동운동사』 4, 지식마당, 2004; 임송자, 『대한민국 노동운동의 보수적 기원』, 선인, 2007.

따라서 이 장에서는 1950년대를 중심으로 노동조직과 정치권력과의 관계를 살펴보고, 대한노총이나 전국노협이 노동조직으로서 어떠한 기능을 수행하였는지를 파악하고자 한다. 지금까지 자유당에 대한 연구[2]가 어느 정도 진척된 상태이므로 이러한 연구성과를 바탕으로 노동조직과 정치권력과의 관계를 살펴볼 것이다. 또한 1950년대 당시 현장에서 활동하였던 인사들의 구술을 적절히 활용하여[3] 대한노총과 전국노협이 정치권력과 어떠한 관계에 있었으며, 노동조직으로서 어떠한 기능을 수행하였는지를 파악하고자 한다. 이러한 연구는 이승만·자유당정권의 구조와 성격을 좀 더 구체적으로 파악하는데 일조할 것이라 여겨진다.

2. 대한노총 중앙조직과 이승만·자유당 권력

1) 정치세력과의 관계 형성

대한노총은 결성 초기부터 1960년 4월혁명에 의해 무력화될 때까지 국가권력과 불가분의 관계를 맺으며 조직을 운영하였다. 특히 이승만은 대한노총이 결성되기 전, 우익세력을 중심으로 노동조직을 결성하라고 명령했던 장본인이었다. 그리고 결성 이후부터는 대한노총의 총재로 추대되어 음으로 양으로 그 활동을 적극 지원한 인물이다. 대한노총 결성과정에서 이승만이 적극 개입한 사실은 김관호[4]의 구술에 의해서도 확인이 된다.

---

2) 박태균, 「1954년 제3대 총선과 정치지형의 변화」, 『역사와현실』 17, 1995; 연정은, 「제2대 국회 내 공화구락부―원내자유당의 활동에 관한 연구」, 성균관대 석사학위논문, 1997; 서중석, 「자유당의 창당과 정치이념」, 『한국사론』 41·42, 1999; 오제연, 「1956~1960년 자유당 과두체제 형성과 운영」, 서울대 석사학위논문, 2003.

3) 필자는 2007년 민주화운동기념사업회 연구소에서 기획한 「현장민주화운동 연구사업」에 참여하였으며, '1950년대 후반기~1960년대 초기 노동계동향'이라는 주제를 가지고 구술채록을 하여 연구보고서를 제출하였다. 대한노총 중앙조직에서 활동하였던 김관호, 이찬혁, 그리고 1950년대~1960년 초 대구지역에서 노동운동을 전개한 김기곤, 권오봉, 나경일을 만나 구술을 채록하였는데, 이 글에서 상당부분을 활용하여 논지를 보강하고자 한다.

4) 김관호는 1922년생으로 해방 후 월남하여 평안청년회에서 활동하였으며, 대한노총 조직과정에 가담하였다. 이후 대한노총 감찰부장, 경기도연맹 부위원장, 광산연맹 사무국장·부위원장을 지냈다.

김관호에 의하면, 안준성, 金龜 등의 우익청년단원이 전평에 대항하기 위한 노동조직을 결성하겠다는 의사를 당시 중구경찰서장으로 있던 김헌에게 피력하였고, 김헌은 이를 유진산에게 알렸으며, 유진산은 이승만을 찾아가 허락받아 냈다는 것이다.[5] 이리하여 우익의 청년단세력을 중심으로 대한노총을 조직할 수 있었다.

1946년 3월 10일 결성된 대한노총은 전평과 비교할 수 없을 정도로 미미했으나, 이러한 역관계는 9월총파업을 계기로 변화하기 시작하였다. 9월총파업 과정에서 대한노총은 전평 와해에 전력을 다했는데, 이때에도 이승만의 역할은 지대하였다. 전평을 와해시키는 활동에서 이승만이 한 역할을 김관호는 다음과 같이 회고하였다.[6]

철도파업이 나니까 홍윤옥(당시 대한노총 위원장)이가 감당할 수 없어서 후퇴하고 말았어요. 나 못하겠습니다 이거. 철도파업 내가 수습 못하겠습니다. 후퇴를 했어요. 그러니까 노총의 간부들이 모여가지고 사실상 홍윤옥이 힘 가지고 안 될 거다. 그럼 누구가 나와야 되겠냐. 이거를 진압하는 데는 이러니저러니 이승만 박사가 나와야 되겠다. 그래서 그 당시에 박사님에게 가서 지금 이 문제가 박사님이 나오셔야 만이 해결될 수 있으니깐 박사님 좀 나와 주셔야겠습니다 그랬죠. 그래 이박사가 내가 나가서 해결되겠다면 내가 나간다. 이박사가 나왔어요. 이박사가 나와 가지고 노총 조직이라는 게 미미한 게 노총조직 가지고는 철도파업을 해결할 수가 없으니까 이박사가 나와 가지고, 까놓고 얘기가 각 청년단을 동원했어요. 그 당시에 각 청년단이나 뭐 우익단체는 이박사 말씀 한마디면 그냥 그대로 복종들 했으니까. 그래서 그 당시에 서북청년회 또 김두한이가 하는 대한민청 뭐 등등이 동원이 된 거야.

---

5) 김관호 구술(일시: 2007.3.16 / 녹취: 임송자). 김관호의 구술내용은 다음과 같다. "이박사 승인이 있어야 뭐든지 다 되고 그럴 적인데. 이박사한테 가서 박사님한테 가서 그 진언을 했어요. 그러니까 아 그거 만들어야지. 그래가지고 국민회의 노동부장인 우갑린 씨인데 우갑린 씨한테 너 이런 거 들어왔으니 맡아서 해라. 이렇게 돼가지고 이제 이걸 규합해가지고…".
6) 김관호 구술(일시: 2007.3.16 / 녹취: 임송자).

대한노총은 노동조직으로서 순기능을 하기보다는 정치권력과 긴밀한 관계를 맺으며 정치권력의 이해관계에 영합하는 역기능적인 면모를 보였다. 1946년 9월총파업 이후 전진한체제가 들어서면서 대한노총은 일관되게 이승만·한민당노선을 지지하였으며, 이승만의 단독정부수립운동에 적극 가세함으로써 대한민국 정부수립에 일등공신 역할을 하였다. 이후 대한노총 중앙조직의 소수 리더십을 매개로 국가권력과 관계를 지속적으로 맺어 왔다. 이러한 국가권력과 노동조직과의 관계는 1953년 노동관계법 제정·공포에 따른 대한노총 재편성과정에서 불가분의 관계로 고착되었다. 그런데 국가권력과 노동조직이 불가분의 관계로 고착되기까지에는 내부적인 파벌 사이의 대립·갈등이 치열하였다.

대한노총의 내부 갈등은 대한민국 정부수립 후 곧바로 표출되었다. 이러한 갈등현상은 미군정기에도 존재하였지만 그 당시에는 반공·반전평이라는 공통의 목적을 수행하는 상황에서 일시적으로 잠재되어 있었다. 그러다가 정부수립 후에 내부 갈등이 폭발한 것인데, 그 대표적인 것이 전진한 세력과 김구(金龜) 세력의 격돌이었다.

정부수립 이후 김구[7]는 전진한세력에 대항하여 헤게모니를 장악하기 위해서 유기태를 중심으로 한 (구)국민당세력의 도움이 절실히 필요하였다. 유기태 또한 전진한세력에 대항하기 위해서는 김구세력이 필요하였다. 이리하여 김구와 유기태는 연합할 수 있었고, 이들은 1948년 8월의 임시대의원대회에서 전진한위원장 유임반대라는 공통의 입장을 갖고 전진한 세력에 도전하였다. 그렇지만 김구세력이 혁신위원회를 조직하고 혁신선언을 하였을 때, 유기태는 김구 세력으로부터 한발 물러나 있었다.[8]

김구와 유기태는 다시 1949년 3월 전국대의원대회를 앞두고 전진한에

---

7) 김구는 한독당계로 대한노총 결성과정에 적극 가담하였으며, 초기조직에서 부위원장에 선출되어 활동하였다. 1946년 9월총파업 이후 대한노총을 주도했던 이승만·한민당계의 전진한 세력과 대립하여 대한노총의 혁신을 주장하기도 하였다.
8) 임송자, 앞의 책, 148쪽.

대항하는 단일전선을 형성하였다. 이러한 단일전선은 성공을 거두게 되어 3월대회에서 유기태가 위원장, 부위원장에 김구가 당선되는 등 대한노총 임원진은 유기태·김구 세력이 독점하였다. 유기태·김구 세력에 의해 패배를 당한 전진한파는 3월대회를 부정하고 4월에 대회를 재소집하여 위원장에 전진한, 부위원장에 김중열·홍양명을 선출하였다. 이리하여 대한노총은 동일한 명의 밑에 2인의 위원장이 존재하는 상황이 벌어졌으며, 이때부터 3월파와 4월파 사이의 치열한 파벌대립이 연출되었다. 그런데 이때 이승만 대통령은 유기태·김구 중심의 3월파를 지지하였다.[9] 이승만이 전진한 중심의 4월파를 배제하고 3월파를 지지한 것은 3월파가 합법적인 명분이 있기도 했지만, 그 보다는 4월파의 중심인물인 전진한이 이승만의 충성스러운 인물이 아니었기 때문인 것으로 해석할 수 있다.[10] 전진한이 한민당원은 아니었지만 김성수와의 깊은 인연으로 인해 한민당과 관계를 유지하고 있었으며, 한민당의 지원도 받고 있었다.[11]

3월파와 4월파의 분열은 점점 강도를 더하여 서로 원색적인 비난과 테러, 성명전으로 이어졌다. 이러한 치열한 파벌싸움은 7월 20일 이승만의 중재로 봉합되었다. 정부수립 이후부터 끊임없이 야기된 내부분열이 대한노총 총재이기도 했던 이승만 대통령의 지시에 의해 미봉적으로나마 해결

---

9) 이승만은 1949년 5월 14일 유기태, 김구의 "3월파가 합법적인 것이니 노동회관도 유씨파에게 개방"하라고 사회부 노동국장에게 하명하였다. 또한 조선전업 분규가 단전파업으로 파문이 커졌을 때에도 이승만은 전업회사 측과 사회부장관, 대한노총 3월파 위원장 유기태와 부위원장 김구를 불러 조선전업노동조합을 인정하도록 하였다. 『동아일보』 1949년 5월 22일자, 「유씨파가 합법적. 대통령 노총분규에 언급」; 서중석, 『조봉암과 1950년대』 (상), 1999, 501쪽.

10) 전진한의 미군정기 활동상을 볼 때, 이승만·한민당계로 분류할 수도 있다. 1948년 5·10선거에 당선되어 제헌의원을 지냈으며, 미군정기 대한노총의 반전평·반공활동에 대한 논공행상 격으로 대한민국 정부수립 후 초대 사회부장관에 임명되었다. 그러나 그는 이승만 노선에 배치되는 면모를 보였다. 1950년 2월 국회 내 반이승만 세력에 의해 추진된 내각책임제 개헌을 반대하지도 않았으며, 자유당 결당과정에서도 원외자유당에 속하지도 않았다. 임송자, 「우촌 전진한의 협동조합 및 우익노조 활동」, 『한국민족운동사연구』 36, 2003; 김낙중, 『한국노동운동사—해방후편—』, 청사, 1982, 163쪽; 서중석, 앞의 책, 505쪽.

11) 전진한이 한민당의 지원을 받고 있었던 사실에 대하여 김관호는 다음과 같이 증언하였다. "총회(1949년 3월대회; 필자)를 열어서 유기태가 위원장을 했어요. 그러니까 전진한씨가 나와서 뭐라고 했냐면 이렇게 민주적으로 진행된 노총이 개혁된데 대해서 적극 협력하겠다고. 그래놓고는 4월 달에 전진한씨가 대회를 일방적으로 소집했어요. 그 당시에 내무장관이 김효석이 적입니다. 김효석이가 한민당이거든. 그래가지고 김효석이가 경찰을 풀어가지고 3월파를 못 들어가게 했어". 김관호 구술(일시: 2007.3.16 / 녹취: 임송자).

되었다는 것은 대한노총의 성격을 그대로 드러내는 것이기도 하다. 치열한 파벌대립도 이승만의 한마디로 중재가 될 정도로 이승만이 대한노총에 행사하는 영향력은 절대적이었다. 더욱 기막힌 것은 이승만의 해결 방식이었는데, 이에 대한 김관호의 증언은 아래와 같다. [12]

"전진한의 4월파에서 5명, 유기태씨 파에서 5명 이렇게 불러다 놓고, 얘기 간단해. 점심 먹게 다 앉으라고 오찬기도를 하는데. (이승만이) 기도하는 가운데서 뭐라고 그랬냐면 노총이 두 갈래로 갈려가지고 이거 심히 곤란하니까 애국적인 견지에서 최고위원회를 만들어 가지고 하나로 단결하도록 주님께서 도와주십시오. 이거 하나로 끝난 거야. (점심 식사 후 전진한과 유기태 등이) 나가서 최고위원회 하자 이렇게 된 거야"

1949년 7월 이승만의 지시에 의해 3월파, 4월파라는 내부대립이 해결되었지만, 이러한 조치로 내부분열이 말끔히 제거된 것은 아니었다. 이승만의 중재에 의해 일시적으로 봉합되었을 뿐, 오히려 전진한과 유기태 사이의 대립관계는 증폭되어 갔다. 혁신위원회 김구는 더욱더 전진한파에 대항하는 목소리를 높여나갔다. 그러나 1950년 대회에서 전진한이 위원장에 선출됨으로써 확고한 전진한체제가 성립되었다. 유기태는 최고고문으로 밀려나게 되었으며, 김구는 감찰부위원장직에 만족해야 했다. 또한 대회 이후 대한노총 집행위원회는 혁신위원회에 속했던 대한노총원의 완전한 추방을 결의하였다. 이리하여 혁신위원회세력은 점차 대한노총에서 축출되었으며, 이러한 과정에서 전진한을 중심으로 하는 체제가 확고히 자리를 잡아나갔다.

---

12) 김관호 구술(일시: 2007.3.16 / 녹취: 임송자).

2) 자유당 창당과 대한노총

대한노총은 조방쟁의와 자유당 결당과정[13]에서 다시 전진한 중심의 조방쟁의대책위원회(조방파)와 주종필·조광섭을 중심으로 한 정화위원회(정화파)로 분열되었다. 조방쟁의는 1951년 9월 조선방직 사장에 취임한 강일매가 노동자를 무단으로 해고하고, 노동조합을 어용화하기 위해 노골적으로 탄압하여 일어난 쟁의였다. 이에 대한노총은 조방쟁의대책위원회(조방파)를 구성하고 사회부를 상대로 쟁의조정을 신청하는 등 강일매에 대항하였으나 정부당국은 강일매 사장을 옹호하였다. 이렇게 정부 측에서 강일매를 옹호하게 된 데에는 이승만이 배후에서 강력하게 강일매를 밀고 있었기 때문이었다. 한편 강일매가 이승만의 강력한 지지를 받고 있다는 사실을 알고 있는 대한노총 내의 주종필, 조광섭, 조용기 등은 대한노총의 조방쟁의 개입을 반대하며 대한노총 정화위원회(정화파)를 구성하여 조선방직 내에 어용노조를 만들도록 지시하였다.[14]

정화파는 이승만과 직결된 원외자유당 추종 세력이 중심을 이루었으며,[15] 조방파는 원내자유당파로서 이승만이 추진하던 대통령 직선제와 양원제를 골자로 한 개헌[16]에 반대한 세력들로 구성되었다. 정화파는 ① 새로 영입한 국회의원 이진수, ② 전진한 중심의 주류파에 속했으나 전진한과 결별한 조광섭, 조용기 등, ③ 3월파에 속했던 인물 주종필, 박중정 등으로 구성되었다.[17] 조방파는 전진한, 임기봉, 김말룡 등이 관계하였다.[18]

---

13) 자유당 창당과정에 대해서는 서중석, 「자유당 창당과 일민주의의 운명」, 『이승만의 정치이데올로기』, 역사비평사, 2005, 120~150쪽 참조.
14) 김낙중, 앞의 책, 144~150쪽.
15) 서중석, 앞의 책, 502쪽.
16) 이승만은 1951년 11월 30일 대통령 직선제와 양원제를 골자로 하는 개헌안을 국회에 제출하였다. 손봉숙, 「한국 자유당의 정당정치 연구」, 『한국정치학회보』 제19집, 1985, 167쪽.
17) 임송자, 앞의 책, 166쪽.
18) 서중석, 앞의 책, 502쪽.

당시 전진한은 대한노총 위원장이었고 주종필은 부위원장이었다.[19] 주종필은 대한노총철도연맹 초대위원장이었으며,[20] 1949년 3월에 열린 대한노총 대회에서 부위원장으로 선출되어 3월파로 활동한 인물이었다. 김관호[21]의 구술을 토대로 추론해 본다면 주종필을 중심으로 한 세력은 1948년 8월에 일어났던 전진한의 사회부장관 유임반대운동 과정에서 결집했던 세력들이 다수 포진해 있었던 것으로 보인다. 이들 대부분은 반전진한 세력이었으며, 이승만대통령에 대한 충성도가 강했을 것으로 여겨진다.

자유당은 출범 이후 전국적으로 지방당부까지 조직하는데 성공하였다. 자유당 창당조직에서 민족청년단(이하 족청)세력은 중심적인 역할을 하였다. 자유당원으로 조직화된 사람들 대부분은 족청의 이념이나 강령에 따라 잘 훈련된 청년계 인사들이었지만,[22] 자유당이 거대정당이 될 수 있었던 것은 경찰을 앞세운 관권에 의해서 가능하였다. 자유당은 이범석이 1952년 5월 내무부장관에 취임함으로써 더욱 급성장할 수 있는 계기를 마련하였다.[23]

자유당은 부산정치파동 이후 족청계와 비족청계와의 대립을 겪었다. 1952년 정부통령 선거에서 부통령 후보로 자유당의 공천을 받은 이범석이 낙선하였다. 이범석은 선거에 경찰이 깊이 개입한 것에 불만을 갖고 자유당 산하조직을 족청계로 포섭해 나갔다. 이에 이승만은 자유당의 족청화를 좌시하지 않았다. 이승만은 1952년 9월 26일 열린 자유당 전국대의원대회에 친서를 보내 "모든 정치를 소수의 지혜인(智慧人)에 맡기어 그릇되

---

19) 한국전쟁의 발발로 인해 1951년 3월로 예정된 전국대의원대회를 개최할 수 없었고, 임시방편으로 각 도 및 산별대표자 회의로 대신하였다. 이때 위원장 전진한, 부위원장 조광섭·조용기·주종필, 감찰부위원장 정대천·송원도, 감찰사무국장 김관호, 총무부장 유화룡, 조직부장 유익배, 선전부장 홍현동, 조사부장 이득영이었다. 한국노총, 『한국노동조합운동사』, 1979, 353쪽, 919쪽.
20) 전국철도노동조합, 『철로30년사』, 1977, 36쪽. 주종필은 1950년 3월 철도연맹 대회에서도 위원장에 재선되었다. 전국철도노동조합, 위의 책, 42쪽.
21) 김관호는 대한노총 감찰부장, 경기도연맹 부위원장, 광산연맹 사무국장·부위원장을 지냈다.
22) 손봉숙, 「한국 자유당의 정당정치 연구」, 『한국정치학회보』 19, 1985, 169쪽.
23) 서중석, 「자유당 창당과 일민주의의 운명」, 『이승만의 정치이데올로기』, 역사비평사, 2005, 149쪽.

게 하지 말고 다수국민에 의하여 민의대로 전국민을 위하는 정치를 실천케 하는 데 노력할 것이며 당수니 총재니 하는 명목은 철폐하고 농총 노총 국민회 청년회 부인회 각 단체에서 3인씩의 대표를 선출하여 가지고 그 대표 중에서 한사람씩만을 엄정 선출하여 그들로 중앙위원부를 구성하고 중앙위원부를 중심으로 모든 정책을 토의"[24]하라고 밝히고 족청계 제거에 본격적으로 나섰다.

이 당시 대한노총은 앞서 밝힌대로 조방파와 정화파로 분열된 상태였다. 이러한 분열상은 1952년의 대의원대회도 정화파는 5월 31일에, 조방파는 6월 9일에 각기 따로 개최할 정도로 심각하였다. 이러한 내부 분열에 직면하여 이승만 대통령이 개입하였다. 이승만은 1952년 10월 30일 〈대한노총 통일을 위하여 지도자에게 권고〉라는 담화[25]를 발표하여 내부 분열을 해결하고자 하였다. 이에 대한노총은 이승만의 의중에 따라 1952년 11월 8일 전국통합대회를 개최하였다. 통합대회에서 양 파벌의 중심인물인 전진한과 주종필이 제거되고,[26] 이진수, 송원도, 조경규가 최고위원에 선출되었다. 이승만대통령은 대회에 "자유로 투표하여 직접 일하는 노동자 중에서 3인을 뽑아 천거하면 그 중에서 1인을 택하여 1년 동안 자유당 중앙위원의 책임으로 시무케 할 것"이라는 서한을 보내어[27] 대한노총 등 5개 사회단체에서 선출된 사람들을 중심으로 한 중앙위원부 구성을 구체화하였다.

대회에서 선출된 3인 중 이진수와 조경규라는 인물이 특히 주목되는데 이들은 새롭게 대한노총에서 영입한 인물이다. 즉 전진한, 주종필, 송원도 등

---

24) 『동아일보』 1952년 9월 27일자, 「원외자유당 전당대회. 이대통령 훈사중(訓辭中)서 당수제(黨首制) 폐기(廢棄) 제언(提言)」.

25) 담화에서 이승만은 "모든 분파하는 사람은 앞으로 누구일지라도 다 삭제하고 단순히 노총 안에서 직접 일하는 사람만이 여기 참가해서 대회를 진행하여야 하고 다소간 분규 있는 곳은 쌍방이 협의하여 원만을 이루되 그 분쟁을 대회에다 부쳐서 전체의 통일을 방해해서는 못 쓸 것이다"라고 하여 분파행동하는 사람은 모두 제거하겠다고 표명하였다. 임송자, 앞의 책, 171쪽.

26) 주종필은 이후 자유당원으로 활동하였고, 1955년 12월 23일 자유당을 탈당하여 장택상, 이범석, 배은희 등이 중심이 된 신당발족준비위원회에 가담하였다. 『동아일보』 1955년 12월 25일자, 「자유당서 탈당. 배씨 등 7명」.; 김운태, 『한국현대정치사』 제2권, 성문각, 1986, 115~116쪽.

27) 『동아일보』 1952년 11월 10일자, 「피선 후 자유당 간부. 노총대표 선출에 대통령 서한」.

은 미군정기부터 대한노총 중앙조직과 지방조직에서 활동하던 인물이었던데 비해 이진수와 조경규는 대한노총이라는 조직에서 성장한 인물이 아니었다. 이진수는 제헌의원을 거쳐 5·30선거에서 당선된 인물이었다.[28] 조경규는 국민회 도위원장과 대구민보사 사장을 지냈으며 5·30선거에서 당선된 인물이었다.[29] 이진수와 조경규는 이후 대한노총의 중심인물로 자유당과 긴밀한 관계를 맺으면서 활동하다가 1954년에 대한노총에서 물러났다.

한편 이승만은 1952년 2대 대통령선거 직후부터 정계 안팎에서 상당한 영향력을 확보하고 있던 이범석을 제거하기 위한 작업에 나섰다. 이에 반발하여 이범석은 자유당 내의 주요간부와 5개 사회단체의 족청화를 시도하여 족청계와 비족청계의 권력싸움이 1953년 상반기까지 이어졌다.[30] 이렇게 자유당에서 족청계와 비족청계의 권력싸움이 이어지는 가운데 대한노총의 리더십은 이승만의 의향에 따라 족청계 제거에 적극 가세하였다. 이러한 사실은 대한노총이 전국사회단체중앙협의회에 적극 참여한 것에서 드러난다. 전국사회단체중앙협의회는 국민회, 대한노총, 농총, 대한청년단, 부인회 등 5개 사회단체에서 족청계를 거세하기 위해 조직한 단체이다.[31] 대한노총에서는 이 조직에 이진수, 조경규, 주종필이 참여하였고, 이진수는 중앙의장단에 선출되었다.

이승만을 중심으로 한 족청계 제거작업에 대항하여 족청계는 1953년 5월 대전에서 개최된 자유당 전당대회에서 족청계 중심의 당구조로 개편을 시도하였다. 그러나 이승만에 의해 당구조를 개편하려는 시도는 무산되었고, 오히려 전국사회단체중앙협의회 계열의 비족청계가 자유당 내에서 부각되기 시작하였다.[32]

---

28) 중앙선거관리위원회, 「대한민국선거사」 제1집, 1973, 1073쪽, 1094쪽.
29) 김영태, 「도큐멘타리 노동운동 20년 소사」(4), 「노동공론」, 1972.3, 175쪽.
30) 박태균, 「1954년 제3대 총선과 정치지형의 변화」, 「역사와현실」 17, 1995, 191~192쪽.
31) 「동아일보」 1953년 2월 6일자, 「외자(外自)의 구열(龜裂) 노정(露呈). 전국사회단체중앙협의회 구성」; 「동아일보」 1953년 2월 11일자, 「9일 사협(社協) 결성대회. 10일 내 궐기대회」.
32) 박태균, 앞의 논문, 192쪽.

이승만은 1953년 하반기부터 본격적으로 족청계를 숙청하는 작업을 진행
하였다.[33] 1953년 9월 12일 '일체의 파당요소 제거'라는 이승만의 특별담화,
그리고 9월 16일 환도를 전후해서 "족청계의 세력 부식은 당의 분규를 만들
고 통일정신을 미약하게 하고 있으니 고통을 참고 잘라내야 한다"는 이승만
의 지시에 의해 족청계 제거가 가속화되었다. 결국 12월 10일에 이범석, 진
헌식, 안호상, 이재형, 양우정, 원상남, 윤재욱, 신태악 등 8명의 족청계
주요인사들이 자유당에서 제명되어 족청계 제거는 일단락되었다.[34]

자유당 창당 초기부터 1953년 하반기까지 자유당 내에서 족청계가 장
악하고 있어, 대한노총을 비롯한 사회단체는 비교적 운신의 폭이 적었던
것은 사실이다. 이 시기 대한노총은 주도권을 장악한 족청세력에 눌려 당
정 결정과정에 참여할 만한 위치를 차지하지 못하고 있었다.[35] 1952년 9
월 제3차 전당대회에서 이승만은 당헌을 개정하여 중앙상무집행위원회
등의 상위기구를 폐지하고 새롭게 중앙위원부를 구성하여 당 운영을 담당
하도록 지시하였다.[36] 그런데 중앙위원부가 실제로 구성되는 것은 1953
년 1월이었다. 이승만은 1953년 1월 28일 자유당 중앙당부에서 일할 대
표위원과 위원을 발표하였는데, 대한농총은 채규항·최상석·박일래, 대
한노총은 송원도·이진수·조경규, 대한부인회는 박현숙·황애덕·유각
경, 대한청년단은 윤재욱·유화청·진승국 등이었다.[37] 이렇게 대한노총
을 비롯한 사회단체는 자유당의 최고의결기구인 중앙위원부에서 당 운영
을 담당하였지만, 이때에도 자유당 내에서 실권은 없었다. 중앙위원부 위

---

33) 서중석, 앞의 책, 507-508쪽.
34) 박태균, 앞의 논문, 192-194쪽;『조선일보』1953년 12월 12일자,「자유당 철처한 숙당운동. 이범석 씨 등
   제명. 이승만 총재도 중앙당부 결정을 승인」.
35) 송종래,『한국노동운동사』4, 지식마당, 2004, 299쪽.
36) 오제연,「1956-1960년 자유당 과두체제 형성과 운영」, 서울대 석사학위논문, 2003, 21쪽.
37)『동아일보』1953년 1월 30일자,「원외(院外)자유당 대표위원 지명. 이승만 박사 최후결정 발표」. 이승만은
   중앙당부 위원을 발표하면서 국민회의 대표를 정하지 않았는데, 그 이유는 국민회대회가 끝나지 않았다는
   것이었다. 대한노총 대표로서 중앙당부 위원으로 선출된 이들은 1952년 11월 통합대회에서 선출되어 최고
   위원으로 있던 자들이었다. 그런데 특이한 것은 대한청년단의 현재 단장이 유지원이었으며, 부단장이 김
   근제였는데 이들이 배제되고, 윤재욱·유화청·진승국이 선출되었다는 점이다.

원이라는 직함만을 가지고 있었을 뿐, 당의 실권은 여전히 족청계에서 쥐고 있었다.[38] 1953년 하반기 이승만이 대대적으로 족청계 숙청작업을 벌였고, 이어 11월 24일에는 총무부장에 이기붕, 정무부장에 이갑성 등 9명의 새로운 간부를 임명하여 당 재건업무를 맡겼다. 이때 대한노총 최고위원 이진수는 훈련부장에 임명되어 활동했으나[39] 이기붕체제가 성립한 뒤에도 대한노총은 자유당 내에서 아무런 힘이 없었다.[40]

3) 대한노총 리더십의 자유당 관계

1954년의 대한노총 대회는 1953년에 제정·공포된 노동조합법에 따라 조직을 재편성하기 위한 목적으로 개최되었다. 노동조직 재조직을 위해 1954년 준비위원회를 구성하였는데 이때 정대천파와 이진수파로 분열되었다. 정대천 중심의 대한노동조합총연합회 전국대회소집위원회(이하 전대위)와 이진수를 중심으로 한 대한노총 전국대의원대회소집준비위원회(소준위)는 각기 재조직을 통해 헤게모니를 장악하려 했다. 노동조직 재조직을 둘러싸고 분열이 또다시 재연되자 자유당과 이승만 정부는 대한노총의 조직문제에 적극 개입하여,[41] 정대천 세력을 지지하였다. 박술음 사회부장관은 1954년 3월 22일 담화를 발표하여 정대천 중심의 전대위가 합법적 조직체이며, 소준위는 중앙연맹 결성에 대한 준비기능이 없다고 밝혔다. 이리하여 이진수 세력은 헤게모니 장악을 포기할 수밖에 없었으며, 전대위가 당국으로부터 집회허가를 얻어 대회를 개최할 수 있었다. 재조직된 대한노총은 자유당과 이승만 정부의 의도대로 정대천 중심체제로 정비되었다.

---

38) 서중석, 앞의 책, 507–508쪽.
39) 오제연, 앞의 논문, 7쪽.
40) 서중석, 앞의 책, 507–508쪽.
41) 『동아일보』 1954년 3월 13일자, 「자유당, 당헌수정위 등 구성키로」.

자유당은 이러한 조직재편성 과정뿐만 아니라 다가올 선거에서도 대한
노총을 비롯한 부인회, 농민회, 국민회 등에 대해 소속단체 간판을 내걸
고 입후보할 수 없도록 강제하였다. 즉, 1954년 4월 8일 자유당 부차장회
의[42]에서는 "동당의 기간단체인 부인회 농민회 노총 국민회 등 간판을 내
걸고 입후보할 수 없고 자유당 간판 아래 입후보하여야 한다"는 원칙을 결
정하였다.[43] 이는 사회단체를 자유당 권력에 종속시키기 위한 작업이었
다. 결국 자유당의 결정에 따라 대한노총 최고위원 정대천은 파주구에서,
조경규는 함안구에서 자유당 간판으로 입후보하여 당선되었다.[44]

한편 1954년 총선거를 전후하여 초기의 자유당 간부들이 완전히 교체되었
다. 대부분의 사회단체 인사들은 완전히 도태되고 이기붕을 중심으로 하는
이승만의 새로운 측근들이 자유당을 주도하게 되었다.[45] 이기붕은 당 주도
권을 바탕으로 국회의장에 당선되었고, 자유당 중앙위원회 의장에 선출되었
다. 또한 이기붕 측근들도 주류파를 형성하여 당권을 장악하였다.[46]

노동관계법 제정 · 공포 이후 새로운 변화는 '근로자'가 아닌 경우 노동
조합에서 활동할 수 없었다는 점이다. 노동관계법 제정 · 공포 이전에는
단위사업장에 소속되어 있지 않으면서도 대한노총 임원에 선출되어 활동
할 수 있었지만, 노동관계법이 공포된 이후에는 노동조합법에 의해 제약
을 받은 것이다. 그 단적인 예는 1953년 12월 이진수가 전국자유노동조합
연맹 설립대회에서 위원장에 선출되었으나 중앙노동위원회에서 이진수가
'근로자'가 아니라는 이유를 들어 1954년 3월 17일 해산 결정을 내린 것에
서 찾아볼 수 있다. 사회부는 중앙노동위원회의 해산결정에 따라 3월 20

---

42) 1954년 3월 5차 전당대회에서 당헌상 최고의결기관이었던 중앙위원부가 폐지되고, 집행부 16부의 부장과
    차장이 참여하는 부 · 차장회의가 실질적인 당 최고의결기관으로 부상하였다. 오제연, 앞의 논문, 22쪽.
43) 『동아일보』 1954년 4월 10일자, 「개헌찬동서약이 선행. 공천에 부차장회의 결의」.
44) 한국노총, 『한국노동조합운동사』, 1979, 415쪽; 중앙선거관리위원회, 앞의 책, 1116쪽, 1122쪽. 정대천과
    조경규는 1958년 총선거에서도 출마하여 당선되었다. 중앙선거관리위원회, 앞의 책, 1137쪽, 1144쪽.
45) 박태균, 앞의 논문, 210~212쪽.
46) 오제연, 앞의 논문, 8쪽.

일 전국자유노동조합연맹의 해산을 명령하였다.[47)]

1950년 대회에서 대한노총 부위원장에, 1952년 5월대회(정화파 대회)에서 최고위원에 선출되었던 조용기나 1952년 11월 통합대회에서 최고위원에 선출되었던 조경규도 '근로자'가 아니었다. 이들은 대한노총을 통해 정치적인 발판을 마련하기 위해 임원이 되었던 사람들이었으므로 노동관계법 제정·공포 이후에는 대한노총 임원이 될 수 없었다.[48)] 조경규는 1956년 5월 제4대 정부통령선거에서 이기붕이 민주당 후보인 장면에게 패하게 되자, 기존 이기붕 중심의 자유당 권력구조에 대한 쇄신을 요구하는 반대파를 형성하였다.[49)] 그리하여 이기붕을 중심으로 한 주류파와 조경규를 중심으로 한 비주류파의 대립이 있게 되었다.

1954년 대한노총 대회가 있기 전, 자유당은 3월 10일부터 자유당 전당대회를 개최하였다. 이승만은 11일 열린 중앙대표자회의에 메시지를 보내 "자유당 중앙위원(국민회 제외)의 임기가 10일 전당대회로서 만료되었음을 명확히 하고 노총, 농민회, 부인회 등 3개 단체가 조속히 총회를 열어 자유당에 파견할 중앙위원을 선출할 것"을 지시하였다. 그리고 대한노총 재편성 문제에 대해서도 "노동조합법에 의거해서 결성된 산업별 노조대표들로서 대한노총을 구성함이 타당하다"고 언급하였다.[50)]

이리하여 대한노총은 1954년 4월 1~2일 대회를 개최하여 조직을 재조직하였고, 정대천·김주홍·김두한을 최고위원으로 선출하였다.[51)] 대한노총 조직은 1954년 대회 이후 정대천에 의해 주도되었으며, 정대천을 매개로 대한노총과 자유당 사이에는 주종관계가 형성되었다. 대한노총과 자

---

47) 전국부두노동조합, 『한국부두노동운동백년사』, 1979, 193~201쪽.
48) 김기곤 구술(일시: 2007.3.22 / 녹취: 임송자); 권오봉 구술(일시: 2007.3.22 / 녹취: 임송자).
49) 문정인·류상영, 「자유당과 경무대—'정치사회'의 출현과 붕괴의 정치학」, 문정인·김세중 편, 『1950년대 한국사의 재조명』, 선인, 2004, 26~27쪽.
50) 『동아일보』 1954년 3월 13일자, 「자유당. 당헌수정위 등 구성키로」.
51) 노동운동 회고 정담(鼎談), 「대한노총결성전후」 (7), 『노동공론』, 1972.6, 209~210쪽.

유당, 대한노총 최고위원 정대천과 자유당과의 관계에 대해 이찬혁[52]은 "정대천이라는 사람이 자유당하고 가깝지. 자유당 국회의원 했잖아. 파주 출신인데. 헌데 정대천 어떤 사람이냐면 사람 자체가 악의가 하나도 없는 사람이야"라면서 보스적인 기질이 있었으므로 최고위원을 할 수 있었다고 하였다.[53] 김관호는 정대천이 "개혁성도 없고 실천력도 없는 우유부단한 사람이었으며, 최고위원의 대표급으로 있었을 뿐 실제적으로 정대천 밑에서 실권을 장악한 사람은 차국찬, 이상진, 김관호(정대천을 지지하는 외곽조직의 한사람)라고 회고하였다.[54]

정대천[55]은 제3대 국회의원선거(1954.5.20), 제4대 국회의원선거 (1958.5.2)에 자유당 후보로 파주군에서 출마하여,[56] 당선된 인물이다.[57] 그는 1958년 10월 김기옥체제가 성립되기 전까지 대한노총에서 최고위원으로 활동하면서 권력을 유지하였다. 대한노총 내 헤게모니 싸움이 치열하였음에도 불구하고 이렇게 최고위원을 몇 년 동안 계속 유지할 수 있었던 것은 자유당과의 긴밀한 관계 때문이었다. 자유당은 헤게모니 싸움이 있을 때마다 정대천을 후원하고 지지하였다. 정대천은 1955년 4월 대회에서 최고위원에 선출되었으나 사무총장 인선에 불만을 품고, 부정대의원을 거론하며 자파세력과 더불어 대회를 부인하였다. 그리하여 대한노총 내 파벌대립이 연출되었는데, 이때 자유당의 합작공작에 의해 9월 수

---

52) 이찬혁은 1924년 10월생으로 서북청년회에서 활동하다가 대한노총 조직 결성에 가담하였으며, 대한노총 철도연맹 선전부장, 대한노총 철도연맹 부위원장, 대한노총 법규부장, 한국노총 위원장을 지냈다.
53) 이찬혁 구술(일시: 2007.3.15 / 녹취: 임송자).
54) 김관호 구술(일시: 2007.3.16 / 녹취: 임송자).
55) 정대천은 해방되기 15년 전부터 경성전기에서 근무하던 직원이었다. 미군정기에 그는 '전평 조선전기노동조합 경전종업원조합'이라는 전평계열 노동조합에 대항하기 위해 우익노조를 결성하는 데 앞장섰던 그룹의 리더였다. 1946년 11월 22일에는 경성전기자치노조를 결성하여 위원장이 되었다. 경성전기자치노조는 1947년 4월 6일 대한노총 산하로 들어갔는데, 이후에도 정대천은 위원장을 계속 지냈다. 정부수립 후 정대천은 대한노총 중앙조직에서 감찰부위원장을 지냈으며, 4월파, 조방파에 속한 인물이었다.
56) 자유당은 1954년 4월 13일 전국 203개 선거구 중 158개구의 공인후보를 결정, 발표하였는데, 대한노총 관계자로 조광섭, 이진수, 정대천도 포함되어 있었다. 조광섭은 영등포 갑구, 이진수는 양주군 을구, 정대천은 파주군을 지역기반으로 하고 있었다. 「동아일보」 1954년 4월 15일자, 「158개구 총재 재가, 구방위군계 등 배제 극주목(極注目)」.
57) 중앙선거관리위원회, 앞의 책, 1116쪽, 1137쪽.

습대회를 열어 헤게모니를 장악하였다. 1957년 10월대회에서도 정대천은 최고위원으로 선출되지 못하고 상임고문으로 밀려나게 되었다. 그러자 또 다시 10월대회를 무시하고 별도로 대회를 개최하여 임원개선을 하였다. 그리고 10월대회에서 선출된 최고위원들이 모두 비자유당계의 인물이기 때문에 자유당 기간단체인 대한노총을 운영할 수 없다고 주장하면서 자유당 주류파를 중심으로 대한노동조합총협의회 결성준비위원회를 구성하였다.[58] 이와 같이 대한노총이 분열되자 정부당국이 나서서 해결을 유도하였다. 이리하여 결국 12월대회를 개최하게 되었고, 또다시 정대천은 실권을 거머쥘 수 있었다. 이렇듯 자유당이 정대천을 절대적으로 지원·지지한 것은 정대천이 자유당에 충성스러운 인물이었기 때문이었다. 대한노총을 자신의 통제 하에 두기 위해서도 자유당은 정대천이 필요하였다.

1958년 10월 대한노총 전국대의원대회를 앞두고 김기옥을 중심으로 규약개정운동[59]이 일어났다. 이로 인하여 대한노총은 또다시 정대천파와 김기옥파로 분열되었다. 이러한 상황에 직면하여 자유당은 당무회를 열어 "예정대로 오는 29일에 대한노총 연차대회는 소집하되 임원을 개선한다든가 규약을 개정하지 않고 현상을 그대로 유지하는 방향에서 분규를 수습"하는 것으로 결정하였다.[60] 이렇듯 수차례에 걸쳐 대한노총 분열에 자유당이 개입하였다.

대한노총 조직문제에 자유당이 개입하는 것을 당시의 여론은 좋게 보지 않았다. 한 신문은 "노총이라는 것이 진정한 노동자의 권익을 옹호하는 단체라고 본다면 여당인 자유당이 대한노총을 산하단체로 간주하고 있다는 자체가 괴이할 뿐 아니라 일보 전진해서 노총 내의 분규를 자유당 당무회에서 조절

---

58) 『경향신문』 1957년 10월 27일자, 「노총 양파로 대립. 최고위원 선거에 불만 폭발. 정씨계서 새 대회 소집」.
59) 규약개정운동의 주요한 내용은 현 최고위원제를 위원장제로 변화시키려는 것이었다. 이러한 운동에 최고위원 김기옥·이주기·김주홍이 지지하였고, 이에 반해 최고위원 정대천·김용학·하광춘은 반대하였다. 『주한미대사관 일등서기관 Edwin M. Cronk가 미국무부에 보낸 보고서(1958.12.18)』(NARA, 『Record of the Department of State internal affairs of Korea, 1955~1959』).
60) 『동아일보』 1958년 10월 28일자, 「대한노총 분규 현상대로 수습」.

하고 있다는 데 대해서는 어느 모로 보아도 납득이 안간다"고 비판하였다.[61]

1958년 대회가 개최되기 전부터 대한노총은 분규를 거듭하였으나 결국 보사부의 조정으로 정대천 측과 김기옥 측 사이에 합의가 이루어졌다. 이리하여 예정대로 전국대의원대회가 10월 29일 부산 국제극장에서 개최되었다. 대회에서는 규약개정안 문제를 놓고 여러 차례 논전이 벌어졌고, 결국 규약개정안이 통과되었다. 이리하여 규약개정에 따라 위원장 투표를 진행하여 김기옥이 선출되었고, 정대천은 상임고문으로 밀려났다.[62]

김기옥이 정대천 세력을 제치고 대한노총의 규약을 개정하여 위원장직을 차지할 수 있었던 데에는 여러 가지 요인이 있었다. 첫째, 김기옥이 거대한 조직인 전국자유노련을 거느리고 있었다는 점이다. 둘째, 전국철도노련 김주홍과 연합하였다는 점이다.[63] 셋째, 한국운수 사장 임봉순과 야합하여 부정횡령한 부두노임으로 대의원들을 매수하였기 때문이다. 부두에서는 일제시기부터 이어져왔던 십장제, 반장제가 존재하고 있어 이로 인한 중간착취의 폐해가 심각하였으며, 노임횡령 또한 쉽게 이루어질 수 있었다. 십장제나 반장제를 기초로 하고 있던 부두의 노동조합은 노동자들을 착취하면서 기생하는 노동귀족을 기르는 온상이 되었다.[64] 김기옥은 조선운수주식회사의 지지를 받으며 이를 발판으로 전국자유연맹 위원장이 되었다. 김관호에 의하면, 1958년 대회에서 정대천의 헤게모니 장악을 우려하면서 김기옥을 대안인물로 내세웠다고 한다. 이리하여 임봉순은 김기옥을 곽영주와 연결시켜줌으로써 김기옥이 운수노조 위원장이 되었으며, 이를 발판으로 대한노총 위원장이 되었다고 회고하였다.

---

61) 『동아일보』 1958년 10월 29일자, 「노총을 산하단체시. 해괴한 자유당의 강압·조정」.
62) 「Edwin M. Cronk가 미국무부에 보낸 보고서(1958.12.18)」(NARA, 『Record of the Department of State internal affairs of Korea, 1955~1959』).
63) 전국자유노련은 전체 조합원수 279,485명 중 79,468명을, 전체 대의원수 558명 중 159명을 차지하고 있었다. 그리고 철도노련은 전국자유노련, 전국섬유노련에 이어 3위를 차지할 정도로 막강하였다. 전국부두노동조합, 『한국부두노동운동백년사』, 1979, 258쪽.
64) 김낙중, 앞의 책, 240쪽.

한편 대회에서 참패한 정대천 계열은 김기옥의 비료조작비 횡령을 밝히기 시작하였다. 비료조작비 조사에 직접 나섰던 김관호의 증언은 아래와 같다.[65]

물론 노총이 단일 조직화하는 거는 바람직한 일이지만 그때 상황이 김기옥이를 위원장시켜서는 안되겠단 말이야. 왜냐면 이거 미안한 얘기지마는 김기옥이가 낫 놓고 기억자도 모르는 사람입니다. …… 한국운수라고 있었습니다. 그게 우리나라에 말하자면 운수계통을 거기서 한손으로 걸머쥐고 있을 적이예요. 김기옥이가 거기에 위원장을 했거든. 거기에 위원장을 하면서 청와대 곽영주에게 줄을 달았어요. …… 그 당시에 임봉순인가, 그 한국통운의 임봉순인데 임봉순이가 자유당의 강경파입니다. 그러니까 자유당의 그 임흥순이라고 있었지. 임흥순이라고 인척관곈데. 그 당시에 어떤 문제가 났냐(일어났느냐) 할 거 같으면 비료조작비 횡령문제가 났어요. …… 비료조작비 사건이 어떻게 됐냐 할 거 같으면 연도는 잊어버렸는데, 비료조작비가 정부 대충자금에서 나왔습니다. 예전에 AID 대충자금에서 나와요. 예산통과가 돼야만이 비료조작비를 올리고 내려가고 내리고 할 수 있게끔 돼 있어요. 그런데 다른 조작비는 쫙 올라가는데 비료조작비만은 안 올라간다 이거야. 그래서 그거 조사를 했어요. …… 그거를 전부 계산해 보니까 비료조작비에서 주지 않은 거를 전부 계산해보니까 그때 돈으로 삼십 몇 억이 나왔어요.

부산과 인천에서 노동조합 위원장들이 조선운수 사장과 결탁하여 부두노임을 횡령한 것을 조사한 후, 김관호는 김인숙, 최종자와 함께 1958년 11월 1일자로 서울지방검찰청에 고발하였다. 고발의 내용은 국회를 통과한 정부예산에서 정부도입물자의 조작비를 인상해 주었는데도 그 하역작업을 맡은 조선운수주식회사가 어용적인 노동귀족인 부산부두노조 위원장 김기옥과 인천부두노조 위원장 이창우와 결탁하여 노동자의 노임을 인

---

65) 김관호 구술(일시: 2007.3.16 / 녹취: 임송자).

상해 주지 않고 그 금액을 횡령 착복했다는 것이다.[66] 그러나 이 사건은 1958년 8월 이후 '비료조작비 문제'로 국회에서 문제를 삼았지만 자유당이 지배적 다수를 차지하고 있던 국회에서 묵과될 수밖에 없었다. 또한 1959년 국회에서 진상조사단까지 구성하였지만[67] 집권당의 방해와 비협조로 유야무야되고 말았다.[68]

정대천에 이어 실권을 장악한 김기옥도 자유당과 밀착하였다. 자유당을 벗어나서 대한노총 위원장을 유지할 수 없다는 현실의 반영이었다. 자료상으로 명확하게 밝히기 어렵지만 김기옥체제가 이끄는 대한노총은 1960년의 3·15 정부통령선거에 깊숙이 개입하였다. 자유당 당무회에서 정부통령선거에 대비하여 '조직확대강화 요강'을 마련하였는데,[69] 그 내용을 통해서 대한노총이 3·15선거에 조직적으로 개입하였음을 추정할 수 있다. 즉, 자유당에 절대적으로 충성했던 대한노총이 자유당에서 내려 보낸

---

66) 김낙중, 앞의 책, 242쪽.
67) 국회 본회의는 1959년 6월 8일 인천, 부산, 여수, 목포, 군산, 마산에 국회조사반을 파견할 것을 결정하고 십장의 임금중간착취의 실태를 조사하도록 하였다. 현지조사를 통하여 국회 조사단은 노조간부의 노동자 착취를 조절하기 위한 입법조치를 마련할 것을 주장하였지만 거액의 노임횡령사건을 규명하지 못했고 십장제의 모순과 폐해의 시정도 철저히 조사하지 않아 그 한계를 드러내었다. 한국노총, 앞의 책, 443-444쪽.
68) 김낙중, 앞의 책, 243쪽.
69) 『동아일보』 1959년 8월 18일자 「당무회서 찬부논란. 조직확대 요강을 위요(圍繞)」; 『동아일보』 1959년 8월 19일자, 「당원배가에 주력. 명년 정·부통령선거 대비 관·군·경에 침투 강화 등. 자유당 당무회 조직확대 요강 통과」; 『동아일보』 1959년 8월 20일자, 「비밀리 실천을 모색. 조직확대 요강 숙의」. 1959년 8월 18일 자유당 당무회에서 결정한 조직 확대강화 요강에는 ① 일반조직 ② 기간단체 및 산하단체 ③ 정치·경제·문화·사회단체 및 육·해·공군을 포함하는 군기관 등 3부분으로 분류하여 방대한 조직 확대공작을 계획하였다. 노총조직 확대강화에 대한 내용은 다음과 같다.
   • 각급노조 및 연합체 책임자는 전조합원에게 당강·당책을 주입시켜 당에 대한 이해를 갖도록 노력하고 당 기관지와 선전계몽운동을 통한 이념적인 지도방식으로써 진실한 당 지지운동을 일으켜 전체적인 조직공작을 전개하여야 한다.
   • 노총조직이 있는 지역에 있어서는 각급 지방당 사회부장을 노총지방조직체 내에서 선임한다.
   • 각 단위노조 책임자는 당원획득공작을 철저히 하고 질적 세포조직 구성에 치중한다.
   • 각 단위노조 책임자는 조합에 대한 당적(黨籍)관계를 조사하고 당성이 을(乙)·병(丙)에 속하는 지도인물에 대해서는 당성이 강해지도록 노력해야 한다.
   • 입당자에 대한 직장보장과 신분보장을 철저히 하여 당원의 사기를 앙양시키고 계속적인 지도방침을 확립해야 한다.
   • 노총조직 내에서 야기되는 조직적인 분규는 자체 내에서 수습토록 하는 것을 원칙으로 하고 자주적이고 자율적인 노동조합운동에 대하여 당책에 의거하여 보장 육성한다.
   • 노총조직이 침투되어 있지 않는 미조직사업장에 대한 조직화문제는 총연합회에서 제출하는 조직확대강화 계획에 의거하여 당 방침으로써 추진한다.

지령을 충실히 수행한 것으로 볼 수 있다. 실제로 대한노총은 자유당에서 '조직확대강화 요강'을 내려 보낸 이후에 열린 1959년의 10월 대회에서 "명년 정부통령선거를 성공적으로 수행하기 위해서 우리들은 조직의 정비와 강화를 더욱 공고히 하고 우리 노동자 농민의 정당인 자유당에서 추대한 정부통령 후보자의 당선을 위해서 총역량을 주입하고 평소에 숭경(崇敬)하옵든 각하를 지지하는 열의를 다시금 가다듬는 바입니다"라는 내용의 결의를 다졌다.[70] 이러한 사실에 비추어 대한노총이 3 · 15선거에 조직적으로 가담하였을 것이다. 이렇게 자유당과 긴밀한 관계를 맺고 자유당에 절대적으로 충성했던 김기옥체제는 4월혁명에 의해 자유당이 붕괴되기까지 지속되었다.

3. 전국노동조합협의회와 이승만 · 자유당 권력과의 관계

1) 전국노동조합협의회 결성

이승만이 단독정부를 수립한 후, 자신의 반대세력을 제압하고 정치적인 통제를 가하기 위해 취했던 방식의 하나는 사회단체, 노동조직을 통한 대중동원이었다. 그러나 이러한 대중동원 방식은 시간이 지날수록 한계를 드러내기 시작하였다. 정부수립 초기 이승만의 카리스마적 지도력은 국민에게 큰 호소력을 가졌지만, 1950년대 중반 이후부터는 효력을 상실하기 시작하였다.[71] 자유당의 기간단체로 자부하였던 국민회가 1956년 9월 상임집행위원회를 열어 자유당의 기간단체로부터 이탈할 것을 결의할[72] 정도로 이승만 · 자유당을 위해 복무했던 조직들에서 균열이 일어나기 시작하였다. 이승만은 이러한 국민회 상임집행위원회의 결의에 직면하여 "자

---

70) 한국노총, 앞의 책, 480쪽.
71) 김영명, 「이승만 정권의 흥망과 그 정치사적 의미」, 『한국정치학회보』 제25집 제1호, 1991, 117쪽.
72) 『경향신문』 1956년 9월 15일자, 「(사설) 국민회는 국민운동단체로 돌아가라」.

유당의 기간단체는 자유당을 육성한 모체이니 매우 중요한 것"이라고 표명하면서 국민회가 자유당으로부터 이탈하는 것에 반대의사를 분명히 밝혔다. 결국 이승만의 반대에 부딪혀 국민회 상임집행위원회의 결의가 무산되었지만, 1950년대 중반부터 자유당의 기간단체로 자처했던 사회단체들 내에서 균열이 일어나기 시작하였다.

또한 1950년대 중반부터 대한노총의 어용성, 정치적인 예속성을 본격적으로 비판하는 사회여론이 형성되기 시작하였다. 동아일보 사설에서는 대한노총을 "여당의 앞재비(앞잡이)"로 표현하였으며,[73] 또 다른 사설에서는 압력단체로서의 노동조직이 "정당과 무관하게 독자적으로 조직되고 활동하여야만 그 목적을 관철"할 수 있을 것이라며 대한노총의 정치적인 예속성을 강하게 비판하였다.[74]

대한노총 내에서도 1950년대 중반부터 자유당의 예속으로부터 벗어나고자 하는 움직임이 일어나기 시작하였다. 여기에는 전국해상노련 위원장 이종남이 중심적인 역할을 하였으며, 그 배후 인물은 전진한과 김두한이었다. 이들은 1956년 전국대의원대회를 앞두고 대한노총 내 반자유당 인사를 결집하여 전국대의원대회에서 자유당으로부터 독립시킨다는 계획을 세웠다. 다시 말해 대의원대회에서 자유당에 종속된 인물을 몰아내고 반자유당 성향의 인물을 지도급으로 추대하려는 계획이었다. 그러나 이러한 계획은 실패하였다. 이들 반자유당 세력들은 또 한 차례 1957년 대회에서도 대한노총을 자유당으로부터 독립시키려고 공작을 진행하였다. 그러나 이 계획 역시 실패로 귀결되었다. 비록 두 차례에 걸친 계획이 실패했지만 이러한 사례는 대한노총 내에서 점차적으로 반자유당세력이 성장하고 있음을 드러내는 것이라 할 수 있다.

한편 1958년 대회를 계기로 김기옥을 중심으로 하는 1인 체제가 성립되

---

73) 『동아일보』 1956년 6월 7일자, 「(사설) 노동주간을 보내면서」.
74) 『동아일보』 1956년 9월 16일자, 「(사설) 압력단체를 해방하라」.

자 대한노총의 분열은 극단화되었다. 그리고 이러한 분열이 깊어지면서 반김기옥파는 대한노총과는 별도로 노동조합 중앙조직을 결성하기 위한 운동을 추진하였다. 그 결과 반김기옥세력은 1959년 8월 11일 전국노동조합협의회(전국노협) 설립준비위원회를 구성하였으며, 이어서 10월 26일에는 전국노협 결성식을 개최하였다.

전국노협 의장 김말룡의 측근이었던 김기곤[75]은 전국노협 결성과정에서 처음에는 김기옥체제에 반발한 세력이 많았지만 나중에 많은 조직이 이탈함으로써 대구를 중심으로 한 36개 단위노조[76]가 모여 조직되었다고 회고하였다. 즉, 그는 1958년 대회 이후 "대한노총이 자유당의 어떤 그늘에서 여기에서 이래서는 안 되겠다. 정치적으로 중립하고 올바른 어떤 노동조합을 해야 되겠다. 민주적인 노동조합을 해야 되겠다", "새로운 노동조합을 만들자 여기는(대한노총은; 필자) 자유당 앞잡이뿐이고 권력의 시녀로 정상적인 노동조합이 아니다"고 하면서 대한노총에서 이탈하여 중앙조직을 만들려고 하였으나 자유당의 탄압에 의해 거의 대다수가 대한노총 조직으로 들어갔다고 밝혔다.[77]

1959년 10월 "민주적인 노동운동", "노자평등의 균등사회 건설"을 내걸고 결성된 전국노협은 자유당 정부 하에서 합법성을 인정받지 못하였다. 조직적인 약세와 더불어 자유당의 탄압으로 인해 1960년 4월혁명 전까지 뚜렷한 활동을 전개하지 못하였다. 그러나 이후 4월혁명이라는 열려진 공간에서 노동운동을 주도할 수 있었다.

4·19 이전 전국노협의 활동에 대해서 김기곤은 "조직 자체가 뭐 권력에 탄압받고, 또 노동조합 조직이 뭐 명칭만 그렇지 물론 안의 그 자체 단

---

75) 김기곤은 1933년생으로, 대한노총 대구지구연합회 총무, 전국노협 경북협의회 총무부장, 전국연합노련 대구시청노조 위원장을 지냈다. 김기곤은 1951년 11월 대구 대한방직에 입사하면서 김말룡과 인연을 맺었고, 이후 김말룡의 최측근으로 활동하였다.
76) 김기곤 구술(일시: 2007.3.22 / 녹취: 임송자). 실제적으로 14개 단위노조였다. 김기곤은 36개 단위노조로 잘못 알고 있는 듯했다.
77) 김기곤 구술(일시: 2007.3.22 / 녹취: 임송자).

위노동조합 활동을 할 수 있지만은 대외적인 관계라든지 이런 어떤 그런 활동을 할 수가 없었"다고 회고하였다.[78]

4월혁명에 의한 자유당 붕괴는 이와 관련된 모든 사회단체의 전면개편을 초래하였다. 전국의 노동단체도 지도체제를 재편성하기에 이르렀다.[79] 전국의 노동단체가 정권교체에 영향을 받아 지도층을 대대적으로 개편하게 된 것은 4월혁명에 의한 민주화 요구에 부응하지 않을 수 없었던 상황을 반영한 것이었다.

전국노협은 4월혁명의 여세를 몰아 대한노총의 어용성·비민주성에 대한 공격과 더불어 조직화 활동을 활발히 전개하였다. 전국노협은 신정부 수립 때까지 일체의 노동운동을 중지하고 노조 정비기간으로 설정하였다. 이러한 활동의 결과 전국노협은 4·19 이후 6월 초순까지 상당한 정도의 조직을 규합할 수 있었다.[80] 전국노협 위원장 김말룡은 앞으로의 노동운동에 대하여 "민주적이고 순수한 노동운동을 전개하여 근로자의 복지와 경제적 사회적 향상에 헌신하여야 한다", "정치도구화 되어서는 안 된다"고 강조하였다.[81] 또한 전국노협은 전국 각급 노조의 대표자회의를 개최하고 통일적인 노동조합 중앙조직을 결성할 계획을 세웠다.[82]

전국노협의 4월혁명기 활동에 대해 김관호는 다른 주장을 제기하였다. 그는 4월혁명 이후 노동운동은 전국노협이 중심이 돼서 전개되었지만 별로 활동할 시간이 없었으며, 조직이 확장되었는지 의문이라고 회고하였다.[83] 한편 이찬혁은 전국노협의 존재를 완전히 부정하는 견해를 피력하였다. 그는 전국노협이 결성되었지만 실체가 없었으며, 실제로

---

78) 김기곤 구술(일시: 2007.3.22 / 녹취: 임송자).

79) 전국철도노동조합, 앞의 책, 128~129쪽.

80) 4·19 이후 6월 초순까지 170개 단위노조를 개편·포섭하여 16만 명의 노조원을 흡수하였다는 견해가 있을 정도로 상당히 급속도로 조직을 확장하였다. 「동아일보」 1960년 6월 9일자, 「자유 찾은 노동운동. 노총은 해산상태. 월말까지 전국노조 개편」.

81) 「동아일보」 1960년 6월 9일자, 「자유 찾은 노동운동. 노총은 해산상태. 월말까지 전국노조 개편」.

82) 「동아일보」 1960년 7월 10일자, 「노협 중앙단체 8월중에 구성」.

83) 김관호 구술(일시: 2007.3.16 / 녹취: 임송자).

현장을 장악하지 못하였다고 하였다.[84] 이러한 증언은 전국노협의 활동 중심지였던 대구지역을 시야에 넣지 않은 것으로, 역사적 사실과도 부합되지는 않는다.[85]

김관호의 주장대로 1959년 10월 결성 당시에는 전국노협 세력은 미약했다. 1959년 말 현재 조합수가 558개였음에 비추어 14개의 단위노조를 거느린 전국노협의 세력은 상당히 미약했다고 볼 수 있다. 또한 자유당권력의 탄압에 의해 뚜렷한 활동을 하지 못하고, 1960년 3월 10일 노동절 때 성명서를 발표하는 정도였다.[86] 그러나 앞에서 설명한대로 전국노협은 4월혁명기 노동운동을 주도하였고, 교원노조, 은행노조 설립에도 중요한 역할을 하였다.[87] 특히 대구지역에서의 노동운동 전개는 전국노협을 중심으로 전개되었다.

2) 정치권력으로부터 독립

전국노협과 정치권력과의 관계에 대해서 우선적으로 고려되어야 할 사항은 ① 대한노협 결성준비위원회(1957.10.26)에 가담하였던 세력 다수가 전국노협 설립준비위원회에 참가하였다는 점, ② 전국노협 설립준비위원회 구성단계와 전국노협 결성단계를 구분하여 살펴보아야 한다는 점이다.

대한노협 결성준비위원회는 1957년 10월의 대회에서 정대천 · 김기옥 연합세력이 철도노련을 배경으로 한 김주홍 세력에게 패배당하자 10월대

---

84) 이찬혁 구술(일시: 2007.3.15 / 녹취: 임송자).
85) 이찬혁의 견해가 왜곡되어 있다는 사실에 대해서는 전국노협에 대한 다음의 연구를 통해서 확인할 수 있다. 임송자, 「1950년대 후반 전국노동조합협의회 결성과 4월혁명기 노동운동」, 「한국민족운동사연구」 49, 2006와 장미현, 「1950년대 후반 대구 대한방직 노동쟁의와 전국노동조합협의회」, 연세대 석사학위논문, 2007 참조.
86) 김기곤 구술(일시: 2007.3.22 / 녹취: 임송자).
87) 김기곤 인터뷰(일시: 2007년 3월 22일 / 녹취: 임송자).

회를 무시하고 별도로 대회를 개최하여 결성한 조직이다.[88] 정대천·김기옥 연합세력이 대한노협 결성준비위원회를 구성한 명분은 1957년 10월 대회에서 최고위원으로 당선된 김주홍·성주갑·하광춘이 모두 비자유당 인물이기 때문에 자유당 기간단체인 대한노총을 운영할 수 없다는 것이었다. 따라서 자유당 주류파를 중심으로 노동조직을 결성해야 한다고 이들은 주장하였다.[89] 이러한 대한노총 분열에 접하여 정부당국이 수습에 적극 나섰고, 결국 1957년 10월의 대회를 백지화하고 12월 대회를 개최하도록 유도하였다. 이러한 정부의 노력에 의해 대한노총이 두 개의 별개 조직으로 분리되는 상황은 면할 수 있었다.

그런데 전국노협 설립준비위원회는 1958년 대회에서 김기옥이 규약을 고쳐가며 위원장제를 만들어 1인 독재체제를 수립한 것을 계기로 반(反)김기옥파가 연합하여 조직한 것이다. 이때 임원상황을 보면 대구지구노동조합연맹 위원장 김말룡, 부산지구노동조합연맹 위원장 최종자, 광산노동조합연맹 위원장 김정원·부위원장 김관호, 석탄광노동조합연맹 위원장 노응벽, 경전노동조합 정대천·이상진 등이 중심이 되었다. 임원상황에서 주목되는 점은 대한노협 결성준비위원회를 구성했을 때 참여했던 세력의 다수가 전국노협 설립준비위원회에 참여했다는 사실이다. 대한노협 결성준비위원회 단계에서 정대천과 김기옥은 연합하였지만, 이 단계에서는 연합형태가 무너지고 김기옥 대 정대천의 대립관계가 형성되었으므로 김기옥 세력과 김기옥이 포섭한 세력을 제외하고는 전국노협 설립준비위원회에 참여한 것으로 보인다.[90]

---

88) 대한노협 결성준비위원회 실무위원 명단은 다음과 같다. 책임위원: 김기옥 이주기 이상진 최유식 김말룡 김철 이형율 / 총무위원: 김정원 노현섭 신현수 최용수 이찬혁 김정제 김덕현 / 조직위원: 이재식 최종자 김성화 민병천 신재봉 김용후 노응벽 / 기획위원: 김문규 이인국 전영환 배철 이채응 김사욱 / 선전위원: 차국찬 이시형 신상옥 김규성 김용성 이생우. 대한노총 경전노동조합, 「노동」 제5권 제11호, 1957.11, 28~29쪽.

89) 임송자, 앞의 책, 266~267쪽. 정대천이 김주홍·성주갑·하광춘을 비자유당계로 공격한 것일 뿐 이들이 비자유당계였다는 사실은 드러나지 않고 있다.

90) 임송자, 앞의 책, 340~341쪽.

전국노협 결성단계에서는 설립준비위원회 때 참여했던 세력이 대거 이탈하고 새로운 인물이 전국노협에 가담하였다. 이리하여 1959년 10월 26일 결성식을 개최하고 다음과 같이 임원을 선출하였다.[91]

- 중앙위원회 의장: 김말룡(金末龍)
- 중앙위원: 심순택(沈順澤), 강수면(姜洙冕), 김말룡(金末龍), 김갑수(金甲壽), 이팔갑(李八甲), 김운한(金雲漢), 이세영(李世榮), 김호택(金浩澤), 박월식(朴月植), 양의성(楊義成), 배형(裵亨)
- 사무총장: 한몽연(韓夢淵)
- 정책위원회 위원장: 엄동각(嚴東珏)
- 쟁의지도위원회 위원장: 김은호(金殷鎬)
- 법규연구지도위원회 위원장: 강기엽(姜基燁)
- 회계감사위원회 위원장: 김갑수(金甲洙)
- 징계감사위원회 위원장: 심순택(沈順澤)

위 임원 중에서 확인 가능한 인물은 김말룡, 배형, 김갑수, 한몽연, 김은호 등이다. 한몽연은 노동부서에서 노동행정을 담당하였던 인물이었다. 김은호는 변호사로서 대한방직쟁의가 법적 소송으로 이어졌을 때 김말룡을 지원한 인물이었다.[92] 배형은 대구 대한방직쟁의 과정에서 노동조합 위원장에 선출되어 사장 설경동에 대항하여 투쟁한 인물이었다.[93] 김갑수 또한 대한노총 대구지구섬유연합회 위원장으로서 대한방직쟁의를 적극 지원했던 인물이다.[94] 여기서 주목할 점은 전국노협 임원들 중에서 대한노총에서 활동한 사람으로 김말룡, 배형, 김갑수 등이며, 나머지 대부분 사람들은 대한노총 조직과 무관하다는 점이다. 대한노총 초창기부터

---

91) 「동아일보」 1959년 10월 27일자, 「노조협의회. 편당적 태도 지양. 참다운 노동운동 전개한다고」.
92) 김사욱, 「한국노동운동사」 (하), 산경문화, 1979, 117쪽.
93) 김사욱, 앞의 책, 99~105쪽.
94) 장미현, 앞의 논문, 34쪽, 40쪽.

활동해 왔으며, 전국노협 설립준비위원회에도 가담하였던 김관호는 이들에 대해 거의 모르는 사람들이며, 노동계와 무관한 사람들이라고 밝혔는데, 회고의 내용은 아래와 같다.

> 김은호는 변호사로서 김말룡이 계통은 계통인데. 노총에 발들여 놓은 일이 없는데 잘 모르겠네 …… 엄동옥이도 모르갔고 강기엽도 모르갔고 김갑수도 모르갔고 심순택이도 모르갔고 모르갔는데 …… 김은호는 내가 잘 아는데, 변호사로서 노총에 발들여 놓은 일이 없는데, 김말룡이하고는 개인적으로 친해요.

김기곤에 따르면, 김말룡은 노동관계법 제정 이전에는 조방쟁의 지원투쟁에 적극 나섰고, 노동관계법 제정 이후에는 대구지역 노동조합 건설에 심혈을 기울였다. 그 결과 신규조직이 많이 결성되었고, 이를 토대로 대한노총 대구지부연합회를 조직하여 초대 위원장이 되었다. 또한 1958년 부산에서의 대한노총 대회에서 김기옥체제가 성립되면서 김말룡은 제명되었고, 이를 계기로 "정치적으로 중립하고 올바른 어떤 노동조합을 해야되겠다. 민주적인 노동조합을 해야 되겠다"는 결의를 갖고 새로운 노동조합 조직에 나서게 되었다.[95]

이상과 같이 대한노협 설립준비위원회, 전국노협 설립준비위원회, 전국노협의 결성과 임원상황을 통해서 이들 조직이 자유당과 어떠한 관계에 있었는지 설명이 가능하다. 대한노협 설립준비위원회, 전국노협 설립준비위원회 단계에서는 노동조직의 자유당 예속을 비판하면서 나온 것이 아니었다. 앞에서 본 바와 같이 대한노협 설립준비위원회를 구성한 명분은 1957년 10월의 대회에서 선출된 최고위원이 비자유당계이므로 대한노총을 운영할 수 없다고 주장하였다. 이러한 주장은 비논리적인 것으로, 대

---

95) 김기곤 구술(일시: 2007.3.22 / 녹취: 임송자).

한노협 설립준비위원회라는 조직은 자유당과 긴밀히 연결되어 권력을 유지하던 정대천이 10월의 대회에서 패배하자 김기옥과 연합하여 헤게모니를 쟁취하기 위해 만든 파벌조직에 불과하였다.

전국노협 설립준비위원회는 대한노협 설립준비위원회를 이어받은 조직이었지만 성격을 달리한다고 볼 수 있다. 전국노협 설립준비위원회는 1958년에 성립된 김기옥체제의 불법성, 중앙조직 간부들의 부패 · 타락상을 비판하면서 세력화된 조직이다. 그러나 전국노협 설립준비위원회는 노동조합운동의 민주화를 내건 세력들이 가담하기도 했지만, 그 주요세력은 1958년 김기옥체제가 성립되기 전까지 대한노총을 주도했던 정대천 세력이었다.

조직의 성격이 명확히 달라지는 것은 전국노협 결성단계에 이르러서이다. 전국노협 설립준비위원회에 가담하였던 세력이 대거 이탈하고 난 후 김말룡을 중심으로 전국노협 조직이 새롭게 꾸려진 것이다. 전국노협은 대한노협 설립준비위원회, 전국노협 설립준비위원회와 달리 정치권력에 예속된 노동조직을 명확히 비판하면서 자유롭고 민주적인 노동운동을 전개하고자 했던 세력들이 조직한 것이다. 전국노협의 중심세력은 주로 대구지역을 기반으로 하였으며, 대구 대한방직쟁의에 가담했던 이들이 대부분이었다. 중앙위원회 의장 김말룡, 중앙위원 김갑수, 배형 등이 대한방직쟁의를 지원했던 인물들로서 전국노협의 중앙임원이 되었던 것이다. 중앙임원으로 편입이 되지 않았지만 경북대구지구섬유연합회 쟁의부장이었던 권오봉도 전국노협의 주요 활동가였다.[96]

노동운동의 정치적 중립화라는 이념을 내걸고 대한노총에서 분리되어 나온 김말룡 중심의 전국노협은 자유당 정부 하에서 합법성을 인정받지 못하였다. 또한 자유당 탄압으로 인하여 뚜렷한 활동을 전개하지 못하였

---

96) 장미현, 앞의 논문, 39쪽.

다. 더욱이 1960년 정부통령 선거를 앞두고 있었으므로 자유당은 "자유로우며 민주적인 노동운동"을 주장하는 전국노협의 활동이 선거운동에 방해가 되는 것으로 간주하여 이를 좌시하지 않았다. 정부통령선거를 5일 앞둔 1960년 3월 10일 전국노협이 대한노총과 별도로 부산과 대구에서 노동절 기념행사를 하였는데,[97] 이때에도 자유당의 탄압이 극심하였다.[98] 이러한 자유당의 탄압에 의해 활동을 제대로 하지 못한 채 명맥만 유지해오다가 전국노협이 본격적인 활동에 나선 것은 4월혁명 이후였다.

4. 나오며

1950년대를 중심으로 노동조직과 정치권력과의 관계를 살펴보고, 대한노총이나 전국노협이 노동조직으로서 어떠한 기능을 수행하였는지 파악하였다. 이를 요약하면 다음과 같다.

대한노총은 1946년 3월 10일 결성 이후부터 1960년 4월혁명에 의해 자유당권력이 무너지기까지 정치권력에 예속되어 활동하였다. 좌익세력을 제압하기 위한 우익 노동조직 결성을 명령했던 장본인이 이승만이었으며, 그는 대한노총 총재직으로 있으면서 정치적으로 권력을 유지하기 위해 대한노총을 민의동원기구로 활용하였다.

대한노총은 노동조직으로서의 순기능보다는 정치권력의 이해관계에 영합하는 역기능적인 면모를 보였다. 이는 태생적인 한계와 더불어 중앙조직의 소수 리더십의 파벌대립에 기인하는 바 크다. 파벌대립은 미군정기부터 잠재되어 있었지만, 정부수립 이후 본격화되었다. 앞서 보았듯이 유임파—유임반대파, 3월파—4월파, 주류파—혁신파, 조방파—정화파의

---

97) 「동아일보」 1960년 3월 10일자, 「노조협의회 측서 노동절 맞아 성명. 노동운동에 자유달라. 관권간섭을 절대 배격해야 된다고」.
98) 김기곤 구술(일시: 2007.3.22 / 녹취: 임송자).

갈등 · 대립이 있었으며, 1954년 이후부터는 정대천파와 이에 대항하는 반대세력 사이의 대립이 끊임없이 이어졌다. 조방파—정화파와의 대립은 이전의 파벌대립과 성격을 달리한다는 점에서 의미가 깊다. 정화파는 이승만과 직결된 원외자유당의 추종세력이었으며, 조방파는 원내자유당파로서 이승만이 추진하던 대통령 직선제와 양원제를 골자로 한 개헌에 반대한 세력이었다. 그렇지만 대한노총 내에서 벌어진 파벌대립의 대부분은 운동노선을 놓고 전개된 것이 아니었다. 단지 소수 간부들의 헤게모니 장악을 위한 싸움의 성격이 짙었다.

대한노총 내 조방파와 정화파의 분열은 1952년 10월 30일 이승만의 담화에 의해 일단락되었다. 이에 따라 양 파벌의 중심인물인 전진한, 주종필이 제거되고, 이진수 · 송원도 · 조경규가 대한노총의 최고위원이 되었다. 대한노총의 리더십은 이승만의 의향에 따라 자유당에서 상당한 영향력을 확보하고 있던 족청계 제거에 적극 가세하였다. 국민회, 대한노총, 농총, 대한청년단, 부인회 등 5개 사회단체에서 족청계를 제거하기 위해 조직한 전국사회단체중앙협의회에 참여하였고, 이진수는 중앙의장단에 선출되어 활동하였다.

1953년 1월 대한노총을 비롯한 사회단체는 자유당의 최고의결기구인 중앙위원부에서 당 운영을 담당하였다. 그러나 자유당 내에서 당의 실권은 족청계가 쥐고 있었으므로 이들 사회단체는 실권이 없었다. 족청계 숙청이 일단락되고 이기붕체제가 성립한 뒤에도 대한노총은 자유당 내에서 힘을 발휘하지 못하였다.

한편 1953년 제정 · 공포된 노동조합법에 따라 대한노총은 1954년 4월에 대회를 열어 조직을 재편성하였다. 이러한 과정에서 정대천이 헤게모니를 장악하였고, 이후 정대천을 매개로 대한노총과 자유당 사이에는 주종관계가 형성되어 유지되었다. 정대천은 1958년 10월 김기옥체제가 성립되기 전까지 대한노총에서 헤게모니를 장악하고 있었다. 이는 정대천이 자유당과 긴밀한 관계를 계속 유지하였기 때문에 가능하였다. 자유당이 정대천을 절대적으로 지원·지지했던 것은 정대천이 자유당에 충성스러운 인물이었기 때문이다.

1958년 10월 대한노총 전국대의원대회를 앞두고 정대천파와 김기옥파로 분열되었다. 김기옥은 정대천에 대항하여 규약개정운동을 전개하였고, 10월의 대회에서 규약개정을 성사시켜 위원장이 되었다. 정대천파와 김기옥파의 분열·대립에 자유당이 적극 개입하여 정대천을 지원하였지만, 결국 김기옥이 대한노총의 헤게모니를 장악하였다. 김기옥이 위원장직을 독점할 수 있었던 것은 김기옥파의 압도적인 조직력과 함께 금력에 의한 대의원 매수가 유효하였던 것으로 보인다. 그런데 정대천에 이어 실권을 장악한 김기옥도 자유당과 밀착하였다. 자유당을 벗어나서 대한노총 위원장을 유지할 수 없다는 현실의 반영이라 할 수 있다. 김기옥체제는 1959년 8월 자유당 당무회에서 정부통령선거에 대비하여 마련한 '조직확대강화요령'에 맞추어 활동을 전개하였고, 3·15부정선거에도 적극적으로 가담하였다.

1958년 대회에서 김기옥 1인체제 성립을 계기로 대한노총 분열은 극단화되었고, 결국 반김기옥파는 대한노총과는 별도로 노동조합 중앙조직을 결성하기 위한 운동을 추진하였다. 그런데 이들 세력은 전국노협 설립준비위원회를 구성하여 세력를 과시하였지만, 자유당의 회유·협박에 의해 정대천세력을 비롯한 많은 조직들이 이탈하였다. 결국 1959년 10월 전국노협 결성에 이르러서는 김말룡 중심의 14개 노조만이 남게 되었다.

전국노협 설립준비위원회는 인적인 구성으로 볼 때, 1957년 10월의 대회에서 패배한 정대천이 대한노총과 별개의 조직으로 구성한 대한노협 설립준비위원회를 이은 조직이었다. 그러나 전국노협 설립준비위원회는 김기옥체제의 불법성, 중앙조직 간부들의 부패·타락상에 대한 비판운동에서 비롯되어 나타난 조직이었으므로 대한노협 설립준비위원회와는 성격을 달리한다고 볼 수 있다. 전국노협 설립준비위원회는 노동조합운동의 민주화를 내건 세력이 가담하기도 했지만 주요세력은 정대천세력이었다. 조직의 성격은 전국노협 결성단계에 이르러 명확히 달라졌다. 전국노협은 대한노협 설립준비위원회, 전국노협 설립준비위원회와 달리 정치권력에 예속된 노동조직을 비판하면서 자유롭고 민주적인 노동운동을 전개하고자 했던 세력들이 조직한 것이다. 전국노협의 중심세력은 주로 대구지역을 기반으로 하였다.

노동운동의 정치적 중립화라는 이념을 내걸고 대한노총에서 분리되어 나온 김말룡 중심의 전국노협은 자유당 정부 하에서 합법성을 인정받지 못하였다. 자유당의 탄압에 의해 활동을 제대로 하지 못한 채 명맥만 유지해오다가 전국노협이 본격적인 활동에 나선 것은 4월혁명 이후였다.

제3장

한국노총의 분열·갈등과
민주노조 운동의 가능성

제3장
한국노총의 분열 · 갈등과
민주노조 운동의 가능성

1. 들어가며

대부분의 노동운동사 연구에서 자유당 말기에 민주노조운동이 출현하여 4월혁명기 성장 · 발전했으나 1961년 군부쿠데타에 의해 좌절되어 민주노조운동의 암흑기는 1960년대 말까지 이어졌다고 이해하고 있다.[1] 그리고 1960년대 암흑기를 거쳐 민주노조가 1970년대에 재등장함으로써 비로소 민주노조운동이 전개되고, 발전된 것으로 바라보고 있다. 민주노조의 시발은 1970년 11월 13일 전태일사건의 영향으로 결성된 청계피복노조로 보고 있으며, 그에 뒤이어 원풍모방, 동일방직, 반도상사, 콘트롤데이타, YH무역 등에서 민주노조가 조직되어 1970년대 노동운동사상 중요한 역할을 한 것으로 평가하고 있다. 그러나 1960년대를 민주노조운동의 암흑기로 규정하는 것에 대해서는 재고해 볼 여지가 있다.

1961년 8월 31일 한국노총이 재조직됨으로써 4월혁명기 노동운동의 흐

---

[1] 김세균은 박정희정권기 노동운동을 ① 노동운동의 암흑기였던 1960년대, ② 1971년 전태일 열사의 분신사건을 계기로 민주노조운동이 다시 출현하기 시작한 1970년대, ③ 1979년 10월 이후 민주노조운동이 다시 전개되기 시작한 시기로 구분하였다. 김세균, 「한국의 '민주' 노조운동」, 『진보평론』 13, 2002.8, 18쪽.

름이 차단되고 역류하였다. 군부세력에 의해 노동조직은 한국노총으로 재조직되었고, 이후 노동조합운동은 한국노총에 의해 주도되었다. 한국노총으로의 재조직 과정에서 김말룡 중심의 전국노협·한국노련계 인사들은 거의 대부분 배제되었다. 이러한 노동계 상황은 이후 계엄령 해제와 군정에서 민정으로 이양되는 시기를 전후로 한국노총에 대한 한국노련계의 저항과 도전으로 이어졌다. 또 한편으로는 대한노총 전직 임원들을 중심으로 노우회가 결성되어 한국노총에 대항하기 위해 물밑작업을 하고 있었다.

노동조합이 과거 '파쟁과 반목'을 일삼아 '근로자의 권익옹호단체로서 임무를 다하지 못하였던' 전철을 밟지 않기 위해 한국노총으로 개편하였다지만, 1960년대 내내 한국노총 중앙본부와 산별노조와의 분열·대립, 산별노조 내부의 분열·대립 등이 연이어 발생하였다. 그런데 분열·대립의 갈등상은 시기에 따라 성격을 달리하는 경우도 있었다. 이 장에서는 1960년대 지속적으로 표출되어 나타난 한국노총의 분열·대립상을 단순히 헤게모니 쟁탈전으로 치환하는 것은 무리가 있다는 인식하에서 분열·대립상의 성격변화에 주목하여 논의를 진전시키고자 한다.

지금까지 1960년대 한국노총을 다룬 연구는 많지 않다. 1961년 군부쿠데타 이후 노동조합이 한국노총으로 재편성되는 과정을 밝힌 김준의 연구, 1960년대 외기노조의 결성과정과 한미행정협정 체결 촉구 운동을 다룬 임송자의 연구, 그리고 최근에 나온 것으로 대한조선공사에서의 노동조합주의 형성과 발전에 대해 분석하고 대한조선공사지부의 노동조합운동을 다룬 남화숙의 연구가 있을 뿐이다.[2] 이외에 한국노총에서 펴낸『한

---

2) 김준, 「5·16 이후 노동조합의 재편과 '한국노총 체제'의 성립」,『사회와역사』55, 1999.5; 임송자, 「1960
   년대 전국외국기관노조와 한미행정협정 체결 촉구 운동」,『사림』32, 2009.2; Hwasook Nam,『Building
   Ships, Building A Nation: Korea's Democratic Unionism Under Park Chung Hee』, University of
   Washington Press, 2009.

국노동조합운동사』와 이원보의 『한국노동운동사』5가 있는데,[3] 이러한 문헌은 1960년대 한국노총 연구에 필요한 자료나 내용을 담고 있다. 그러나 이들 문헌은 한국노총 결성 초기만을 집중적으로 다루고 있으며 중후반기 조직변화상에 대해서는 단편적으로 언급하고 있다. 따라서 1960년대를 시기대상으로 조직적인 변화상이나 내부 분열·대립상을 전면적으로 분석할 필요가 있다.

이 장에서는 이러한 문제의식을 갖고 1961년 5·16군부쿠데타 이후 노조 민주화운동이 좌절을 겪게 되는 과정을, 그리고 1960년대 중후반기 노조 민주화를 지향한 세력의 성장과정을 살펴보고자 한다. 이를 위해 첫째, 전국노협·한국노련과 한국노총이 공히 민주노조운동을 표방하였으나 이들이 의도하는 민주노조의 의미에는 현격한 차이가 존재한다는 것을 밝히고자 한다. 둘째, 한국노총 결성 초기 한국노련계의 저항과 노우회의 등장에 대해 살펴보고자 한다. 한국노련계는 한국노총을 부정하고 전국총연합회 결성을 전망한 조직이었으며, 노우회는 이승만·자유당 정권기 대한노총에서 활동했던 전직 임원들을 중심으로 뭉친 단체로 한국노총에 대항하기 위한 준비조직이었다. 이들 두 조직의 활동과 와해과정, 그리고 한국노총이 독점적 지위를 확보해 나가는 과정 등을 파악하기 위해서는 1963년 4월과 12월의 노동관계법 개정과정에 주목할 필요가 있다. 셋째, 4월혁명기 노동운동의 고양 속에서 전개된 운동의 흐름은 단절되지 않고 1960년대에도 이어져 왔으며, 1970년대 민주노조운동의 기반을 마련하였다는 점을 드러내고자 한다. 한국노총 집행부의 어용성에 대한 비판세력의 등장, 김말룡 중심의 한국노련 세력의 부각, 대한조선공사지부의 노조 활동, 교회조직들의 노동운동 지원활동 등을 중심으로 설명하고자 한다.

---

3) 한국노총, 『한국노동조합운동사』, 1979; 이원보, 『한국노동운동사』 5, 지식마당, 2004.

2. 노조 민주화 운동의 좌절과 한국노총에 대한 반대(운동)

1) 노조 민주화 운동의 좌절

1961년 5 · 16군부쿠데타는 노동운동의 지형을 변화시켰다. 군부세력에 의해 전국노협 · 한국노련은 부정되고, 노동조합은 한국노총으로 조직이 재편성되었다. 전국노협은 1959년 8월 11일 설립준비위원회 구성을 거쳐 10월 26일에 결성되었으며, 대한노총과 대립되는 별개의 노동조합 중앙 조직이었다. 전국노협 설립준비위원회의 선언문에서 밝히고 있듯이 전국 노협의 설립목적은 "민주적인 노동조합 운동의 발전"에 있었다. 전국노협 이 주창한 "민주적인 노동조합"이란 각 단위노조가 자유로운 분위기 속에 서 노동자의 의사를 반영시켜 이를 민주적으로 개편하는 것을 의미한다. 전국노협은 밑으로부터의 민주적인 개편을 통해서 각 단위노조를 기반으 로 한 상향적인 조직방침에 의거한 새로운 형태의 새로운 노동단체를 구 성할 것을 전망하였다.

전국노협은 자유당 정부 하에서 합법성을 인정받지 못하였으나 ① 노동 조합의 본질에 입각한 노동운동 전개, ② 노동조합의 정치적인 중립주의, ③ 노동조합의 주체성 확립이라는 운동방향을 설정하고 활동을 전개하였 다.[4] 그러나 조직적인 약세와 더불어 자유당의 탄압으로 인해 4월혁명 전 까지 뚜렷한 활동을 전개하지는 못하였다.[5] 4월혁명 후 통치권력이 이완 되고, 대한노총의 권세가 약화되는 상황에서 전국노협은 "민주적이고 순 수한 노동운동"을 강조하면서,[6] 대한노총의 어용성 · 비민주성을 공격하 면서 조직화 운동을 활발히 전개하였다.

---

4) 『동아일보』 1959년 10월 27일자, 「노조협의회. 편당적 태도 지향. 참다운 노동운동 전개한다고」.
5) 임송자, 『대한민국 노동운동의 보수적 기원』, 선인, 2007, 350-352쪽.
6) 『동아일보』 1960년 7월 10일자, 「노협 중앙단체 8월 중에 구성」.

4월혁명기 대구 지역의 노동운동 활성화는 전국노협의 지도와 지원이 있었기에 가능하였으며, 전국노협 경북도련 활동가들은 경북 교원노조 결성을 지원하였다.[7] 1960년 11월의 노동조직 통합대회를 통해 탄생한 한국노련도 그 기본강령으로 "민주적인 노동운동"을 내세웠으며, 1961년 3월 민주당 정부에 의해 입법 추진된 반공특별법과 데모규제법이 노동운동의 민주성과 자주성을 훼손하는 것으로 인식하고, '국가보안법 개악반대 투쟁위원회'를 조직하여 반대투쟁을 전개하였다.[8]

한국노총은 결성과정에서부터 '민주노동운동'을 전개하겠다고 표명하였으나, 한국노총에서 말하고 있는 '민주노동운동'이란 1950년대 말 전국노협의 주장이나 4월혁명기 노동운동의 고양 속에서 나온 '민주노동운동'과는 현격하게 차이가 있다. 한국노총은 자유당 정권기 대한노총이 집권권력에 종속되고, 어용화로 점철됐던 지난날의 과오를 밟지 않겠다는 의지를 갖고 '민주노동운동'을 표방하였으나 재조직과정에서부터 5·16 군부세력의 의도된 기획 밑에서 하향식으로 조직되었다는 한계를 탈피할 수는 없었다. 군정은 각 산별을 대표하는 9인을 지명하여 한국노총을 재조직하도록 하였는데, 9인을 비롯한 각 산별 조직위원들은 한국노총의 핵심 요직을 독점하였으며,[9] 이규철은 한국노총 위원장으로 선출되었다.

이규철은 4월혁명기 대한노총 철도노조연맹 위원장에 선출되어 활동하면서 부각된 인물이었다. 4월혁명으로 노동운동이 고양되자 대한노총을 비롯한 전국의 각급 노동조합 간부들은 거의 대부분 사퇴하기에 이르렀고, 각 노조는 조직개편을 단행하였다. 철도노조도 1960년 6월 30일 임시

---

7) 장미현, 「1950년대 후반 대구 대한방직 노동쟁의와 전국노동조합협의회」, 연세대 사학과 석사학위논문, 2007, 44~47쪽.

8) 『동아일보』 1961년 3월 24일자, 「보안법 개정반대 노련서 투위 구성」. 투쟁위원회는 24일 성명서를 발표하고, 정부는 민주노동운동을 억압할 목적으로 반공특별법 제7조 전문을 보안법 제13조 2항으로 이식하였다고 비난하였다. 보안법 13조 2항은 노동쟁의조정법 제13조의 제한을 받지 않는다는 것인데, 노동쟁의조정법 제13조는 "근로자는 쟁의기간 중에는 현행범 이외에는 어떠한 이유로도 그 자유를 구속당하지 아니 한다"고 규정하고 있다.

9) 김준, 「5·16 이후 노동조합의 재편과 '한국노총 체제'의 성립」, 『사회와역사』 55, 1999.5, 118쪽, 121쪽.

대의원대회를 소집하여 임원을 선출하였는데, 이때 이규철이 위원장으로 선출되었던 것이다.[10] 이규철은 또한 1960년 11월의 노동조직 통합대회에서 한국노련의 부위원장에 선출되어 활동함으로써 두각을 드러내기 시작하였다.

이규철이 위원장으로 있던 철도노조는 임금인상 쟁의 결의에 따라 10월부터 쟁의에 돌입하였고, 1961년 1월 27일 오전 10시를 기하여 전국에 걸친 1시간의 통신파업을 단행하였다. 철도노조사상 처음 단행한 것으로, 3월 31일 노사 간의 협정조인으로 종결되었다. 이렇게 철도파업이라는 투쟁 경력과 한국노련 부위원장이라는 직함을 갖고 있던 이규철이 어떻게 군부세력에 의해 재건조직의 책임자로 지명되었으며, 한국노총 위원장으로 선출될 수 있었는지 의문이다.

이에 대해 김관호는 9인위원회에서 철도노조 위원장 이규철을 한국노총 위원장에 앉힌 것이며, 고용 위원장에 불과하였다고 주장하였다. 그는 "9인 위원회에서 자기네가 위원장하면 조직적으로 먹어주지를 않았어요. 엊그제만 해도 노총 차장하던 사람들이 위원장한다면 말이 되겠어요? 그러니까 이규철이가 말을 제일 잘 들으니까 갖다 쓴 거예요"라고 밝혔다. 한편 이찬혁의 회고는 김관호의 주장과는 다르다. 그는 이규철이 산별노조 중 조직세가 강한 철도노조 위원장이었기 때문에 가능했다고 피력했다. 그리고 이규철과 함께 석공노조의 한기수, 외기노조의 이광조가 실질적으로 주도했던 인물이라고 언급하였다.[11] 김관호와 이찬혁의 의견이 엇갈리지만 아마도 군부세력이 자신들의 통제 하에 둘 만한 인물로 이규철이 적합하다고 판단하여 지명했을 가능성이 높다. 군부세력에 의해 한국노총

---

10) 전국철도노동조합, 『철로 30년사』, 1977, 128-130쪽.
11) 이찬혁 구술(일시: 2007.3.15 / 녹취: 임송자).

위원장이 된 이규철은 국가재건최고회의 위원인 홍종철[12]과 긴밀한 관계를 유지하면서 한국노총의 사업계획을 세우고 운영해 나갔다.[13]

한국노총이 결성되기 전, 1961년 8월 4일 정희섭 보건사회부장관의 「근로자의 단체활동에 관한 임시조치법령 공포에 대하여」라는 담화문이 발표되었다. 그 다음 날 이규철을 중심으로 구성된 한국노동단체 재건조직위원회에서는 성명서를 발표하여 재건조직의 기본정책의 하나로 "정치적 중립과 조합재정의 자립으로 민주노동운동의 발전"을 기하겠다고 표명하였다.[14] 이러한 정책은 1961년 8월 30~31일에 개최된 결성대회의 강령에 포함되었다. 한국노총에서 표방한 '민주노동운동'은 이규철이 위원장으로 선출된 1960년 6월 30일의 철도노조 대회에서 결의한 내용과도 동일하다. 즉, 대회에서 "민주노동운동을 통하여 산업평화에 공헌"할 것을 결의하였던 것이다.[15] 이러한 사실로 보아 4월혁명기의 노동운동이 반영되었다는 것으로 해석할 수도 있다. 그렇지만 이를 액면 그대로 받아들여 한국노총이 4월혁명기의 '민주노동운동'을 계승하였다고 판단하는 것은 섣부른 판단이라고 할 수 있다. 노동계의 새로운 "판짜기"와 국가권력과의 밀착, 그리고 권력에 의한 하향식 조직방식 등은 '민주노동운동' 전개에 커다란 걸림돌이 되었기에 더욱 그러하다. 5·16 이후 노동계를 억압하는 여러 가지 구조적인 제약으로 인해 한국노총이 표방한 '민주노동운동'은 애초부터 실천하기 어려운 구호였다고 볼 수 있다.

한편 한국노총이 강령으로 내세운 것은 '반공체제' 강화, '자주경제' 확립이었다. 대한노총과 마찬가지로 한국노총 또한 반공활동을 제1의 주요

---

12) 평북 철산 출신의 홍종철 대령은 국가재건최고회의 문교사회위원으로 노동조합 관련 업무를 담당하였다. 『경향신문』 1961년 6월 15일자, 「최고회의 각 분과위원 임명」; 『동아일보』 1962년 5월 15일자, 「5월의 얼굴 홍종철 보사위원」.

13) Holland, Anthony D, 「Internal economic, industrial and social affairs; labor and union, cooperration with US concerning farm labor」(NARA, 『Record of the U.S Department of State relating to internal affairs of Korea, 1960-1963』)

14) 한국노총, 앞의 책, 588-589쪽 부록 2-3.

15) 전국철도노동조합, 『철로30년사』, 1977, 130쪽.

목표로 설정한 것이다. 또한 결의문에서 "5·16군사혁명을 전폭지지하며 혁명과업 완수에 총력을 경주"하며, "정치적 중립과 재정의 자립으로 민주노동운동의 발전"을 기하겠고 밝혔다. 전자의 결의내용과 후자의 결의내용은 서로 모순되는 것으로, "정치적 중립", "재정의 자립", "민주노동운동의 발전" 등은 공허한 문구에 지나지 않았다.

한국노총이 결성되고 난 후 첫 행사로 치른 것이 1961년 10월 7일의 전국노동자총단결 궐기대회였다. 이 대회는 5·16군사정부의 정책을 지지하며 경제개발5개년계획을 추진하는 원동력이 되겠다는 목표 아래 개최되었다.[16] 이때 발표된 선언문에서 "이번 궐기대회를 계기로 민주노동조합운동의 신기원을 개척하고 노동자의 합법적인 권익수호를 위해 과감히 전진할 것을 선언한다"[17]고 밝혔다. 그런데 "민주노동조합운동의 신기원을 개척"한다는 것의 내용적 의미는 궐기대회의 결의문에서 "노사협조만이 경제5개년계획을 완수하는 길"이라고 주장한 것에서[18] 드러나듯이 경제재건이라는 목표 하에 노사협조체제를 유지하는 것이었다. 노사협조를 기하기 위해 1962년도에는 8개항의 방침을 내세웠는데, 그것은 ① 노조 자주성의 확립, ② 외부세력의 배제, ③ 어용화의 방지, ④ 소수분자 단독 결정의 방지, ⑤ 조직의 힘으로 산업부흥과 입법면에 적극 참가, ⑥ 노동조합의 사회적 권위 회복, ⑦ 신의와 동지애로 단결, ⑧ 노동조합 지도자의 양성 등이었다.[19] 재조직 후 처음 맞는 노동절에서도 "노사 일치단결하여 쌍견(雙肩)에 걸머진 경제개발 5개년계획의 성공적 완수에 총력을 다할 것"을 다짐하였다.[20]

---

16) 한국노총, 『사업보고』, 1962, 545~546쪽.
17) 『동아일보』 1961년 10월 8일자, 「전국노동자총단결 궐기대회 "권익수호에 전진"」; 한국노총, 『사업보고』, 1962, 545~546쪽.
18) 한국노총, 『사업보고』, 1962, 546~547쪽.
19) 『경향신문』 1962년 3월 10일자, 「권익옹호를 목표 산업부흥에 이바지. 다시는 '어용화' 안돼」.
20) 한국노총, 『사업보고』, 1962, 552쪽.

이러한 한국노총의 노사협조주의는 국가권력의 정책기조와 합치되는 것이었다. 1962년 10월의 대의원대회에서 행한 박정희 최고회의 의장의 축사에서 이러한 사실을 간취할 수 있다. 즉, 박정희 최고회의 의장은 김문사위원장이 대독한 축사를 통해 "노사 간의 협조로 건전한 민주노동운동으로 근로자의 이익을 도모할 것이며 정부에서도 이에 대한 뒷받침을 아끼지 않겠다"[21]고 밝혔던 것이다.

이상과 같이 전국노협·한국노련과 한국노총은 다같이 공통적으로 민주노조운동을 표방하였으나, 이들이 의도하는 민주노조의 의미는 현격한 차이가 존재하고 있었다. 한국노총에서 주장하는 민주노조는 군사정부의 정책 지지와 노사협조주의를 의미하는 것이지 국가권력과 자본으로부터의 독립을 염두에 둔 것은 아니었다. 이러한 한국노총의 노사협조주의는 4월혁명기 노동운동을 주도했던 전국노협·한국노련의 운동방향을 부정하는 것이었다.

2) 한국노련계 저항과 노우회의 등장

자료의 한계로 인해 한국노총에 대립되는 반대세력을 파악하는 것은 쉽지가 않다. 한국노총에서 연차대회 때마다 펴내는 『사업보고』에 단편적으로 기록된 내용이나 아주 드물게 눈에 띄는 신문기사를 통해서 파악할 수밖에 없어 그 전모를 자세히 알 수가 없다. 결성 초기(1961년 8월~1963년) 한국노총에 저항하고 도전했던 반대세력은 대체로 ① 전국노협·한국노련계(김말룡·김대연 등), ② 대한노총의 전직 임원들(이종성, 전진한, 박청산 등), ③ 한국노련의 임원 중에서 재건조직에 포섭된 세력(김정원 등), ④ 재건조직에 포함되었지만 이후 한국노총에 반기를 든 세력(지

---

21) 『조선일보』1961년 10월 31일자, 「쟁의권 부활 결의. 노총 어제 혁명 후 첫 대의원대회 개최. 정치적 중립도 다짐」.

연일 등), ⑤ 기타 세력으로 분류할 수 있다. ①, ②, ④는 한국노총의 정통성을 부정하면서 한국노총을 대체하는 노동조직을 전망한 세력이며, ③은 한국노총 내에서 이규철 집행부를 비판하면서 독자적인 정당을 창당하려 했던 김정원 등을 중심으로 한 세력이다. ⑤는 한국노련계나 한국노총에 가담하지 않고 시세를 관망한 노동조합 지도자들, 그리고 유명무실한 노동조합의 지도자들로 구성되었다. ①, ③, ④는 한국노총의 어용화를 비판했다는 점에서 공통분모를 갖고 있는 세력이다. 서술의 편의상 한국노총에 저항한 외부세력인 ①과 ②를 먼저 다루고, ③과 ④는 한국노총에 가담한 세력이 중심이 되었으므로 제2절 한국노총의 내부 분열과 갈등에 포함시켜 서술하고자 한다.

〈한국노련계의 저항〉

「연락위원회」를 이끌고 있던 김말룡은 「재건조직위원회」에 맞서 강력히 저항했지만 결국 군부세력의 의도에 따라 「재건조직위원회」를 중심으로 한국노총이 재조직되었다. 이에 김말룡은 저항의 한 방식으로 1961년 8월 29일 은퇴성명을 발표하였다. 이때 그는 "보사부 당국이 어용사이비 운동자와 결탁하여 전국의 재조직을 청부시키고 집회의 일방적 불허, 노동회관 및 노조 재산의 불법 인도 지시, 노동조합 결성 대의원 지명제 등 민주노동운동의 완전 말살을 기도하였다"고 주장하였다.[22] 그는 성명을 발표한 다음날 새벽 5시 20분경 당국에 의해 연행되었다.[23] 김말룡의 측근 인물이었던 김기곤이 한국노총이 결성되는 날 김말룡이 연행되었고, 결성되고 난 후 정보부에서 풀려났다고 증언한 것으로 보아 30일에 있을 한국노총 결성대회에서의 충돌을 우려하여 연행한 것이 아닌가 생각된다.[24]

---

22) 「동아일보」 1961년 8월 30일자, 「30일 결성대회 한국노동조합총연맹. "노동운동에 압력" 김말룡 씨 은퇴 성명서 비난」.
23) 「동아일보」 1961년 8월 31일자, 「김말룡씨 연행. 전 노련 의장」.
24) 김기곤 구술(일시: 2007.3.22 / 녹취: 임송자).

김말룡은 은퇴선언을 한 지 1년이 채 안된 1962년 6월경부터 활동을 재개한 것으로 보인다. 한국노총은 이러한 김말룡의 활동을 경계하면서 김말룡을 "노총의 조직을 깨뜨리려는 노동브로커"로 비난하였다.[25] 김말룡은 계엄령 해제와 정치활동 허용을 계기로 한국노련을 재건하여 한국노총에 대항하고자 하였다. 이러한 김말룡의 한국노련 재건 움직임에 대해 한국노총은 "과거 조합원의 신망을 잃고 이미 도태당한 노동운동자들이 일부 정당의 힘을 빌어(빌려) 외부로부터 현 조직을 파괴하고 불법적으로 침투하려는 반조직적인 행위를 감행하려는 단발마적인 행패"로 규정하였다.[26] 그리고 1월 17일과 2월 7일 두 차례에 걸친 위원장 담화를 통해 "외부로부터 침투를 기도하는 사이비노동운동자들의 정치적 책동에 동요됨이 없도록" 한국노총 산하 각 조직에 당부하였다.[27]

한국노동조합총연합회(한국노련) 결성에 앞서 김말룡은 김대연[28]과 함께 1961년 8월 30일 결성대회에서 행한 규약 제정과 임원선거 결의는 무효라는 취지의 「대회결의무효확인 청구소송」을 1963년 2월 5일 서울지방법원에 제출하였다.[29] 또한 성명서를 발표하여 "관제어용화한 현 노총이 노동운동의 본질과 사명에 역행하는 행위를 묵과할 수 없다", "근로대중의 기본권과 생존권을 찾게 하는 자율적 노동운동의 자세를 쟁취하기로 결의"한다고 밝혔다.[30]

25) 『경향신문』 1962년 6월 22일자, 「노총 단결파괴 획책. 노동브로커들, 대의원대회 앞서」.
26) 한국노총, 『사업보고』, 1963, 18–19쪽.
27) 한국노총, 『사업보고』, 1963, 19–20쪽.
28) 김대연은 1960년 12월 전국미군종업원노조연맹 대의원대회에서 위원장에 선출되었으며, 이후 한미행정협정체결 촉구운동을 비롯한 임금인상요구, 노동조건 개선운동을 전개한 인물이었다. 그는 한국노련 의장 김말룡과 막역한 관계를 유지하고 있었으며, 8월 5일 김말룡을 중심으로 조직된 전국노동단체 재조직연락위원회에 적극 가담하여 활동하였다. 한국노총 결성 이후에는 김말룡과 함께 한국노총에 대항하여 한국노련을 재건하고자 했던 중심인물이었다. 임송자, 「1960년대 전국외국기관노조와 한미행정협정 체결 촉구 운동」, 『사림』 32호, 2009.2, 170–173쪽.
29) 『조선일보』 1963년 2월 6일자, 「전 한국노련서 소송 "현 노총 조직은 무효 관제 불법단체라고"」; 『동아일보』 1963년 2월 5일자, 「노총 규약 등 부인」; 『경향신문』 1963년 2월 5일자, 「현 노총위원장 걸어 대회결의 무효소송」.
30) 소장(訴狀)의 내용과 한국노총의 대응에 대해서는 한국노총, 『사업보고』, 1963, 794–797쪽, 798–804쪽, 805–811쪽 참조.

2월 17일에는 한국노련 준비대회를 개최하였다. 결성주비위원 211명이 모여 "5 · 16 이후 우리들의 전통은 무참히 전복되었으나 한국노동운동의 정상화를 위해 총궐기 한 것이다"라고 선언하고, 한국노총을 법적 근거가 없는 불법단체로 비난하면서 해체를 주장하였다.[31] 그리고 결의문을 통해 노동조합 자유설립원칙에 배치되는 노동법의 비민주적인 제약을 배격하고 쟁의권 확립을 위해 투쟁하겠다고 다짐하였다. 대회에서 전 한국노련 의장 김말룡을 책임위원으로 선출하였으며, 5개 부서의 실무위원 25명을 선임하였다. 산업단위 노조와 직종별 단위노조를 상향식으로 조직하여 연합체와 지역협의체를 형성하고, 전국총연합회를 결성한다는 조직요강도 의결하였다.[32]

한국노련 준비위원회 측은 자신들의 조직이 구 한국노련의 뒤를 잇는 정통성 있는 조직이라고 주장하였다. 김말룡은 "현 노총은 인정할만한 법적 근거가 없고 혁명 직후 관권에 의해 급조된 불법단체이며, 노련은 5 · 16 이후 지금까지 올바른 절차를 밟은 단 하나의 합법적 노조연합체"라고 주장하였다. 그리고 합법적인 노조연합체였음에도 불구하고 노련 사무소와 모든 재산 일체를 불법으로 한국노총에 접수당했다고 비난하였다.[33]

이러한 한국노총과 한국노련 준비위원회와의 대립상황은 1963년 노동절에서도 재현되었다. 이들 두 세력은 노동절 행사를 따로따로 개최하여 상대방을 비난하였다. 교통부 부우회관에서 열린 한국노총 주최의 기념식에서는 약 1천 명의 조합원이 참석하였다. 이 자리에서 박정희 의장은 축사를 통해서 김말룡의 한국노련 준비위원회를 겨냥하여 '사이비노동운동

---

31) 『경향신문』 1963년 2월 18일자, 「쪼개지는 노조운동. 민정 앞두고 두 갈래로 갈라져. 현 노총 해체 주장」; 『동아일보』 1963년 2월 18일자, 「"한국노련" 새로 발족 노동운동의 지도체 두 갈래로」.
32) 『경향신문』 1963년 3월 9일자, 「노동절에 붙이는 노단(勞團) 카르테. 두 개 노조단체 불씨」.
33) 『동아일보』 1963년 3월 8일자, 「노동절 앞두고 포문(砲門) 연 두 갈래 노동운동. 계엄령 해제를 분수령으로 바쁜 입씨름. 노총선 유일합법으로 응수. 노련의 주포(主砲)는 '어용규탄'에」.

자', "노동운동의 분열을 조장"하는 세력으로 규정하였다.[34] 한편 한국노련 측에서는 "관제노조를 뿌리 뽑자"는 슬로건을 내걸고 3·1당에서 기념식을 개최하였다. 조합원 약 500명이 참석하였으며, "정부는 불법단체인 현 노총을 해체할 것을 확신하며 노총의 비위사실을 철저히 조사 공개하라"는 등 8개 항목의 결의문과 선언문을 채택하였다.[35]

한국노련 결성 준비대회를 마친 후 김말룡을 중심으로 조직화 사업을 본격화하였다. 한국노총에 반기를 든 전국철도기관차노조와 전국철도운수노조가 2월 18일 준비대회를 거쳐 28일 창립대회를 열었다. 전국철도기관차노조는 한국노총 산하 철도노조에 반기를 들고 한국노총에서 탈퇴하여 직능별노조로 결성된 조직이다. 결성대회에서 "자유 우방의 노동조직과 제휴하여 빵·자유·평화를 찾겠다"는 요지의 선언문과 ① 직능별 입체 단위의 철도노조 개편, ② 교통부에 운전국 신설 및 지방의 운전과 부활 촉진, ③ 노동조합 연합체의 구성 또는 가맹 등 12개의 행동목표를 결의하였다.[36] 전국철도운수노조는 2월 28일 창립대회에서 3개 조항의 강령을 채택했으며, 각종 수당의 합리적 시정을 촉구하는 등 12개의 행동강령을 채택하였다.[37]

이어 2월 24일에는 미군종업원노조 결성 준비대회를 개최하였다. 서울, 부산, 의정부 등 전국미군노조 대표 60명은 대회에서 "정부는 노무협정을 포함한 한미행정협정을 조속히 체결함으로써 헌법으로 보장한 노동기본권이 미군종업원들에게 적용되도록 할 것과 현 '외국기관노조'의 불법성을 시인하면서도 이를 시정하지 않는 현 부사부 노동국장을 파면하라"는 등 6개 항목의 대정부 결의문을 채택하고, 책임위원으로 김

---

34) 『동아일보』 1963년 3월 11일자, 「근로자의날 두 갈래 기념식. 노총 시세에 편승한 분열은 불가. 노련 관제 어용화 뿌리 뽑겠다고」.
35) 『동아일보』 1963년 3월 11일자, 「근로자의날 두 갈래 기념식. 노총 시세에 편승한 분열은 불가. 노련 관제 어용화 뿌리 뽑겠다고」.
36) 『동아일보』 1963년 2월 28일자, 「기관사노조를 결성. 노총서 탈퇴」.
37) 『경향신문』 1963년 2월 28일자, 「철도운수노조 창립대회 개최」.

대연을 선출하였다.[38]

　한국노련 세력은 미조직 분야의 조직활동에도 관심을 기울여 사업장별, 직능별 단위노조 건설에 주력하였다. 다른 한편으로 한국노총 산하 조직이 있는 곳에 한국노련 계통의 노조를 결성하거나 한국노총 산하조직을 해체시켜 한국노련 조직으로 흡수시키는 활동도 전개하였다. 이러한 활동의 결과로 나타난 조직상황은 아래 〈표 2〉와 같다.

〈표 2〉 한국노련계 조직상황(1963년 2월~4월)

단체명칭	대표자	결성일자	단체명칭	대표자	결성일자
전국철도기관차노조	손진규	63.2.18 (63.2.28)	전국토건노조	박동수	63.4.14
전국철도운수노조	김용구	63.2.18 (63.2.28)	전국혁공노조	이상배	63.3.27
부평지구미군노조	임행민	63.3.8	미왕산업노조	최해길	63.3.16
인천제강노조	이만영	63.3.1 (63.3.31)	인천자유항만노조	최일	63.4.5
대동제강노조	차상운	63.4.3	부산자유항만노조	김삼석	63.4.17
인천지구미군노조	김윤덕	63.3.16	구룡포지구 보망노조		63.4.13
서울지구자동차노조	박무익	63.3.10			

※ 한국노총, 『사업보고』, 1963, 192-197쪽.
※ 괄호 안은 신문기사를 토대로 날짜를 정정한 것이다. 전국철도기관차노조와 전국철도운수노조는 1963년 2월 18일에 창립 준비대회를, 2월 28일에 창립대회를 개최하였다.

　위 신규조직 중에서 전국철도기관차노조, 전국철도운수노조, 부평지구미군노조, 서울지구 자동차노조,[39] 전국토건노조, 전국혁공노조,[40] 미왕산업노조, 인천 자유항만노조, 부산 자유항만노조, 구룡포지구 보망노조

---

38) 『동아일보』 1963년 2월 25일자, 「미군종업원노조 24일 결성준비회」.
39) 『경향신문』 1963년 3월 11일자, 「자동차노조 결성」.
40) 『동아일보』 1963년 3월 28일자, 「혁공노조 결성」.

가 있는 직장에는 기성 노조가 존재하고 있었다. 그리고 인천제강노조,[41] 대동제강노조는 동일 직장 내 기성 노조를 해체하고 결성한 조직이었다. 한국노총은 이들 조직을 "이단적인 사업장별 및 직종별 단위노동조합을 참칭하는 불법단체"로 규정하였다. 그리고 군정당국은 포고령 제6호에 의해 허가된 노조 이외에는 존속할 수 없다면서 한국노총 이외의 조직에 대하여 법적 효력을 부인하였다.

이어서 1963년 4월 17일 노동관계법 개정을 계기로 한국노련의 활동을 억압하기 시작하였다.[42] 개정된 법은 노동조합 결격사유의 하나로 '조직이 기존 노동조합의 정상적인 운영을 방해하는 것을 목적으로 하는 경우'를 삽입하여 사실상 복수노조의 설립을 금지하였다. 이리하여 인천제강노조 위원장 이만영을 4월 18일 불법노조를 조직했다는 이유로 사회단체등록에 관한 법률위반 혐의로 구속하였다.[43] 그리고 5월 16일에는 전국기관차노조 위원장 손진규를 사회단체등록 및 기부금품모집금지에 관한 법률위반 혐의로 구속하였다.[44]

이러한 군정당국의 억압에 의해 한국노련의 활동은 주춤할 수밖에 없어 침체기로 접어 들게 되었다. 5~6개월의 침체기를 거쳐 1963년 11월 ~12월에 이르러 활동을 재개하였다. 그 결과 1963년 12월 3일에는 동두천지구운수노동조합이, 12월 5일에는 실업자로 구성된 한국자유노동조합이, 그리고 뒤이어 서울자동차내연기관노동조합이 결성되었다. 그

---

41) 인천제강노조는 1963년 3월 31일 조합원 103명 중 70여명이 모여 한국노총 산하 전국금속노조 인천지부 제강분회를 해체하고 단위노조 결성을 선언하였다. 『경향신문』 1963년 4월 20일자, 「불법노조 구성 구속 제1호. 인천제강 새 위원상 이씨 문초」.

42) 이원보, 앞의 책, 126쪽. 노동관계법 주요개정 내용에 대해서는 한국노총, 『한국노총 50년사』, 2002, 338~339쪽 참고.

43) 단위노조를 결성하면서 법규에 의한 사회단체 등록을 하지 않고 3월 5일부터 인천제강 회사 정문에 '인천제강노조'라는 간판을 게시했다는 이유로 구속되었다. 『경향신문』 1963년 4월 20일자, 「불법노조 구성 제1호. 인천제강 새 위원상 이씨 문초」. 이만영은 4월 24일 구속적부심사에서 4월 17일자 법률 제1329호로 개정 공포된 노동조합법 제8조 "노동자는 자유로이 노동조합을 조직하거나 가입할 수 있다"는 조항을 적용받아 석방되었다. 『경향신문』 1963년 4월 26일자, 「노조 결성은 자유」.

44) 『동아일보』 1963년 5월 16일자, 「기관차노조 위장(委長) 손진규씨를 구속」; 『경향신문』 1963년 5월 16일자, 「기관차 노위장(勞委長) 구속. 기부금 받은 혐의로」.

러나 이들 조직은 신고증을 교부받지 못하고 노동조합법 제3조 단서 5호의 저촉에 의해 법외단체로 규정당하였다. 이에 이들 단체는 제대로 활동조차 하지 못하고 자연 해산되기에 이르렀다.[45] 결국 한국노총과 한국노련계의 분열·대립은 1964년 초로 접어들면서 한국노련계의 기세가 꺾임으로써 잠정적으로 봉합이 되었다. 여기에는 군정 당국의 한국노총 비호와 한국노련 억압이 개입되어 있었다. 한편 김말룡과 김대연이 제기한 「노총창립대회 결의무효확인 청구소송」은 1964년 1월 7일 법원에 의해 기각되었다. 이로써 한국노련은 법률적 근거를 상실하여 활동을 전개할 수 없는 상황에 처하게 되었다.[46] 결국 김말룡이 한국노총에 저항하여 한국노련을 재조직하여 노동운동을 펼치려 했지만 실패로 귀결되었다.

〈노우회의 등장〉

정확한 시기는 알 수 없으나 1963년 하반기에는 노우회가 등장하여 한국노총 집행부를 긴장시켰다. 10월 28일에 노우회 준비대회가 개최되었는데,[47] 이 대회에는 189명이 참석하여 노동조합의 자주성 확립을 선언하였다. 그리고 상임고문에 김주홍, 회장에 이종성, 부회장에 김헌래·박청산을 선출하였다.[48] 노우회의 임원은 아래 〈표 3〉과 같다.[49]

---

45) 한국노총, 『사업보고』, 1964, 191-192쪽.
46) 이원보, 『한국노동운동사』 5, 지식마당, 2004, 127쪽.
47) 『동아일보』 1963년 10월 26일자, 「알림」; 『경향신문』 1963년 10월 28일자, 「알림」.
48) 『경향신문』 1963년 10월29일자, 「노우회 준비대회, 회장에 이종성씨」. 『경향신문』 기사에는 김헌래로, NARA문서에는 김헌동으로 기재되어 있어 여기서는 김헌래로 표기하였다.
49) Holland, Anthony D, 「Labor organization; trade union, 1963」(NARA, 『Confidential U.S. State Department Central Foreign Policy Files; Korea 1962-1963』).

〈표 3〉 노우회 임원

직위	성명	직위	성명
회장	이종성	부회장	김헌래, 박청산
사무국장	김사욱	총무부장	한윤찬
조직부장	유원영	선전부장	신기악
문화부장	오영	조사부장	문덕채
고용안내부장	염태운		
기획부장	이병학	기획차장	원제학
회계감사	강학희, 김유환, 박무익		
고문	전진한, 박중정, 김종율, 주종필, 조용기, 조광섭, 송원도, 이진수, 조경규, 김두한, 정대천, 하광춘, 이주기, 김대협, 이종남, 김 헌, 김기옥, 성주갑	상임고문	이준수, 유갑천, 박청산, 이종성, 김사욱, 이상진, 김병균, 장덕영, 강완모, 김헌동, 이강훈, 유기남

※ NARA문서(Holland, Anthony D, 「Labor organization; trade union, 1963」)에 각 임원의 경력이 간단히 기재되어 있다. 공란으로 비어 있어 경력을 알 수 없는 경우도 있다. 노우회 임원 대부분(밑줄 친 부분)은 이승만 정권 시기 대한노총에서 활동했다. 이들의 경력에 대해서는 임송자, 『대한민국 노동운동의 보수적 기원』, 선인, 2007을 참조.

위 임원 구성표에서 자료를 통해 확인 가능한 인물을 살펴보자. 고문 중에서 전진한, 조광섭, 이진수, 정대천, 조경규는 이승만정권기에 국회의원을 지냈다. 그리고 몇몇을 제외하고는 대한노총 역대 위원장이나 최고위원을 지냈다. 상임고문도 대한노총 최고위원이나 부장직을 역임한 인물들이었다.

회장 이종성은 섬유노련 위원장, 대한노총 섭외부장, 기획부장을 지냈으며, 1960년 11월 노동조직 통합대회에서 김말룡 중심체제의 한국노련이 조직되었을 때, 한국노련에 반기를 들고 전진한을 중심으로 조직한 한국노동조합총연맹의 사무총장이었다.

부회장 박청산은 미군정기 평안청년회원으로 대한노총 결성을 지원하면서 동양방적 인천공장과 관계를 맺은 인물이다. 그는 1953년부터 광산연맹 부위원장을 지냈으며, 1958년 김기옥이 중심이 되어 전개한 규약개정운동에 참여하였다. 또한 김기옥체제에서 대한노총 선전부장에 임명되었으나 1959년 7월에 사임하였다.

선전부장 김사욱과 문화부장 오영도 대한노총 부장직을 역임한 경력이 있었다. 염태운은 「재건조직위원회」의 연합노조 조직위원이었으며, 1961년 9월 21일 연합노조 결성대회에서 위원장으로 선출된 인물이다.

이상과 같이 노우회 임원을 분석한 결과, 임원의 대부분은 대한노총의 전직 임원들로 구성되었다. 특히 전진한, 조광섭, 이진수, 정대천, 조경규 등은 국회의원을 지낸 인물들인데, 이들이 고문으로 포진되어 있었다. [50] 또한 염태운을 제외한 거의 대부분의 임원들이 한국노총 재조직 과정에서 배제된 인물들이었다.

임원구성에서 주목할 점은 1960년 12월 한국노련에 반기를 들고 전진한을 중심으로 조직한 한국노동조합총연맹의 의장, 부의장, 사무총장, 선전부장이 노우회의 회장을 비롯한 중요 직책을 맡고 있다는 사실이다. 다시 말하면, 한국노동조합총연맹의 의장 전진한과 부의장 성주갑이 노우회의 고문으로, 부의장 김병균이 노우회의 상임고문으로 임명되었으며, 사무총장 이종성이 노우회 회장으로, 선전부장 박청산이 노우회 부회장으로 임명되었다. 이러한 사실로써 노우회는 김말룡 중심의 한국노련 세력에 대해 호의적이지 않았거나 적대적이었을 것이라고 판단된다. 또한 임원의 거의 대부분이 한국노총 재조직과정에서 배제된 인물들이었으므로 이들 조직의 궁극적인 목표는 한국노총에 대항한 새로운 노조 건설이었을

---

50) 1963년 노우회 고문 전진한은 1963년 11월 26일 실시한 국회의원 선거에서 민정당 소속으로 서울 종로구에서 출마하여 당선되었다. 김두한은 1965년 11월 9일 실시된 서울 용산구 보궐선거에서 한국독립당 소속으로 출마하여 당선되었다. 중앙선거관리위원회, 「대한민국선거사」 제1집, 1973, 1213쪽, 1223쪽.

것으로 여겨진다. 그런데 당시 노동법상으로는 한국노총에 대항하는 어떠한 조직도 설립할 수 없었으므로 노동조합이라는 간판을 걸지 않고 '협의회'라는 명칭을 사용하였다.

노우회는 결성 준비단계에서부터 공화당, 중앙정보부, 한국노총으로부터 압력을 받았다.[51] 한국노총은 노우회가 연구단체라는 명목으로 조직되어 한국노총 조직에 접선을 기도하고 있다고 비난하면서, 1963년 9월 18일에 「소위 '노우회'의 동정에 대하여 친애하는 전국 20만 맹원 동지에게 고함」이라는 담화문을 발표하였다. 담화문에서 "만일 산하조직의 동지들로서 이미 이 단체와 어떠한 관련을 맺은 분이 있으면 냉철히 판단하여 과감히 관계를 끊"기를 바란다고 밝혔다.[52]

노우회의 비공식적인 목적은 노우회가 노동조합으로 인정받을 수 있도록 노동법을 개정하는 것이었다.[53] 노동법은 1963년 4월 17일에 개정되었으며, 또다시 12월 7일에도 개정되었다. 이러한 개정 노동법을 한국노총은 격렬하게 비판하면서 재개정을 요구하였다. 뿐만 아니라 국회나 법학계에서도 개정의 목소리를 높였다. 노동법 개정과정에서 노우회가 어떠한 역할을 하였는지는 드러나지 않고 있으나, 분명한 것은 삼민회가 1964년 2월 19일에 국회에 제출한 노동관계법 개정안에 찬성하는 입장이었을 것이라는 점이다. 삼민회 개정안 중에서 한국노총이 크게 반발했던 제3조 단서 제5호 "노동조합은 신고함으로써 성립"하도록 한 규정은 노우회의 사활을 좌우하는 것이었다. 법조계에서는 현행 제3조 단서 5호 "조직이 기존 노동조합의 정상적인 운영을 방해하는 것을 목적으로 하는 경우"는 기존 노동조합만을 보호하려는 위헌적인 규정으로 헌법 제29조와 ILO

---

51) Holland, Anthony D, 「Labor organization; trade union, 1963」(NARA, 『Confidential U.S. State Department Central Foreign Policy Files; Korea 1962-1963』

52) 한국노총, 『사업보고』, 1964, 277-278쪽.

53) Holland, Anthony D, 「Labor organization; trade union, 1963」(NARA, 『Confidential U.S. State Department Central Foreign Policy Files; Korea 1962-1963』.

조약에 위배되는 것이라고 주장하였다. 따라서 노우회는 내심으로 노동법 개정을 기대하고 있었다.

한국노총이 삼민회가 국회에 제출한 노동관계법 개정안을 강력히 반대하면서 계엄이 해제된 이후 처음으로 전국의 노조 대표들을 동원하여 집회를 갖고 총파업을 결의한 것도 한국노련과 노우회의 존재와 관련지어 주목할 필요가 있다. 당시 한국노련의 기세가 한풀 꺾이고, 노우회 또한 수면 밑에 있었을지라도 '노동조합은 신고함으로써 성립'한다는 내용의 개정안이 국회 본회의를 통과한다면 이들 세력은 일거에 세를 결집하여 한국노총에 위협을 가할 것이라는 것은 자명하였다. 그때까지만 해도 한국노총은 조직적으로 체제가 완전히 정비된 상태는 아니었으며, 오히려 재조직과정에서의 갈등·대립이 여전히 상존하고 있었다. 이러한 불안정한 상태는 한국노총에 납부하는 의무금 실적을 근거로 대략적으로 추정할 수 있다. 물론 의무금 실적과 조직체제 정비가 정비례하는 것도 아니다. 낮은 임금을 받고 있는 노동자들을 대상으로 한 노동조합의 경우 의무금 납부 실적이 저조할 수밖에 없었다는 사실을 인정하지 않는 것도 아니다. 다만 의무금 실적을 통해 대략적인 추정은 가능하다고 본다. 1961년 9월부터 1962년 8월까지 부과액 3,395,144원, 납부액 1,830,558원으로 53%의 납부실적을, 1962년 9월부터 1963년 8월까지 부과액 4,653,434원, 납부액 2,158,698원으로 46%의 납부실적을 거두었다.[54] 따라서 조직적으로 안정되지 않은 상태에 있던 한국노총은 노동법 개정에 필사적일 수밖에 없었다. 결국 개정안은 국회 본회의에 상정되지 못하고 폐기됨으로써 노우회 또한 한국노총에 대항하는 노동조합을 만들고자 했던 그들의 목적을 달성하지 못하고 점차 세를 잃어갔다.

---

54) 한국노총, 『사업보고』, 1962, 643쪽; 한국노총, 『사업보고』, 1963, 746쪽.

3. 한국노총 내부 분열과 갈등[55]

노동조합 개편과 노동법 개정은 노동에 대한 통제를 강화하는 방향으로 추진되었다. 국가권력은 노동운동을 일사분란하게 통제하여 사회문제화 하는 것을 막기 위한 목적에서 노동조합을 산별체제로 묶어내고 상층부를 매수하는 방식을 도입하였다.[56] 그러나 국가권력이 노동조합 상층부를 포섭하여 노동운동을 제어하려는 통제방식은 순탄하게 작동되지는 않았다. 한국노총은 중앙조직으로서 산하조직을 통제하는데 한계를 갖고 있었다. 무엇보다도 군정이 지명했던 9인위원회에 의해 조직이 재편성되었고, 이들이 권력을 독점한 데서 오는 통제력의 한계가 있었다. 권력에서 배제된 인사들은 권력독점 세력에 대하여 저항·도전하였기 때문에 한국노총 중앙조직은 강력하게 통솔력을 발휘하기 어려웠다.

또한 군정의 통제를 받으면서 단시일에 조직할 수밖에 없었던 데서 파생되는 갈등·분열로 인해 한국노총 지도부는 산별조직이나 그 하부조직을 장악하는데 어려움을 겪었다. 전국에 산재해 있는 1,000여 개의 노동조합[57]을 단기간에 15개의 단위노동조합으로 개편한다는 것은[58] 그다지 쉬운 일이 아니었으며, 재조직 과정에서 재건위원회 세력 내부의 갈등, 그리고 재건위원회 세력과 재건위원회에서 배제된 세력 간의 분열·대립

---

55) 산별노조가 분열과 갈등을 겪으면서 조직을 정비해 가는 과정에서 대해서는 김준의 논문에서 다루고 있으므로 생략한다.

56) 김준, 「아시아 권위주의국가의 노동정치와 노동운동: 한국과 대만의 비교연구」, 서울대학교 사회학과 박사학위논문, 1993, 216쪽, 241~242쪽. 김준은 철도노조의 핵심 간부를 거쳐 한국노총 부위원장을 지낸 A씨의 증언을 토대로 산별노조 체제는 "노동조합을 일사분란하게, 그러나 간접적으로-즉 노조 상층부를 통해-통제하고 싶어하는 군정측의 관심과 산별체제가 노조(또는 노조 상층 간부)에게 유리하다는 재건조직 과정에 깊이 참여한 일부 노조 간부의 이해가 맞아떨어져서 나온 것"이라고 하였다. 김준, 「5·16 이후 노동조합의 재편과 '한국노총 체제'의 성립」, 『사회와 역사』 55, 1999.5, 109쪽.

57) 5·16군부 쿠데타 이전 노동조합은 약 1,000여 개가 난립되어 있었다고 한다. 한국군사혁명사편찬위원회, 『한국군사혁명사』 제1집 (상), 1963, 1324쪽.

58) 재건위 세력은 철도, 섬유, 광산, 전력, 미군종업원, 체신, 운수, 해상, 금융, 전매, 화학, 부두, 금속, 출판, 연합 등 15개의 산업별 노동조합 결성을 계획하고 있었다. 한국노총, 『사업보고』, 1962, 24쪽.

을 피할 수 없었다.[59]

한국노총은 재건된 지 1년여가 지난 시점에서 민주노동당 창당을 둘러싸고 내분이 일어났다. 전국광산노조 위원장 김정원은 1962년 말부터 7개 산별위원장과 회합하고 노동자 정당을 만들 목적에서 가칭 '민주노동당 발기위원회'를 구성하였다.[60] 김정원은 1959년 8월 11일에 구성된 전국노협 설립준비위원회의 위원장직을 맡고 있었으나 10월 26일 전국노협 결성 단계에서 이탈한 인물이다. 또한 그는 1960년 11월 노동조직 통합으로 결성된 한국노련에서는 이규철(철도노련), 성주갑(조양사)과 함께 부위원장으로 선출되어 활동하였다.[61] 그리고 재조직과정에서 재건위원회 세력과 대립관계에 있던 연락위원회의 광산 부문 책임자로 있었으며,[62] 1961년 8월 16일 결성대회에서 위원장에 당선되어 활동하였다.[63]

전국광산노조 위원장 김정원은 1963년 2월 1일 「찬동하는 산별노조 위원장 일동 대표」라는 명의로 한국노총이 "모당에 기울어짐으로써", "노동조합 본연의 노선을 이탈"하였다고 비난하고, 정치적 중립을 견지하기 위해 "독자적인 창당도 불사"하겠다는 내용의 성명서를 발표하였다.[64] 이는 이규철 집행부에 대한 산별노조 위원장들의 도전이었다. 그러나 정당 결성은 창당 발기인으로 들어간 산별노조 위원장들이 곧바로 탈퇴함으로써 무산되었는데, 여기에는 김관호의 증언에 따르면 중앙정보부의 개입이 있

---

59) 재조직 과정에서의 갈등으로 전력노조, 부두노조, 출판노조, 연합노조 등 4개 조직이 원래 계획대로 결성대회를 치르지 못하였을 뿐만 아니라, 계획대로 결성대회를 치른 곳에서도 군사정권이 지명한 사람이 위원장에 선출되지 못하는 사태가 발생하였다. 이원보, 『한국노동운동사』 5, 지식마당, 2004, 118쪽. 전력노조 조직책임이었던 조창화가 위원장 입후보를 사퇴하는 사태가 벌어졌고, 광산노조에서는 재건위 핵심인 한기수를 제치고 김정원이 위원장에 선출되었다. 외기노조에서는 조직책임위원 이광조를 제치고 조직위원이었던 이효승이 위원장에 당선되었으며, 금융노조의 경우는 조직책임이었던 김준호를 제치고 남준현이 위원장에 선출되었다.

60) 이원보, 『한국노동운동사』 5, 지식마당, 2004, 129쪽.

61) 임송자, 앞의 책, 340쪽, 345쪽, 367쪽.

62) 임송자, 앞의 책, 390쪽.

63) 『경향신문』 1961년 8월 6일자, 「노조 재건에 분규. 김말룡씨 등 '연락위' 구성코 '재건위' 비난」; 『경향신문』 1961년 8월 17일자, 「광산노조 결성. 위원장에 김정원 씨」; 한국노총, 『사업보고』, 1962, 47쪽.

64) 한국노총, 『사업보고』, 1963, 210~212쪽.

었다. 김관호는 "노동당을 만들어 노동자를 위해 일해야 되겠다는 생각으로 조직"하려고 했으나 중앙정보부에서 이러한 사실을 입수하여 반격함으로써 실패하였다고 밝혔다.[65] 결국 한국노총은 1963년 2월 4일 긴급히 산별노조 위원장을 소집하여 회의를 열어 대책을 숙의하였다. 그리고 회의에서 성명서가 김정원 개인의 행동으로 나온 것으로 결론을 짓고, 2월 16일 개최된 중앙위원회에서 김정원에 대하여 전국광산노동조합 위원장직의 무기정권을 결의하였다.[66] 이로써 김정원을 중심으로 노동자 정당을 결성하려는 계획은 권력의 개입에 의해 좌절되었다.

한편 한국노련의 조직사업이 한창인 1963년 3월에는 전국금속노조 위원장 지연일의 한국노총 탈퇴선언으로 갈등과 분열이 가속화되었다. 지연일은 재건위원회 전국금속노조 조직위원이었으며, 1961년 8월 25일의 결성대회에서 전국금속노조 위원장으로 선출된 인물이었다.[67] 그런 그가 한국노련을 적극 지지하고, 한국노련의 조직 확장에 가세하였다. 그의 활동을 정리하면, ① 인천제강노조 결성과 이만영의 분회장 당선 지원, ② 금속노조 조직부장 김병룡에게 한국노련 가입 권유, ③ 1963년 2월 22일 김말룡과 함께 주한미대사 홀랜드 방문, ④ 대한중공업지부의 전국금속노조 탈퇴 유도 등이었다. 1963년 3월 26일에는 전국금속노조 위원장 지연일, 인천지부장 문익모 외 8명의 명의로 성명서를 발표하여 "현 노총이 주장하는 전국 산별 하향식 조직으로서는 민주주의적인 노동운동을 전개할 수 없을 뿐만 아니라 그 불법성을 확인"하고, "전국금속노동조합은 노총에서 탈퇴함과 동시에 이를 해체"한다고 선언하였다.[68] 성명서가 발표되자 한국노총은 중앙위원회를 소집하여 지연일의 금속노조 위원장직에 대한 무

---

65) 김관호 구술(일시: 2007.3.16 / 녹취: 임송자).
66) 한국노총, 『사업보고』, 1963, 208-209쪽, 345-346쪽.
67) 한국노총, 『사업보고』, 1962, 31쪽, 37쪽.
68) 『동아일보』 1963년 3월 26일자, 「전국금속노조 노총에서 탈퇴. 노련에 참가」; 『경향신문』 1963년 3월 26일자, 「노총서 탈퇴. 금속노조 성명」; 한국노총, 『사업보고』, 1963, 203-204쪽.

기정권 결의를 하였다.[69]

김정원의 민주노동당 창당 기도사건, 전국금속노조 위원장 지연일의 한국노총 탈퇴선언 등 한국노총의 분열·갈등은 이들 책임자에 대한 무기정권으로 수습되었다. 그러나 한국노총 중앙 집행부에 대한 저항과 도전, 분열은 끊임없이 이어졌다. 특히 분열상은 전국대의원대회의 임원선거를 전후하여 심화되었다.

한국노총 재조직 대회에서는 이규철이 대의원 78명 중 68표를 얻어 무난히 위원장에 선출될 수 있었지만, 1964년 10월의 임기대회에서는 과거 대한노총에서 벌어졌던 파벌싸움이 재현되었다. 파벌싸움의 이면에는 이승만정권기와 마찬가지로 집권정당의 '보이지 않는 손'이 작용하고 있었다. 10월의 대의원대회를 앞두고 위원장 자리를 놓고 김광수(섬유노조 위원장)와 이춘희(부두노조 위원장)의 대결구도가 형성되어 두 사람 사이에 치열한 대의원 포섭공작이 벌어졌다. 그런데 이춘희는 "모당(공화당: 필자)을 등에 업고 전력·화학노조 등과 제휴"하고 있는 반면, 위원장 직무대리를 맡고 있던 김광수는 현 집행부의 뒷받침을 받고 있었고 자동차노조와 제휴하고 있었다.[70] 31일 임원선거에 들어갔으나 양 파벌 사이의 난투극으로 유회될 수밖에 없어[71] 결국은 해를 넘겨 1월 26일 대의원대회를 열어 임원선출을 하였다. 대회에서 이춘희가 공화당의 지지·지원으로 위원장에 당선되었다.[72]

1965년 1월 이춘희 집행부의 출범으로 한국노총 중앙조직과 산별노조 사이의 분열이 가시화되었고, 1967년에는 급기야 집행부 불신임문제를 제기하는 형국이 조성되었다. 연합노조, 체신노조, 자동차노조 등 한국

---

69) 한국노총, 『사업보고』, 1963, 204-205
70) 『경향신문』 1964년 10월 28일자, 「노총 대의원대회 30, 31일 경기도청서」.
71) 『경향신문』 1964년 10월 31일자, 「노총 큰 위기. 주도권 싸고 대의원대회 난장판」.
72) 『동아일보』 1965년 1월 27일자, 「한국노총 임원개선」; 『경향신문』 1965년 1월 27일자, 「위원장에 이춘희씨. 노총 집행위원 개선」.

노총 산하 16개 산별노조의 과반수 이상이 한국노총 집행부를 불신하였다. 현 위원장 이춘희(부두노조)의 불신임문제는 1965년 1월 26일에 있은 임원선출의 합법성 여부가 발단이 되었다.[73]

한국노총은 또한 1970년 10월의 대회를 앞두고 이찬혁(현 위원장)을 지지하는 파와 최용수(전력노조 위원장)를 지지하는 파로 분열되었다. 현 위원장 이찬혁에 도전하는 최용수는 "현재 노동운동의 무력하고 비정상적인 방향을 정상적인 궤도에 올려놓고 효과적인 운동을 펴나가겠다"며 선거운동을 하였다. 반면 이찬혁은 지난 3년간 현 집행부가 벌여 온 사업을 중단할 수 없다는 점을 강조하였다. 그러나 최용수 지지세력은 현 집행부가 정치활동에 참여한다는 명분으로 특정정당에 저자세를 취했으며, 근로자 교육, 국제활동, 조직확대 사업, 노동회관 건립 등에서 부진을 면치 못하였다고 비판하였다. 특히 외국인투자업체 쟁의규제법 철폐운동의 실패를 강조하였다.[74]

각 산별노조, 특히 섬유노조와 외기노조에서는 대회에 참석할 대의원선출을 둘러싸고 극심한 내분을 겪었다. 섬유노조에서는 8월 21일 대의원대회를 개최하였는데, 섬유노조 부산지부장 김영태 등 4명이 전국섬유노조(위원장 이춘선)를 상대로 노동청에 대의원대회가 불법이라면서 「대의원대회 결의사항 효력정지 가처분신청」을 하였다.[75] 이들은 대의원대회에서 조합비를 본조합에 납부하지 않았다는 이유로 대의원권을 대폭 제한하였으며, 현 섬유노조 위원장 이춘선이 거액의 조합비를 유용, 착복했다고 주장하였다. 서울 민사지법은 10월 14일 「대의원대회 결의사항 효력정지 가처분신청」이 '이유 있다'고 받아들였으며, 15일 한국노총의 대의원 자격심사

---

73) 노동조합법 제17조 2항에 의하면 "출석조합원 반수 이상의 찬성으로 결의한다"고 명시하고 있는데, 1965년 1월의 대회는 출석대의원 117명의 과반수에 미달하는 57표로 당선이 되었다는 것이다. 『조선일보』 1965년 1월 20일자, 「노총 위원장 선출 말썽. 과반수 안되는 결선은 위법이라고」.

74) 『동아일보』 1970년 10월 14일자, 「숙명의 라이벌···두번째 대결. 4대 노총 위원장 이찬혁씨 대 최용수씨」.

75) 『동아일보』 1970년 9월 25일자, 「각 지부 대의원대회 불법 주장. 섬유노조 분열 심각」.

에서 섬유노조 대의원 21명을 실격시켰다.[76] 외기노조 또한 대의원대회를 개최할 수 없을 정도로 조직분규가 극심하였다. 이러한 분열에 휩싸인 채 한국노총 전국대의원대회가 16일 개최되었고 위원장 선거 결과 최용수가 재석 136명 중 72표를 얻어 이찬혁을 9표 차로 누르고 당선됐다.[77]

이찬혁은 섬유노조와 외기노조 대의원 25명(섬유노조 21명, 외기노조 4명)이 대회에 참가하였더라면 자신의 위원장 당선에 유리하게 작용하였을 것이라며,[78] 선거 패배에 불만을 품고 최용수 위원장의 권위를 인정하지 않았다. 더욱이 한국노총은 12월 1일 중앙위원회를 소집하여 평화시장 근로조건 개선, 전태일기념관 건립문제 등을 협의하려 했으나 전 위원장이었던 이찬혁계로 알려진 8개 산별노조위원장들이 "현 집행부가 섬유, 외기노조의 분규를 조속히 해결하지 않는 한 노총에 협조할 수 없다"면서 대회를 보이코트하였다.[79] 이러한 고질적인 분열상은 한국노총 결성 이래 지속되고 있었다. 정부의 경제성장정책 과정에서 소외되고 있는 노동자들을 대변할 노동조직으로서 자기역할을 포기한 하나의 단적인 사례라고 할 수 있다.

4. 민주노조운동의 가능성

한국노총은 1963년 4월 17일에 개정된 노동관계법에 의해 노동계에서 독점적 지위를 누릴 수 있었다. "경쟁적 조합설립 금지"라는 조항은 한국노총이 아닌 새로운 노동조직의 결성을 법적으로 부인하였다. 한국노총에

---

76) 『조선일보』 1970년 10월 16일자, 「섬유노조 대의원 실격. 노총대회 총위원장 선출 양상 달라질듯」.
77) 『조선일보』 1970년 10월 17일자, 「노총 위원장에 최용수씨. 어제 대의원대회」.
78) 『조선일보』 1970년 12월 4일자, 「태풍 안은 노총. 8개 산별조(産別組)··· 중앙위 불참 안팎」.
79) 『매일경제』 1970년 12월 8일자, 「선거후유 주도권 다툼. 노총의 내분과 그 내막」. 12월 28일에는 한국노총 부위원장 박인근이 노총 집행부가 산별노조의 조직분열만을 일삼고 있어 같이 일할 수 없다는 이유를 들어 사표를 내기도 하였다. 『조선일보』 1970년 12월 29일자, 「노총 박인근 부위원장 사표. 산별노조 운영 비합리성 들어」.

도전하거나 저항하는 세력은 이러한 법조항으로 인해 좌절을 맛볼 수밖에 없었으며, 한국노총에 편입되어 활동하거나 노동계에서 밀려날 수밖에 없는 처지에 놓여 있었다. 법적으로 보장된 독점적 지위를 유지하기 위해 한국노총은 더욱더 체제에 순응하였다. 이러한 과정에서 내부 세력들 사이에는 권력을 장악하기 위한 헤게모니 싸움이 계속 이어졌다. 또한 1960년대 중후반으로 갈수록 한국노총의 어용화는 심화되었다.

1964년 9월의 철도노조 전국대의원대회에서 공화당이 이규철을 제거하기 위해 사복경찰을 동원한 것이나[80] 1964년 10월의 한국노총 대의원대회에서 이춘희가 위원장에 당선된 것은 공화당의 지지가 있었기에 가능하였다. 한국노총에서 권력을 장악하기 위해서는 집권정당인 공화당의 지지가 필요하였다. 따라서 한국노총 집행부가 집권정당과의 관계로 인해 노동조직으로서 운동을 펼치지 못하고 정책 건의에만 매달릴 수밖에 없었던 것이 당시의 현실이었다. 그렇지만 이러한 집행부의 어용성에 대한 비판이 한편에서 제기되고 있었다. 이러한 현상을 헤게모니 싸움의 일환으로 단순화시키는 것은 무리가 따를 수 있다. 집행부의 어용성을 비판하는 사례는 1960년대 중후반으로 가면서 두드러지게 나타나고 있었다. 이러한 사례 중에서 1967년 노동절을 앞두고 일어난 이춘희 위원장체제에 대한 비판을 주목할 필요가 있다. 이춘희를 비판하는 세력들은 집행부가 구성된 지 2년이 지나도록 노동자들의 근로조건 개선과 권익옹호를 위해 쟁의를 제기하거나 전 조직을 동원하여 투쟁한 적이 없고, 정부시책에 한국

---

80) 철도노조 전국대의원대회에서 공화당이 이규철을 제거하기 위해 사복경찰 50여명을 동원하여 이규철계의 대의원을 대회장에서 끌어내고 반대파의 불법대의원만을 입장시키는 등 압력을 가하였다. 이에 대해 한국노총은 18일 성명서를 통해 "지난번 국회의원선거에서 노총이 협력하지 않았으며 지난 연초의 전국적인 인상쟁의와 강경한 노동법 개정반대투쟁에 그 원인이 있다"고 지적하였다. 결국 철도노조 위원장이며 한국노총 위원장인 이규철은 9월 23일에 사표를 제출하였다. 『경향신문』 1964년 9월 18일자, 「공화당서 경관 동원 강릉대회 때 현 집행부 몰아내. 노조서 성명」; 『동아일보』 1964년 9월 18일자, 「철도노조 대의원대회에 공화당 압력」. 강릉대회에서 위원장에 당선된 이찬혁은 19일 성명서를 발표하여 "강릉대회에서 공화당이 경찰을 동원하여 압력을 넣어 이찬혁씨 계를 밀었다"는 한국노총의 성명은 "전혀 사실과 다르다"고 반박하였다. 『경향신문』 1964년 9월 19일자, 「노총본부 성명 전혀 사실무근. 이찬혁 씨 측 반박」.

노총의 주장이 거의 반영되지 못하고 있다고 비판하였다. 즉, 1964년 노동법 개정 건의와 세율 인하 건의를 국회에 제출하였을 뿐 조직투쟁은 한 번도 전개하지 못했고,[81] 정부에 대해서 건의서 전달밖에 하지 못하는 등 집행부가 관에 의해 지배되고 있어 압력단체 및 권익옹호단체로서 구실을 하지 못하고 있다는 것이었다.

한국노총의 어용화는 이춘희 집행부를 계승한 이찬혁 집행부에서도 심화되어 나타났다. 이찬혁 집행부가 들어선 지 얼마 안 되어 1968년 1·21사태, 푸에블로호 나포사건(1.23)이 발생하고 남북관계는 긴장이 고조되고 있었다. 이러한 상황에서 한국노총은 국가권력의 대북 강경정책에 적극적으로 부응하여 자발적으로 규탄성명, 궐기대회를 개최하는 등 반공활동을 활발히 전개하였다. 한국노총의 이러한 활동은 해방 3년기와 이승만·자유당정권기에 대한노총이 펼쳤던 반공활동을 상기시키는 것이었다. 더 나아가 한국노총은 1969년 8월 6일에 위원장 이찬혁 외 16개 노조위원장 명의로 〈박대통령의 7·25특별담화에 대한 성명〉을 발표하여 3선개헌 지지를 밝혔다.[82] 이승만정권 시기 정치권력에 예속됐던 속성이 1960년대 후반기에도 그대로 나타나고 있다는 것을 보여주는 것이라 할 수 있다.

이렇듯 한국노총은 박정희정권의 정책을 절대적으로 지지하고 있었지

---

81) 당시의 노동운동가들이 악법으로 지적하고 있는 것은 ① 노동위원회 구성, ② 쟁의조정법상의 쟁의 적법 판정제, ③ 조합 자유설립 제한 등이었다. 그리고 이러한 악법에 대해 다음과 같이 개정할 것을 주장하였다. ① 노동위원회는 정부가 임명하는 공익위원 5명과 근로자 사용자위원 각각 3명씩으로 구성되어 있는데, 이것을 3자 동수 비례원칙으로 개정할 것, ② 쟁의조정법상의 문제는 쟁의 제기 때 신고하고, 감독관청의 적법판정을 받아 실시되는데 이와 같은 제도는 악용되면 허가제가 되기 때문에 개정할 것, ③ 노동조합법 3조 5항인 기존 노조 외의 노조 조직 불허원칙은 조합자유설립주의에 위배되는 것이므로 개정할 것. 『조선일보』1967년 3월 9일자, 「분규 21년 몸부림치는 노총. 내 10일은 근로자의 날. 관권개입 배제해야」, 당시 한국노총 내에 조합자유설립주의를 주장하는 세력이 얼마나 있었는지, 그리고 어떠한 입장에서 그러한 주장을 하고 있었는지는 파악하기가 곤란하다. 다만, 일부 세력이나마 노동조합 자유설립 제한이라는 조항으로 독점적 지위를 확보한 한국노총이 노동조합으로서 본연의 역할을 다하지 못하고 있는 현실을 비판했다는 점은 주목할 만 하다.

82) 한국노총, 『사업보고』, 1969, 62쪽. 한국노총의 3선개헌 지지 성명에 대해 신민당은 "이와 같은 처사는 삼선개헌 지지 여론을 강작(强作)하는 것"이라고 비난하였다. 『동아일보』1969년 8월 7일자, 「여론조작 말라. 신민 노총 성명 비난」; 『조선일보』1969년 8월 8일자, 「신민 노총 개헌지지 성명 비난. "정부가 여론조작"」

만 이것이 반대급부로 한국노총에게 돌아오지는 않았다. 박정권은 오히려 노동통제정책을 강화해 나갔다. 1969년 11월 '외국인투자기업의 노동조합 및 쟁의조정에 관한 임시특례법안'을 국무회의에 상정시키자 한국노총은 법안 저지를 위해 노동기본권수호 총궐기대회를 개최하는 등 법안 철폐운동을 전개하였지만 12월 22일 국회에서 공화당 의원만 참석한 가운데 법안을 통과시켜버렸다.

한국노총 집행부가 어용화 되고, 조직 내부의 분열·갈등이 심화되어 갔지만, 이러한 균열 속에서 권력과 자본으로부터 자주성을 견지해 나가면서 조합을 민주적으로 운영해 나가고자 했던 세력들이 1960년대 중·후반기에 들어서면서 전면에 나타나기 시작하였다. 한국노총의 정통성을 부정하고 노동조직의 민주화를 주장하던 김말룡 중심의 한국노련 세력은 1964년 이후 한국노총에 합류하여 활동하였다. 김말룡은 1966년 10월 5일 연합노조 위원장에 선출됨으로써[83] 두각을 보이기 시작하였다. 김말룡의 위원장 당선은 반대파와의 치열한 싸움으로 획득된 것이었다. 김말룡이 위원장에 당선되자 노동청에서는 대의원대회의 결의에 결격사유가 있다고 보고 김말룡의 선임을 무효라고 통고하였으며,[84] 김말룡의 반대파에서는 한국노총 본부로부터 후원을 받으며 한국노총 회관 사무실을 강제로 점거하여 김말룡 반대운동을 기도하기도 하였다.[85]

연합노조의 채희세를 중심으로 하는 김말룡 반대파는 공화당과 밀착한 한국노총 위원장 이춘희의 지원을 받으면서 김말룡을 지지하는 세력을 제거하고자 하였다. 연합노조는 1967년 4월 15일 대의원대회를 열어 위원

---

83) 『경향신문』 1966년 10월 6일자, 「연합노조 위원장 김말룡 씨 선출」.
84) 노동청에서 위원장 당선이 무효라고 통고하자 김말룡은 노동청장을 상대로 소송을 제기하여 행정처분 집행정지를 신청하였고, 1967년 3월 7일 서울고법은 "행정소송의 대상이 되지 않는다"는 이유로 각하하면서 노동청의 통고만으로 대의원대회에서 얻은 지위는 아무런 영향을 받지 않는다고 판시하였다. 『동아일보』 1967년 3월 8일자, 「고법에서 각하. 김말룡 씨 행정소송」; 『경향신문』 1967년 3월 8일자, 「"소송 대상 안 된다" 김말룡 씨 제기 행정소송 각하」.
85) 『조선일보』 1967년 5월 14일자, 「노총회관서 난투극 벌여. 연합 노총 두 파」.

장직을 맡고 있던 최희세를 재선시켰다.[86] 대의원대회의 재적 대의원은 62명이었으나 전체조직이 참가하지 못하고 과반수가 약간 넘는 34명이 참석한 것으로 보아 이때까지도 분열·대립이 극심하였던 것으로 보인다. 연합노조 집권세력은 김말룡 세력을 "노동 뿌러커(부로커) 및 외부세력"으로 규정하였으며, "일부 산하 조직이 이탈, 외부세력과 부동(不同 ; 符同의 오기)이 되어 계속적인 파쟁을 일삼아" 왔다고 주장하였다.[87] 그리고 1968년 3월 6일 중앙위원회에서 김말룡을 서울지역지부에서 제명하기로 결의하였다.[88] 이리하여 김말룡은 연합노조에서 더 이상 활동할 수 없게 되었다.

김말룡은 이후 자동차노조로 소속을 옮겨 활동을 지속하였으며, 1971년 10월의 한국노총 위원장 선거에 출마하여[89] 만만치 않은 기세를 올렸다. 그는 선거전에서 "노동운동 이념의 구현"을 내걸고 배상호, 박영성 후보와 맞서 새로운 바람을 일으켰다.[90] 22일에 실시된 선거에서 총 투표자 189명 중 박영성 74표, 배상호 66표, 김말룡 46표로 과반수 득표자가 없었다. 한 시간여의 정회를 거친 후 2차 투표에 들어갔는데, 김말룡은 이때 사퇴를 선언하였다. 김말룡이 사퇴하게 된 이유는 2차 투표 결과로 판단해 볼 수 있다. 2차 투표 결과 101표를 얻은 배상호가 87표를 얻은 박영성을 누르고 당선됐다. 배상호의 승리는 1차 투표에서 김말룡에게 표를 던졌던 다수가 2차투표에서 배상호를 지지하였기에 가능하였다. 김말룡의 사퇴는 박영성을 낙선시키고 배상호를 당선시키기 위한 전략이었던 것이다. 위원장 후보 사퇴를 한 김말룡은 이날 상임지도위원으로 추대되

---

86) 전국연합노동조합, 『사업보고』, 1968, 19쪽.
87) 전국연합노동조합, 『사업보고』, 1968, 4쪽, 12쪽.
88) 전국연합노동조합, 『사업보고』, 1968, 25쪽.
89) 『조선일보』 1971년 10월 19일자, 「노총의 '10월 열풍', 370만 근로자의 총사 위원장 선출을 앞두고, 김말룡씨 순수노동운동 전념, 박영성씨 정치참여 적극 주장, 배상호 직무대리 이점 살려」.
90) 『동아일보』 1971년 10월 11일자, 「노총 새위장(委長) 선거 삼파전으로 굳어」.

었다.[91] 김말룡이 비록 한국노총 집행부를 장악하는 데는 실패하였지만, 1971년의 선거에서 선전할 수 있었던 것은 1960년대 중후반부터 한국노총 내에서 어용화에 반대하는 세력이 점차 증가하였으며, 이들 세력이 김말룡이 내세운 "노동운동 이념의 구현"에 적극 동조하여 결집하였기 때문인 것으로 파악된다.

한국노총 중앙본부나 산별조직이 점차 어용화 되고 헤게모니 획득을 위한 고질적인 파벌대립으로 영일이 없던 상황에서도 하부단위에서는 조직을 민주적으로 운영해 나가고자 했던 노조들이 하나 둘씩 출현하기 시작하였다. 그 대표적인 사례를 대한조선공사에서 찾을 수 있다.[92] 이는 국가권력의 노동 통제방식이 기층 수준에까지 미치지 못한 느슨한 측면이 있었다는 점을 드러내는 것으로 볼 수 있지만 한편으로는 4월혁명기 민주노조운동의 흐름이 단절되지 않고 면면히 이어져 내려왔다는 것으로 평가할 수 있다.

대한조선공사지부는 군부쿠데타 이후 노동조직이 한국노총으로 재조직되자 1963년 5월 25일 한국노총 해상노동조합 대한조선공사지부라는 이른바 '재건노조'로 재조직되었다. 그런데 조선공사 노동자들은 1년 뒤 1기 집행부를 '노동조합이 아니라 회사 앞잡이'라며 대의원대회에서 불신임하고 1964년 6월 허재업을 지부장으로 임명하여 2기 집행부를 출범시켰다. 상임 부지부장으로 선출된 박정부는 전평을 경험한 노동운동가였다. 당시 조선공사에는 전평을 경험했던 노동자들이 상당수 남아있었고, 민민청 영도지부 위원장이었던 부산대 정치학과 출신인 김영대와 민민청 발기인에 이름을 올렸던 권오덕이 조선공사에 입사해 노동자로 일하고 있었다. 그리고 조선공사지부는 영도와 부산의 지식인·혁신계·학생운동권

---

91) 『동아일보』 1971년 10월 22일자, 「1차서 과반수 미달 노총 새 위장 선출 2차 투표 들어가」; 『동아일보』 1971년 10월 23일자, 「노총 위장에 배상호 씨」.
92) 최근 대한조선공사에서의 민주적인 노동운동을 분석한 연구가 남화숙에 의해 나왔다. Hwasook Nam, 『Building Ships, Building A Nation: Korea's Democratic Unionism Under Park Chung Hee』, University of Washington Press, 2009.

과 관계를 맺으며 활동하고 있었다. 2기 집행부는 4월혁명으로 등장한 노조를 계승하여 '본공과 임시공을 하나로 묶는다'는 전략을 세워 운동을 전개하였다. 그 결과 1967년 선거에서 재선에 성공하였다. 해가 바뀌어 대한조선공사에 뜻하지 않은 변화가 몰아쳐 노조의 역할이 보다 더 막중해졌다. 1968년 11월 국영 대한조선공사가 민영화되고, 정부는 극동해운 사장 남궁련에게 대한조선공사를 넘겼던 것이다. 남궁련 사장은 11월 29일 임시공 1,175명 전원에게 해고예고 통보를 하였다. 이에 맞서 본공과 임시공이 하나가 되어 파업을 전개하고 단식농성까지 벌였다. 노조와 조합원의 필사적인 활동으로 회사 측은 노조의 모든 요구를 수용할 수밖에 없었다.[93] 이러한 일이 있은 후 몇 개월이 지나 또다시 노조는 시련을 겪게 되었다. 대한조선공사가 직장폐쇄를 단행했던 것이다. 노조는 직장폐쇄에 맞서 1969년 8월 1일부터 2개월간 총파업으로 극한투쟁을 전개하였다. 파업이 장기화하자 9월 18일 보사부장관 명의로 긴급조정권을 발동하였다. 정부의 긴급조정권 발동과 함께 회사 측의 노조간부 해고와 폭력적인 탄압, 노조간부의 구속과 배신으로 결국 파업투쟁은 실패로 끝나고 말았다.[94] 1969년의 파업투쟁의 실패로 1968년 이후 대규모 태업을 포함해 여섯 차례 파업투쟁을 성공으로 이끌었던 신화는 무너졌다.[95]

한편, 1960년대 후반 교회조직들의 노동운동 지원활동은 1970년대 민주적인 노동조합운동의 기반이 되었다. 교회조직들은 대체적으로 1968년을 기점으로 산업전도에서 산업선교로 변화하였다.[96] 노동과 산업문제에

---

93) 박인상 회고록, 『외줄타기』, 매일노동뉴스, 2009, 24–51쪽.
94) 이원보, 『한국노동운동사』 5, 지식마당, 2004, 260–264쪽.
95) 박인상 회고록, 앞의 책, 143쪽.
96) 산업전도에서 산업선교로 변화하는 기점을 대체적으로 1968년으로 보고 있다. 조승혁, 『도시산업선교의 인식』, 민중사, 1981; 홍현영, 「도시산업선교회와 1970년대 노동운동」, 『1970년대 민중운동 연구』, 2005; 장숙경, 「한국 개신교의 산업선교와 정교유착」, 성균관대학교 사학과 박사학위논문, 2009; 임송자, 「1970년대 도시산업선교회와 한국노총의 갈등·대립」, 『사림』 35, 2010.2, 314쪽. 그러나 김준은 교회조직의 노동문제, 노동운동에 대한 관심이 1968년보다 2~3년 앞섰다고 보고 있다. 김준, 「민주노조운동과 교회」, 『노동과 발전의 사회학』, 한울아카데미, 2003.

대해 관심을 갖고 교회선교의 영역을 공장과 산업지대로 확대하여 활동을 전개하였다. 노동운동의 정상적인 발전이 제약되고 노동조합이 어용화 되어 있는 상황에서 교회조직들은 주로 미조직노동자들의 의식화와 조직화에 주력하였으며,[97] 노동자들의 요구를 반영하여 임금체불이나 퇴직금, 현장 내 폭력문제, 기업주의 부당노동행위 등 노동현장의 문제 해결에 직접 나서기 시작하였다.

종교계의 노동운동에 대한 참여는 강화도 심도직물 노조결성투쟁을 계기로 부상하였다. 섬유 제조업체 심도직물주식회사가 1967년 7월 19일 섬유노조 경기지부 강화도직물 분회장으로 선출된 박부양을 1968년 1월 4일 무단결근을 이유로 해고한 사건이 일어나자, 천주교주교단에서 '사회정의와 노동자권익옹호를 위한 성명서'를 발표함으로써 사회문제로 비화되었다. 이 사건은 종교계가 새로운 차원에서 노사관계에 대응한 것으로 향후 노동운동에 참여할 수 있는 가능성을 예시하였다.[98] 도시산업선교회가 지원하는 노동활동은 지도자교육, 노동자 의식화 교육, 노동자 조직활동, 노동조합 지도자 육성 등이었으며, 이러한 활동은 1960년대 후반에서 1970년대 초반까지는 한국노총과 적대적인 관계에서 이루어진 것은 아니다. 지부수준이나 분회수준에서 노동조합 결성이나 노동조건개선투쟁 과정에서 두 세력 사이의 갈등이 표출되기도 하였지만 협조체제는 유지되고 있었다.[99]

1960년대 후반의 이러한 변화를 반영하여 1970년 11월 13일 전태일 분신사건이 발생했을 때, 한국노총은 청계피복노조 결성에 물꼬를 트는 역할을 하였다. 한국노총은 13일, 14일 국제부 차장 김성길과 사무총장 윤

---

97) 영등포산업선교회 40년사 기획위원회, 『영등포산업선교회 40년사』, 1998, 112쪽.
98) 이원보, 『한국노동운동사』 5, 지식마당, 2004, 250~252쪽.
99) 임송자, 「1970년대 도시산업선교회와 한국노총의 갈등·대립」, 『사림』 35, 2010.2, 327~328쪽. 한국노총과 도시산업선교회 사이에 협조체제가 무너지게 된 시기는 1971년 12월 말 국가보위에 관한 특별법 공포, 뒤이은 유신체제 수립 이후였다.

영제를 분신사건 현장에 파견하였다.[100] 여기서 주목할 점은 한국노총에서 파견한 간부들이 삼동회원들에게 전태일의 뜻을 이어가기 위해서는 노동조합이 필요하다는 것을 자각시켰다는 점이다.[101] 이리하여 노동조합을 결성하자는 여론은 급히 조성되기 시작하였으며, 전태일의 어머니 이소선이 업주와 노동당국에게 8개항의 요구조건을 제시할 때, 노조결성 지원이라는 것을 포함시켰다.

물론 한국노총의 이러한 역할만을 드러내어 긍정적으로만 평가할 수는 없다. 한국노총은 전태일 분신사건에 대한 책임으로부터 자유로울 수는 없었다. 한국노총은 전태일 분신사건 이후 적극적으로 저항을 하지 않았다. 연일 학생들이 '근로기준법을 준수하라'는 요구를 내걸고 시위를 전개하였으며, 종교계에서도 이에 가세한 것과 대조되는 모습을 보인 것이다. 또한 앞에서도 본 바와 같이 10월의 위원장 선거 후유증으로 인한 고질적인 분열상으로 노동조직으로서 자기역할을 등한히 하였다. 이는 한국노총이 자기혁신을 하려면 풀어야 할 과제가 산적하다는 것을 보여주는 것이다.

5. 나오며

국가권력은 노동운동을 일사분란하게 통제하기 위한 목적에서 노동조합을 산별체제로 묶어내고 상층부를 매수하는 방식을 도입하였다. 그러나 국가권력이 노동조합 상층부를 포섭하여 노동운동을 제어하려는 통제방식은 순탄하게 작동되지는 않았다. 그리고 한국노총은 중앙조직으로서 산하조직에 대해 통제력을 행사하는데 한계가 있었다.

---

100) 한국노총, 『사업보고서』, 1971, 46쪽
101) 안재성, 『청계, 내청춘』, 돌베개, 2007, 63-66쪽.

결성 초기 한국노총의 정통성을 부인하고 새로운 노동조합을 결성하고자 한 세력은 김말룡 중심의 한국노련계 뿐만이 아니었다. 대한노총의 전직 임원들이 노우회를 조직하여 물밑작업을 하였다. 한국노련계는 한국노동조합총연합회(한국노련) 준비위원회를 구성하여 미조직 분야의 조직활동과 더불어 한국노총 산하조직을 해체시켜 한국노련으로 흡수하려는 활동도 전개하였다. 그러나 1963년 4월의 노동관계법 개정으로 복수노조 설립 금지조항에 의해 불법화되어 점차 세력이 약화되었다.

1963년 하반기에 등장한 노우회는 1960년 12월 한국노련에 반기를 들고 전진한을 중심으로 조직한 한국노동조합총연맹에 가담한 인물들이 주로 포진하고 있었다. 노우회의 비공식적인 목적은 노우회가 노동조합으로 인정될 수 있도록 노동법을 개정하는 것이었다. 노우회의 활동은 표면에 드러나지는 않았을지라도 한국노총에게는 부담스러운 존재였다. 따라서 1964년 2월 삼민회가 국회에 제출한 노동관계법 개정안에 대해 한국노총은 필사적으로 반대하였다. 결국 개정안이 국회 본회의에 상정되지 못하고 폐기됨으로써 노우회 또한 점차 세를 잃어갔다.

한국노총의 이규철 집행부는 또한 내부로부터의 저항에 직면하였다. 김정원의 노동당 창당기도사건, 전국금속노조 위원장 지연일의 한국노총 탈퇴선언 등이 그 대표적인 예이다. 김정원을 중심으로 한 산별노조위원장들의 노동당 창당 계획은 중앙정보부의 개입에 의해 실패로 돌아갔으며, 금속노조 위원장의 한국노총 탈퇴사건은 지연일에 대한 무기정권 결의로 일단락되었다. 이러한 일련의 사건은 초창기의 조직이 안정적이지 못하다는 것을 드러내는 것이었다. 그러나 조직의 불안정성은 국가권력의 지원으로 수습될 수 있었다. 국가권력은 한국노총에게 법적으로 독점적 지위를 부여하였으며, 이러한 관계 속에서 한국노총은 더욱더 체제에 순응하였다.

한국노총은 1960년대 중·후반기에도 끊임없이 분열·대립하였다. 파벌싸움의 이면에는 이승만정권기와 마찬가지로 집권정당의 힘이 작용하고 있어 한국노총의 어용화는 심화되어 갔다. 그러나 이러한 분열·갈등의 대립상에서 주목할 만한 것은 내부 균열 속에서 권력과 자본으로부터 자주성을 견지하면서 조합을 민주적으로 운영해 나가고자 했던 세력들이 두각을 보이고 있다는 점이다. 김말룡이 1966년 10월에 연합노조 위원장에 선출된 것이나 1971년 10월 한국노총 위원장 선거에 출마하여 만만치 않은 기세를 올렸던 것은 한국노총 내부에서 어용화에 반대하는 세력이 점차 증가하고 있음을 보여주는 것이다. 또한 중앙조직이나 산별노조의 고질적인 파벌대립으로 영일이 없던 상황에서도 하부단위에서 노조를 민주적으로 운영해 나가고자 했던 노동조합들이 하나 둘씩 출현하기 시작하였다. 그 대표적인 예로써 대한조선공사지부를 들 수 있다. 한편 1960년대 후반 교회조직들의 노동운동 지원활동은 노동조합운동의 새로운 가능성을 예시한 것이었다.

1960년대 후반의 이러한 변화를 반영하여 1970년 11월 13일 전태일 분신사건이 발생했을 때, 한국노총은 청계피복노조를 결성하는데 물꼬를 트는 역할을 하였다. 물론 한국노총의 이러한 역할만을 드러내어 긍정적으로만 평가할 수는 없다. 학생세력과 종교계가 정부당국에 책임을 물으며 연일 시위를 이어간 반면 한국노총은 적극적으로 저항하지 않았다. 분신사건 당시에도 고질적인 분열상이 극심하였으며, 노동조직으로서 자기역할을 등한히 하였다. 이는 한국노총이 자기혁신을 하려면 풀어야 할 과제가 산적하다는 것을 보여주는 것이다.

제2부
한국노총 산별조직의 활동과 리더십 변화과정

제4장

전국외국기관노조와 한미행정협정 체결 촉구 운동

제4장
전국외국기관노조와
한미행정협정 체결 촉구 운동

1. 들어가며

전국외국기관노조는 1961년 5·16 이후 군부세력에 의해 하향적으로
조직된 한국노총의 산하기관이다. 한국노총은 결성 당시 14개의 산별노
조를 그 산하에 거느리고 있었는데, 그 중의 하나가 1961년 8월 23일에
조직된 전국외국기관노조이다. 이 조직은 그 명칭을 보아도 알 수 있듯이
외국 기관에 속해있는 노동자들이 단결하여 조직한 것이다.

전국외국기관노조는 1950년대 후반에 결성되어 4월혁명기 활발하게 활동
을 전개했던 전국미군종업원노조연맹을 이어받은 조직이다. 그런데 전국미
군종업원노조연맹에서 전국외국기관노조로의 조직 재편성과정은 순탄하지
않았다. 이광조·이효승을 중심으로 한 5·16군부세력의 후원을 받는 세
력과 김대연을 중심으로 한 구 한국노련 세력 사이의 내부 갈등이 격심하였
다. 결국 구 한국노련 세력은 거세당하고, 이광조·이효승 세력이 조직을
장악하여 1960년대 내내 조직의 중심세력으로 활동하였다.

전국미군종업원노조연맹, 그리고 미군 관계 노동자가 다수를 차지하고
있던 전국외국기관노조는 마이어협정(1952.5.24)이나 한미상호방위조약

(1953.10.1) 때문에 1953년에 제정·공포된 노동관계법이나 1963년에 개정된 노동관계법의 보호를 받지 못하는 처지에 놓여 있었다. 법적인 보호를 받지 못한 이들 조직의 노동자들은 민족적인 차별과 인격유린의 사각지대에서 열악한 노동조건을 감내할 수밖에 없었다. 이들에게 있어 열악한 노동조건을 타개하기 위한 시급하고도 절박한 과제는 한미행정협정 체결이었다. 따라서 1966년 한미행정협정이 체결될 때까지 지난한 과정을 겪으며 한미행정협정 체결 촉구운동을 전개하였다. 비록 독소조항으로 가득 차 있어 많은 한계를 내포하고 있지만 1966년 7월 9일에 한미행정협정이 체결될 수 있었던 것은 이들 조직의 역할이 컸다고 볼 수 있다.

그러나 이에 대한 체계적 연구는 이루어지지 않고 있으며, 특히 한미행정협정 체결과 관련지어 연구한 논문은 거의 없는 실정이다. 따라서 이 장에서는 한미행정협정 체결에 중요한 역할을 하였던 전국외국기관노조의 활동을 중점적으로 다루고자 한다. 전국외국기관노조의 결성과정, 조직현황, 그리고 그 구조를 먼저 살펴보고 난 후, 노동활동을 다루고자 한다. 노동활동에 대해서는 임금·노동조건 개선 요구투쟁과 한미행정협정 체결촉구 운동으로 크게 둘로 나누어 다룰 것이다. 아울러 한미행정협정에서의 노무조항을 분석하여 그 한계를 밝히려고 한다. 한미행정협정이 체결된 이후의 전국외국기관노조의 활동에 대해서는 다음 장에서 다루고자 한다.

2. 전국외국기관노조의 결성

1) 전국미군종업원노조연맹의 결성과 활동

미군기관에 종사하는 노동자들의 노동조합 결성 움직임은 한국전쟁기에 부산에서 태동하였다. 한국전쟁으로 부산은 임시수도가 되었을 뿐 아니라 유엔군의 주 보급항으로서 역할을 하고 있었다. 한국전쟁 때 부산항

각 부두에서는 수만 명의 피난민들이 미 군수보급품 하역과 입출고 작업에 종사하고 있었다. 이에 따라 미군기관에 종사하는 노동자들이 부산지역에 집중적으로 분포해 있었다.

1951년 4월 부산에서 검수원노조가 결성되었는데, 이는 부산지역 미군 관계 노조의 시발점으로서 의의가 있다. 칠성공사(하역검수용역회사) 검수원인 변용상, 이근칠을 중심으로 한 약 1,200명의 검수원들은 검수원노조를 결성하고 위원장에 변용상, 부위원장에 이근칠, 정응삼을 선출하였다. 이렇게 결성된 검수원노조는 제일 먼저 용역회사의 절하입찰을 막는 활동을 전개하였다. 1953년 휴전 직전에 실시되는 계약갱신 입찰을 앞두고 응찰회사를 불러 모아 임금인상 120% 보장을 요구하면서 용역회사들이 단합하여 절하입찰을 삼가도록 요구한 것이다. 그러나 이러한 활동은 미 항만사령부의 압력에 의해 무산되었다. 이에 검수원노조는 1953년 7월 26일 아침 8시를 기하여 파업을 지령하는 등 적극적인 활동을 전개하였다.[1] 이러한 활동의 결과 시간당 최저임금 17환 50전을 28환 10전으로 인상하겠다는 약속을 받을 수 있었다.[2]

원래 검수노조원은 미군직속이 아닌 용역하청업체 종업원이었다. 그러나 1953년 7월 28일을 기하여 미군직속 고용원으로 전환되었다. 이를 계기로 검수원노조는 전국미군종업원노조로 개편하고 위원장에 변용상을 선출하였다.[3] 변용상은 1952년 11월 9일의 대한노총 통일대회에서 조직부장에 임명되어 활동하던 인물이었다.[4]

전국미군종업원노동조합으로 전환한 이후에도 임금인상요구 투쟁을 지속적으로 전개하였다. 전국미군종업원노조 산하 검수노조는 8월 2일 사회

1) 전국외국기관노동조합, 『외기노조 20년사』, 1981, 33쪽.
2) 『조선일보』 1954년 8월 4일자, 「미군종업원노조쟁의 최저임금 70환을 요구」.
3) 전국외국기관노동조합, 위의 책, 34쪽. '전국미군종업원노조'라는 조합명칭을 사용하였지만 전국적인 조직이 아니었다. 전국적인 조직은 부산, 인천, 동두천, 파주, 인천, 서울 등에서 노조가 결성되고 이들 조직이 통합하게 되는 1959년 11월에나 가능하였다.
4) 임송자, 『대한민국 노동운동의 보수적 기원』, 선인, 2007, 170쪽.

부에 노동쟁의 알선을 의뢰하고,[5] 미군 후방기지 사령관에게 "미 극동사령
부의 노임정책에 의거하여 최저임금을 시간당 70환으로 올리고 노무자들의
대우에 한국정부의 근로기준법을 적용할 것"을 요구하였다. 이러한 요구는
1953년 7월에 임금을 인상하겠다는 약속을 하였음에도 불구하고 본국에서
예산을 삭감하였다는 이유로 1954년 8월 당시까지 이행하지도 않았을 뿐만
아니라 노무자들을 대기와 해고 등 보복행위를 자행한데 따른 불만에서 비
롯되었다.[6] 노조 측에서는 8월 8일까지 답변을 기다린 후 24시간 총파업에
돌입하겠다고 미군기지사령부에 정식 통고하는 등 만반의 태세를 갖추어 나
갔다.[7] 그러나 노조의 요구는 받아들여지지 않았다. 이에 8월 9일 1만여 노
무자들은 24시간 총파업을 결행하였다.[8] 24시간 총파업을 단행하여 실력을
과시한 검수노조는 10일 다시 작업에 복귀하였다.[9]

　1954년 10월 미군은 부산항과 마산항 일대에 있는 3만여 명의 미군 산
하 노동자들에게 미 본토불인 180대 1의 기본 환산율을 무시하고 500대 1
의 환산율로 지불하기로 결정하였다. 이러한 결정에 대해 미군종업원노조
는 강력히 항의하고 전국적인 총파업 기세를 보였다.[10] 결국 미군종업원
노조의 전국적인 총파업 기세에 눌려 유엔군총사령부는 12월 10일 주한미
군 관계 한국인 노동자의 봉급을 70% 인상하였다.[11]

　이러한 전국미군종업원노조의 활동에 고무되어 전국 각지에서는 미군
기관에 종사하는 노동자들이 모여 노동조합을 결성하였다. 인천지역에

---

5) 『동아일보』 1954년 8월 3일자, 「노동조건 개선요구 미군종업원노조쟁의서 제출」.
6) 『조선일보』 1954년 8월 4일자, 「미군종업원 노조쟁의. 최저임금 1시간당 70환을 요구」.
7) 『조선일보』 1954년 8월 8일자, 「미군종업원 노임재의. 총파업의 기세」.
8) 『조선일보』 1954년 8월 11일자, 「1만여 노무자 24시간 총파업. 미군종업원의 노임쟁의 악화」; 『동아일보』
　　1954년 8월 11일자, 「9일 상오 6시 파업단행 미군종업원노조의 임금인상 등 문제 악화」. 『조선일보』와 『동아
　　일보』는 총파업 단행시간을 달리 보도하였다. 『조선일보』는 오전 8시를, 『동아일보』는 오전 6시를 기하여 총
　　파업을 단행하였다고 보도하였다.
9) 『조선일보』 1954년 8월 12일자, 「10일 정상적으로 취업. 미군종업원, 노임쟁의 계속할 기세」.
10) 『조선일보』 1954년 10월 28일자, 「부산 등지 3만 미군종업원에 27일 정오부터 지불. 노임을 5백환 대 1불
　　(弗)로」; 『조선일보』 1954년 11월 11일자, 「현물로 지급을 개시. 부산 등지 미군종업원의 노임. 노조 측 항의
　　제출코 파업기세」.
11) 『조선일보』 1954년 12월 12일자, 「미군종업원 노임 7할 5푼 인상」.

서는 1956년 6월 인천지구 미군자유노동조합[12]이 결성된 것을 비롯하여 1957년 3월 동두천지구 미군자유노조, 1957년 8월 파주지구 미군자유노조, 1957년 9월 인천 POL특수노조, 1958년 3월 서울지구 미군자유노조, 1959년 3월의 애스캄지구 미군종업원노조 등이 결성되었다. 미군 관계 노동조합 결성 현황은 아래 〈표 4〉와 같다.

〈표 4〉 미군 관계 노동조합의 결성 현황

	결성일	위원장	비고
전국미군종업원노조	1953년 7월 28일	변용상	1951년 4월에 결성된 전국검수원노조에서 출발.
인천지구 미군자유노동조합	1956년 6월	김길용	전국자유노조연맹에 가입
동두천지구 미군자유노조	1957년 3월	장관호(재성)	장관호 위원장은 1959년 11월 전국미군종업원노조연맹 창설에 크게 활약.
파주지구 미군자유노조	1957년 8월	유원희 (부위원장 김천환, 이광조)	
인천 POL노조	1957년 9월	오영제	인천자유노조에서 분리하여 특수노조로 독립 발족. 전국 자유노조연맹 소속 → 5.16 후 부두노조와 결별하고 전국외국기관노조에 참여
서울지구 미군자유노조	1958년 3월	김광조 (김광조는 1959년 이효승에게 위원장직을 인계하고 조합에서 물러남)	대한노총 경전노조(위원장:정대천)의 지원을 받아 조직확장. 1959년 창설된 전국미군종업원노조연맹의 기간조직
애스캄지구 미군종업원노조	1959년 3월	김대연	인천지구미군자유노조와 결별하고 별도로 결성.
인천지구 미군종업원노조	1959년 3월 이후	김윤덕	인천지구미군자유노조와 결별하고 별도로 결성

※ 전국외국기관노동조합, 『외기노조 20년사』, 1981, 33~39쪽 내용을 토대로 정리.
※ 애스캄지구 미군종업원노조 및 인천지구 미군종업원노조의 결성일은 바비 클레이톤, 「전국 미군종업원 노동조합연맹의 조직과정과 활동」, 고려대 교육대학원 석사학위논문, 2000, 25~26쪽을 참조.

---

12) 인천미군자유노조는 김길용(金吉鏞)을 중심으로 주로 부평(애스캄기지)의 55보급창 44공병대, 37공병대, 8057부대 및 인천항만사 등에 근무하는 김대연(金大淵), 임행민(任幸民), 최승열, 고영호, 김윤덕(金潤德) 등이 주동이 되어 광범위하게 조직되었다. 전국외국기관노동조합, 앞의 책, 35쪽.

〈표 4〉에서 보는 바와 같이 미군기관에 종사하는 노동자들의 노동조합은 1953년에서 1959년 사이에 부산지역을 비롯하여 인천, 부평, 동두천, 파주, 서울 등지에서 조직되었다. 전국각지에 조직된 미군 관계 노동조합은 주로 임금인상투쟁을 전개하였다. 1956년 5월 8일 경인지구 미군노동조합은 미8군 측에서 발표한 노임에 반기를 들고 노동쟁의를 전개하였다. 임금이 86% 인상되었더라도 노동자들의 직장이 보장되지 않았으며, 미군측이 일방적으로 노무규정을 변경하여 아무런 이익도 보장받을 수 없었기 때문이었다.[13] 1956년 6월에는 부산부두미군종업원노조에서 임금인상 교섭을 제기하여 30% 인상에 합의를 보는 성과를 거두기도 하였다.

이러한 임금인상 투쟁 외에도 인권유린, 노조활동 방해 등을 문제 삼아 쟁의를 제기한 경우도 있었다. 인천지구 미군자유노동조합은 1958년 1월 14일 PX물자공급 업무를 담당하는 인천 소재 한국교역처 본부를 상대로 쟁의를 제기하였다. 이들이 쟁의를 제기한 것은 한국교역처 본부가 미국 정부기관이 아님에도 8군 소속임을 내세우면서 치외법권을 행사하면서 8시간노동제를 위반하고 노동활동을 방해하였기 때문이다.

한편 부산, 인천, 동두천, 파주, 인천, 서울 등지에서 활동을 전개하던 미군관계 조직은 전국단위의 노동조직이 필요하다고 인식하고 사업에 착수하였다. 1959년 3월부터 8개월 동안 전국조직 결성을 위한 활동을 전개하였다. 그 결과 1959년 11월 8일 서울, 파주, 동두천, 부평·인천, 부산지구 등 5개 미군노조 산하 약 5,000명의 조합원을 대표하는 발기인 약 40명이 모여 전국미군종업원노조연맹 결성대회를 개최할 수 있었다.[14] 대회에서 연맹 초대 위원장에 이광조(파주)[15], 부위원장에 이효승(서울), 김대연(부평)을 선출하였다.

---

13) 『조선일보』 1956년 5월 10일자, 「쟁의는 계속. 노조협의체 구성될 때가지」.
14) 전국외국기관노동조합, 앞의 책, 40~41쪽.
15) 바비 클레이톤은 대한노총 국제부장을 하고 있던 이광조를 영입한 것으로 설명하였다. 바비 클레이톤, 앞의 논문, 27~28쪽. 그런데 이광조는 대한노총 국제부장의 직함을 갖고 중앙조직에서 활동하지는 않았다.

전국미군종업원노조연맹은 결성 이후 임금인상투쟁을 집중적으로 전개하였다. 1960년 4月혁명 전까지 전국미군종업원노조연맹은 임금인상 문제를 미군 측에 적극적으로 제기하였으며,[16] 한편으로 한미행정협정 체결운동을 전개하였다. 전국미군종업원노조연맹은 결성대회를 통해 한미행정협정의 조속한 체결을 촉구하였는데, 결성 뒤 곧바로 한미행정협정 체결운동의 일환으로 한미노무관계협정 체결을 요구하였다. 당시 미군당국은 한인노동자의 노조 결성과 조합 활동을 인정하면서도 노조의 주요기능인 단체교섭권을 일방적으로 받아들이지 않았다. 이는 한국의 노동관계법이나 ILO 국제노동헌장을 인정하지 않은 처사였다.

전국미군종업원노조연맹은 1월 22일 단체교섭권이 일방적으로 묵살되고 있고, 노동기본권이 유린당하고 있는 상황을 비판하면서 한·미 관계당국에 노무관계협정을 시급히 체결해 줄 것을 요청하였다.[17] 한미노무관계협정은 한미행정협정이 체결될 때까지 잠정적으로 미군기관에 종사하는 한인노동자들의 노동관계를 규정하는 것이었다. 이에 대해 보사부는 미군이 국내법(한국법)의 적용범위 밖에 있다는 점을 지적하는 한편 미군 측에게 미 본국의 관계법에 저촉이 없는 한 최대한 한국노동법이 적용될 수 있도록 협조를 요망하였다. 그러나 미군당국은 한국의 노동법 적용은 행정협정과는 상관이 없다는 점을 밝히고, 다만 본국 정부의 승낙이 있다면 실현될 수 있다고 언명하는 등 미온적으로 대응했다.[18] 이렇듯 전국미군종업원노조연맹에 의해 한미노무관계협정 체결 촉구운동이 시작되었으나 해결을 보지 못하였고, 이러한 운동은 4月혁명기에 한미행정협정 체결촉구 운동으로 본격화되었다.

---

16) 전국미군종업원노조연맹은 1960년 2월과 3월에 미군 측에서 환율이 인상되었음에도 인상되기 전의 임금을 고집하고 임금인상 약속을 어기고 있다며 항의를 제기하였고, 4月혁명이 일어나기 열흘 전인 9일에는 임금인상을 위한 쟁의를 결의하였다. 『조선일보』 1960년 4월 10일자, 「임금인상 늦어 미군노조 데모 기세」.

17) 『동아일보』 1960년 1월 23일자, 「대미(對美)노무관계협정 촉구. 미군종업원노조서 기본권 유린 지적」.

18) 『동아일보』 1961년 2월 23일자, 「한인(韓人)은 한국법으로 보사부서 미군종업원요구에 발표. 미 측에도 협조 요망」.

2) 전국외기노조 결성 과정

4월혁명에 의한 자유당 붕괴로 노동조직을 비롯한 모든 사회단체는 전면적으로 개편되었다. 전국의 노동단체도 지도체제를 재편성하기에 이르렀다.[19] 노동단체가 정권교체에 영향을 받아 지도층을 대대적으로 개편한 것은 4월혁명에 의한 민주화 요구에 부응하지 않을 수 없었던 상황을 반영한 것이었다.

4월혁명이 일어나자 대한노총 위원장 김기옥은 "모든 정당과의 연관을 끊고 정치적 자유와 경제적 자립을 확립키로 결의"했다는 내용의 전국노동자에게 보내는 결의문을 채택하였다.[20] 그러나 하부조직 노동자들은 대한노총이 자유당과 단절하는 것만으로 그동안의 행태를 청산할 수 있을 것으로 받아들이지는 않았다. 어용의 대명사로 불렸던 지도층을 노동조직으로부터 몰아내는 것이 선결과제로 인식했던 것이다. 이리하여 노동계의 민주화를 위한 노력은 위원장 김기옥 규탄운동으로 표출되었다. 결국 대한노총은 기층노동자들의 민주화 요구에 밀려 5월 9일 간부가 총사퇴하여 해산상태에 있었으며, 재조직을 위한 수습위원회를 가동할 수밖에 없는 처지로 몰렸다. 수습위원회는 임시대의원대회를 개최하여 대한노총을 재조직하고자 하였으나 내부의 주도권 쟁탈전에 휘말려 재조직에 실패하였다. 이후 대한노총 수습준비위원회 세력은 1960년 9월 김말룡 중심의 전국노협과 통합을 결정하였다.[21]

대한노총 산하조직이었던 전국미군종업원노조연맹은 임시대의원대회를 열어 집행부 임원의 재신임 투표를 진행하였다. 1960년 7월 14일 철우회관 강당에서 진행된 재신임 투표에서 이광조 이하 전임원은 만장일치로

---

19) 전국철도노동조합, 『철로30년사』, 1977, 128-129쪽.
20) 전국노동자에게 보내는 결의문 내용은 한국노동조합총연맹, 『한국노동조합운동사』, 1979, 526-527쪽. 한국노동조합총연맹, 『한국노총 50년사』, 2002, 314-315쪽 참조
21) 임송자, 앞의 책, 354-357쪽.

재신임을 얻었다.[22] 그리고 1960년 12월 20일에는 전국대의원대회를 소집하여 임기 만료된 연맹 임원을 새로 선출하였다. 이 대회에서 위원장에 김대연(부평), 부위원장에 이광조(파주), 김윤덕(인천), 고영호(부평)를 선출하였다.[23]

1959년 11월 전국미군종업원노조연맹 결성 때부터 위원장을 역임한 이광조가 부위원장으로 내려앉고, 부위원장으로 있던 김대연이 위원장이 된 것은 4월혁명기 전국노협 세력의 부상과 관련지어 설명할 수도 있다. 김대연은 전국노협의 김말룡과 긴밀한 관계를 맺고 있었다. 대한노총과 전국노협은 10월의 통합대회 실패에 이어 11월에 다시 통합대회를 개최하여 한국노련을 탄생시켰다.[24] 여러 가지 우여곡절 끝에 전국노협의 김말룡이 한국노련의 의장으로 선출되었다. 김대연이 한국노련 의장 김말룡과 언제부터 인적으로 연결되었는지 상세히 파악할 수는 없지만 이 둘 사이는 전국노협을 매개로 막역한 관계를 유지하고 있었으며, 이러한 관계는 5·16 이후까지 지속되었다. 따라서 1960년 12월 전국미군종업원노조연맹 대회에서 김대연이 위원장으로 선출될 수 있었던 것은 그와 김말룡과의 관계, 그리고 조직 내 전국노협 세력의 강화라는 측면에서 해석할 수 있을 것이다.

4월혁명기 전국미군종업원노조연맹은 김대연 위원장을 중심으로 한미행정협정체결촉구 운동을 비롯한 임금인상요구, 노동조건 개선운동을 활발히 전개하였다. 그러나 이러한 운동은 5·16 군부쿠데타로 인해 소강상태에 빠지게 되었다. 1961년 5월 16일 박정희와 육사 5기와 8기생들이 주축이 된 군부세력은 군사혁명위원회를 조직하고 전국에 비상계엄을 선포하는 동시에 입법·사법·행정권 등을 장면정권로부터 인수한다고 선언하였

---

22) 전국외국기관노동조합, 앞의 책, 47쪽.
23) 전국외국기관노동조합, 앞의 책, 47쪽.
24) 이에 대해서는 임송자, 앞의 책, 361–369쪽 참조.

다.[25] 군사혁명위원회는 5월 19일 명칭을 국가재건최고회의라 개칭하고, 계엄사령부 공고 제5호로서 〈경제질서 회복에 관한 특별성명서〉를 발표하여 노동쟁의를 일체 금지시켰다.[26] 이어서 5월 22일에는 포고 제6호를 공포하여 모든 정당·사회단체를 5월 23일을 기해 해산시켰다.[27] 그 후 군사정부는 8월 3일 〈근로자 단체행동에 관한 임시조치법〉을 공포하여 노동조합 활동을 허용함과 동시에 8월 5일에는 산업별 노동조합 조직책임자를 지명하여 이규철을 위원장으로 하는 한국노동단체 재건조직위원회를 발족시켰다.[28] 재건조직위원회는 9개의 산업별 노동조합 대표자로 구성되어 '9인위원회'라고도 불렸는데, 이광조는 조직책임위원을 맡았다.[29]

재건조직위원회는 8월 6일, 9일 두 차례에 걸친 회합에서 15개 산업별 조직책임위원과 조직위원을 위촉하였다. 전국미군종업원노조의 조직책임위원으로는 이광조를, 그리고 조직위원으로는 이효승, 임능재, 최민화, 유원희, 김윤덕을 임명하였다.[30] 이들 조직책임위원과 조직위원은 전국미군종업원노조 재건조직위원회를 구성하여 재건조직의 결성원칙을 수립하였으며, 8월 12일에는 준비위원회를 개최하였다. 회의에서 결성준비위원회를 구성하고, 규약기초위원을 선정하였다. 또한 조합의 명칭을 전국미군종업원노조에서 전국외국기관종업원노동조합으로 변경하기로 결정하였다.[31]

전국미군종업원노조 재건조직위원회는 조직재편성 작업을 급속도로 진행시켜 나갔다. 이리하여 전국외국기관종업원노조 결성대회를 개최할 수

25) 한국군사혁명사편찬위원회, 『한국군사혁명사』 제1집(상), 1963, 329쪽.
26) 한국노동조합총연맹, 앞의 책, 569쪽.
27) 『동아일보』 1961년 5월 23일자, 「정당·사회단체에 해산령. 학술·종교단체는 제외. 31일까지 재등록 실시」.
28) 한국노동조합총연맹, 앞의 책, 570~571쪽; 「주한미대사관 일등서기관 William J. Ford가 미국무부에 보낸 노동보고서(1961.10.23)」(NARA, 『Records of the U.S. Department of State relating to the internal affairs of Korea, 1960~1963』).
29) 한국노동조합총연맹, 앞의 책, 571쪽. 재건조직위원회의 구성과 부서는 다음과 같다. 의장 이규철(철도), 조직책임위원 겸 대변인 한기수(광산), 조직책임위원 이광조(미군종업원), 재정책임위원 조장화(전력), 위원 김광수(섬유)·조규동(체신)·안강수(운수)·최재준(해상)·김준호(금융). 한국노동조합총연맹, 『사업보고』, 1962, 26쪽.
30) 한국노동조합총연맹, 『사업보고』, 1962, 28쪽; 전국외국기관노동조합, 58쪽.
31) 한국노동조합총연맹, 『사업보고』, 1962, 32~35쪽.

있었다. 1961년 8월 23일 서울근로복지회관 대강당에서 열린 결성대회에
는 서울, 파주, 부평, 의정부, 인천, 동두천, 부산 등 7개 지역을 대표한
30명의 발기인이 참가하였다.[32] 대회에서 위원장에 이효승, 부위원장에
이광조 · 홍운택 · 장재성 · 정운영이 선출되었다.[33] 이후 9월 22일에 열린
운영위원회에서는 사무국장과 각 부장을 임명하여 상무집행위원회를 구
성하였다.[34]

원래 전국외국기관노조의 조직대회는 8월 20일에 열렸다. 이날 대회
에서 반대파의 반발로 인해 임원진을 구성하지 못하였다. 군부세력의
후원을 받고 있던 이광조를 중심으로 하는 세력과 김대연을 중심으로 하
는 반이광조파 사이에서 대규모 논쟁이 있었던 것이다.[35] 1960년 12월
이광조 세력을 뒤엎고 위원장이 되었던 김대연은 1961년 8월 5일 김말
룡을 중심으로 조직된 전국노동단체 재조직연락위원회에 적극 가담한
인물이었다.[36] 결국 8월 20일의 대회는 무산되었고, 이광조를 중심으로
한 세력은 반대파를 배제하고 8월 23일에 대회를 다시 개최하였다. 이

---

32) 결성 발기인 30명은 이효승, 이승우, 홍운택, 정일무, 정현대, 서원석, 박태준, 이증효, 오민영, 김순규,
   신익주, 김영운(이상 서울), 유원희, 이광조(이상 파주), 장재성, 탁종국(이상 동두천), 이근칠, 조완식, 김
   종헌, 민수한(이상 부산), 임능재, 이상찬, 정낙균, 한발, 서정곤(이상 부평), 정운영, 이정구, 허운경(이상
   인천POL), 신학규, 최민화(이상 의정부) 등이었다. 전국외국기관노동조합, 앞의 책, 58~59쪽.
33) 「주한미대사관 일등서기관 William J. Ford가 미국무부에 보낸 노동보고서(1962.2.2)」(NARA, 『Records
   of the U.S. Department of State relating to the internal affairs of Korea, 1960~1963』); 한국노동
   조합총연맹, 『한국노동조합운동사』, 앞의 책, 576쪽.
34) 상무집행위원회 구성은 다음과 같다. 사무국장 박순만, 총무부장 박순만(겸임), 조직부장 이문찬, 조사통
   계부장 송재규, 문화부장 강민호, 국제부장 최민화, 쟁의부장 노문구, 감찰부장 허운경, 사업부장 김득조,
   부녀부장 최병임. 전국외국기관노동조합, 60쪽; 한국노동조합총연맹, 『사업보고』, 1962, 102쪽에는 총무
   부장이 한원학으로 되어 있다.
35) 「주한미대사관 일등서기관 William J. Ford가 미국무부에 보낸 노동보고서(1961.10.23)」((NARA,
   『Records of the U.S. Department of State relating to the internal affairs of Korea, 1960~1963』);
   1961년 5 · 16 이후 노동조직 재조직 과정에서 김말룡을 중심으로 한 전국노동단체 재조직연락위원회와
   이규철을 중심으로 한 한국노동단체 재건조직위원회와의 갈등 · 대립이 첨예하였다. 이러한 상황은 전국
   외국기관노조 결성대회로 이어지는데, 재조직위원회에 가담한 김대연 세력과 군부세력의 후원을 받고 있
   던 이광조 · 이효승 세력 간의 갈등 · 대립으로 표출되었다. 노동조직 재조직 과정에 대해서는 임송자, 「4
   월혁명 이후 노동조직 변화와 한국노총 결성과정」, 『한국독립운동사연구』 26, 2006 참조.
36) 이규철 중심의 재건조직위원회에 대항하여 8월 5일에 조직된 재조직연락위원회는 김말룡을 책임위원으로
   김정원(광산), 이기철(섬유), 전병민(자유), 박민균(해상), 김대연(화학), 조재규(한전), 조규동(체신), 김중길
   (은행) 등 40명의 산별 노조대표들을 위원으로 선정하고 있었다. 한국노동조합총연맹, 앞의 책, 578쪽.

날 대회에서 조직위원이었던 이효승이 위원장에 선출되었고, 조직책임위원으로서 위원장에 선출될 것으로 유력시되었던 이광조는 부위원장에 선출되었다.[37] 한편 결성대회에서 채택한 강령[38]과 결의문[39]은 다음과 같다.

〈강령〉
1. 우리들은 반공체제를 강화하고 민주적 국토통일을 기한다.
2. 우리들은 공고한 단결로 노동자의 기본권리를 수호하고 생활수준의 향상을 기한다.
3. 우리들은 정치적 중립과 재정의 자립으로 민주노동운동의 발전을 기한다.
4. 우리들은 노동자의 교육과 문화향상의 강력한 실천을 기한다.
5. 우리들은 건전한 근로정신으로 국가산업발전을 기한다.
6. 우리들은 민주우방의 노동자와 국제적 유대를 강화하며 세계평화에 공헌한다.

〈결의문〉
• 반공체제를 강화하고 노동자의 기본 권리를 수호하고 생활수준을 향상시킨다.
• 국가재건의 일익을 담당할 노동자로서 평화스러운 노사협의제도를 부활하여 과거의 불완전한 결함을 시정하고 우리의 궁극적 목적인 빈곤을 물리치며 국가재건에 이바지한다.
• 평화스러운 협의에 의하여 노사공영할 수 있는 기반에서 출발하여 현재는 물론 장래를 보장할 수 있는 퇴직금제도를 설치할 수 있도록 최선을 다한다.

---

37) 「주한미대사관 일등서기관 William J. Ford가 미국무부에 보낸 노동보고서(1961.10.23)」((NARA, 『Records of the U.S. Department of State relating to the internal affairs of Korea, 1960~1963』); 이원보는 군사정권이 지명한 이광조가 위원장에 선출되지 못한 것은 과거의 파벌 간 또는 조직 간의 대립과 갈등이 남아있는 상태에서 반대파들이 연합하여 반기를 들었기 때문으로 설명하였다. 이원보, 『한국노동운동사』 5, 지식마당, 118쪽.
38) 전국외국기관노동조합, 앞의 책, 59쪽.
39) 한국노동조합총연맹, 『사업보고』, 1962, 50-51쪽.

- 노동정신은 건전한 체력에 있음을 재인식하고 조합원의 체육시설 및 병원의 설치와 업무상 질병환자에 대한 휴양과 치료를 위한 요양소 설치를 위해 최선을 다한다.
- 교육과 문화향상을 위해 기관지의 발행 및 문고를 설치한다.
- 하청업자와의 단체협약을 재정비한다.
- 국제노동조합연맹 및 상급조직에 대한 의무 및 권리를 행사한다.
- 종업원의 법적 지위를 확고히 하기 위해서 한미행정협정이 조속히 체결되겠금 최대의 노력을 다한다.

강령은 한국노총 중앙조직의 그것과 거의 동일하다. 다만 강령 중 하나인 "우리들은 기간산업의 공유화와 산업의 민주화를 기한다"라는 항목이 빠져 있을 뿐이다. 결의문 제일 앞부분에서는 "반공체제" 강화를 내세웠으며, 국가재건에 이바지하겠다고 다짐하였다. 한국노총 중앙조직과 더불어 그 산하조직인 전국외국기관노조도 5 · 16 군부정권을 적극 지지하는 조직임을 과시하는 결의문이었다. 또한 외기노조는 결의문을 통해 노사협의제도 부활, 퇴직금제도 마련, 단체협약 재정비, 한미행정협정 체결 등을 위해 최선을 다하겠다고 밝혔다.

1961년 8월 23일에 결성된 전국외기노조는 9월 20일 서울시장으로부터 조합설립 신고증을 교부받고[40] 난 후, 주한미군사령관에게 노동조합 결성을 정식으로 통고하였다. 그런데 주한미군사령관은 전국외기노조가 유일의 교섭단체로 승인받기 위해서는 미연방정부규정에 따라 파업 혹은 태업을 하지 않겠다는 '비파업서약서'를 주한미군사령관 앞으로 제출하여야 한다고 주장하였다. 이에 전국외기노조는 미군 측의 요구를 받아들여 10월 30일 '비파업서약서'를 주한미사령관에게 제출하였고, 1961년 11월 2일 주한미군사령부로부터 유일의 교섭단체로 정식 승인

40) 한국노동조합총연맹, 『사업보고』, 1962, 667쪽.

을 받을 수 있었다. [41)

한편 군사정부의 적극적 지원에 힘입어 한국노총을 비롯한 전국적 규모의 각 산별노조가 결성되었지만, 이러한 조직과정은 순탄하지만은 않았다. 한국노총 결성과정에서 김말룡 중심의 구 한국노련계 세력이 거세게 반발하였으며, 외기노조 결성과정에서도 김말룡과 뜻을 같이 하던 김대연 세력의 저항이 만만치 않았다.

구 한국노련계 세력은 1962년 12월 6일 계엄령 해제와 더불어 1963년 1월 1일부터 정치활동을 허용하자 한국노총과 그 산하조직에 대한 도전을 본격화하였다. 1963년 2월 4일 김말룡과 김대연은 '노총 창립대회 결의 무효확인 청구소송'을 제기했으며, 정부당국이 몇몇 특정인을 지명하여 하향식으로 조직된 한국노총은 불법적이고도 관제어용화한 단체이므로 법의 심판을 받아야 한다고 주장하였다. [42)

또한 김말룡을 중심으로 한 구 한국노련계는 새로운 노동조합 연합체 결성을 시도하였다. 이리하여 1963년 2월 17일 철도, 광산, 외국기관노조를 비롯한 각 산별노조에서 나온 약 300여 명의 발기인들이 모여 한국노련 결성준비위원회를 개최하였고, 본격적으로 하부 단위조직을 꾸리기 시작하였다. 그 결과 1963년 2월 18일 전국철도기관차노조와 전국철도운수노조가 결성되었고, 이어서 3월과 4월에 걸쳐서 인천제강노조, 부평지구미군노조, 서울지구자동차노조, 인천지구미군노조, 전국혁공노조, 대동제강노조, 전국토건노조, 인천자유항만노조, 구룡포지구보망노조, 부산자유항만노조 등이 결성되었다. [43)

김말룡세력이 조직 활동을 개시하자 군부세력은 포고령 제6호에 의해 허가된 노조 이외에는 존속할 수 없다면서 한국노총 이외의 조직을 부인

---

41) 전국외국기관노동조합, 앞의 책, 62쪽.
42) 한국노동조합총연맹, 앞의 책, 579쪽.
43) 한국노동조합총연맹, 앞의 책, 580쪽.

하였다. 이어서 군부세력은 1963년 4월 17일 노동조합법 개정을 계기로 한국노련의 활동을 억압하기 시작하였다. 이러한 억압은 노동조합 설립의 허가주의와 복수노조 금지 규정을 근거로 한 것이었다. 이러한 상황에서 한국노련은 침체기를 맞이하였지만 1963년 11~12월에 들어서 침체기를 극복하고 다시 조직 활동에 박차를 가하기 시작하였다. 그러나 군정당국의 엄중한 규제로 더 이상 활동을 전개하지 못하는 상황으로 몰리게 되었다. 더욱이 1964년 1월 7일에 법원이 김말룡과 김대연이 제기한 '노총 창립대회 결의 무효 확인 청구소송'을 기각함으로써 법률상의 존재 근거를 상실하게 되었다.[44] 이리하여 김말룡을 중심으로 한 구 한국노련계가 한국노총에 대항하는 노동조직을 결성하려던 시도는 좌절하였다.

3. 전국외국기관노조의 조직현황과 구조

1) 조직현황

전국외국기관노조의 조합원은 주한미군사령부 산하 각종 기관과 그 하청업체에 종사하는 한국인노동자 그리고 주한 외국상사 노동자들로 구성되었다. 조합원의 업종은 매우 다양한데, 기능직으로는 노무자에서 미장공, 벽돌공, 목공, 전공, 운전사, 정비공, 용접공, 배관공, 컴퓨터 정비공, 통신기사, 제도사 등이 존재했고, 사무직으로는 비서를 비롯하여 타자수, 서기, 은행출납원, 경비원, 회계사, 보급서기, 컴퓨터 프로그래머, 간호원, 의사 등이 있었다.[45]

---

44) 이원보, 앞의 책, 125-127쪽.
45) 외기노조 조합원의 주력은 주한미군사령부 예하 4개 사령부(미8군사령부, 미5공군사령부, 한국교역처사령부, 군사고문단)에 종사하는 종업원 중에서 세출자금 종업원 속칭 직속종업원들이다. 전국외국기관노동조합, 앞의 책, 63쪽.

재건조직을 마친 전국외국기관노조는 곧바로 지역지부를 재건하거나 신설하는데 집중하였다. 그러나 외기노조가 결성된 지 1년여가 지난 시점에서 그동안의 성과를 따져볼 때 저조한 실적을 거둔 것으로 평가할 수 있다. 외기노조는 13,000명의 조합원 확보를 목표로 내걸고 조직사업을 전개하였지만 5,231명을 확보함으로써 40%의 성과를 거두는데 그쳤던 것이다.[46] 〈표 5〉에서 보는 바와 같이 재건조직된 한국노총이 16,119개 기업체에 371,479명의 노동자를 대상으로 205,000명의 조합원을 획득하는 것으로 계획을 세워 각 산별노조에 시달하였는데, 목표치의 86%를 달성한 것과 비교해 볼 때 외기노조가 거둔 실적은 상당히 저조하였다. 한국노총 자체에서 평가하고 있는 바와 같이 ① 직장 내 노동조합 활동의 제한, ② 비파업서약서 제도, ③ 한국노동법의 불인정과 행정협정의 미체결, ④ 조합비 공제제도의 불인정, ⑤ 단체협약 체결권의 부인 등이 요인으로 작용했기 때문이다. 그러나 이러한 요인 이외에도 김대연 세력이 외기노조가 결성된 지 1년여가 지난 시점까지 여전히 건재해 있었기 때문에 조직화사업이 부진했다고 볼 수도 있다. 앞에서 언급한 바와 같이 김대연 세력은 외기노조에 대항하여 새로이 노동조직 결성을 진행하고 있었던 것이다. 이러한 조직사업에 대해 군정당국은 복수노조 금지규정을 이유로 억압함으로써 결국 이들 세력은 무너지게 되었다.

---

46) 한국노동조합총연맹, 『사업보고』, 1962, 128–129쪽.

<표 5> 한국노총의 조합원 증가 현황

	1차년도 목표인원	1961.10	1962.8	%
철도	22,000	15,000	21,756	99
섬유	27,000	15,338	25,263	94
광산	16,000	14,265	16,446	100
전력	9,000	4,500	8,178	91
외기	13,000	4,659	5,231	40
체신	7,000	4,359	7,041	100
운수	32,000	9,194	22,361	70
해상	13,000	1,683	10,878	84
금융	5,000	3,600	5,982	100
전매	9,000	3,556	8,600	95
화학	16,000	8,847	11,340	71
금속	8,000	1,130	5,336	67
부두	10,000	10,221	14,987	100
연합	15,000	479	12,766	85
출판	3,000			
계				86

※ 한국노동조합총연맹, 『사업보고』, 1962, 138-139쪽.
※ 출판노조는 1963년 7월에 결성됨.

　그런데 1962년 8월까지 5,231명의 조합원밖에 확보하지 못했던 외기노
조는 1963년 들어서 상당한 성과를 거두었다. 1962년 12월에는 5,794명
으로 증가하고 1963년 5월에는 11,079명으로 증가하여 2차년도 목표인원
11,410명에 근접하는 성과를 거두었다.[47] 신설 · 재건된 조직상황과 조직
증가 상황을 살펴보면 아래 〈표 6〉, 〈표 7〉과 같다.

---

47)　한국노동조합총연맹, 『사업보고』, 1963, 140-141쪽.

〈표 6〉 전국외기노조의 조직상황

지부명	결성일	지부장	분회수	조합원수	남	녀
서울지부	1961.9.8	이승우	26	5,391	4,691	700
의정부지부	1961.10.15	신학규	13	2,708	2,613	95
파주지부	1961.11.4	강주원	10	1,674	1,639	35
부산지부	1961.12.3	조완식	19	1,830	1,680	150
울산지부	1962.2.19	성희경		64	34	30
동두천지부	1962.3.17	장재성	11	1,182	1,171	11
부평지부	1962.6.17	홍상준(서리)	27	3,166	2,900	266
인천POL지부	1962.9.7	오영제	1	634	491	143
오산지부	1962.9.7	공헌수	16	1,158	1,036	122
강원지부	1963.3.3	김진협	4	519	489	30
평택지부	1963.9.22	김인길	8	1,428	1,391	37
인천지부	1963.10.10	김윤덕	15	1,880	1,838	42
대구지부	1964.8.19	홍우성	12	584	554	30
KSC지부	1965.2.20	조병기	26	4,138	4,133	5
군산지부	1965.2.20	임화석	13	605	497	108
왜관지부	1965.6.13	김필균	15	752	720	32
計 16개 지부			216	27,712	25,876	1,836

※ 전국외국기관노동조합, 『외기노조 20년사』, 1981, 66-67쪽

〈표 7〉 전국외기노조의 조직 증가상황

	지부수	분회수	조합원수
1962년 12월 현재	10	41	5,794
1963년 5월 31일 현재	11	73	11,079
1964년 5월 31일 현재	13	155	14,810
1965년 5월 31일 현재	16	216	27,712

※ 전국외국기관노동조합, 『외기노조 20년사』, 1981, 64-65쪽에서 정리
※ 〈표 6〉에서는 1962년 12월 현재 지부수는 9개이지만 〈표 7〉에서는 10개로 되어있다. 이는 〈표 6〉에서 화영지부가 빠져있기 때문이다.

조합원수는 해마다 늘어났지만, 제4차년도 사업기간(1964.6.1
~1965.5.31)과 제5차년도 사업기간(1965.6.1.~1966.5.31)의 증가가 더욱
두드지게 나타나고 있다. 1964년 5월 31일 현재 14,810명에서 1965년 5월 31
일 현재 27,712명으로 증가하였으며, 1966년 5월 말 현재 조합원수는 32,926
명으로 노총 산하 16개 산별노조 중에서 섬유노조, 자동차노조에 이어 제3위
를 차지하였다.[48] 1966년 5월 말 외기노조 산하 지부의 조합원 현황은 〈표 8〉
에서 보는 바와 같이 서울지부가 7,260명(38개 분회)으로 수위를 달리고 있으며,
KSC지부, 부평지부, 파주지부, 의정부지부가 그 뒤를 잇고 있다.

〈표 8〉 전국외기노조의 지부별 조합원 현황(1966년)

구분	남	녀	계	분회수
서울지부	6,048	1,212	7,260	38
의정부지부	2,137	117	2,254	13
동두천지부	1,505	20	1,525	17
파주지부	2,275	44	2,319	20
부평지부	2,900	266	3,166	32
인천POL지부	582	190	772	3
인천지부	1,901	131	2,032	15
오산지부	1,391	253	1,644	13
평택지부	1,407	39	1,446	11
KSC지부	4,761	5	4,766	29
강원지부	641	23	664	6
대구지부	1,130	290	1,420	15
부산지부	2,044	150	2,194	19
왜관지부	720	32	752	15
군산지부	508	119	627	12
울산지부	45	40	85	√
계	29,995	2,931	32,926	258

※ 전국외국기관노동조합, 『사업보고서』, 1966, 207쪽.

48) 전국외국기관노동조합, 『사업보고서』, 1966, 195쪽.

전국외국기관노조는 이후 꾸준히 조직증가율을 보여 1967년 8월 말 지부 16개, 분회 282개, 조합원 34,392명이었으며,[49] 1968년 8월 말 지부 17개, 분회 324개, 조합원 37,241명이었다.[50] 1969년 8월 말에는 18개 지부, 336개 분회, 38,856명의 조합원을 거느린 단체로 성장하였다.[51] 이러한 조합원 수치는 당시 한국노총 산하 16개 산별노조 중에서 3번째로 많은 것이었다.

2) 조직구조

외기노조를 구성하는 조합원은 자금별, 업무별로 ① 세출자금 노동자: 육군 및 공군의 통상업무, ② 비(非)세출자금 노동자: 육군 및 공군의 야전(野戰)식당 또는 클럽 업무, ③ 교역처 노동자: 육군 및 공군 PX업무, ④ 초청업체 노동자(미군용역회사): 공병영선(工兵營繕) 업무, ⑤ 한국노무단(KSC), ⑥ 용역하청업체 노동자: 육군·공군 및 교역처의 한국용역업체, ⑦ 숙사(宿舍)노동자: 미군인, 군속 또는 그들 가족의 가사업무, ⑧ 외국상사 노동자 등 8가지로 구분할 수 있다.[52]

한국노총 산하 각 산업별 노동조합은 조합본부와 분회를 기본으로 구성되었으나 사업장의 규모와 지역적 분포 등을 고려하여 조직을 체계화하였기에 산업별 노동조합 조직은 각기 다른 특징을 보였다.[53] 외기노조는 사업장별로 지부를 두고 지부 산하에 분회를 두는 방식을 채택하였다. 즉, 미군부대의 주둔지별로 지부를 두고 부대 편성체계나 직종별로 분회를 설치하였다.[54]

---

49) 한국노동조합총연맹, 『사업보고』, 1967, 34~35쪽 「회원조합 현황표」참조.
50) 한국노동조합총연맹, 『사업보고』, 1968, 32~33쪽 「회원조합 현황표」참조.
51) 한국노동조합총연맹, 『사업보고』, 1969, 36~37쪽 「회원조합 현황표」참조.
52) 전국외국기관노동조합, 앞의 책, 64쪽.
53) 이원보, 앞의 책, 144쪽.
54) 이원보, 앞의 책, 145쪽.

전국외기노조는 규약을 통해 주한미군기관 노동자, 주한미군기관 용역 하청업체 노동자, 외국기관 및 외국기관 하청업체 노동자 등을 조합구성 원으로 정하였다.[55] 그리고 〈그림 1〉에서 보는 바와 같이 최고의결기관으로 전국대의원대회를 두었는데, 매년 1회 개최하였다. 필요시에는 임시 대의원대회를 열어 주요문제를 논의하였다. 대의원대회는 규약의 변경, 지부규칙 제정과 변경, 임원선거, 조합의 사업과 운영방침 결정, 예산심 의와 결산승인, 상급단체 가입 및 탈퇴, 중앙위원회 건의안 심의, 자산의 관리와 처분, 기금의 설치와 관리, 상급단체 파견 대의원 선출, 임원의 징계 결의, 해산과 병합의 결의 등을 행사하였다.[56]

중앙위원회(초기 운영위원회)는 본부 위원장, 부위원장, 사무국장과 각 지부장으로 구성되었으며, 전국대의원대회에서 채택된 사업계획을 구체 화하고 조합운영방침을 결정하는 핵심적인 결의기관이었다. 집행부는 조 합의 모든 운영사항을 중앙위원회에 부의(附議)하였으며 또한 그 결의에 따라 집행하였다. 또한 긴급사항이 있을 때는 지체 없이 긴급중앙위원회 를 소집하였다. 그러나 사태가 긴박한 경우에는 상무집행위원회 혹은 의 장단회의의 결의에 따라 우선 집행하고 난 다음에 중앙위원회에서 승인을 받았다.[57]

중앙위원회는 중요사항을 결의하거나 집행하는 기능을 하였다. 구체적 으로 중앙위원회의 기능을 열거하면, 대의원대회 결의사항과 위임사항 집 행, 임시대의원대회 소집 요청, 상무집행위원회 건의안 채택, 당면문제 에 관한 토의대책 수립, 위원장이 추천한 각 부장의 인준, 특별부가금 결 의에 대한 사항, 지부의 설정 또는 병합의 결의, 지부 임원의 인준, 지부 와 분회의 사무감사 결의, 각급 지부 재정원조 결의, 지부 쟁의의 인준,

---

55) 전국외국기관노동조합, 앞의 책, 59쪽.
56) 오정자, 「전국외국기관노동조합 활동에 관한 연구」, 고려대 경영대학원 석사학위논문, 1971, 12쪽.
57) 전국외국기관노동조합, 『사업보고서』, 1966, 18쪽.

지부 임원의 정권(停權)·경고 결의, 노사협의회 조합대표의 선출 등이 있었다. 외기노조의 조합운영상의 특징은 조합운영을 집행부에 위임하는 것이 아니라 중앙위원회를 매월 정기적으로 소집하여 당면문제를 심의, 결정하여 집행하였다는 점이다.[58]

집행기관으로 의장단·국장·부장으로 구성되는 상무집행위원회를 두었는데, 그 기능은 대의원대회와 중앙위원회 수임(受任)사항 집행, 각급 지부와의 연락과 지도사항 시행 촉진, 지부의 신설 분할 및 병합사항 집행, 대의원대회 준비 일체에 관한 사항, 대의원대회와 중앙위원회 참석권 및 발언권, 기타 업무상 집행 일체에 관한 사항 등이었다.

감사기관인 회계감사위원회는 조합의 제반 재정에 대한 감사, 지부와 분회에 대한 회계감사, 그리고 감사의 평가의견을 첨부하여 다음에 소집되는 대의원대회와 중앙위원회에 보고하는 기능을 맡고 있었다.[59]

---

58) 전국외국기관노동조합, 앞의 책, 60쪽.
59) 오정자, 앞의 논문, 14쪽.

〈그림 1〉 전국외국기관노동조합 조직체계

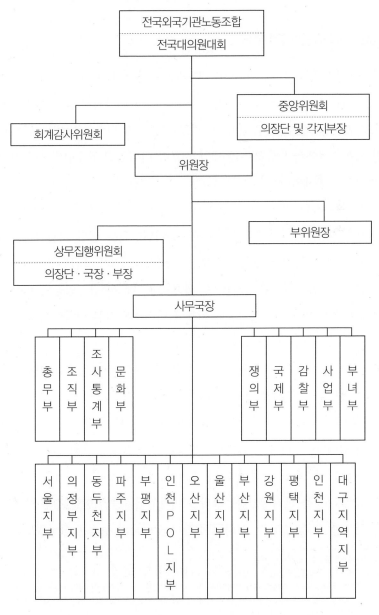

※ 전국외국기관노동조합, 『사업보고서』, 1964, 141쪽.

4. 임금 · 노동조건 개선과 한미행정협정 체결 촉구 운동

1) 임금 · 노동조건 개선 투쟁

주한미군기관에 종사하는 노동자는 다른 노동자와 달리 여러 가지 악조건으로 어려움을 겪고 있었다. 그들은 행정협정이 체결되지 않은 관계로 법적으로 보호를 받을 수 없었다. 그리고 미군들의 민족적 차별로 인해 열악한 노동조건에서 노동하는 존재였을 뿐만 아니라 인권유린의 사각지대에 놓여있는 존재였다.[60]

주한미군노동자의 월 임금소득을 국내 산업노동자의 임금수준과 비교하면 상위권에 속하고 있었지만[61] 후생 · 복지면에서는 훨씬 뒤떨어지는 형편이었다. 주한미군사령부의 노동조건은 퇴직금, 월차 유급휴가, 연차 유급휴가, 산전산후 휴가, 생리휴가, 재해보상, 해고수당, 임금의 비상시지불제 등에서 한국의 근로기준법 기준에 미달하는 부분이 상당히 많았다.[62]

전국외국기관노조는 군사기관에 종사한다는 특수한 사정으로 인하여 대한민국 헌법에서 보장하는 노동기본권을 향유하지 못하였으며, 쟁의 발생 때 여러 가지 난관에 가로막혀 합법적인 해결의 길조차 찾지 못하는 실정에 놓여 있었다.[63] 더욱이 주한미군 당국은 한국인과의 고용계약 때 '비파업서약서'를 제출하도록 하여 파업 또는 태업을 주장하는 단체를 구성 또는 가입하는 것을 금지하였다. 그리고 비파업서약을 위반할 경우 즉각적으로 해고할 수 있었다.[64] 이러한 주한미군 당국의 정책은 한국인노동

---

60) 전국외국기관노동조합, 앞의 책, 35쪽.
61) 1960년 5월 현재 중간계급인 5급은 사무직 4호봉이 시간당 28원 월 4,928원(176시간)이며 기능직 4호봉은 시간당 21원 50전 월 3,784원(176시간)이었다. 1962년 4월 현재 5급 사무직이 시간당 39원 월 6,864원(176시간)으로 1960년에 비하여 39%가 인상되었으며 5급 기능직은 시간당 35원 월 6,160원으로 63%가 인상되었다. 전국외국기관노동조합, 앞의 책, 44쪽.
62) 전국외국기관노동조합, 앞의 책, 44~45쪽.
63) 「막바지에 이른 외기노조의 쟁의」, 『신동아』 1966년 3월호, 203~204쪽.
64) 전국외국기관노동조합, 앞의 책, 41쪽, 45쪽.

자의 단결권과 단체교섭권만을 인정하고 단체행동권을 부인하는 것이었다. 이러한 정책에는 근본적인 모순이 내재해 있었다. 일급 1달러 25센트 이상을 지불하도록 한 미국의 최저임금법을 무시하고 "그 나라의 일반 실정에 맞는 임금을 지불한다"는 소위 'Prevailing Wage System'을 적용하면서도 군사기관과 연방정부기관 근로자들의 파업을 금지한 소위 'Non Strike Affidavit령'을 적용하여[65] 한국노동자들의 행동권을 제한하고 있었던 것이다.

전국외국기관노조는 이러한 열악한 상황, 불합리한 상황을 타개하기 위한 활동에 나섰다. 전국외국기관노조는 육·공군임금위원회의 임금정책을 한국에서 적용하는 것은 불합리하다고 지적하면서 한인 노동자에 대한 임금과 기타 노동조건은 적어도 한국정부가 1962년 3월에 노동자의 최저 생활보장급으로 책정한 정부관리기업체 노동자의 임금율과 부가복리조항에 준해야 한다고 주장하였다. 또한 4월 16일에는 미군노동자에 대한 전면적인 임금인상요구안을 주한미군사령관에게 제출하였다.[66] 노무계통 42%, 사무계통 30.2%의 임금인상을 요구하였으며, 이밖에도 퇴직금제도의 소급실시와 주(週)유급휴일제도의 실시를 주장하였다. 이에 대해 주한미군사령부에서는 1962년 11월 4일 외기노조의 요구안을 받아들이지 않고 임금 평균 10% 인상과 연말 상여금 지급 등을 발표하였다. 이로써 1962년의 임금인상투쟁은 일단락 되었다.

해를 넘겨 전국외국기관노조는 6월 9일 제2차 정기대의원대회와 7월 27일의 제3차 중앙위원회를 통해 임금인상과 노동조건 개선을 위한 결의를 다짐하였다. 이러한 결의에 따라 8월 19일 주한미군사령부 사령관에게 임

---

65) 「막바지에 이른 외기노조의 쟁의」, 『신동아』 1966년 3월호, 204쪽.
66) 『동아일보』 1962년 4월 17일자, 「미군부대 노무자 임금인상을 요구. 42~30%. 유급휴가제도도. 외국기관 종업원노조, 당국에 제시」.

금 인상과 노동조건개선 요구안을 정식으로 제출하였다.[67] 이후 노동조합
과 미군당국은 수차에 걸쳐 노사회의를 열었으나 해결을 보지 못하였다.
이러한 상황에서 전국외국기관노조는 9월 27일 긴급중앙위원회를 소집하
여 중앙처우개선투쟁위원회를 구성하고 전체 지부에 투쟁위원회를 설치
할 것을 결정하였다.[68] 이리하여 10월 1일 중앙처우개선투쟁위원회를 구
성하였으며, 10월 12일에는 노총 본부에 노동쟁의 인준을 신청하는 등 본
격적인 투쟁태세를 갖추어 나갔다. 이러한 준비태세를 갖춘 후 10월 28
일, 외기노조는 주한미군사령관을 상대로 노동쟁의조정법에 의한 노동쟁
의발생신고서를 제출하였다.[69]

　노동쟁의 발생에 따라 미군당국과 본부 대표를 중심으로 노사회의와 확
대노사회의가 계속 진행되었다. 그러나 양자 사이에서 해결점을 찾아내
지 못하였다. 결국 전국외국기관노조는 조합본부와 전체 지부에 실력투
쟁 돌입을 통고하고, 1963년 1월 25일 쟁의행위 가부투표 실시요강을 시
달하였다. 이러한 상황에 처하여 미군당국은 파업 가부투표 하루를 앞둔
1월 27일에 노사회의 개최를 조합에 요청하여[70] 해결의 가닥이 잡히기 시
작하였다. 27일 저녁부터 밤새 전국외국기관노조와 미군 사이에 노사회
의가 열렸고, 전국외국기관노조는 28일 새벽 3시에 이르러 미군 측으로
부터 노조의 요구조건을 받아들여 임금을 인상하겠다는 약속을 받아낼 수

---

67) 전국외국기관노동조합, 『사업보고서』, 1964, 5-11쪽; 『조선일보』, 1963년 8월 21일자, 「전국외국기관노조,
　　임금 40% 인상요구」, 요구안의 내용은 임금인상 40%, 위해수당제도의 신설, 하계상여금, 퇴직금제도의
　　소급실시 등이었다.
68) 중앙처우개선투쟁위원회 위원은 이효승, 홍운택, 신학규, 이광조, 이승우, 오영제, 장재성, 홍보철, 조완
　　식, 서정곤, 공현수, 이철환, 이상현, 최민화, 김진협, 이상찬, 성희경이었으며, 실무위원은 이효승, 홍
　　운택, 신학규, 이광조, 이승우, 서정곤, 황보철, 노문규 등이었다. 전국외국기관노동조합, 『사업보고서』,
　　1964, 14쪽.
69) 전국외국기관노동조합, 『사업보고서』, 1964, 16-17쪽. 조합의 쟁의신고를 접수한 중앙노동위원회는 쟁의
　　발생 신고를 심의하였으며 11월 7일에는 노동쟁의의 당사자가 미국정부 대표이므로 한미행정협정이 체결
　　되지 않은 한국에서는 노동위원회는 의법 처리할 권한이 없다는 결론을 내리고 쟁의의 원만한 해결을 요
　　청하는 대정부건의서를 채택하여 정부에 이송하였다.
70) 전국외국기관노동조합, 『사업보고서』, 1964, 20-21쪽.

있었다.[71] 이리하여 1월 28일에 실시예정인 파업 가부투표는 중지되었다. 미군당국과 협상에서 애초 목표에 미달하는 것이었지만 임금인상과 노동조건 개선에 대한 약속을 받아냄으로써 노동조합의 입장에서 일정 정도의 수확을 거둘 수 있었다.[72]

전국외국기관노조의 임금인상과 처우개선 투쟁에 이어 각 지부에서도 노동조건 개선을 내걸고 투쟁을 전개하였다. 1964년 서울지부 맥패든분회의 기본권투쟁, 서울숙사(宿舍)노동자의 임금쟁의파업, 부평의 DMM(보급사령부)와 DPD(자료처리부) 산하 노동자들의 이동수당 요구투쟁, 서울 연극분회의 임금인상투쟁파업 등이 이어졌다.[73]

1965년 6월에서 1966년 5월의 외기노조 5차년도 사업기간 중에는 쟁의건수가 총 17건, 참가인원 32,898명에 달할 정도로 대규모의 투쟁이 전개되었다. 쟁의건수를 각 지부별로 분류하면 전국쟁의 1건, 서울지부 쟁의 5건, 의정부지부 1건, 파주지부 1건, 인천POL지부 1건, 부평지부 2건, 오산지부 1건, 부산지부 2건, KSC(한국인노무단)지부 1건, 왜관지부 2건 등이었다. 쟁의의 원인은 주로 임금인상을 비롯한 노동조건이 많은 비중을 차지하였다.[74] 이는 물가상승으로 인한 실질임금의 하락에서 기인한 것이었다.

전국외국기관노조 5차년도 사업기간 중 주목할 만한 사건은 1966년 4월 6일 오전 4시를 기하여 일어난 전국 24시간 시한파업이었다. 이러한 대규모의 전국적 총파업은 1965년 9월 외기노조에서 제기했던 퇴직금 누진제도, 임금 30% 인상 등 노동조건개선 요구안에 대해 미군 측이 무성의하게 대응한 것에서 발단이 되었다.

---

71) 『조선일보』, 1964년 1월 29일자, 「외국기관노조쟁의 임금 23% 인상 합의」.
72) 주한미군사령관이 외기노조에 보낸 「임금 및 노동조건 개선결정에 관한 통고」 공문에 의하면 기술계종업원 23.85%, 사무계종업원 27.89%, 선박종업원 20.43%를 인상하기로 결정하였다. 전국외국기관노동조합, 『사업보고서』, 1964, 29쪽.
73) 전국외국기관노동조합, 앞의 책, 1979, 83~89쪽.
74) 전국외국기관노동조합, 『사업보고서』, 1966, 62쪽의 「쟁의상황 분석표」 참조.

전국외국기관노조는 1965년 12월 21일 주한미군사령부에 임금인상 요구안을 제출하였다.[75] 이러한 요구조건에 대해 미군측은 어떠한 대안도 제시하지 않았다. 미군 측의 성의 없는 태도에 맞서 외기노조는 1966년 1월 24일 중앙노동위원회에 쟁의발생보고서를 제출하고 쟁의를 정식으로 제기하였다.[76] 그리고 2월 9일과 10일에 걸쳐 실력행사를 위한 쟁의행위 가부투표를 실시하였다.[77] 사태가 급진전되자 미군 측은 1966년 2월 중순에 대안을 제시하였으나 그 대안은 조합에서 제기한 요구내용의 절반에도 미치지 못하는 것이었다. 외기노조는 이를 즉각 거부하고, 2월 19일 긴급 중앙위원회를 소집하여 조합 측의 최종대안을 제시하는 한편 그것이 관철될 때까지 전면적인 투쟁을 전개하기로 결정하였다.[78]

사태가 급박해짐에 따라 2월 하순부터 노동청이 직접 개입하기 시작하였다. 허성준 노정국장 주재로 노사회의가 노동청에서 거듭 열렸고, 결국 파업 예정 하루 전날인 3월 2일 오후 3시경에 각서에 서명함으로써 노사협정이 체결되었다. 노사협상이 타결되자 조합은 즉시 파업중지를 하달하였다[79].

그러나 이후 미군측은 각서의 내용을 이행하지 않았다. 각서에 의거한 구체적인 노동조건 개선내용을 미군측이 3월 10일까지 발표하기로 했는

---

75) 3만 조합원을 대표하는 전국외국기관노조는 1965년 12월 18일 중앙위원회 결의에 의하여 주한미군사령부에 평균 30%의 임금인상을 요구하였다.

76) 전국외국기관노조의 쟁의발생 보고를 접한 중앙노동위원회는 1월 27일자 중앙위 제145차 37호 공문으로 "귀(貴) 노동조합과 사용주간의 노동계약은 우리나라 노동법의 적용을 받지 아니하므로 당 위원회에서는 이에 대한 적부심사도 할 수 없음을 자(玆)에 통지합니다"라는 내용의 회신을 보내왔다. 전국외국기관노동조합, 『사업보고서』, 1966, 77~79쪽.

77) 전국외국기관노동조합, 『사업보고서』, 1966, 80쪽에 나와 있는 '지부별 투표 결과표'에 의하면, 총투표율 96.1%, 찬성 98.2%, 반대 0.5%, 기권 0.07%, 무효 1.1%의 결과가 나왔다.

78) 1966년 3월 3일 오전 6시부터 오후 5시까지 제1차 전국 10시간 시한파업을 단행하기로 결의하고 2월 21일 파업지령 제1호를 시달하였다. 한국노총 본부는 2월 24일 쟁의를 적극 지원할 것을 결의하고 중앙쟁의지도위원회를 설치하여 지원태세를 갖추어 나갔다. 쟁의지도위원회는 한국노총 본부 위원장 부위원장 사무총장 및 각 회원노조 위원장 전원으로 구성되었다. 또한 한국노총 위원장 이춘희 명의로 2월 26일자로 주한미군사령관에게 쟁의해결 촉구 서한을 발송하였다. 전국외국기관노동조합, 『사업보고서』, 1966, 81~88쪽.

79) 전국외국기관노동조합, 『사업보고서』, 1966, 88~89쪽.

데도 기일 내에 이를 발표하지 않았을 뿐만 아니라 4월 4일에 이르러 퇴직금누진제, 임금인상 등 협정사항에 어긋나는 내용의 개선안을 발표하였던 것이다.[80] 더욱이 미군측은 협정내용을 위반하고 있었을 뿐만 아니라 대대적인 감원을 계획하고 있었다. 이러한 소식을 접한 조합은 3월 26일 중앙위원회를 개최하고 미군 측이 4월 5일 정오까지 협정사항을 완전 이행하는 동시에 감원계획을 철회하지 않는다면, 4월 6일 오전 4시를 기하여 제1차 전국 24시간 시한파업을 단행하기로 결의하였다. 이러한 상황에서 미군 측은 4월 5일까지 아무런 조치를 취하지 않았다. 이리하여 파업은 4월 6일 예정대로 결행되었는데, 전국 13개 지부 약 25,000명의 조합원이 참가하였다. 지부마다 보안요원을 제외한 모든 조합원이 참가하였다.[81]

제1차 파업을 성공적으로 끝낸 조합은 파업 다음날인 7일 중앙위원회를 소집하여 미군 측이 협정을 완전히 이행하지 않는 한 제2차 장기파업에 들어갈 것을 결의하였다. 그러나 정부에서 미군 측이 협정을 이행하도록 조정에 나서는 등 적극적으로 개입하자 외기노조는 제2차 장기파업을 보류하였다. 미군 측은 퇴직금 누진율에 관하여 본국정부와 협의를 하였으며, 본국정부로부터 결재를 받아낸 후 5월 14일에 새로운 퇴직금율을 외기노조에 통고하였다. 외기노조는 4월 4일 미군측이 일방적으로 발표하였던 것에 비해서 전반적으로 개선된 내용을 제시하고 있으며, 3월 2일 협정과 비교할 때 다소 부족하지만 대체적으로 협정내용에 접근한 것으로

---

80) 미군당국은 협정에서 퇴직금누진제는 해고 또는 정년퇴직자에 대하여는 10년에 21개월분 임금, 사직자(辭職者)에 대하여는 10년에 17개월분 임금, 징계 해고시에도 10년에 10개월분 임금을 지급하기로 결정하였으나 미군당국은 4월 4일자 하오 늦게 해고 또는 정년의 경우에는 1~2개월분 임금, 사직(辭職)의 경우에는 최고 5개월분 임금을 삭감하였을 뿐 아니라 징계해고자는 퇴직금을 전면 박탈한다고 발표하였다. 또한 미군당국은 사무계·기술계·선박계에 대해 하후상박(下厚上薄)에 의한 14~20% 인상을 약정하였으나, 사무계 10.7%~14.6%, 기술계 14.7%~20%, 선박계 15%~40%로 발표하였다. 전국외국기관노동조합, 『사업보고서』, 1966, 93~95쪽.

81) 전국외국기관노동조합, 『사업보고서』, 1966, 101~102쪽. 파업지령 제2호에 의하면, 인천POL지부, 울산지부, KSC지부, 기타 한국인 청부업체 조합원을 파업의 참가범위에서 제외하였다. 또한 노동쟁의조정법 제13조 3항에 해당하는 보안요원에 대해서도 파업기간 중 정상취업을 하도록 하였다. 보안요원은 소방대, 병원 및 치료소, 우편국, 측후소에서 업무에 종사하는 사람들, 그리고 전화교환수, 무전공, 보일러공, 발전공 등을 말한다.

판단하여 쟁의를 종결하기로 결정하였다. 이로써 외기노조가 미군을 상대로 요구안을 제출한 지 8개월 만에 쟁의가 일단락되었다. [82]

2) 한미행정협정 체결 촉구 운동

1948년 8월 15일 대한민국 정부가 수립되고 1948년 8월 24일 이승만 대통령과 주한미군 사령관 하지 중장 사이에 '과도기에 시행될 잠정적 군사안전에 관한 행정협정'이 체결되었다. [83] 이 협정에서 대한민국 정부는 미군이 완전히 철수할 때까지 필요한 시설과 구역에 관한 사용권과 더불어 미군, 군속, 그리고 가족에 대한 전속적 관할권이라는 특혜를 미군 당국에 부여하였다. [84] 협정은 미군 철수에 따라 1949년 9월 19일 종료되었으나 이후 한국전쟁이 발발하여 미군이 다시 진주하게 되어 미군의 법적 지위문제가 현실화되었다. 이에 1950년 7월 12일 대전에서 '주한미국 군대의 형사재판권에 관한 대한민국과 미합중국 간의 협정'(대전협정)이 체결되었다. [85] 대전협정은 한국정부가 주한 미국군대의 구성원에 대한 배타적인 재판권을 미군당국에게 허용한 것으로 불평등한 주둔군지위협정이었다.

1953년 7월 27일 휴전협정이 성립되고, 10월 1일에는 한미상호방위조약이 체결되었다. 한미상호방위조약 체결로 한국군의 대미의존은 구조화되었고, 한국전쟁 중에 미군에 이양된 한국군대에 대한 작전통제권을 휴전 이후에도 여전히 미군이 장악할 수 있었다. [86] 한국 측은 1953년 한미상호방위조약 체결 협상 때부터 새로운 협정을 체결할 필요가 있다고 미

---

82) 전국외국기관노동조합, 「사업보고서」, 1966, 104–109쪽.
83) 「서울신문」 1948년 8월 26일자, 「한미군사협정 조인」(국사편찬위원회, 「자료 대한민국사」 8, 1998에서 재인용)
84) 성장현, 「한·미 주둔군 지위협정(SOFA)의 정책의제 형성에 관한 연구」, 단국대학교 행정학과 박사학위논문, 2003, 79–80쪽.
85) 성장현, 위의 논문, 80쪽.
86) 김창수, 「한미상호방위조약과 한미행정협정」, 「역사비평」 2001년 봄호, 2001.2, 420–421쪽.

군 측에 제시했지만 미국 측은 대전협정, 마이어협정에 보장된 특권을 계속 유지하기 위해 지속적으로 이를 회피하였다.[87]

1952년 5월 24일에는 '경제 조정에 관한 협정'(마이어협정)이 체결되었는데, 이 협정은 미군을 포함한 통합사령부 산하의 개인과 기관에 대하여 임무수행 상 필요한 특권을 부여한 것이었다.[88] 이리하여 대전협정, 마이어협정에 따라 미국기관에 종사하는 노동자들은 노동활동에서 상당한 제약을 받고 있었다. 미군사령부는 노동3권 중 단결권을 어느 정도 인정하였으나 단체교섭권과 단체행동권을 허용하지 않았다.

단체교섭권과 단체행동권이 부인되는 상황에서, 전국미군종업원노조연맹은 앞서 언급했듯이 1959년 11월 8일 창립대회를 통해 한미행정협정의 조속한 체결을 한·미 양국 정부에 촉구하였다. 그리고 이러한 요구를 이후 지속적으로 제기하였다. 한편 대한노총에서도 1960년 1월 14일 성명을 통하여 미군기관에 종사하고 있는 한국인노동자들의 권익보장을 위한 한미행정협정 체결을 촉구하였다.[89] 그러나 미국정부는 소극적 태도로 일관하였고, 이로 인해 체결이 지연될 수밖에 없었다.[90]

전국미군종업원노조연맹의 한미행정협정촉구 운동은 4월혁명 후 본격적으로 전개되었다. 전국미군종업원노조연맹은 1960년 7월 14일 대표자회의를 개최하여 임금인상과 퇴직금제 실시, 한미행정협정의 조속한 체결을 촉구하는 결의문을 채택하였다.[91] 이어서 9월에는 한미행정협정 촉구 백만인 서명운동을 전개하였다.[92] 9월 20일부터 10월 19일까지 전개된

---

87) 성장현, 위의 논문, 83~84쪽. 한미행정협정 체결에 대해 논의를 진행하던 중 1955년 1월 29일 주한미대사와 변영태 외무장관 사이의 회담에서 처음으로 미국 측은 한미행정협정 체결에 찬의(贊意)를 표시하였다. 그러나 이후 구체적인 합의를 도출하지 못하였다. 『동아일보』 1955년 1월 31일자, 「미 측 최초로 찬의. 한미행정협정체결 진전」.
88) 성장현, 위의 논문, 81~82쪽.
89) 『동아일보』 1960년 1월 15일자, 「한미행정협정체결 촉구. 한인종업원 권익보장에 노총 성명」.
90) 전국외국기관노동조합, 앞의 책, 51쪽.
91) 전국외국기관노동조합, 앞의 책, 42쪽.
92) 『조선일보』 1960년 9월 21일자, 「미군종업원노련 5천여 명 서명획득」.

이 운동은 사회 각계의 호응을 얻었다. 1961년 3월 2일 민의원 본회의에서는 체결촉구를 만장일치로 결의하였는데,[93] 이는 한미행정협정촉구 백만인 서명운동에 영향을 받은 것이었다.

한편 1961년 1월 31일 서울지구 노동조합원 1,500여 명은 ① 노임인상, ② 노동법 엄수, ③ 해고수당 지급 등 세 가지 요구사항을 내걸고 시위하였으며[94], 부산지구 노동조합원 2천여 명도 대우개선을 요구하며 시위하였다.[95] 2월 13일에는 서울, 부산, 인천 등지의 주한미군부대 한국인노동자 약 1만 2천여 명이 '한국인종업원에게 한국 노동법을 적용할 것과 임금을 인상하라'는 등의 요구조건을 내걸고 쟁의에 돌입하였다.[96] 2월 19일 서울, 인천, 부평지구에서, 20일에는 부산에서 임금인상, 퇴직금제 실시, 한미행정협정의 조속체결을 요구하는 궐기대회를 개최하였다. 이러한 투쟁은 점차 기세가 높아져 총파업 단행을 결의하는 데까지 나아갔다. 전국미군종업원노조연맹은 쟁의 기세가 고조되자 최후수단으로 총파업을 단행하기로 결의하고, 1961년 4월 13일 전국에 걸쳐 파업 가부투표를 실시하였다. 그러나 주한미군사령부가 4월 24일 미군노동자에 대한 임금인상안을 발표함으로써[97] 총파업은 일어나지 않았다.

4월혁명을 계기로 활발히 전개된 한미행정협정 체결 촉구 운동을 비롯한 임금인상 요구, 노동조건 개선 운동은 5·16 군부쿠데타로 인해 잠시 소강상태로 접어들었다. 그러나 5·16 이후 재편된 전국외국기관노조의 이효승·이광조체제 아래에서 다시 재개되었다. 1961년 8월 30일 한국노총 결성대회에서 17개 항의 결의문을 채택하는데, 한미행정협정의 조속한 체결을 요구하는 항목을 포함시켰다. 또한 8월 23일 전국외국기관노동

---

93) 『동아일보』 1961년 3월 2일자, 「한미행정협정 민원(民院)서 체결촉구를 결의」.
94) 『조선일보』, 1961년 2월 1일자, 「미군종업원들 시위 임금인상 요구」.
95) 『조선일보』, 1961년 2월 1일자, 「미군종업원노조 부산서도 데모」.
96) 『조선일보』, 1961년 2월 14일자, 「미군종업원들 부산 인천 등지 쟁의 돌입」.
97) 전국외국기관노동조합, 앞의 책, 43~44쪽.

조합 결성대회에서 밝힌 결의문에도 "한미행정협정이 조속히 체결"하도록 최대의 노력을 다하겠다는 내용을 포함시켰다.[98] 이렇듯 한국노총이나 외기노조에서 한미행정협정 체결을 시급히 해결해야 할 과제로 설정하고 있었다. 더욱이 외기노조는 한미행정협정이 체결되지 않은 관계로 단체협약권과 단체행동권 행사를 미8군 및 주한외국기관으로부터 거부당하고 있던 상황이었으므로 한미행정협정 체결이 무엇보다도 절실하였다.

한미행정협정 체결운동의 일환으로 1962년 3월 15일 한국노총은 외무부장관과 주한미대사를 상대로 '한미행정협정 체결 촉구'라는 제목의 문서를 제출하였다.[99] 한국노총은 문서를 통해 미8군을 비롯한 주한외국기관에 종사는 한국인 노동자들이 노동법 적용대상에서 제외되어 노동조건이 저하되고 있음을 지적하면서 한미행정협정의 조속한 체결을 촉구하였다.[100] 전국외기노조에서도 1962년 9월 21일 성명서를 내고 한미행정협정에 노동협정도 규정하라고 주장하였다.[101]

이러한 노력은 별다른 결실을 거두지 못하였다가 1965년 5월경 박정희 대통령의 방미를 앞둔 시점에서 협정이 타결되는 방향으로 진전되기 시작하였다.[102] 이에 전국외국기관노조는 5월 1일 노총 회의실에서 중앙위원회를 개최하고, 미군 측 초안을 검토하였으며,[103] 5월 3일 한미행정협정이 노동3권을 박탈하는 방향으로 체결될 경우 전국적인 총파업을 전개하기로 결의하였다.[104] 또한 5월 9일에는 한미행정협정에 노동기본권을 보장하는 내용을 포함시키라고 요구하면서 〈노동기본권 수호 궐기대회〉를

98) 한국노동조합총연맹, 『사업보고』, 1962, 51쪽.
99) 『동아일보』 1962년 3월 16일자, 「한미행정협정 노조총련서 촉구」.
100) 한국노동조합총연맹, 『사업보고』, 1962, 349–350쪽. '한미행정협정체결촉구' 문서는 3월 14일자로 작성되었다.
101) 『동아일보』 1962년 9월 21일자, 「"노동협정도 규정" 외국기관노조, 행협에 요구」.
102) 『동아일보』 1965년 5월 15일자, 「한미행협 대강 타결. 실무교섭 끝맺고 6월초 조인?」.
103) 한국노동조합총연맹, 앞의 책, 757쪽.
104) 『동아일보』 1965년 5월 3일자, 「쟁의권 없는 행협 체결되면 총파업 단행키로」; 『조선일보』, 1965년 5월 4일자, 「외기노조서 결의. "총파업 단행" 쟁의권 인정 안되면」.

가졌다. 궐기대회에서는 "한미행정협정의 노무조항에 노동자의 기본3권 중 단결권만 인정, 단체협약권과 단체행동권을 인정 않음은 주권을 무시한 처사"라고 비판하였다. 그리고 이러한 협정에 쟁의권이 보장되지 않을 경우 총파업에 돌입할 것을 결의하였다.[105] 궐기대회를 계기로 한국인권옹호협회는 11일 오전 한미행정협정 노무조항에서 미국 측은 단체협약 체결권과 쟁의권을 박탈하려고 기도하고 있다고 지적하고 "이와 같은 비민주적 행정협정안을 철회하라"는 성명서를 발표했다.[106]

한편, 1966년 2월 5일 외기노조 파주지부 문산공병대분회 노조원들의 평화적인 파업시위를 미헌병이 유혈진압한 충격적인 사건이 일어나 한미행정협정 체결이 무엇보다 시급하다는 것을 일깨워주었다.[107] 이 사건은 미군기관에 종사하는 노동자들에 대한 미군의 비인격적인 대우, 인종적 편견 등을 그대로 드러내는 대표적인 것이었다.

3) 한미행정협정 체결과 노무조항

미국은 전국외국기관노조를 비롯한 한국민의 대대적인 항의 움직임에도 불구하고 한미행정협정 체결을 미루어 왔다. 그러던 중 1962년 5월 29일 파주에서 한국여인 린치사건이 발생하였다. 이 사건을 계기로 미군의 인권유린을 규탄하는 국내 여론이 형성되기 시작하고 행정협정 체결 지연을 규탄하는 대학생들의 가두시위가 전개되었다. 이에 미국 측은 더 이상 논의를 지연시키지 못하고 행정협정 체결 논의에 응하게 되었다. 체결 교

---

105) 「동아일보」 1965년 5월 10일자, 「쟁의권 박탈말라. 굴욕행협 거부하도록 두 외국기관노조서 기본권수호 궐기대회」; 「조선일보」, 1965년 5월 11일자, 「전국외국기관노조원 궐기대회, "관철 안 되면 총파업" 결의」; 5월 9일의 궐기대회에는 전국외국기관노조 조합원 1천 500여 명이 참여하였다. 같은 날 오후 2시에는 KSC조합원 약 2,000명이 남대문 여성회관에서 별도로 노동기본수호궐기대회를 개최하여 KSC지부에 대한 미군당국의 조합탄압과 기본권 유린을 규탄하면서 한미행협의 조속 체결을 촉구하였다. 전국외국기관노동조합, 앞의 책, 98쪽.
106) 「동아일보」 1965년 5월 11일자, 「비민주적 행협 철회하라. 인권옹호서 성명」.
107) 「동아일보」 1966년 2월 5일자, 「농성하던 외기노조원 미 무장헌병과 충돌. 총검 휘둘러 8명 중경상」; 「동아일보」 1966년 2월 7일자, 「(사설) 미군과 노무자의 충돌사고」.

섭은 1962년 9월 20일부터 실무자 사이에 진행되었다.

한미행정협정은 1965년 12월 21일 이동원 외무장관과 브라운 주한미국 대사가 최종 협의하였는데, 초안을 확정시켜 1966년 초에 조인하기로 결정했다.[108] 그러나 1966년 4월 한국정부는 국내에서의 반발을 고려해 재교섭을 벌이기로 하였다. 1966년 4월 20일 한국정부 측이 일부 내용을 보완할 것을 제의하였고,[109] 미국 측이 이를 수락함으로써 다시 한미 사이에 교섭이 진행되었다.[110]

한미행정협정은 1966년 7월 9일에 체결되어[111] 10월 14일 국회의 비준을 거쳐 1967년 2월 9일 발효되었다. 이 협정은 1950년 대전협정에 비해 외형적으로 한·미 사이의 불평등한 내용을 어느 정도 시정한 듯이 보이지만 그 부속문서의 내용을 볼 때, 이전의 대전협정과 별다른 차이점이 없었다.[112] 한편 'KSC 지위에 관한 협정'은 별도로 체결하기로 양국이 합의하였다.[113]

---

108) 『동아일보』 1965년 12월 22일자, 「한미행정협정 1월 10일께 조인」.
109) 이동원 외무장관은 20일 김현철 주미대사에게 협정 내용에 대한 국내여론을 감안하여 ① 형사재판관할권 ② 민사청구권 ③ 노무 등의 문제 조항에 대해 미국 측의 재고를 촉구하고 이에 대한 미국무부 당국의 의사를 타진하라고 지시하였다. 한편 브라운 미 대사와도 국내 반발로 인해 협정의 보완이 불가피하게 되었다는 점을 들어 실무급의 재교섭을 제안하였다. 『동아일보』 66년 4월 21일자, 「한미행협 보완 교섭 재개. 미 측에 재고 촉구. 이(李) 외무, 김(金) 주미대사에 훈령」.
110) 전국외국기관노동조합, 『사업보고서』, 1966, 355쪽. 전문과 41개 조항 및 합의의사록으로 된 초안 중 보완 논의대상은 형사재판관할권과 민사청구권조항이었다. 초안 중 노무조항의 주요 골자는 다음과 같다. (1) 고용주는 미군 또는 비세출자금(비충당자금)기관이나 초청계약자의 고용인(미군속)이다. (2) 고용인은 미군, 군속가족이 개인자격으로 고용한 자(개인종업원) 이외의 한국국적을 가진 민간인이다. (3) 고용주는 고용인에 대한 채용, 배치, 승급승진, 해고 등 인사관리권을 갖는다. (4) 해고는 한국법에 의하는 것이 원칙이나 작전수행(철수 등) 필요상 해고할 수 있다. (5) 고용인의 대우와 조건은 한국헌법과 노동법에 따르며 단결권과 단체교섭권 및 단체행동권을 갖는다. (6) 쟁의가 발생하면 노동청에 회부하며 해결 안 될 때는 합동위에 회부 특별위에서 신속히 심의하며 합동위의 결정은 구속력을 갖는다. 파업, 태업 등 단체행동권은 쟁의가 특별분위에 회부된 뒤 70일이 경과해도 해결 안 될 때 할 수 있다. (7) 고용주는 고용인의 급료 지불시 한국법에 따라 원천과세를 공제하여 6개월 기간으로 한국정부에 납부해야 한다.
111) 1966년 7월 9일 이동원 외무장관과 러스크 미국무장관이 서명함으로써 공식 체결되었다. 체결된 행정협정의 정식명칭은 '대한민국과 아메리카합중국 간의 상호방위조약 제4조에 의한 시설과 구역 및 대한민국에서의 합중국 군대의 지위에 관한 협정'이다. 행정협정은 국회의 비준을 거쳐 미국정부에 서면 통고한 날로부터 3개월 후에 발효하며, 발효와 동시에 대전협정과 마이어협정 등은 모두 폐기될 예정이었다. 『동아일보』 1966년 7월 9일자, 「한미행정협정 조인. 14년 교섭에 종지부. 비준 3개월 후 발효」; 이석우, 『한미행정협정과 국제법』, 학영사, 2005, 29쪽.
112) 성장현, 앞의 논문, 84~85쪽.
113) 전국외국기관노동조합, 앞의 책, 101쪽.

한미행정협정은 전문 31개조로 된 본 협정문과 합의의사록, 양해사항 등으로 구성되었다.[114] 17조 노무조항은 6개항으로 되어 있는데, ① 제1, 2항: 고용주 및 고용원의 정의와 고용권 ② 제3항: 일반적인 고용조건과 노사관계의 규율 ③ 제4항: 한국인 고용원의 노동쟁의와 그 조정에 관한 규정 ④ 제5항: 한국정부의 미군 노동력 공급 규정 ⑤ 제6항: 군속에 대한 특별취급을 규정하였다.[115] 이러한 노무조항의 주요내용과 문제점은 다음과 같다.

제17조 1, 2항에서 미군당국이 한국인 노동자의 고용주임을 밝히고, '직접고용제'를 규정하여 고용주인 미군당국이 필요한 인력을 직접 모집 · 고용 · 관리하도록 하였다.[116] 또한 고용원의 정의에서 군속과 한국노무단(KSC), 가사사용인을 제외하였다. 이러한 규정은 그때의 노동관계법에서 규정하고 있는 근로자와 사용주의 개념과 비교하여 적용범위가 축소된 것이라 할 수 있다. 특히 한국노무단(KSC) 단원은 미군에 종사하는 일반적 노무자들인데도 고용원의 범주에서 제외시키는 등 납득하기 어려운 조항을 포함하고 있었다.[117]

제17조 3항에서 군사상 필요에 배치되지 않는 한 근로조건, 재해보상, 노사관계의 모든 사항은 한국 국내의 노동법령을 따른다고 명시하였지만,

---

114) 본 협정문의 주요 조항은 다음과 같다. 미국군대에 관한 정의(1조), 시설과 구역(2-5조), 공익사업과 용역(6조), 접수국 법령의 존중(7조), 출입국(8조), 통관과 관세(9조), 선박과 항공기의 기착(10조), 기상업무(11조), 항공 교통 관제 및 운항 보조시설(12조), 비세출자금기관(13조), 과세(14조), 초청계약자(15조), 현지조달(16조), 노무(17조), 외환관리(18조), 군표(軍票)(19조), 군사우체국(20조), 회계절차(21조), 형사재판권(22조), 청구권(23조), 차량과 운전면허(24조), 보안조치(25조), 보건과 위생(26조), 예비역의 훈련(27조), 합동위원회(28조), 협정의 효력발생(29조), 협정의 개정(30조), 협정의 유효기간(31조) 등이다. 이석우, 위의 책, 29쪽.

115) 전국외국기관노동조합, 앞의 책, 101쪽. 한미행정협정 제17조 노무조항에 대해서는 법과사회연구회, 『한미행정협정』, 힘, 1988, 246-248쪽 참조.

116) 조국, 「유린당한 주권 · 인권과 한미행정협정의 허구성」, 『역사비평』 1992년 여름호, 1992.5, 68쪽. 조국은 이러한 직접고용제에 의해 앞으로 예상되는 계속적인 감원이나 부당해고에 대해 우리 정부는 속수무책이며, 주한미군 감축에서 파생되는 여러 문제들이 고스란히 노동자들에게 전가될 수 있다고 지적하였다.

117) 김치선, 「한미행협과 노무조항」, 『Fides』 13, 1967.2, 29쪽. KSC단원은 미군 측에 의한 직접채용이 아니고 한국정부를 통한 고용이라고 하더라도 고용된 연후에는 어디까지나 미군 측에 의하여 작업이 관리되고 또한 노임도 지불되는 것이므로 법률상 고용원임에 틀림없다고 김치선은 주장하였다.

고용주와 노동자 사이의 고용관계에 관한 사항을 협정에 전혀 명시하지 않았다. 또한 이 협정에 부수(附隨)된 양국 정부 사이의 양해사항에서도 고용주는 군사상 필요에 따라 언제든지 고용관계를 일방적으로 단절시킬 수 있도록 하였다.[118] 이러한 조항은 '군사적 필요'라는 명목으로 노동자들을 얼마든지 해고할 수 있는 여지를 두고 있는 것으로 심각한 문제를 내포하고 있는 것이다.

제17조 4항은 고용원의 단체행동에 관한 규정인데 대한민국의 관계 법규를 "고려한다"고 명시하고 있어 고용원의 노동조합 결성이나 단체교섭 행위는 대한민국의 노동조합법 규정에 따라서 규제 또는 보호를 받도록 했다. 그러나 노동삼권 중에서 가장 중요하고 가장 최후적인 단체행동권(쟁의권) 행사를 형식적으로만 인정하는데 그치고 있으며, 사실상 쟁의행위를 극도로 금지하였다.[119] 무엇 때문에 단체행동권(쟁의권) 행사를 형식적으로 인정하는데 그쳤는지를 살펴보자. 제17조 4항은 노사 사이에 노동쟁의가 발생하면 ① 쟁의 조정을 위해 노동청에 의뢰한다. ② 노동청에서 쟁의 조정이 성립되지 않을 때에는 한미합동위원회에 회부하며 한미합동위원회는 특별위원회를 구성하여 조정에 노력한다. ③ 한미합동위원회 결정은 구속력을 가진다. ④ 한미합동위원회에 회부된 후 70일의 기간이 경과되지 않는 한 노동조합은 단체행동권을 행사할 수 없다고 규정하였다. 만약 고용원이나 노동조합이 한미합동위원회 결정에 불복하거나 조정 절차가 진행되는 동안에 정상업무를 방해하는 행위(단체행동)를 하면 노동조합을 승인취소 또는 고용원을 해고한다고 규정하였다.[120] 이러한 쟁의조정 절차는 단체행동권의 사실상 금지로 해석할 수 있는 것이었다.

또한 노동청의 조정은 소요기일이 정해져 있지 않기 때문에 쟁의기간이

---

118) 김치선, 앞의 글, 30쪽.
119) 김치선, 앞의 글, 30-31쪽.
120) 법과사회연구회, 앞의 책, 247쪽 ; 전국외국기관노동조합, 앞의 책, 102-103쪽.

무한정 연장될 경우 노동자 측에게 불이익이 초래될 수밖에 없었다. 노동청에서 해결하기 어려운 경우 한미합동위원회에 그 조정을 회부하도록 되어 있는데, 이때 적어도 70일 간은 실력행사를 할 수 없도록 하였다. 또 특별위원회 조정이 실패하면 한미합동위원회에서 강제적인 조정을 할 수 있으며 그 결정은 무조건 구속력을 가지도록 하였다. 따라서 이 같은 조항은 실제로 실력행사를 할 수 있는 기회를 박탈하는 것이었다.[121] 한미합동위원회도 한미 양국 정부 대표만으로 구성하는 것으로 명시하고 있어 노동자 대표나 공익 대표가 참여하는 것을 배제하고 있었다.

5. 나오며

1950년대 지역단위로 조직되어 활동하던 미군관계 조직은 전국단위의 조직으로 통합할 필요가 있다고 인식하고 전국조직을 결성하기 위해 활동을 펼쳐나갔다. 그 결과 1959년 11월에 전국미군종업원노조연맹 결성대회를 개최할 수 있었다. 전국미군종업원노조연맹은 결성 이후 임금인상투쟁을 집중적으로 전개하였으며, 한편으로 한미행정협정 체결운동의 일환으로 한미노무관계협정 체결을 요구하였다. 당시 미군당국은 한인노동자가 노조를 결성하거나 조합 활동을 하는 것을 인정하면서도 노조의 주요 기능 가운데 하나인 단체교섭권을 일방적으로 묵살하고 있었다. 한미노무관계협정은 한미행정협정이 체결될 때까지 잠정적으로 미군기관에 종사하는 한인노동자들의 노동관계를 규정하는 것이었으나 협정이 체결되는 것을 실현시키지 못하였다.

한미행정협정 체결촉구 운동은 4월혁명기에 본격적으로 전개되었다. 1960년 9월 20일부터 10월 19일까지 한 달 간 한미행정협정 촉구 100만

---

121) 김치선, 앞의 글, 30-31쪽.

인 서명운동을 전개하였다. 이 운동은 사회 각계의 호응을 얻게 되었고, 1961년 3월 민의원 본회의에서 체결촉구를 만장일치로 결의하는데 영향을 미쳤다. 1960년 12월 20일 전국대의원대회에서 전국노협의 중심인물 중 한사람이었던 김대연이 위원장에 선출되면서 전국미군종업원노조연맹에서 전국노협 세력이 강화되었다. 이후 김대연 위원장체제 하에서 한미행정협정체결 촉구운동을 비롯한 임금인상요구, 노동조건 개선운동을 전개하였다. 그러나 이러한 운동은 5 · 16 군부쿠데타로 인해 잠시 소강상태로 접어들게 되었다.

5 · 16 이후 전국미군종업원노조연맹은 전국외국기관종업원노조로 재편성되었다. 이러한 조직 재편성과정에서 5 · 16 군부세력의 적극적인 지원을 받는 세력과 구 한국노련 세력의 대립 · 갈등을 겪었으며, 결국 군부세력의 후원을 받는 세력이 반대파를 배제하고 조직을 장악하였다.

재건조직을 마친 전국외국기관노조는 지역지부의 재건과 신설에 착수하였다. 그러나 외기노조가 결성된 지 1년여가 지난 시점에서의 성과는 저조하였다. 조합원 확보가 부진했던 요인은 ① 직장 내 노동조합 활동의 제한, ② 비파업서약서 제도, ③ 한국노동법의 불인정과 행정협정의 미체결, ④ 조합비 공제제도의 불인정, ⑤ 단체협약 체결권 부인 등이었다. 그러나 한편으로 김대연 세력이 여전히 건재해 있었기 때문에 조직화사업이 부진했다고 볼 수도 있다. 전국외국기관노조가 조합원 획득에 상당한 성과를 거두기 시작한 것은 1963년에 들어서면서였다. 이후 꾸준히 조합원이 증가하여 1965년에는 한국노총 산하 16개 산별노조 중에서 외기노조의 조직세는 섬유노조, 자동차노조에 이어 제3위를 차지하였다.

조직의 현저한 성장은 전국외국기관노조의 노동활동이 중요하게 작용하였던 것으로 보인다. 주한 미군기관에 종사하는 노동자들은 다른 노동자들과 달리 여러 가지 악조건으로 어려움을 겪고 있었다. 그들은 행정협정이 체결되지 않은 관계로 법적으로 보호를 받을 수 없었으며, 미군들의 민족적 차별로 인해 열악한 노동조건에서 노동하는 존재였을 뿐만 아니라 인권유린의 사각지대에 놓여 있는 존재였다. 이러한 상황을 타개하고자 전국외국기관노조는 임금·노동조건 개선 요구투쟁과 더불어 한미행정협정 체결촉구 운동을 전개하였다. 전국외국기관노조의 노동활동에서 주목할 만한 것은 1965년 6월에서 1966년 5월의 외기노조 5차년도 사업기간 중 쟁의건수가 총 17건, 참가인원 32,898명에 달할 정도로 대규모의 투쟁을 전개했다는 점이다. 또한 1966년 4월 6일의 전국 24시간 시한파업에 이어 장기파업을 결의한 점이다. 미군측이 요구안을 받아들임으로써 장기파업으로 이어지지는 않았지만 8개월 만에 쟁의를 종결시키고 일정 정도의 성과를 올릴 수 있었다.

전국외국기관노조는 한미행정협정 체결촉구 운동도 꾸준히 전개하였다. 1962년 9월 성명서를 내고 한미행정협정에 노동협정도 규정하라고 촉구하였으며, 1965년 5월 3일에는 한미행정협정이 노동3권을 박탈하는 방향으로 체결될 경우 전국적인 총파업을 하기로 결의하였다. 5월 9일에는 노동기본권 수호궐기대회를 갖고 협정에 쟁의권이 보장되지 않을 경우 총파업에 돌입할 것을 결의하였다.

민족적 차별에 저항하고 노동조건을 개선하기 위한 운동은 1960년대 중반을 전후한 시기에 활발히 전개되었다. 이러한 활동이 뒷받침되어 1966년 7월 9일 한미행정협정이 체결되었다. 그러나 한미행정협정의 노무조항은 '군사적 필요'라는 명목으로 노동자들을 얼마든지 해고할 수 있는 여지를 남겨두고 있으며, 노동삼권 중에서 가장 중요하고 가장 최후적인 단체행동권(쟁의권) 행사를 형식적으로만 인정하였다. 이는 사실상 쟁의행위를 극도로 억압하는 것이었다. 이리하여 한미행정협정의 독소조항에 대한 제거운동은 이후의 과제로 남겨지게 되었다.

제5장

한미행정협정 체결 이후
전국외국기관노동조합의
감원반대와 퇴직금개선 운동

제5장
한미행정협정 체결 이후 전국외국기관노동조합의 감원반대와 퇴직금개선 운동

1. 들어가며

　1966년 7월 9일 한미행정협정(한미행협)이 체결되고 1967년 2월 9일 발효되었다. 한미행협이 오랜 기간 지난한 과정을 거쳐 마침내 체결되고, 발효되었지만 한미행협의 노무조항이 여러 가지 독소적인 내용을 포함하고 있어 한미행협 체결 전과 마찬가지로 전국외국기관노동조합(외기노조)의 노동활동은 크게 제약을 받았다. 이러한 환경을 타개하기 위해 외기노조는 한미행협 개정을 요구하였으나, 이 운동은 별 성과를 거두지 못한 채 단기간에 종결될 수밖에 없었다. 1960년대 후반부터 강타하기 시작한 주한미군 감축에 따른 감원파동이 외기노조의 활동에 영향을 미쳤기 때문이다. 1969년 하반기부터 미군감축에 따라 한국인 노동자의 대규모 감원 계획이 발표되었고, 외기노조는 이에 대응하여 감원반대, 감원철회 운동에 집중할 수밖에 없었던 것이다.

　한편 외기노조는 주한미군사령부에서 시행하고 있는 퇴직금제도가 국내의 근로기준법에 비하여 현저하게 기준이 미달되고 있는 점을 비판하면서 퇴직금 개선투쟁을 전개하였다. 1960년대 후반부터 감원자가 속출하고 있는 상황에서 퇴직금 개선투쟁은 외기노조원에게 초미의 관심사가 아닐 수 없었다. 이리하여 1970년대 초에 이르는 시기까지 퇴직금 개선투쟁을 집중적으로 전개하였다. 이러한 투쟁과 함께 외기노조는 한미행협 개정 요구, 감원반대 운동을 병행하여 전개하였다.

이 장에서는 한미행협 체결 이후 외기노조가 전개한 한미행협 개정 요구, 감원반대 운동, 퇴직금 개선 운동을 다루고자 한다. 외기노조의 활동이 가장 왕성했던 시기가 1960년대 중후반부터 1970년대 초에 이르는 시기였으며, 외기노조와 외기노조원의 처해진 상황이나 활동내용을 밝히기 위해서는 한미행협 개정 요구, 감원반대 운동, 퇴직금 개선 운동을 중점적으로 다룰 필요가 있다고 보기 때문이다.

2. 한미행정협정 개정 건의활동

1) 한미행정협정 노무조항과 단체협약 체결

1966년 7월 9일 한미행협이 체결되자 외기노조는 적극 환영하였으며, 한국노총도 한미행협 중 노무조항이 "고용조건 · 노사관계 등은 한국노동법령에 따른다"는 원칙이 포함된 것에 만족을 표시하였다.[1] 그러나 외기노조 KSC지부는 노무조항 제17조 1항 (나)에서 한국노무단(KSC)의 구성원을 고용원에서 제외한 것에 불만을 품고 반발하였다.[2] 그러나 한국노총도 외기노조와 마찬가지로 한미행협 중 노무조항이 "고용조건 · 노사관

---

1) 『경향신문』 1966년 7월 9일자, 「한미행협 조인의 날. 너무 뒤늦은 감이. KSC 반발 법무부 직제개편 서둘러」.
2) 「한국과 미합중국간의 한국노무단(KSC)의 지위에 관한 협정」은 1967년 2월 23일 정식 조인되었다. KSC협정은 평시(平時)와 비상시(非常時)로 나누어, 평시에는 외국기관에 임의 고용된 자유노무자의 경우와 같은 지위를 KSC의 경우에도 보장하고 있고, 비상시에는 노무단의 일이 준군사적인 것이 된다는 이유로 노동3권에 대한 제한규정을 두었다. 『매일경제』 1967년 2월 23일자, 「KSC지위에 관한 협정. 노동3권을 보장. 정 총리, 브 대사 서명」; 『동아일보』 1967년 2월 23일자, 「KSC협정 정식 조인. 노동삼권을 제한 규정. 인준 마쳐 통고하면 즉시 발효」; 『동아일보』 1967년 2월 25일자, 「(사설) 한국노무단 지위협정의 체결」.

계 등은 한국노동법령에 따른다"는 원칙 아래 이루어진 것에 만족을 표시하였다.[3] 이러한 가운데 한미행협은 10월 14일 국회비준을 거쳐 1967년 2월 9일 발효되었다.

한미행협이 체결되기 전, 1966년 5월 14일 외기노조와 주한미군 사이에 노사잠정협정이 체결되어 노동조합과 사용자 측의 책임한계와 업무운영에 관한 절차를 규정하였다.[4] 노사잠정협정에서는 쟁의절차를 규정하고 있었다. 이에 따르면, ① 전국적인 규모 이외의 노사분쟁은 먼저 당해 지부와 상대 편의 단위부대가 협의하며, ② 전국규모의 노사분쟁은 조합본부와 주한미군사령부 간에 협의하며, ③ 협의가 안 될 경우 어느 일방 또는 쌍방이 노동청에 쟁의를 제기할 수 있으며, ④ 노동청에서 해결이 안 될 때는 특별위원회에서 조정하도록 하였다.[5] 즉, 고용주와 고용원 사이의 쟁의 조정이 이루어지지 않을 경우 노동청에 회부하며, 또 노동청에서도 해결되지 않을 경우 특별위원회에서 조정하도록 한 것이다. 그런데 한미행협 제17조 노무조항은 노동청에서 해결되지 않을 경우 "합미합동위원회로 회부되며, 또한 합동위원회는 새로운 조정에 노력하고자 그가 지정하는 특별위원회에 그 문제를 회부할 수 있다"고 규정하였다. 그리고 합동위원회에 회부되어 "70일의 기간이 경과되지 아니하는 한 정상적인 업무요건을 방해하는 어떠한 행동에도 종사하여서는 아니된다", "합동위원회의 결정은 구속력을 가진다"고 하여 한미합동위원회의 조정기간이나 법적 구속력 등 구체적인 내용을 규정하였다. 한미행협에 따른 외기노조의 쟁의 절차를 도표화하면 다음과 같다.

---

3) 『경향신문』 1966.7.9., 「한미행협 조인의 날. 너무 뒤늦은 감이. KSC반발 법무부 직제개편 서둘러」.
4) 한미행협이 지연되고 있던 1966년 5월 14일, 외기노조와 주한미군 사이에 노사잠정협정이 체결되었다. 노사잠정협정은 한미행협이 체결될 때까지 공백을 메우기 위한 것으로, 노동조합과 사용자 측의 책임한계와 업무운영에 관한 절차를 규정한 것이다. 전국외국기관노동조합, 『사업보고』, 1966, 230-233쪽.
5) 전국외국기관노동조합, 『사업보고』, 1966, 230-233쪽.

<그림 2> 전국외국기관노동조합의 쟁의 절차

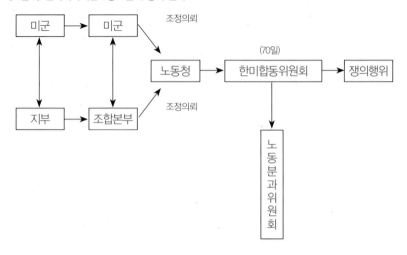

※ 전국외국기관노동조합, 『사업보고』, 1967, 48쪽

　한미행협이 체결됨으로써 외기노조는 "본조의 규정과 합중국 군대의 군사상 필요에 배치되지 아니하는 한도 내에서, 합중국 군대가 그들의 고용원을 위하여 설정한 고용조건, 보상 및 노사관계는 대한민국의 노동법령의 제규정에 따라야 한다"는 규정에 따라 활동을 보장받았다. 그러나 한미행협의 노무조항에는 여러 가지 독소조항이 포함되어 있었다. 독소적인 불합리한 내용을 열거하면, ① 군사상 필요에 따라 언제든지 고용관계를 일방적으로 단절시킬 수 있도록 한 점, ② 노동청 조정기간을 명문화하지 않았다는 점, ③ 노동쟁의 문제가 한미합동위원회로 회부된 후 70일을 냉각기간으로 설정하였다는 점, ④ 노동자 대표를 한미합동위원회에서 배제하고 있다는 점, ⑤ 한미합동위원회 결정이 구속력을 가진다는 점, ⑤ 숙사노동자를 미군노동자로 인정하지 않은 점 등으로 요약할 수 있다.

　한미행협이 체결되자 외기노조는 조합 창립 이래 숙원이던 단체협약 체결을 서둘렀다. 한미행협이 발효되지는 않은 상태였지만 1966년 10월 10일 임금 및 노동조건 개선요구안에 단체협약 체결도 포함시켜 미군 측에 제출하였다. 이후 미군 측에서 6차례 단체협약 시안(試案)을 제시했고, 이에 대해 외기노조가 수정을 가하는 과정을 거쳐 1967년 2월 25일 외기노조와 주한미군사령부 사이에 단체협약이 체결되었다.[6] 외기노조를 대표하여 이효승 위원장과 이광조 사무처장이 서명하고, 주한미군사령부에서는 8군 인사처장과 공군 인사처장이 서명하였다.

전문 19조로 된 단체협약은 ① 외기노조가 미군노동자를 대표하는 유일 교섭단체임을 명시하였다. ② 단체협약과 한미행협 중에서 한미행협을 우위에 두었으며, 노동조합 가입 방식은 오픈샵 제도를 채택하였다. ③ 조합에 가입할 수 없는 관리직으로 인사전문담당관, 법률관계직, 선장, 경비대장, 총감독, 10명 이상의 부하 종업원을 가진 감독직, 의사, 보안관계관, 수사관 등 10개 직종을 명시하였으며, 계장, 조장 등 중간관리직은 조합에 가입할 수는 있으나 조합 임원은 될 수 없다고 규정하였다. ④ 영내에서 일체의 노동조합 집회를 할 수 없으며 근무시간에 조합 간행물 배포나 조합비 징수를 할 수 없도록 하였다. ⑤ 조합비는 원천 공제(check off)할 수 있도록 하였다. ⑥ 노사 간의 협의 또는 협상의 범위는 근로조건과 시설, 노사관계, 후생문제, 징계, 진정, 휴가, 승진 및 강등, 직위 조정과 급여 관례, 감원, 근무시간 등으로 정하였으나 필요한 경우 이에 제한을 두지 않기로 하였다.[7]

단체협약의 유효기간은 노동법에 따라 1년으로 되어 있어 해마다 갱신하여 체결하였다. 1967년 2월의 단체협약은 신규로 체결한 것이어서 개정될 필요가 있는 조항이 다소 존재하였다. 이에 외기노조는 1968년 2월 2일 주한미군사령관에게 개정안을 제출하였으며, 이후 장기협상을 거친 후 6월 21일 단체협약을 갱신하였다. 6월 21일에 체결되었지만 발효일자

6) 전국외국기관노동조합, 『사업보고』, 1967, 51쪽.
7) 전국외국기관노동조합, 앞의 책, 125~127쪽 ; 전국외국기관노동조합, 『사업보고』, 1967, 51~56쪽.

는 종전 단체협약 발효일자인 2월 25일로 소급하여 실시되었다.[8]

1968년의 단체협약 체결은 주로 관리직 종업원의 신분이나 조합 임원의 출타 등에 대한 조항이 갱신되었다. 그리고 제15조(노사관계 절차)에 "어떤 직장에 5명 이상의 감원이나 또는 현저한 강등이 발생할 때 사전에 지부와 협의를 한다. 감원이나 강등이 언제쯤, 왜 필요하게 되었나 하는 이유를 지부에 통고한다"는 내용을 추가하였다.

2) 한미행정협정 개정 건의

국내 노동법과 비교하여 한미행협 노무조항이 어떠한 점에서 불합리하였는지 살펴보면 다음과 같다. 첫째, 국내의 일반 쟁의는 노동위원회에 쟁의발생 신고를 하면 5일 이내에 적부판정을 내리고 적법일 때는 일반사업은 20일간, 공익사업은 30일간의 냉각기간을 거쳐 쟁의를 할 수 있다. 그런데 한미행협의 노무조항은 쟁의 발생을 노동청에 신고하면 먼저 노동청이 조정하고 여기서 조정이 이루어지지 않으면 한미합동위원회로 회부하며, 한미합동위원회로 회부된 날로부터 70일이 지나야 쟁의 행위를 할 수 있도록 규정하였다.[9] 이러한 조항의 가장 큰 문제점은 노동청의 조정기한을 정하고 있지 않아 노동청에서 쟁의를 무제한 지연시킬 수도 있었다는 점이다. 또한 한미합동위원회로 회부된 지 70일이라는 냉각기간을 거쳐야만 쟁의행위를 할 수 있어 사실상 단체행동권을 부정하고 있는 것이었다. 한국의 공익사업의 경우 냉각기간이 30일인데 비해 한미행협에서 규정하고 있는 70일의 냉각기간은 과도한 것이었다. 둘째, 국내의 일반 쟁의를 조정하는 노동위원회는 노(勞)·사(使)·공(公) 3자 대표로 구성되며 3자가 모두 의견을 개진할 수 있으나, 한미행협에서 규정하고 있

---

8) 전국외국기관노동조합, 『사업보고』, 1968, 85-90쪽.
9) 전국외국기관노동조합, 『사업보고』, 1969, 80쪽.

는 한미합동위원회는 양국 정부대표만으로 구성되어 사실상 노동자대표
가 의견을 제시할 기회를 박탈하였다. 셋째, 국내 일반 쟁의는 노동위원
회의 조정으로 노동조합이 복종할 수 없다고 생각될 때에는 불복할 수 있
고 그 구제방법으로 행정소송을 제기할 수 있게 되어 있으나 한미행협에
서는 한미합동위원회의 결정은 구속력이 있어 한미합동위원회 결정에 대
한 노동자의 이의제기를 봉쇄하였다.

한미행협이 체결되었을 때 한국노총과 외기노조가 한미행협에 만족을
표시하고 환영하였으나, 이때 노무조항의 불합리성을 인식하지 못한 것은
아니었다. 외기노조는 한미행협이 발효된 지 얼마 되지 않은 시기에『사
업보고』(1967년 5월에 발행)를 통해 한미행협 노무조항의 주요 문제점을
다음 〈표 9〉와 같이 지적하였다.

〈표 9〉 한미행정협정 노무조항의 문제점

조항	문제점
제17조 1항	고용주와 고용원의 정의에서 숙사노동자를 제외시킨 것은 모순이다.
제17조 2항	고용주는 군사상 필요에 따라 합당한 이유로 정당한 해고절차에 따라 임의로 해고할 수 있다(합의의사록 2항 후단)라고 하여 본 항이 악용될 우려가 많다.
제17조 3항	모든 쟁의를 합동위원회를 통해서 해결하도록 원칙을 정한 것은 이해할 수 있지만 미군의 군사상 필요에 배치될 경우 그와 같은 고용은 언제든지 종지(終止)시킬 수 있고(합의 2항 후단) 감원도 마음대로 할 수 있다고 해석될 우려가 있다.
제17조 4항	합동위원회에 회부하여 합동위원회에서 결심(決審)하되 "노사쌍방은 합위의 결심(決審)에 복종하여야 한다"고 한 것은 사실상 단체행동권을 인정치 않는 결과가 될 수도 있는 것이다.

그러나 이때까지만 해도 문제제기의 수준에서 벗어나지 못하였으며, 적극
적인 대응을 자제하고 있었다. 그러다가 1968년 전국대의원대회를 계기로 불
합리한 독소조항을 개정하기 위한 계획을 세워나가기 시작하였다. 6월 29일에
열린 전국대의원대회에서 〈한미행정협정에 대한 결의문〉을 발표하여[10] 한미

10) 전국외국기관노동조합, 『사업보고』, 1969, 14쪽.

행협의 불합리한 조항을 개정하기 위한 운동을 전개하겠다고 표명하였다. 이어 7월 8일에는 관계당국에 진정서를 제출하였으며, 노동쟁의를 조정하는 한미합동위원회에 노조대표를 참가시킬 것, 한미합동위원회의 결정에 대한 노동자의 이의제기와 구제방법을 규정하라고 요구하였다.[11]

외기노조는 해를 넘겨 1969년 2월 11일 외무부장관에게 한미행협을 조속히 개정해 줄 것을 건의하는 한편 노동청장에게도 협조를 요청하였다. 개정 건의서의 내용은 다음과 같다.[12]

〈개정 건의 골자〉
① 노동쟁의 조정기간을 명문으로 규정할 것.
② 노동쟁의의 냉각기간(현행 70일간)을 우리나라 공익사업과 동일하게 30일간으로 단축할 것.
③ 노동쟁의를 조정하는 한미합동위원회에 노동자대표를 참가시킬 것.
④ 한미합동위원회의 결정에 대한 노동자의 이의제기 및 구제방법을 규정할 것.
⑤ 숙사노동자를 미군노동자로 인정할 것.

그러나 이러한 건의는 받아들여지지 않았다. 그런데 한미행협 개정건의가 소기의 성과를 거두지 못하였는데도 불구하고 외기노조는 이 문제 해결을 위해 적극적인 행동으로 전화시키지 않은 채 행동을 유보하는 태도를 취하였다. 개정 건의를 한 지 몇 개월이 지난 6월 29일에 열린 전국대의원대회에서 "한미행정협정 개선에 관한 결의문"을 발표하였지만[13] 이

---

11) 『동아일보』 1968년 7월 8일자, 「외기노조 진정. 행협의 "쟁의 조정" 노동법과 같게 개정」; 『경향신문』 1968년 7월 8일자, 「외기노조서 진정. 한미행협 노무규정 쟁의기간 단축하라」. 이러한 한미행협 노무조항 개정을 요구하는 외기노조에 대해 외무부는 신중히 검토하겠다는 태도를 보였으나 구체적인 답변을 내놓지 않았다. 『경향신문』 1968년 7월 8일자, 「외무부서 신중 검토」; 『동아일보』 1969년 2월 13일자, 「외기노조 행협 개정 건의. "노무조항에 독소"」.
12) 전국외국기관노동조합, 『사업보고』, 1969, 79-80쪽; 『동아일보』 1969년 2월 13일자, 「외기노조 행정협정 건의 "노무조항에 독소"」; 『매일경제』 1969년 2월 13일자, 「외기노조 한미행협 조속 개정 건의. 기본권 침해 많아」.
13) 전국외국기관노동조합, 『사업보고』, 1970, 18쪽.

후 중앙위원회의 의제로 논의되지도 않았다. 이렇게 한미행협 개정문제를 1969년 하반기부터 다루지 않은 것은 7월 25일 닉슨(Richard M. Nixon) 대통령이 괌에서 "아시아 국가들이 당면한 문제는 스스로의 힘으로 자체 국방력을 증강시키는 것"이라고 밝힌[14] '닉슨 독트린'에 영향을 받았기 때문인 것으로 추정된다. 닉슨 대통령의 아시아정책 전환은 주한미군 노동자들에게 직접적으로 작용하여 직속·초청·하청 등 미군기관 노동자에 대한 대량감원을 예고하였다. 따라서 외기노조는 1969년 하반기부터 감원반대, 감원철회 운동에 역량을 집중할 필요가 있었다. 이때 외기노조는 퇴직금 개선투쟁이 감원대상자에게 보다 현실적으로 실익을 안겨 줄 수 있다고 판단하여 한미행협 개정 문제를 유보하였던 것이다.

한편 외기노조는 감원반대, 감원철회 운동과정에서 한미행협이나 단체협약의 절차를 무시하고 직접적으로 단체행동을 표출하였다. 단체협약에서 "조합의 내부관리 문제, 조합 회합, 그리고 조합 임원 선출, 투표 활동은 영외에서 실시"한다는 규정을 두어 영내에서 노동조합이 집회하는 것을 금지하였지만, 1969년 하반기부터 영내 성토대회, 궐기대회 개최, 파업 가부투표, 전면파업 결의 등의 투쟁방식을 채택하였다. 그리고 1971년부터 임금투쟁에서 한미행협이 규정하는 절차를 밟지 않고 주한미군 당국과 협의가 이루어지지 않으면, 이를 노동청에 쟁의를 제기하는 것이 아니라 곧바로 쟁의행위 가부투표를 계획하거나 실시하여 미군당국에 압력을 행사하는 방식을 취하였다.

외기노조가 한미행협 개정을 유보하면서도 한편으로는 필요에 따라 한미행협이나 단체협약에 따른 노사관계 절차를 무시하고 단체행동을 하게 된 것은 연이은 대량감원이라는 극단적인 상황에 대처할 필요가 있었기 때문이다. 이는 미군 당국이 한미행협이나 단체협약을 이행하지 않은 것에 대한 저항이었다. 한미행협이 노사 당사자로 주한미군사령관과 외기노

---

14) 『경향신문』 1969년 7월 26일자, 「대미 군사의존 말도록. 닉슨 "아시아집단안보체제 긴요"」

조를 규정하고 있었지만, 미 당국은 임금협상에서 미 본국의 상부 사령부 승인을 운운하면서 노사 직접협상을 거부하고 있었던 것이다. 그리고 감원의 경우, "사전에 지부와 협의"하고, 감원 이유를 지부에 통고해야 함에도 단체협약 절차를 무시하고 있었다. 이러한 상황에서 외기노조는 극단적인 방법을 취할 수밖에 없었던 것이다.

3. 외기노조의 감원반대 운동

1) 주한미군 감축과 외기노동자 감원반대 운동

외기노조는 1962년에 10개 지부, 41개 분회, 조합원 5,431명에서 1969년에는 17개 지부, 339분회, 38,477명으로 크게 증가하였다. 상향곡선이던 조직세는 1969년에 정점을 찍고 1970년부터 하향곡선을 그리기 시작하여 조합원 수에서 1970년 36,574명, 1971년 28,343명, 1972년 23,439명으로 줄었다. 이렇게 조합원이 감소하게 된 주요 원인은 첫째, 미 국방성의 예산삭감에 있었다. 1969년 미 국방성의 예산삭감에 따라 2,700여 명의 노동자들을 감원하였던 것이다. 둘째, 1970년대 주한미군 감축과 철군 정책에 따라 노동자들이 대량으로 해고되었기 때문이다. 1969년 닉슨 행정부의 등장과 닉슨 독트린 선언으로 미국의 대외정책이 변화하였고, 이러한 변화는 1970년 3월 20일 병력 2만 명을 철수한다는 닉슨행정부의 결정으로 이어져 1971년 3월 27일까지 미7사단 2만 명을 철수시켰다.[15]

주한미군 감축은 군납부문에도 영향을 미쳐 경제적인 파장이 컸다. 군

---

15) 박태균, 『우방과 제국, 한미관계의 두 신화』, 창비, 2006, 332~335쪽; 황수현, 「1970년대 한미동맹 갈등요인 연구」, 경남대학교 정치외교학과 박사학위논문, 2010, 103쪽. 닉슨의 뒤를 이어 포드(Gerald R. Ford)가 대통령직을 승계하면서 주한미군의 추가 감축은 없었지만, 주한미군 철수를 선거공약으로 내건 카터(Jimmy Carter)가 대통령에 당선되면서 주한미군 철수정책은 또다시 본격적으로 논의되었다. 카터 행정부는 1978년 말까지 미 지상군 병력 6,000명을 철수하겠다고 발표하였으며, 이러한 발표를 수정하여 1978년에 3,400명을, 1979년에는 나머지 2,600명을 철수한다고 발표하였다. 이러한 철군정책으로 주한 미군 병력은 1970년 63,000명에서 1978년 12월 말 현재 35,000명으로 감소하였다.

납은 부대 단위의 현지용역을 주로 하는 규모가 작고 무질서한 것이었다. 이러한 무질서를 바로 잡기 위해 정부는 1962년 1월 15일 〈군납촉진에 관한 임시조치법〉을 공포하였다.[16] 이 법은 "군납업자가 외국군기관 또는 외국기관에 물품을 팔거나 공사를 맡아 시공하는 것, 또 용역을 제공함으로써 그 대금을 외화로 획득하는 행위"라고 정의하였다. 군납은 외화획득에서 1961년, 1962년경에는 수출보다 3만 달러 선을 훨씬 능가하기도 하였다. 그리고 1967년에 5,400만 달러, 1968년 8,400만 달러, 1969년 8,800만 달러의 외화를 획득하는 역할을 하였으며, 1970년에는 군납을 통한 외화획득의 목표를 1억 800만 달러로 잡고 있었다.[17] 그러나 미군 감축에 따라 군납부문의 노동자들이 실직할 수밖에 없는 상황으로 몰리게 되어 외화획득에 차질을 빚게 되었다. 미군 병력의 변동에 따라 가장 민감하게 영향을 받을 수 있는 부문은 운수, 하역, 세탁, 경비, 연예 등의 용역을 제공하는 용역군납이었다. 용역군납에 종사하는 외기노조 산하 노조원은 3만 9천여 명으로, 이들은 실직의 위협을 가장 직접적으로 받고 있었다.

미군 측은 1969년 9월 2일 예산 삭감을 이유로[18] 미군초청청부업체 노동자 1천여 명과 건물관리 등을 맡고 있는 한국하청업체 노동자 1천여 명 등 2천여 명의 한국인 노동자를 10월 1일부터 말일까지 감원할 계획이라고 외기노조 측에 통보하였다. 이에 외기노조 중앙위원회는 1969년 9월 5일 긴급회의를 열어 "미군부대에 종사하는 한국인 종업원의 감원은 단 1명도 받아들일 수 없다"는 내용의 성명을 발표하였다. 그리고 목적이 관철될 때까지 과감한 투쟁을 벌이겠다고 표명하였다.[19] 감원반대긴급대책

---

16) 『경향신문』 1962년 1월 17일자, 「군납촉진 임시조치법을 공포」; 『동아일보』 1962년 1월 17일자, 「군납촉진 임시조치법을 공포」.
17) 『동아일보』 1970년 6월 16일자, 「주한미군 감축이 몰고 올 한국경제의 주름살」.
18) 미 국방성의 예산이 3,800만 달러가 삭감되었다. 『동아일보』 1970년 8월 29일자, 「일방적 감원 통보한 미측. 노사협의를 거부」.
19) 『경향신문』 1969년 9월 6일자, 「외기노조 "감원 안된다" 극한투쟁 다짐」.

위원회는 미8군 당국의 감원계획을 전면 철회할 것을 요구하였다.[20] 22일에는 파주 · 동두천 · 의정부 · 평택 · 부평 · 서울 · 춘천 등 7개 지역에서 감원정책 철회를 요구하는 영내 성토대회를 개최하였다.[21]

감원 철회 운동에 대응하여 미군측은 9월 27일의 노사회의에서 당초 1천명 감원 계획을 670명으로 줄이겠다고 제의하였다. 그러나 노조 측은 이를 일축하고, 한국인 노동자를 감원하는 대신에 한국인 노동자보다 10배나 더 많은 970달러의 임금을 받고 있는 미국인 노동자 180명 중 80명을 줄이라고 요구하였다.[22] 외기노조 산하조직은 22일에 이어 29일에도 7개 지역에서 감원반대 궐기대회를 열었다. 노조 측은 일방적인 무더기 감원은 1만여 부양가족의 생계를 위협하는 고용주 측의 횡포라고 주장하였으며, 감원을 철회하지 않으면 극한투쟁으로 대결하겠다고 압박하였다. 이날 대회에는 파주에서 1,000여 명, 의정부에서 1,500여 명, 동두천에서 1,000여 명, 평택에서 900여 명 등이 참가하여[23] 감원반대투쟁의 기세를 과시하였다.

이러한 와중에 9월 30일 한미합동위원회 노동분과위원회는 10월 1일자로 예정한 감원장 발급을 1개월간 연기하고, 감원을 줄이는 방안을 마련하기로 결정하였다.[24] 이어 10월 1일 한미 중앙노사회의에서는 미8군 산하 초청청부업체 한국인 노동자의 감원조처를 1개월 간 연장하고 감원인

20) 『매일경제』 1969년 9월 6일자, 「외기노조, 감원 등에 긴급대처 극한투쟁도 불사」.
21) 『경향신문』 1969년 9월 22일자, 「집단 감원 철회하라. 외기노조 영내(營內) 성토」; 『동아일보』 1969년 9월 23일자, 「외기노조 곳곳서 감원 성토. 미 측서 강행하면 총파업」.
22) 외기노조에서 조사한 바에 따르면 1966년 현재 각국의 미군 관계 노동자의 월평균 임금은 미국 400달러, 서독 250달러, 일본 150달러, 오키나와 125달러, 한국 55달러였다. 한국인 노동자의 임금은 해마다 올라 1969년에 93달러를 받았지만, 미국인 노동자는 970달러를 받고 있어 무려 10배 이상의 차이를 보였다. 전국외국기관노동조합, 『사업보고』, 1967, 27쪽; 『경향신문』 1969년 9월 30일자, 「1만여 외기노조원 궐기대회 "감원계획 철회하라"」; 『경향신문』 1969년 11월 10일자, 「외기노조 모두 사표. 4천7백87명 내일 일괄 사표」.
23) 『경향신문』 1969년 9월 30일자, 「"무더기 감원 철회를" 외기노조 7개 지부서 궐기대회」; 『동아일보』 1969년 9월 30일자, 「1만여 외기노조원 궐기대회 "감원계획 철회하라"」.
24) 『동아일보』 1969년 10월 1일자, 「외기노조 감원 한 달 연기」.

원을 최소한으로 줄이는데 합의하였다. [25)]

외기노조는 초청업체의 노동자 감원은 미군의 정책상 앞으로 직속노동자에게도 미칠 가능성이 있다고 보고 이를 중대하게 인식하였다. 이리하여 10월 29일에 열린 중앙위원회에서 감원 대책을 수립하였으며, [26)] 최악의 경우 파업까지 단행한다는 전제 아래 다음과 같이 투쟁 방향을 세웠다.

- 감원장이 나오면 서명을 거부하고 분회장이 감원장을 거두어 지배인에게 반환한다.
- 1969년 11월 7일, 작업 후 영내에서 해당 분회 조합원이 전원 참석하여 감원반대 궐기대회를 개최한다. 대회에서 파업가부투표를 실시하는 동시에 전 조합원은 당해 지부에 사직원을 제출한다.
- 1969년 11월 13일 또는 14일(가급적 13일)에 감원반대 중앙궐기대회를 개최하되 참가범위는 당해 지부와 분회 간부, 감원장을 받은 조합원과 그 가족으로 한다. 중앙궐기대회의 시간과 장소는 조합이 추후 결정한다. 중앙궐기대회 개최 후 파업일자를 결정한다.
- 1969년 11월 셋째 주에 최종투쟁을 단행한다.

11월 5일 외기노조는 감원반대투쟁위원회를 열고 집단감원 조처를 즉각 취소해 줄 것을 요구하였다. 그리고 이러한 요구가 받아들여지지 않을 때는 극한투쟁을 벌이겠다고 결의하였다. 또한 7일에 파업 가부투표를 실시하고 궐기대회를 갖는 한편 최악의 경우 미8군 초청업체에서 일하는 한국인 노동자 5,000명 전원이 사직서를 제출하기로 결의하는 등 극도의 투쟁 방안을 마련해 나갔다. 외기노조는 감원에 대한 대안으로 ① 노동자의 자

---

25) 『매일경제』 1969년 10월 2일자, 「외기노조 미 측 합의. 천명 감원 조처 보류」. 그러나 초청업체 노동자에 대한 감원통보는 이후에도 대규모로 이루어졌다. 미8군 초청 미청부업체 〈마스〉 〈택코스〉 〈피셔〉 등에서는 10월 31일 예산삭감을 이유로 동두천·의정부·파주 등 7개 지역 한국인 노동자 5,700명 중 840명에게 집단 감원장을 발부하여 개별 통보하였다. 『동아일보』 1969년 11월 1일자, 「미군청부업체 8백여 명 감원. 노조선 성토대회 5천 회원 총사표」.
26) 전국외국기관노조, 『사업보고』, 1970, 23쪽.

연 감소, ② 불필요한 미국인 직원의 감축, ③ 환율을 변동하여 예산감축 등으로 해결할 것을 제시하였다.[27]

예정대로 외기노조 감원반대투쟁위원회는 7일 서울, 파주, 의정부, 동두천, 부평, 평택, 춘천 등 7개 지역별로 궐기대회를 열고 파업 가부투표를 실시했으며, 4,787명의 미8군 초청청부업체 노동자들이 각 지부장에게 일괄 사표를 제출하였다. 이날 파업행위 가부투표에서 98%가 파업에 찬성하였다.[28] 감원반대투쟁위원회는 8일~10일 회의를 열어 ① 각 지부장들이 보관하고 있던 4,787명의 사표를 11일 미군 측 회사에 제출할 것, ② 19일부터 출근을 거부할 것 등을 결정하였다.[29] 그리고 타협안으로 ① 환율인상을 적용하여 230명의 감원인원을 줄일 것, ② 체불임금 16만 달러를 포기하는 대신 250명의 감원인원을 줄일 것, ③ 미국 민간인 노동자 50명을 더 감원할 것, ④ 퇴직금을 일시에 지불할 것, ⑤ 대리감원 규정을 완화할 것, ⑥ 사직 등 자연사퇴를 적용, 단계적인 감원을 실시할 것 등 6개항을 제출하였다.[30] 외기노조에서 사직일을 18일자로 명시하였으므로 사직서는 11월 19일자로 발효될 예정이었다. 외기노조원 4,787명의 일괄 사표 제출이라는 극한상황에서, 사용주인 미8군이 노조 측의 요구를 받아들이지 않을 경우 초청청부업체의 한국인 노동자 전원이 사직 처리될 수밖에 없는 상황이었다.

이러한 상황에서 외기노조는 한국정부와 미군 측에 타협적인 태도를 취했다. 이는 98%의 파업찬성, 4,787명의 일괄사표 제출이라는 극한적인 방법을 통해 감원을 최소화하고자 했던 외기노조원들의 열망을 일거에 무너뜨리는 것

27) 『매일경제』 1969년 11월 6일자, 「무더기 감원에 반발. 외기노조 극한투쟁키로」; 『동아일보』 1969년 11월 6일자, 「외기노조, 미 측의 감원 강행 기세에 맞서 5천 노조원 사표 재결의」.
28) 『경향신문』 1969년 11월 7일자, 「오늘 파업 가부투표. 외기노조, 7곳서 영내(營內) 궐기대회」; 『동아일보』 1969년 11월 8일자, 「외기노조 7개 지역서 감원성토대회 4천명 사표 제출」; 『경향신문』 1969년 11월 8일자, 「외기노조 파업결의. 단행 날짜 곧 결정」.
29) 『동아일보』 1969년 11월 10일자, 「외기노조 19일부터 출근 않기로」; 『매일경제』 1969년 11월 10일자, 「외기노조 집단감원에 반기 5천여 종업원 사표」.
30) 『경향신문』 1969년 11월 10일자, 「외기노조 모두 사표. 4천7백87명 내일 일괄 사표」.

이었다. 외기노조는 17일 중앙위원회를 통해 "11월 19일 영시를 기하여 총사퇴한다는 투쟁방법은 일단 보류하되 조합은 감원을 최대한으로 구제할 수 있도록 대(對)미군 및 대(對)정부 교섭을 계속한다"고 결정하였다.[31] 이어 전면파업을 하루 앞둔 18일 노동청에서 열린 노사회의에서 미군 측이 당초 결정한 감원 수에서 125명을 줄이겠다는 타협안을 내놓자 외기노조는 이를 곧바로 수락해버렸다. 이로써 1969년도 감원반대투쟁은 일단락되었다.

이날 미군 측은 12월 1일자로 감원될 외기노조 산하 의정부, 동두천 등 7개 지역의 미군초청청부업체 한국인 노동자 788명 중 125명을 구제하기로 결정하고, 계속 구제방안을 검토하기로 하였다. 외기노조는 미군 측이 4,787명의 사표를 반려한 것을 받아들이고 취업거부를 철회하였다.[32] 이러한 과정을 거쳐 감원반대투쟁이 일단락되었으나 미군 측의 감원은 이후에도 계속 이어졌고, 이에 따른 반발과 감원반대투쟁이 지속되었다. 1970년 벽두부터 감원반대투쟁이 또다시 전개되었던 것이다.

1970년 초에는 경비노동자에 대한 감원 통보가 줄을 이었다. 미군 당국은 1970년 1월 10일 인천POL특수지부 산하 인천부평경비분회원 92명을 감원하겠다고 통고하였으며, 27일에는 왜관지부 경비노동자 413명 중 99명을 일방적으로 감원하였다. 2월 11일에는 예산삭감을 이유로 인천·부평·부산·원주 등에서 일하는 미군경비 분야 조합원 207명을 28일자로 해고하겠다는 통고장을 보냈다. 이에 대해 외기노조나 산하 지부·분회는 쟁의발생 신고, 전면파업 결의, 집단사직서 제출 등 강력한 투쟁을 벌이기로 결의하였으나 감원을 원천적으로 막아내지는 못하였다.[33]

---

31) 전국외국기관노동조합, 『사업보고』, 1970, 23쪽.
32) 『경향신문』 1969년 11월 18일자, 「외기노조 분규 타결. 125명 구제, 집단 사표를 철회」; 『동아일보』 1969년 11월 18일자, 「외기노(外機勞) 미군과 타협, 파업 철회. 감원수 줄이기로」; 『매일경제』 1969년 11월 18일자, 「전면파업은 철회」.
33) 『경향신문』 1970년 2월 11일자, 「부평분회 474명 미군 측 일방적 감원에. 외기노조 집단 사표」; 『매일경제』 1970년 2월 12일자, 「POL 476명 감원반대 총사표」; 『매일경제』 1970년 1월 28일자, 「왜관외기노조 쟁의. 무더기 감원에 반대」; 『동아일보』 1970년 2월 11일자, 「외기노(外機勞) 경비조합원 미군 측 감원에 반발. 전면파업 벌일 터」.

1970년 7월 9일 미국정부는 주한미군 감축계획을 정식으로 통보하였다. 1971년도 미군의 예산감축에 따라 감원의 바람이 또다시 일기 시작하여, 7월 9일 감축계획이 공식적으로 발표된 이후 1970년 하반기에 감원의 선풍이 거세게 휘몰아쳤다. 따라서 감원에 반발하는 외기노조원들의 투쟁도 1969년도에 이어 1970년도에도 지난하게 전개될 수밖에 없었다. 외기노동자에 대한 감원은 1970년대 하반기부터 1971년 1월까지 절정에 이르렀다. 〈표 10〉은 절정기 감원통보 현황과 외기노조의 대응을 신문자료를 통해 정리한 것이다. 다소 누락된 부분이 있겠지만 대략적으로 감원현황을 이해할 수 있을 것이다.

〈표 10〉 감원통보 현황과 외기노조의 대응(1970.6~1971.1)

일자	감원통보 현황과 외기노조의 대응	출 처
70.6.18	• 미ㅇ사단 1여단에서 한국인 노동자 20명을 6월 20일에 감원하겠다고 통보. • 외기노조 동두천지부. 긴급회의 소집. 즉각 철회를 요구하는 한편 미군 측이 감원을 단행할 경우 전 조합원이 무기한 파업을 단행하기로 결의.	동아 70.6.19
70.6.22	• 미ㅇ사단 3여단에서 외기노조 동두천지부 연합분회원 59명의 비충당 노동자 중 36%인 21명을 감원하겠다고 통보	동아 70.6.23
70.8.3	• 주한미군당국에서 외기노조 산하 야전 식당 노동자 2,300여 명 중 KP조리사 제빵원 등 5개 종별 1,300여 명만을 8군 직속 세출자금노동자로 편입시킴.	경향 70.8.3
70.8.19	• 주한미8군 미ㅇ사단에서 한인노동자 274명 중 62명을 감원한다고 정식 발표. 9월 1일 감원 단행한다고 밝힘. • 외기노조 동두천지부는 감원을 철회하지 않으면 극한투쟁을 벌이겠다고 결의.	경향 70.8.20
70.8.26	• 주한미8군에서 외기노조 부평지부 하사관클럽 노동자 30명을 28일자로 감원한다고 노조지부에 통고. • 미8군 측의 처사에 반발, 335명의 조합원 전원이 일괄 사표를 제출키로 하고, 외기노조 부평지부 하사관클럽분회는 28일 오후 미제2ㅇ일반지원단 사령관 데이비스 대령에게 노사협의를 제안. 그러나 미군 측은 이를 거절.	경향 70.8.27 동아 70.8.29

70.8.27	• 주한미8군 미○사단에서 미○사단 예하부대 야전식당 노동자 726명 중 340명(46.2%)을 미8군 세출자금에 의한 직속제로 승인하고, 나머지 386명(53.8%)에 대해 세출자금전환계획을 취소하여 무더기로 감원통보. • 노조 측은 연석회의를 열고 감원계획을 철회할 때까지 극한투쟁을 벌이기로 결의.	동아 70.8.28
70.8.28	• 주한미8군 미○사단에서 한국인 노동자 440명 중 50%인 220명을 감원하겠다고 외기노조 동두천지부에 통보. 이어 331명의 노동자에 대한 감원통보. • 외기노조 동두천 지부, 투쟁위원회를 구성. 감원 해당 분회원 8백여 명은 9월 8일에 미군노무처에 사퇴서를 제출하고, 12일 전노조원이 성토대회를 열기로 결의. 투쟁위원회는 22일까지 감원결정을 철회한다는 회신이 없을 때는 2,500여 명의 지부 조합원 전원이 일괄사퇴하기로 결정.	동아 70.8.28 경향 79.9.2 경향 70.9.2
70.9.2	• 주한미군사령부에서 미군 산하 야전식당 노동자 2,279명 중 1,023명(이후 1,027명)을 오는 10월 1일자로 감원하겠다고 통고. • 9월 2일 외기노조 중앙위원 21명으로 투쟁위원회를 구성, 〈일면투쟁, 일면교섭〉으로 대량구제를 목적으로 활동. • 9월 23일 외기노조와 미8군 간의 노사협상으로 감원예정자 1,027명 중 421명을 구제하기로 합의. 이로써 감원예정자는 606명.	매경 70.9.4, 9.24 동아 70.9.24
70.10.15	• 〈캠프 · 카이저〉 미군기지 해체에 따라 〈캠프 · 카이저〉 956명의 한국인 노동자 전원을 해고(미군직속사무원 88명, KSC 168명 등 8개 직종에 걸쳐 있는 노동자들이 해고됨). • 외기노조는 해고에 대한 사전통고가 전혀 없었다며 17일 미군당국에 긴급노사회의를 요구. 노사회의가 열려 노사협의를 한 결과 207명이 구제됨.	동아 70.10.17, 10.21 매경 70.10.21
70.10.29	• 청부업체 〈피셔〉 노동자 60명과 8군 산하 230명에 대해 감원통보.	동아 70. 10.29
70.10.30	• 미○사단 예하 23연대○대대 및 79포○대대 소속 식당 노동자 53명과 17포○대대 NCO클럽 노동자 23명, 8군 직속 경비원 6명 등 모두 82명을 해고하겠다고 통보.	동아 70. 10.31

70.11.10	• 〈캠프 잭슨〉(의정부 소재), 〈캠프 윌리암스〉(의정부 소재), 〈캠프 센 바바라〉(포천 소재) 등 3개 미군부대를 해체할 것이며, 이에 따라 한국인 노동자 73명을 감원한다고 외기노조 의정부 동두천지부에 통고.	동아 70. 11.11
71.1.6	• 미군 20일반지원단에서 한국인 노동자 340명을 오는 2월 말까지 해고하겠다고 통고. 공병대 소속 126명, 사무직 44명, 항공대요원 35명, 기타 노동자 135명 등.	동아 71.1.6
71.1.8	• 미○군단 산하○대대 D중대 소속 한국인 노동자 60여 명을 오는 2월 12일자로 감원하겠다고 외기노조 의정부지부에 통보. 그리고 미8군 초청업체인 의정부1동 AAE 회사 소속 한국인 노동자 60여 명도 1월 중으로 감원조치하겠다고 밝힘. • 외기노조 의정부지부(지부장 장수덕)는 긴급운영위원회를 소집, 감원반대투쟁위원회를 결성하고 쟁의를 결의.	경향 71.1.9
71.1.20	• 미8군에서 부평을 비롯하여 의정부, 파주, 동두천, 평택, 왜관 등 예하부대에 종사하는 충당노동자 3만5천명 중 46%에 해당하는 1만6천여 명을 오는 6월 말까지 7단계로 감원할 방침을 세우고 있다는 사실이 19일 밝혀짐.	동아 71.1.20

※ 출처에서 『동아일보』, 『경향신문』, 『매일경제』를 동아, 경향, 매경으로 각각 표기하였다.

주한미군 감축에 의해 직접적으로 타격을 받을 것으로 예상되는 분야는 물품용역, 건설 등 군납업계와 미군 산하 노동자들이었다. 이에 외기노조는 범국민 궐기대회를 결의하였다. 그리고 성명을 발표하여 "5만여 명의 직접고용원과 각종 군납산업에 종사하는 약 3만 명의 근로자에게 대량 실직을 초래하게 되어 사회적 경제적 불안과 혼란을 야기시키고"있다고 지적하고, 주한미군 감축에 대한 전국민적 반대운동을 벌여나갈 것이라고 밝혔다.[34]

그러나 외기노조는 감원 통보를 받을 때마다 긴급운영회를 열어 극한투쟁을 전개하겠다고 결의하면서도 "작전상 필요에 따라" 감원할 수밖에 없

---

34) 『동아일보』 1970년 7월 9일자, 「"감군반대 강력투쟁" 외기노조, 실업대책 요구」; 『경향신문』 1970년 7월 9일자, 「외기노조서 성명. 미군감축 반대」.

다는 미군 측의 명분을 정면으로 반박할 논리를 찾지 못하였다. 한미행협 합의의사록 제17조 2항에는 "합중국 정부는 고용을 계속하는 것이 합중국 군대의 군사상 필요에 배치되는 경우에는 어느 때든지 이러한 고용을 종료시킬 수 있다"고 규정하고 있다. 이러한 규정에 의해 감원 철회나 감원 반대운동은 제약을 받을 수밖에 없었으며, 외기노조는 합의의사록 제17조 2항을 초월하는 적절한 명분이나 대책을 제시하지 못하고 있었다. 한미행 협이 발효되고 있는 상황에서, 그리고 주한미군의 감축에 따라 감원이 불가피한 상황에서 외기노조가 할 수 있는 투쟁의 최대치는 감원 인원을 최소화하거나 감원 시기를 지연시키는 것이었다. 외기노조는 미국인 1명에게 주는 임금으로 한국인 20~30명을 고용할 수 있다는 반박논리를 제시하였지만, 이러한 논리는 설득력이 없었다.

2) 외기노동자에 대한 직업훈련

합의의사록 제17조 2항을 초월하는 적절한 명분이나 대책이 없는 한 감원 반대운동은 성공하기 어려웠고, 감원은 피할 수 없는 명제가 될 수밖에 없었다. 주한미군이나 산하기관에서 대량으로 외기 노동자에게 감원 통보장을 발부하고 있는 마당에 해고자는 속출할 수밖에 없었다. 이러한 상황에서 실업자대책, 전직대책을 세우는 것이 중요한 현안으로 부상하였다.

그러나 노동청은 1970년 7월에 이르기까지 어떠한 대책도 마련하지 못하고 있었다. 1970년 7월 16일 현재 미군에 직접 고용된 노동자 38,000여 명과 용역업체 노동자 25,000명, 숙사노동자 7,000여 명 등 모두 70,000여 명이 일하고 있었으며, 이 중 10,000여 명이 미군감축에 따라 자연감소할 것으로 예상되고 있었다. 그러나 노동청은 직종별 취업, 직업훈련을 통한 전직대책 등을 내놓지 못하고 있었으며, 이들에 대한 현황조차 제대로 파악이 안 된 상태였다.[35] 정부는 예상되는 실업자를 미리 파악하고 고용의 기회를 제공해야 할 책임이 있었으나 이를 방치하고 있었던 것이다. 미군은 또한 '감원통고'만을 할 것이 아니라 지금까지 미군을 위해 헌신한 한국인 노동자들에 대해 실업구제를 위한 성의 있는 대책을 세워야 할 책임이 있었다.

1970년 9월에 이르러서야 외기노조, 노동청, 미8군이 협의하여 감원대책으로 한미합동직업훈련계획을 추진하기로 결의하였다. 이어 10월에는 미8군에서 수립한 〈KNOP(Korean Nationals Outplacement Program)〉(한국인 전직계획)을 토대로 〈단기 전직훈련 계획〉을 수립하였다. 전직훈련계획은 외기노조원들이 감원될 경우 국내산업으로 취업전환을 유도하기 위한 것이었다. 외기노조원들을 직종별로 분류하여 ① 기술재훈련 실시, ② 직업훈련을 실시한 후 기능검정으로 국가의 자격증을 수여하는 것을 내용으로 하고 있다.[36]

그러나 전직훈련계획은 재정, 시설미비, 훈련교사 부족 등으로 초기부터 운영계획에 차질을 빚었다.[37] 감원철회를 요구하는 시위는 집단분신 기도사건으로 번지는 등 심각한 양상으로 전화되고 있는데도 전직을 돕기 위한 직업훈련소 운영은 지체되고 있었다.[38] 부산, 의정부, 대구, 군산, 춘천, 평택 등 78개 미군 주둔지역에 직업훈련소를 설치하여 노동청과 미군당국이 공동으로 운영할 계획이었으나 순조롭게 진행되지 못하였다.

전직훈련계획이 얼마나 실효를 거둘지도 불확실하였다. 10년 이상의 근속자들은 월평균 3만원 이상의 월급을 받고 있었다. 그런데 무기능자들이 직업훈련을 거쳐 기술을 배운 후 취업이 된다고 하더라도 이전에 비해 절

---

35) 『경향신문』 1970년 7월 16일자, 「외기노조원 감원. 노동청 취업책 없이 방관」.
36) 『동아일보』 1970년 9월 7일자, 「외기노조원 한미합동직업훈련 계획. 감원대상자 국내 산업에 활용」.
37) 『동아일보』 1970년 12월 2일자, 「외기노조원 감원대책 직업훈련소 늑장」.
38) 11월 27일 외기노조 의정부지부장인 경비원 장수덕 등 20여 명이 미군 측의 일방적인 감원통고에 저항하여 경비원 막사에서 소신(燒身)자살하겠다고 위협하며 무기한 농성에 들어가는 극단적 형태의 시위를 시도하였다. 『동아일보』 1970년 11월 27일자, 「미(美)부대 소속 한인종업원 소신자살 위협 농성」.

반에도 못 미치는 봉급으로 생활해야만 했다.[39] 또한 전직훈련을 받았다고 하더라도 이것이 곧바로 취업으로 연결되지 못하였으며 취업에 성공한 노동자들은 극소수에 불과하였다. 1971년 2월 현재 258명이 각 군별로 이동되고, 실제로 국내기업으로 전직한 인원은 30명에 이르는 정도였다.[40]

전직훈련을 받은 노동자들의 국내취업이 부진하자 노동청, 외기노조, 미8군은 서로 합의하여 〈한국인종업원 인력관리 계획〉을 내놓았다. 이 계획에 의하면, 감원 예상 직종에만 행하던 직업훈련을 사무계를 제외한 전 직종으로 확대하고, 상공부 등 관계당국과 협의하여 국영업체와 각종 토목사업에 취업을 알선하기로 한 것이다. 그리고 감원자들이 해외취업을 원할 경우 우선권을 주는 해외진출 풀제도를 마련하여 1971년 안에 보르네오, 인도네시아, 괌, 사이판 등지에 900명의 기술자를 파견하기로 하였다.[41]

그러나 1971년 10월의 시점에서 노동청 산하 해외개발공사를 통해 외국에 취업한 노동자는 극소수였다. 1971년 9월 14일 실시된 서독 KWU회사의 기계기능공(철구조물 조립공, 용접공, 선반공, 볼링공, 드릴공) 모집시험을 해외개발공사에서 실시했을 때 38명(후보자 6명 포함)이 1차 합격하였고, 10월 12일 31명(후보 7명 포함)이 추가합격하는 정도에 그쳤다.[42] 전직훈련이 시작된 1970년 10월부터 1971년 10월까지 총 1만 5천여 명의 감원자 중에서 전국 25개 직업안정소를 통해 취업한 사람은 거의 없고 그 통계조차 거의 파악을 못하는 형편이었다.[43]

---

39) 『매일경제』 1970년 12월 25일자, 「70년 그 숙제 (9) 미군부대의 종업원 감원」.
40) 『매일경제』 1971년 2월 12일자, 「예상외로 감원 많을 듯. 미군부대 종업원 전직대책 등 막연」.
41) 『동아일보』 1971년 2월 18일자, 「감축대비 미군종업원 전직훈련. 해외진출 · 취업에 우선 추천」; 『경향신문』 1971년 2월 18일자, 「감원될 미군부대종업원에 직업훈련 · 해외파견 우선」.
42) 전국외국기관노동조합, 『사업보고』, 1972, 67쪽.
43) 『동아일보』 1971년 11월 12일자, 「외기원 전직훈련 노동청 실적 부진」.

한편 뒤늦은 감이 있지만 노동청은 12월 1일 〈미국기관 감원자에 대한 인력관리규정〉을 제정하여[44] 근로자 등록과 직업훈련, 기능검정, 국내외 취업알선 등 감원노동자에 대한 구체적인 방침을 밝히고 있다. 그러나 이러한 인력관리규정이 나온 이후 감원자들의 취업실적을 밝힐 수 있는 자료는 나오지 않고 있다. 『동아일보』, 『경향신문』 등의 신문기사나 외기노조에서 발행한 『사업보고』에서 그 실적을 찾아볼 수 없는 것으로 보아 별다른 실효를 거두지는 못한 것으로 추측된다.

4. 외기노조의 퇴직금개선 투쟁

1) 주한미군사령부의 퇴직금제도와 외기노조의 대응

주한미군사령부는 1961년 5월 1일부터 해고수당제도를 시행하였다. 해고수당제도는 감원자만을 대상으로 한 것으로, 자진하여 사직한 노동자는 지급대상에서 제외되었다. 해고수당제도는 1953년에 제정 공포된 근로기준법의 영향으로 시행된 것이다. 근로기준법 제28조에는 "사용자가 근로자를 해고하고저 할 경우에는 30일분 이상의 평균임금을 근로자에게 지급하여야 한다"고 규정하고 있다. 그런데 이러한 해고수당제도는 1961년 12월 4일 근로기준법의 개정, 공포에 의해 변화하였다. 개정된 근로기준법 제28조는 종전의 해고수당제도를 폐지하고 퇴직금제도를 신설하였다.[45]

---

44) 전국외국기관노동조합, 『사업보고』, 1972, 65쪽. 「미국기관 감원자에 대한 인력관리규정」에 대해서는 『사업보고』, 1972, 65~67쪽 참조.

45) 이러한 규정에 대해 『동아일보』는 사설에서 "이를 과연 엄수할 수 있는 기업이 몇 개가 될는지 의문도 없지 않으며 대부분의 중소기업은 이를 엄수할 수 없을 것"으로 평가하였다. 『동아일보』 1961년 12월 6일, 「비현실적인 근로기준법」.

이러한 내용으로 근로기준법이 개정되자 외기노조는 1962년 4월 16일 임금인상 요구안의 하나로 "퇴직금 제도의 소급 실시"를 주장하였으며,[46] 4월 30일에는 인천미군유류보급창과 국제실업주식회사가 단체협약 체결을 통해 외기노동자로서 처음으로 퇴직금 지급의 혜택을 받았다. 주한미군사령부에서도 해고수당제도를 퇴직금제도로 변경시킬 필요가 있다고 보고 1963년 3월 9일 미군노동자에 대한 퇴직금제도를 실시한다고 발표하였다.

그런데 주한미군사령부의 퇴직금제도는 ① 기본임금을 산정기준으로 하였으며, ② 해직에 대한 귀책사유가 노동자에게 있는 경우 퇴직금을 몰수하도록 정하였으며, ③ 퇴직금의 기산일을 1961년 4월 30일로 정하였다. 이러한 퇴직금제도는 국내 근로기준법에 비하여 기준이 미달되어 노동자에게 상당히 불리한 것이었다.[47] 국내 근로기준법 28조는 ① 근속연수 1년에 대하여 30일분의 평균임금을 퇴직금으로 지급하도록 규정하고 있으며,[48] ② 해직사유를 불문하고 퇴직금을 지급하도록 하였으며, ③ 퇴직금의 기산일을 고용일로 정하고 있었다. 이렇게 주한미군사령부에서 새로 마련한 퇴직금제도는 국내 근로기준법에 비하여 현저하게 기준이 미달되어 외기노조의 퇴직금 개선투쟁은 1970년대 초반까지 계속되었다. 〈표 11〉은 1967년까지 외기노조가 노동쟁의를 통하여 퇴직금제도를 개선한 성과를 정리한 것이다.

---

46) 『동아일보』 1962년 4월 17일, 「미군부대노무자의 임금인상 요구」; 『경향신문』 1962년 4월 17일, 「노임 42% 올리라. 전국의 외국기관 종사원들 요구」.

47) 전국외국기관노동조합, 앞의 책, 70쪽.

48) 평균임금은 기본임금에 각종 수당과 현물지급 보너스를 합한 임금이기 때문에 퇴직금 산정기준을 기본임금으로 하느냐, 평균임금으로 하느냐에 따라 액수에서 상당한 격차가 발생한다. 근로기준법에는 퇴직금의 산정기준으로 '평균임금'으로 설정하였으며, 평균임금의 정의로 "사용자가 근로의 대상으로 근로자에게 임금·봉급·기타 여하한 명칭으로든지 지급하는 일체의 금품"으로 규정하였다.

〈표 11〉 퇴직금제도 개선 성과

쟁의 발생일	요구 내용	성과	협정 조인일
63.8.19	○현행 퇴직금 제도를 고용일자로 소급하여 규정을 개정할 것. ○기본임금기준을 평균임금(총액임금)으로 개정할 것.	① 현행 기산일 1961년 4월 30일을 1956년 4월 30일로 한다.(5년 소급 실시) ② 현행 산정기준 연당(年當) 160시간을 176시간으로 한다. ③ 자원퇴직자와 경징계 파면자에게도 퇴직금을 지급	64.1.27
65.9.21	○퇴직금 누진제 실시(5년 근속자 9개월, 10년 근속자 28개월) ※자원퇴직자, 비자원퇴직자를 구분하지 않음. ○퇴직금 누진제 실시(5년 근속자 9개월, 10년 근속자 28개월) ※자원퇴직자, 비자원퇴직자를 구분하지 않음.	퇴직금 누진제도 수락 ① 비자원퇴직자 : 5년 근속자 8개월, 10년 근속자 21개월 ② 자원퇴직자 5년 근속자 6개월, 10년 근속자 17개월<hr>※ 1966년 4월 4일 미군 측에서 협정 위반. ① 비자원퇴직자 : 5년 근속자 7.5개월, 10년 근속자 20개월 ② 자원퇴직자 : 5년 근속 5개월, 10년 근속 15개월로 축소. → 4월 6일, 외기노조 총파업 단행 → 5월 14일, 약간 개선된 퇴직금 누진율(예 : ⓐ 5년 근속자 7.5개월분, ⓑ 5년 반 근속자 9개월분, ⓒ 10년 근속자 20개월분, ⓓ 10년 반 근속자 20개월분 퇴직금 지급을 결정).	66.3.3 / 5.14
66.11.15	○자진사직자 또는 징계 해고자의 퇴직금율을 감원해고자의 퇴직금율과 동율로 할 것 ○퇴직금 기산일을 노동자의 취업일자로 할 것	퇴직금 제도 변경하지 않음. 비전략 군수물자 절취로 인한 파면자에게는 연 1개월분의 퇴직금을 지불할 수 있도록 현행규정을 개정할 용의가 있음.	67.1.28
67.11.22	○퇴직금율을 감원퇴직 금율로 일원화할 것 ○징계해고시의 몰수제를 폐지할 것 ○기산일을 취업일로 할것 ○퇴직금산출 임금기준을 상여금산출 임금기준과 동일하게 할 것	① 중대한 절도 범칙해직 시에는 퇴직금 몰수 ② 기타 절도 범칙 해직시에는 법정퇴직금 지급 ③ 통상징계 해직시에는 사직율 지급 ④ 1968년 6월 초에 퇴직금문제를 노사 재협의 등	67.12.28

※ 1966년과 1967년의 쟁의 발생일은 한미행정협정 절차에 따라 퇴직금 문제가 노동청에 회부된
날짜로 기록하였다.
※ 전국외국기관노동조합, 『사업보고』, 1964, 6쪽, 11-12쪽, 19쪽, 36쪽; 『사업보고』, 1966,
63쪽, 66쪽; 『사업보고』, 1967, 20쪽, 25쪽, 32-33쪽, 44쪽; 『사업보고』, 1968, 23쪽; 전국
외국기관노동조합, 『외기노조 20년사』, 73-193쪽.

〈표 11〉을 통해 알 수 있듯이 퇴직금 기산일, 퇴직금 누진율, 해고사유
에서 약간의 성과를 거두었을 뿐 국내 근로기준법과의 간극을 크게 좁히
지는 못하였다. 퇴직금 기산일은 당연히 고용일을 기준으로 잡아야 했는
데도 1956년 4월 30일로 소급하여 실시하는 것으로 협정하였다. 또한 자
원퇴직자, 비자원퇴직자 구분 없이 퇴직금 누진제를 실시하라는 외기노조
의 요구를 미군사령부에서는 받아들이지 않았다. 다만 자원퇴직자와 비자
원퇴직자로 구분하여 근속연수에 따라 누진율을 적용시켰을 따름이다. 그
리고 해직사유를 불문하고 퇴직금을 지급해야 함에도 중대한 절도 범칙해
직자는 퇴직금 지급을 하지 않는 것으로 협정이 조인되었다. 이렇게 1963
년부터 1967년까지 5년여 동안 전개한 퇴직금 개선운동의 성과는 미흡하
였다. 더욱이 퇴직금 누진율 일원화와 함께 평균임금을 퇴직금 산정기준
으로 설정하는 것이 퇴직금 투쟁의 관건이라 할 수 있는데 이것이 전혀 이
루어지지 않았다.

2) 퇴직금 노동쟁의

외기노조는 지금까지 퇴직금과 임금인상 문제를 일괄하여 미군당국에
제시해 오고 있었는데, 1968년부터는 분리하여 협상할 것을 요구하였다.
1967년 12월 협상에서 1968년 6월 초에 퇴직금 문제를 노사 재협의하는
것으로 협정하였기에, 외기노조는 미군 측의 일괄 타결을 거부하고, 퇴직
금 문제만을 협상 의제로 다룰 것을 요구하였다. 그리고 외기노조는 1968
년 7월 6일 주한미군사령관에게 ① 자원해직자와 비자원해직자를 차별하

는 누진율을 일원화할 것, ② 취업일을 기산일로 산정할 것, ③ 징계해고
자에 대한 퇴직금몰수제를 폐지할 것 등을 요구하는 퇴직금제도 개선요구
서를 제출하였다.[49]

이러한 외기노조의 요구에 대해 미군측은 8월 16일 고율인 비자원해직
자의 누진율을 깎아서 저율인 자원해직자에게 증액하여 지급하겠다는 안
을 제시하였다. 외기노조로서는 도저히 받아들일 수 없는 안이었다. 이에
외기노조는 8월 19일 한미행정협정 절차에 따라 노동청에 노동쟁의를 제
기하였다.[50] 이날 미군 측은 다시 대안(1차 대안)을 외기노조에 제시하였
는데, 그 골자는 ① 근속연수 13년까지는 현행율대로 하고 13년 이후부터
는 비자원율을 1년에 0.5개월분 인하하고 자원율을 1년에 0.5개월분 인
상한다, ② 56년 4월 30일 이전 소급기산은 문서기록이 있는 것에 한하
여 근속연수 1년에 1개월분의 퇴직금을 지급한다, ③ 징계해직자의 퇴직
금 몰수제 폐지는 현재 고려하고 있다는 것 등이었다.[51] 외기노조는 이러
한 미군측 대안을 거부하고, 8월 30일 중앙위원회를 열어 "조합이 제기한
요구사항의 관철을 위하여 계속하여 강력한 투쟁을 전개"하기로 결의하였
다. 그리고 10월 31일의 중앙위원회에서는 1968년 7월 6일에 미군사령관
에게 요구한 3개 요구사항이 일괄 관철될 때까지 쟁의를 계속하겠다는 입
장을 재확인하였다.[52]

한편 노동청은 9월 26일 노사 쌍방을 노동청으로 불러 조정을 시도하였
으나 퇴직금율 일원화와 기산일 문제를 놓고 미군 측과 외기노조는 제각
기 강경한 태도를 취하였다. 미군측은 퇴직금율의 일원화에 대해서는 도
저히 받아들일 수 없다는 태도를 표명하였고, 외기노조 측은 퇴직금의 일

---

49) 전국외국기관노동조합, 『사업보고』, 1969, 39쪽; 전국외국기관노동조합, 앞의 책, 202쪽.
50) 『동아일보』 1968년 8월 19일자, 「외기노조 쟁의 돌입, 3만여 명 퇴직금제 개선 요구」; 『경향신문』 1968년 8
     월 19일자, 「외기노조서 쟁의, 퇴직금제도 개선」.
51) 전국외국기관노동조합, 『사업보고』, 1969, 40쪽; 전국외국기관노동조합, 『외기노조 20년사』, 202-203쪽.
52) 전국외국기관노동조합, 『사업보고』, 1969, 18-19쪽.

원화 문제는 일보도 양보할 수 없다고 명백히 밝혔다. 이로써 노동청의 조정은 서로의 입장 차이만을 확인하였을 뿐 실패하였다. 노동청 조정이 실패한 다음날인 27일 외기노조는 중앙위원회를 열어 퇴직금율의 일원화 쟁취를 재확인하고 투쟁을 조직적으로 이끌기 위해 조합본부에 전국외국기관퇴직금투쟁 중앙대책위원회를, 지부에는 지부대책위원회를 구성하기로 결의하였다.[53]

11월 30일 노동청에서 개최된 조정회의에서 미군 측은 외기노조에서 요구하는 퇴직금 일원화와 기산일을 받아들이지 않은 채 1차 대안을 약간 수정하여 2차 대안을 제시하였다. 2차 대안의 주요 내용은 ① 자원해직자의 퇴직금누진율을 근속연수 5년부터 현행보다 0.5개월분씩 증액하며 11년부터는 1개월씩 증액한다,[54] ② 비자원해직자의 퇴직금누진율은 근속연수 15년까지는 현행(35개월분)대로 하되 16년부터는 누진율을 1년에 0.5개월분을 삭감하여 1년에 2.5개월분(현행 3개월분)으로 한다, ③ 징계해고자에게는 한미합동위원회가 인정하는 군사요건에 배치되는 사유가 아닌 경우에 한하여 1년에 1개월분을 지급한다, ④ 정년 퇴직자에 대하여 특전을 마련한다,[55] ⑤ 기산일은 인사기록이 있는 자에 한하여 1954년 12월 1일 이전으로 소급한다는 것이었다.[56] 이에 대해 외기노조는 ③, ④, ⑤항에 대해서는 수락할 수 있지만, ①, ②항에 대해서는 받아들일 수 없다는 입장을 취했다. 이리하여 외기노조는 12월 7일 중앙위원회를 열어 "좀 더 검토하여 다음 중앙위원회에서 쟁의대책을 수립"하기로 결정하였다. 그리고 10월부터 시작한 임금인상투쟁을 연말에 타결하기 위해 퇴직

---

53) 전국외국기관노동조합, 『사업보고』, 1969, 40쪽.
54) 5년 근속은 5.5개월분(현행 5개월분), 10년 근속은 15.5개월분(현행 15개월분), 11년 근속 17.5개월분(현행 16.5개월분).
·55) 정년 퇴직자에 대한 특전은 다음과 같다. ① 55세 이상의 정년퇴직(사직) 시에는 10년 이상 15년 이하 근속자는 자원율과 비자원율액의 50% 가산지급, 15년 근속자는 75% 가산지급, 20년 근속자는 100% 가산지급을 한다. ② 60세 이상의 정년퇴직자는 근속연수에 상관없이 100% 가산 지급한다.
56) 전국외국기관노동조합, 『사업보고』, 1969, 40-41쪽; 전국외국기관노동조합, 앞의 책, 203쪽.

금투쟁을 늦추기로 결의하였다. 그런데 미군 측은 1968년 12월 말에 이르러 임금쟁의가 타결될 기미가 보이자 임금과 퇴직금을 일괄 수락할 것을 요구하였다. 외기노조는 이러한 요구를 단호히 거부하고 임금문제와 퇴직금문제를 완전히 분리시켜 투쟁을 전개하였으며, 1969년 1월 14일에 열린 중앙위원회에서는 "고율일원화를 목표로 계속 투쟁"할 것을 결의하였다.[57]

3) 한미합동위원회 결정과 퇴직금 노동쟁의 재개

노동청은 외기노조로부터 1968년 8월 19일 노동쟁의를 접수한 이래 수차례에 걸쳐 조정회의를 개최하였으나 외기노조와 미군 측의 협의를 성사시키지 못하였다. 이에 노동청은 1969년 6월 3일 퇴직금쟁의를 한미합동위원회로 회부하였다.[58] 한미행정협정 발효 후 행정절차에 따라 노동쟁의가 한미합동위원회로 회부된 첫 사례였다. 한미합동위원회 한국 측 대표는 외무부 구미국장 윤하정이었고, 미국 측 대표는 로버트 스미스 중장이었다. 그런데 한미합동위원회로 회부되어 70일의 조정기간이 만료되기까지 한미 양측 대표들은 단 한 번도 공식회합을 갖지 못하였다. 이렇게 한미합동위원회로 회부된 문제를 70일간이나 방치한 것은 생소한 업무를 맡게 된 한미 양국 대표들이 업무를 어떻게 처리할 지 방향을 잡지 못하였기 때문인 것으로 여겨진다.

8월 11일, 냉각기가 만료됨으로써 외기노조는 실력행사를 할 수 있는 절호의 기회를 얻었다. 이에 중앙위원회를 열어 쟁의대책을 수립하고, 8

---

57) 전국외국기관노동조합, 『사업보고』, 1969, 21쪽.
58) 『매일경제』 1969년 6월 9일자, 「외기노조 퇴직금쟁의 한미합동위 회부」에는 6월 7일을 한미합동위원회로 회부된 날짜로 기록하였지만, 외기노조가 8월 11일을 조정기간 만료일로 본 점에 미루어 6월 3일이 정확할 것으로 보고 날짜를 정정하였다.

월 26~27일 이틀 간 쟁의행위 가부투표를 실시하기로 결정하였다.[59] 전국적으로 총 30,000여 명의 조합원들이 참가하게 될 가부투표의 내용은 ① 사직자 퇴직금율을 현행 감원자 퇴직금율과 동일하게 인상하고, 일원화 할 것, ② 퇴직금 기산일을 취업일로 할 것, ③ 징계해고자에 대한 퇴직금 몰수제도를 폐지할 것 등 3개 요구조건에 대한 쟁의행위를 묻는 것이었다.[60] 외기노조가 산하 전 조직에 파업 가부투표를 지시하자 그때서야 한미합동위원회 양국 대표는 당황하기 시작하였다. 한국대표 윤하정은 8월 19일자로 미국 측 대표 로버트 스미스에게 "쟁의를 8월 19일자로 한미합동위원회에 회부한다"는 요지의 공문을 보냈고, 로버트 스미스는 20일 "한국대표의 통고에 동의하며, 따라서 70일간의 냉각기간은 8월 19일부터 산정하여 10월 28일에 만료된다"고 회신하였다. 한국대표와 미국 대표 사이의 일종의 계략이었다. 이에 대해 외기노조는 8월 25일자로 항의문을 보내어 냉각기간에 관한 한미 양국의 조치는 한미행정협정 제17조에 명백히 위배되며, 한미행정협정에 의해 냉각기간은 8월 11일로 만료되었으므로 언제든지 실력행사를 할 수 있다는 뜻을 전달하였다.[61]

그러나 파업 가부투표가 예정된 전날(25일) 오후 미군 측이 9월 초까지 적절한 대안을 제시하겠다는 제안을 하였고, 외기노조가 이를 받아들임으로써 투표는 연기되었다.[62] 공세를 취할 수 있는 절호의 기회를 얻은 외기노조가 미군 측의 제안을 순순히 받아들이는 오류를 범한 것이다. 외기노조가 모종의 거래에 의해 투표를 연기했다는 의심을 사기에 충분할 정

59) 전국외국기관노동조합, 『사업보고』, 1970, 21쪽, 39~40쪽. 쟁의행위 가부투표의 범위는 미제8군, 미제5공군, 미해군기관의 세출자금노동자 및 교역처노동자 및 미8군의 클럽, 야전식당을 제외한 비세출자금 노동자, KSC노동자, 공군 비세출기관 노동자 등이었다.
60) 『동아일보』 1969년 8월 25일자, 「전국외기노조 내일 쟁의 투표」.
61) 전국외국기관노동조합, 『사업보고』, 1970, 40쪽. 외기노조는 항의문에서 ① 한미행협상 노동쟁의 한미합동위원회 회부권자는 노동청이라는 점, ② 한미합동위원회는 상설기구라는 점, ③ 접수주의 원칙, ④ 노동청이 정식 회부한 쟁의를 어느 한쪽의 대표가 특정기간 억류할 수 있는 권한은 한미행협상 없다는 점 등을 지적하며 한미 양국 대표의 조치는 한미행협 제17조에 위배된다고 주장하였다.
62) 『동아일보』 1969년 8월 26일자, 「전국외기노조 쟁의 가부투표 연기」.

도로 패착을 두었던 것이다. 이때부터 퇴직금쟁의는 힘을 잃어가기 시작하였다. 이후 한미합동위원회가 여러 차례에 걸쳐 열렸으나 난항을 거듭하였고, 결국 1968년 8월 19일에 제기한 퇴직금쟁의는 약 1년 2개월 만인 1969년 10월 23일에 최종 결정을 보게 되었다. 합동위원회의 결정내용은 다음과 같다.[63]

- 자원퇴직금율: ① 근속 5년부터 10년까지는 0.5개월분씩 인상, ② 근속 11년부터 15년까지는 평균 1.9개월분을 각각 인상, ③ 근속 20년은 과거 30개월분이던 것을 40개월분으로 개선.
- 비자원퇴직금율: ① 근속 15년까지는 종전의 퇴직금율과 동률, ② 근속 15년부터는 누신율을 약간 감소시켜 20년 근속에 43.5개월분.
- 기산일자: ① 1954년 12월 1일로 소급 실시, ② 누진율 적용(단, 기록이 있어야 함).
- 몰수제 폐지: 이 문제는 쟁의가 합동위에 회부되기 전인 1969년 1월 28일자로 이미 미군측이 실시한 바 있으므로 합동위 결정서에는 언급되지 않았음.

합동위원회의 결정 내용은 외기노조의 요구사항 중에서 기산일자 소급 실시와 몰수제 폐지만을 수용하고, 자원해직자와 비자원해직자를 차별하지 말고 일률적으로 퇴직금율을 조정하라는 요구는 받아들이지 않은 것으로 되어 있다. 이에 외기노조는 기산일자 소급 실시, 몰수제 폐지를 좋은 성과로 평가하면서도 퇴직금율에 대해서는 비판적이었다. 자원해직자와 비자원해직자에 대한 차별이 시정되지 않은 것을 차치하고, 자원퇴직금율이 상당히 개선되었으나 외기노조에서 요구한 비율에는 미달하며, 비자원퇴직금율은 기존 노동조건보다 저하되었다는 것이다. 그러나 합동위원회 결정은 구속력이 있어 외기노조는 이에 승복할 수밖에 없었다. 이리하여

---

63) 전국외국기관노동조합, 『사업보고』, 1970, 41쪽.

합동위원회 결정을 받아들이면서 10월 29일, 11월 7일에 개최된 중앙위원회를 통해서 퇴직금투쟁을 재차 제기하기로 결정하고 그 준비작업을 서둘렀다.

외기노조는 조합창립 10주년 특별세미나(1969.10.30~11.2)를 통해 평균임금의 중요성을 인식할 수 있었다. 이리하여 이후 퇴직금 투쟁에서 "평균임금" 쟁취를 중심적인 요구사항으로 제시하였다. 11월 17일에 열린 중앙위원회에서는 "한미합동위원회의 결의사항은 조합의 의견과 최후협상조건을 도외시한 것"이며, "근속연수 15년 이후의 비자원퇴직금율에 대한 재조정율은 기존 노동조건의 저하"라며 강한 불만을 표시하였으며, 임금인상투쟁이 종결된 후 퇴직금 투쟁 방안을 확정하기로 결의하였다.[64]

임금인상투쟁이 1969년 연말에 종결되자 외기노조는 1970년 2월부터 퇴직금투쟁을 재개하였다. 12일 중앙위원회를 열어 퇴직금 산정기준을 평균임금으로 시정할 것을 요구하는 문서를 주한미군사령부에 제출하기로 결의하였고, 3월 2일에는 〈퇴직금 산정기준 시정요구서〉를 미군 측에 제출하였다.[65] 이러한 시정요구서를 검토한 후, 미군 측은 3월 31일 ① 현행대로 퇴직금을 산정한 금액이 법정기준(평균임금으로 계산해서 근속 1년에 1개월분)에 미달하는 부분에 대해서는 개선할 수 있으나 그 밖의 부분은 조합의 요구를 수락할 수 없으며, ② 차기 임금실태조사 때에 이 문제도 함께 검토하겠다는 내용의 대안을 제시하였다.[66] 이에 대해 외기노조는 ① 법정기준은 최저기준을 설정한 것일 뿐이며, ② 근로기준법 제2

---

64) 전국외국기관노동조합, 『사업보고』, 1970, 23쪽, 43쪽.
65) 전국외국기관노동조합, 『사업보고』, 1970, 24쪽, 43~44쪽. 한국근로기준법과 동일하게 ① 기본임금, ② 초과근무수당, ③ 야간근무수당, ④ 휴일근무수당, ⑤ 벽지수당, ⑥ 기타 수당, ⑦ 피복지급환산액수, ⑧ 급식비환산액수, ⑨ 상여금 등을 포함 퇴직금 산정기준에 포함시킬 것을 주장하였다.
66) 전국외국기관노동조합, 『사업보고』, 1970, 44쪽. 미군측 대안의 구체적인 내용은 ① 누진율이 적용되는 자원사직의 7년 이상과 비자원사직시의 4년 이상은 퇴직금을 현행대로 기본임금으로 산정하더라도 평균임금으로 계산한 근속 1년에 1개월분 이상의 퇴직금에 해당된다. ② 자원 6년 이하와 비자원 3년 이하에 대해서 퇴직금을 평균임금으로 개선할 수 있으나 그 이상 근속일 때는 퇴직금을 개선할 수 없다. ③ 그리고 이러한 개선도 다음 임금실태조사 때에 검토하겠다는 것이었다.

조에서 "근로기준법을 이유로 기존 노동조건을 저하시킬 수 없음"을 규정하고 있다는 사실을 들어 미군 측의 대안을 반박하였다.

이리하여 외기노조는 8월 3일 중앙위원회 결의에 따라 8월 11일 노동청에 쟁의를 제기하였다.[67] 이때 조합요구안의 근거를 제시하였는데, 그 근거는 ① 국내기업체의 관행, ② 근로기준법 18조, 19조, 28조, ③ 노동청 예규통첩(69.5.13 예규 71호) 등이었다. 이러한 상황에 직면하여 노동청은 8월 18일부터 외기노조와 미군 측을 상대로 조정을 시도하였으나, 미군 측의 지연전술로 인해 장기간 교착상태를 벗어나지 못하였다. 미군 측은 해를 넘겨 1971년 3월 퇴직금에 대한 그들의 견해를 제시하였다. 그 내용은 퇴직금을 현행 제도대로 계산한 금액이 한국 근로기준법상의 최저기준에 미달되는 부분은 보너스 등을 포함해서 산정토록 시정할 수 있으나 그 이외는 외기노조의 요구에 응할 수 없다는 것으로 요약된다.[68]

퇴직금쟁의가 1년이 넘도록 해결의 실마리를 찾지 못하자 외기노조는 4월 2일 노동청에 퇴직금쟁의를 한미합동위원회로 회부시킬 것을 요청하는 공문을 보냈다. 그러나 이 쟁의문제는 해결의 실마리를 찾지 못하고 노동청에 계류되어 있다가 결국 12월 24일 임금쟁의종결협정에 포함시켜 노사 쌍방 간에 서명함으로써 일단락되었다. 협정내용은 다음과 같다.[69]

---

67) 전국외국기관노동조합, 『사업보고』, 1971, 15-16쪽 ; 『동아일보』 1970년 8월 12일자, 「외기노조 쟁의 신고, 퇴직금 산정 평균임금기준 요구」; 『경향신문』 1970년 8월 12일자, 「외기노조 쟁의. 퇴직금 산출을 평균임금으로」; 『매일경제』 1970년 8월 12일자, 「외기노조 미사령관 상대 쟁의 제기. 퇴직금 산정기준 시정을」.

68) 전국외국기관노동조합, 『사업보고』, 1971, 41-42쪽. 주한미군의 주장은 다음과 같다. 1. 외기노조에서 요구한 퇴직금 계산방법은 일반기업체의 현행제도와 부합하지 않음. △ 표본 조사한 26개 기업체 중 4개 회사만이 보너스와 제수당을 퇴직금 계산에 포함하고 있음. △ 4개 기업체 중 3개 기업체는 법정기준으로 지급하고 있으며 한 회사는 약간의 누진을 적용하고 있음. 2. 태평양지구 총사령부 정책은 해당 지방의 관례 및 임금수준을 넘는 제도를 허가하지 않고 있음. 3. 주한미군은 한국정부의 인플레억제 정책에 부응하며 퇴직금을 근거없이 인상하여 인플레를 자극하게 되는 것을 원치 않음. 4. 제수당을 퇴직금 계산에 포함하는 것은 모든 직원에게 공평하지 않음. △ 자진사퇴(또는 감원을 대리한 사직도 포함)하는 노동자는 사직 시기를 선택해서 야근수당 등을 포함시킬 수 있음. △ 대다수의 노동자는 제수당을 조금 받거나 또는 전혀 받지 못하고 있음(예, 사무계통 노동자). 5. 주한미군은 한국 법정 필요조건을 준수하는 것에 동의함. 주한미군은 현재 제도에서 법정 필요조건에 미달되는 부분은 보너스를 포함해서 계산하겠음.

69) 전국외국기관노동조합, 『사업보고』, 1972, 36쪽; 전국외국기관노동조합, 앞의 책, 324-325쪽.

〈협정 내용〉

- 한국인 노동자의 퇴직금제도를 한국 근로기준법에 적법하도록 재조정한다.
- 본 협정은 1972년 1월 1일부터 발효한다.
- 현행 퇴직금이 법정퇴직금에 미달할 시에는 법정최저퇴직금을 지급한다.
- 최고액 3개월제(High Three Months제도)를 채택한다.

1961년 12월 4일 근로기준법 개정 공포 이후 시작된 퇴직금 개선운동은 1971년 12월 24일에 종결되었다. 외기노조가 약 10년간에 걸쳐 퇴직금 개선운동을 전개하였지만 "한국 근로기준법에 적법하도록 재조정"하는 것으로 개선시켰을 뿐 평균임금을 퇴직금 산정기준으로 확보하지는 못했다. 이리하여 1972년 1월 1일부터 실시될 새로운 퇴직금 제도는 현행 누진율에 따라 기본임금으로 산정하되, 그 액수가 법정 최저퇴직금(근속 1년에 1개월분의 비율로 평균임금으로 산정한 퇴직금)에 미달할 때에는 법정 최저퇴직금을 받도록 하였다. 그리고 하이쓰리먼즈(High Three Months) 제도에 의해 과거 6개월 기간 내에 봉급이 가장 많았던 3개월 간의 평균액수를 산정기준으로 적용하여 퇴직금을 받도록 하였다.

5. 나오며

1966년 7월 9일 한미행협이 체결되고 1967년 2월 9일 발효됨으로써 외기노조는 조합 창립 이래 숙원이었던 단체협약을 체결할 수 있었다. 그러나 한미행협 노무조항은 국내 노동법과 비교하여 독소적이고 불합리한 내용을 내포하고 있어 노동조합 활동, 특히 단체행동을 심각하게 제약하였다.

이에 한미행협의 불합리성을 지적하고, ① 노동청의 노동쟁의 조정기간 명문화, ② 노동쟁의 냉각기간을 30일간으로 단축, ③ 한미합동위원회에 노동자대표 참가, ④ 한미합동위원회의 결정에 대한 노동자의 이의제기 및 구제방법 규정, ⑤ 숙사노동자를 미군노동자로 인정할 것을 건의하였다. 그런데 이러한 한미행협 개정문제는 1969년 하반기부터 구체적인 정책이나 운영방침으로 채택되지 않고 유보되었다. 이렇게 한미행협 개정문제가 유보된 것은 ① 감원반대, 감원철회 운동에 역량을 집중할 필요성이 있었으며, ② 퇴직금 개선투쟁이 감원대상자에게 보다 현실적으로 실익을 안겨줄 수 있다는 지도부의 판단에서 취해진 것으로 보인다.

한편 외기노조는 감원반대, 감원철회 운동과정에서 한미행협이나 단체협약의 절차를 밟지 않고 직접적으로 단체행동을 표출하였다. 1969년 하반기부터 영내 성토대회, 궐기대회, 파업가부투표, 전면파업 결의 등을 투쟁방식으로 채택하였던 것이다. 이는 연이은 대량감원이라는 극단적인 상황에 대한 대처였다고 판단할 수 있지만, 또 다른 면에서 보면 미군당국이 한미행협이나 단체협약을 이행하지 않은 것에 대한 공격적인 저항으로 볼 수 있다.

외기노조의 조직세는 1960년대 지속적으로 상향곡선을 그렸으며, 1969년에 그 정점을 찍었다. 이러한 상향적인 조직세는 1970년부터 하향곡선을 그리기 시작하여 급격히 감소하기 시작하였다. 조합원 감소의 주요 원인은 미 국방성의 예산 삭감, 주한미군 감축과 철군정책에 기인하였다. 미 국방성의 예산 삭감, 주한미군 감군, 철수정책은 외국기관에 종사하는 노동자들의 대량 감원사태로 이어진 것이다.

외기노조는 감원반대긴급대책위원회, 투쟁위원회 등을 구성하여 감원계획을 전면 철회할 것을 요구하며 투쟁을 전개하였다. 그러나 감원통보를 받을 때마다 긴급운영위원회를 열어 극한투쟁을 결의하면서도 "작전상 필요에 따라" 감원을 해야 한다는 미군 측의 명분을 정면으로 반박할 논리를 찾지 못하였으며, 감원을 원천적으로 막아내지도 못하였다.

한미행협이 발효되고 있는 상황에서 외기노조가 할 수 있는 투쟁의 최대치는 감원 인원을 최소화하거나 감원 시기를 지연시키는 것이었다. 따라서 감원은 피할 수 없는 기정사실이 되어 대량의 감원자가 속출하는 상황이 지속되었다. 이러한 상황에서 외기노조, 노동청, 미8군이 협의하여 감원대책으로 한미합동직업훈련을 실시하였으나 그 성과는 미미하였다.

한편 1963년 3월에 주한미군사령부에서 발표한 퇴직금제도는 국내 근로기준법에 비하여 현저하게 미달되는 것이었다. 이에 외기노조는 퇴직금 개선투쟁을 전개하였으나, 1963년부터 1967년까지 5년여 동안 전개한 퇴직금 개선운동에서 거둔 성과는 미흡하였다. 퇴직금 누진율 일원화와 함께 평균임금을 퇴직금 산정기준으로 설정하는 것이 퇴직금 투쟁의 관건이라 할 수 있는데 이것이 전혀 이루어지지 않았다. 외기노조의 퇴직금 개선투쟁은 1969년에도 계속되어, 6월 3일에는 퇴직금 쟁의가 한미합동위원회에 회부되었다. 한미행정협정 발효 후 행정절차에 따라 노동쟁의가 한미합동위원회로 회부된 첫 사례라 할 수 있다. 한미합동위원회로 회부되어 70일의 조정기간이 만료되기까지 한미 양국 대표들이 업무를 방치함으로써 외기노조는 실력행사를 할 수 있는 절호의 기회를 획득할 수 있었다. 그러나 외기노조는 이러한 호기를 적절히 이용하지 못하고, 한미합동위원회 조정기간을 연장시켜주는 타협성을 보였다.

외기노조는 1970년 2월부터 퇴직금투쟁을 재개하였고, 8월 11일 노동청에 쟁의를 제기하였다. 쟁의문제는 미군 측의 지연전술로 장기간 교착상태에서 벗어나지 못하다가 결국 1971년 12월 24일 임금쟁의 종결협정에 포함시켜 노사 쌍방 간에 서명함으로써 일단락되었다. 1972년 1월 1일부터 실시될 새로운 퇴직금 제도는 누진율에 따라 기본임금으로 퇴직금을 산정하되, 그 액수가 법정 최저퇴직금에 미달할 때에는 법정 최저퇴직금을 받도록 하였다.

한미행정협정 중 노무 관련 조항

□ 한미행정협정

제13조(非세출자금 기관)

(가) 합중국 군당국이 공인하고 규제하는 군 판매점, 식당, 사교크럽, 극
     장, 신문 및 기타 비세출자금기관은 합중국 군대의 구성원 군속 및
     그들의 가족의 이용을 위하여, 합중국 군대가 설치할 수 있다. 이러
     한 제 기관은 본 협정에 달리 규정하는 경우를 제외하고는, 대한민국
     의 규제, 면허, 수수료, 조세 또는 이에 유사한 관리를 받지 아니한
     다.(이하 생략)

제15조(초청계약자)

1. (가) 합중국의 법률에 따라 조직된 법인, (나) 통상적으로 합중국에 거
   주하는 그의 고용원 및 (다) 前記한 자의 가족을 포함하여 합중국 군대
   또는 동 군대로부터 군수지원을 받는 통합군사령부 率下 주한 외국 군
   대를 위한 합중국과의 계약 이행만을 위하여 대한민국에 체류하고 또
   한 합중국 정부가 下記 제2항의 규정에 따라 지정한 자는, 본조에 규정
   된 경우를 제외하고는 대한민국의 법령에 따라야 한다.

2. 前記 제1항에 규정된 지정은 대한민국 정부와의 협의에 의하여 이루어
   져야하고 또한 안전상의 고려, 관계 업자의 기술상의 적격 요건, 합중
   국의 표준에 합치하는 자재 또는 용역의 결여 또는 합중국의 법령상의
   제한 때문에 공개경쟁입찰을 실시할 수 있는 경우에만 행하여져야 한
   다. 그 지정은 다음의 경우에는 합중국정부는 이를 철회하여야 한다.

(가) 합중국 군대 또는 동 군대로부터 군수지원을 받는 통합사령부 率下 주한 외국 군대를 위한 합중국과의 계약이 종료되는 때

(나) 이러한 자가 합중국군대 또는 동 군대로부터 군수지원을 받는 통합 사령부 率下 주한외국군대 관계의 사업 활동 이외의 사업활동에 종 사하고 있는 사실이 입증되는 때(이하 생략)

제17조(노무)

1. 본조에 있어서

(가) "고용주"라 함은, 합중국 군대(비세출자금기관을 포함한다) 및 제15 조 제1항에 규정된 자를 말한다.

(나) "고용원"이라 함은 고용주가 고용한 군속이나 제15조에 규정된 계약 자의 고용원이 아닌 민간인을 말한다. 다만, ① 한국노무단(KSC)의 구성원 및 ② 합중국 군대의 구성원, 군속 또는 그들의 가족의 개인 이 고용한 家事使用人은 제외된다. 이러한 고용원은 대한민국 국민 이어야 한다.

2. 고용주는 그들의 인원을 모집하고 고용하여 관리할 수 있다. 대한민국 정부의 모집 사무 기관은 가능한 한 이용된다. 고용주가 고용원을 직 접 모집하는 경우에는, 고용주는 노동행정상 필요한 적절한 정보를 대 한민국 노동청에 제공한다.

3. 본조의 규정과 합중국 군대의 군사상 필요에 배치되지 아니하는 한도 내에서, 합중국군대가 그들의 고용원을 위하여 설정한 고용 조건, 보 상 및 노사관계는 대한민국의 노동법령의 제규정에 따라야 한다.

4. (가) 고용주와 고용원이나 승인된 고용원 단체 간의 쟁의로서, 합중국 군대의 불평처리 또는 노동관계 절차를 통하여 해결될 수 없는 것은 대 한민국 노동법령 중 단체행동에 관한 규정을 고려하여, 다음과 같이 해결되어야 한다.

(1) 쟁의는 조정을 위하여 대한민국 노동청에 회부되어야 한다.

(2) 그 쟁의가 前記 (1)에 규정된 절차에 의하여 해결되지 아니한 경우에는, 그 문제는 합동위원회에 회부되며, 또한 합동위원회는 새로운 조정에 노력하고자 그가 지정하는 특별위원회에 그 문제를 회부할 수 있다.

(3) 그 쟁의가 前記의 절차에 의하여 해결되지 아니한 경우에는 합동위원회는, 신속한 절차가 뒤따를 것이라는 확증 하에, 그 쟁의를 해결한다. 합동위원회의 결정은 구속력을 가진다.

(4) 어느 승인된 고용원 단체 또는 고용원이 어느 쟁의에 대한 합동위원회의 결정에 불복하거나, 또는 해결 절차의 진행 중 정상적인 업무요건을 방해하는 행동에 종사함은 前記 단체의 승인 철회 및 그 고용원의 해고에 대한 정당한 사유로 간주된다.

(5) 고용원 단체나 고용원은 쟁의가 前記 (2)에 규정된 합동위원회에 회부된 후 적어도 70일의 기간이 경과되지 아니하는 한 정상적인 업무요건을 방해하는 어떠한 행동에도 종사하여서는 아니된다.

(나) 고용원 또는 고용원단체는 노동쟁의가 前記 절차에 의하여 해결되지 아니하는 경우에는 계속 단체행동권을 가진다. 다만, 합동위원회가 이러한 행동이 대한민국의 공동방위를 위한 합중국군대의 군사작전을 심히 방해한다고 결정하는 경우에는 제외한다. 합동위원회에서 이 문제에 관하여 합의에 도달할 수 없는 경우에는 그 문제는 대한민국 정부의 관계관과 아메리카 합중국 외교 사절 간의 통의를 통한 재검토의 대상이 될 수 있다.

(다) 본조의 적용은, 전쟁, 적대행위 또는 전쟁이나 적대행위가 절박한 상태와 같은 국가비상시에는, 합중국 군 당국과의 협의 하에 대한민국정부가 취하는 비상조치에 따라 제한된다.

5.

(가) 대한민국이 노동력을 배정할 경우에는, 합중국 군대는 대한민국 국 군이 가지는 것보다 불리하지 아니한 배정 특권이 부여되어야 한다.

(나) 전쟁, 적대행위 또는 전쟁이나 적대행위가 절박한 상태와 같은 국가 비상시에는, 합중국 군대의 임무에 긴요한 기술을 습득한 고용원은, 합중국 군대의 요청에 따라, 상호 협의를 통하여 대한민국의 병역이나 또는 기타 강제 복무가 연기되어야 한다. 합중국군대는, 긴요하다고 인정되는 고용원의 명단을 대한민국에 사전에 제공하여야 한다.

6. 군속은 그들의 임무와 고용조건에 관하여 대한민국의 제법령에 따르지 아니한다.

제28조(합동위원회)

1. 달리 규정한 경우를 제외하고는, 본 협정의 시행에 관한 상호협의를 필요로 하는 모든 사항에 관한 대한민국 정부와 합중국 정부 간의 협 의기관으로서 합동위원회를 설치한다. 특히, 합동위원회는 본 협정의 목적을 수행하기 위하여 합중국의 私用에 소요되는 대한민국안의 시설 과 구역을 결정하는 협의기관으로서 역할한다.

2. 합동위원회는 대한민국 정부대표 1명과 합중국 정부대표 1명으로 구 성하고, 각 대표는 1명 또는 그 이상의 대리인과 직원단을 둔다. 합동 위원회는 그 자체의 절차 규칙을 정하고, 또한 필요한 보조기관과 사 무기관을 설치한다. 합동위원회는 대한민국 정부 또는 합중국 정부 중 의 어느 일방 정부 대표의 요청이 있을 때에는 어느 때라도 즉시 회합 할 수 있도록 조직되어야 한다.

3. 합동위원회가 어떠한 문제를 해결할 수 없을 때에는, 동 위원회는 이 문제를 적절한 경로를 통하여 그 이상의 검토를 강구하기 위하여 각기 정부에 회부하여야 한다.

제29조(협정의 효력발생)

본 협정은, 대한민국 정부가 합중국 정부에 대하여 동 협정이 대한민국의 국내법상의 절차에 따라 승인되었다는 서면통고를 한 날로부터 90일 만에 효력을 발생한다.(이하 생략)

제30조(협정의 개정)

어느 일방 정부든지, 본 협정의 어느 조항에 대한 개정을 어느 때든지 요청할 수 있으며, 이 경우에 양국 정부는 적절한 경로를 통한 교섭을 개시하여야 한다.

제31조(협정의 유효기간)

본 협정 및 본 협정에 합의된 개정은 양 정부 간의 합의에 따라 그 이전에 종결되지 아니하는 한, 대한민국과 합중국 간의 상호방위조약이 유효한 동안, 효력을 가진다.

□ **한미행정협정 합의의사록**

제17조

1. 대한민국 정부는 제2항에 따라 요청받은 원조를 제공함에 있어서 所要된 직접경비에 대하여 판상을 받아야 하는 것으로 양해한다.
2. 합중국 정부가 대한민국 노동관계법령을 따른다는 약속은 합중국 정부가 국제법상의 동 정부의 면제를 포기하는 것을 의미하지 아니한다. 합중국 정부는 고용을 계속하는 것이 합중국 군대의 군사상의 필요에 배치되는 경우에는 어느 때든지 이러한 고용을 종료시킬 수 있다.
3. 고용주는 대한민국 소득세법령이 정하는 원천과세액을 그의 고용원의 급료로부터 공제하여 대한민국정부에 납부한다.

4. 고용주가 합중국군대의 군사상 필요 때문에 본조에 따라 적용되는 대한민국 노동법령을 따를 수 없을 때에는, 그 문제는 사전에 검토와 적당한 조치를 위하여 합동위원회에 회부되어야 한다. 합동위원회에서 적당한 조치에 관하여 상호합의가 이루어질 수 없을 경우에는, 그 문제는 대한민국 정부의 관계관과 아메리카 합중국의 외교사절 간의 토의를 통한 재검토의 대상이 될 수 있다.

5. 조합 또는 기타 고용원 단체는, 그의 목적이 대한민국과 합중국의 공동이익에 배치되지 아니하는 한, 고용주에 의하여 승인되어야 한다. 이러한 단체에의 가입 또는 불가입을 고용이나 또는 고용원에게 영향을 미치는 기타 조치의 요인이 되어서는 아니된다.

□ 한미행정협정 및 합의의사록에 대한 합의양해사항

제17조 제3항과 합의의사록 제4

한국노동법령으로부터의 이탈은, 합동위원회의 회부가 비상시에 있어서 군사작전을 심히 방해할 경우에는, 동 위원회에 회부할 필요가 없는 것으로 양해한다.

제6장

4월혁명기와 5 · 16 이후
부두노동조합 재편 과정과
노동조합 지도자들의 동향

제6장
4월혁명기와 5 · 16 이후 부두노동조합
재편 과정과 노동조합 지도자들의 동향

1. 들어가며

항만하역노동자, 즉 부두노동자는 항만용역작업의 파동성에서 기인하는 취업의 불규칙성, 그리고 십장제에 의한 중간착취 등으로 다른 산업부문의 노동자들과는 다른 형태로 생계를 위협받는 존재였다. 이러한 부두노동자들의 권익을 옹호하고, 보호할 조직은 부두노동조합이라 할 수 있다. 그러나 부산, 인천 등 각 항에 조직된 부두노동조합은 노동조합 본연의 기능을 수행하기보다는 전근대적인 십장제도를 유지하며 중간착취기구로 기능하였다. 노동조합 간부는 십장을 겸임하면서 하역업자를 대리하여 노동 배치, 노동 감독, 임금 배분 등을 수행하였다.

십장제에 대한 비판은 1950년대 후반 대한노총 내 파벌대립 과정에서 본격적으로 대두하였다. 부두노동조합의 분열을 극복하고 1955년 9월 13일 전국자유노동조합연맹(이하 자유연맹)을 결성한 이후부터 자유연맹은 대한노총 내 세력이 강한 조직 중의 하나로 성장하였다. 이리하여 자유연맹은 헤게모니 쟁탈전에서 조직적인 우위를 확보하게 되어 대한노총의 주도세력은 자유연맹과 연합하고자 하였다. 1957년 전국대의원대회와 1958년 전국대의원대회에서 헤게모니 장악을 위한 세력 간 연합, 대립관계가 형성되었고, 최종적으로 자유연맹의 김기옥이 헤게모니를 장악하여 1인 집권체제를 수립하였다.[1] 김기옥 세력에 패배하여 헤게모니 장악에 실패한 정대천 세력은 이에 반발하여 반(反)김기옥 운동을 전개하였고, 이 과정에서 십장제 폐단과 비료조작비 횡령사건이 제기되었다.

십장제 폐단에 대한 주장이 파벌대립 과정에서 나온 것이라 하여 그 의의를 폄하할 수는 없다. 1950년대 후반에 제기된 십장제 폐해에 대한 비판은 4월혁명기와 5 · 16 이후 부두노조에서 수렴하여 폐단을 시정하고자 하였다는 사실에 주목할 필요가 있다. 전국부두노동조합이 십장제 폐단을 근절시키지는 못하였지만, 조직 활동을 분석하고 개혁의 움직임을 포착하여 역사적으로 평가를 내리는 것이 중요하다고 보기 때문이다.

따라서 이 장에서는 첫째, 1950년대 후반에 전개된 십장제에 대한 비판운동이 어떠한 노동세력에 의해서, 그리고 어떠한 과정을 거쳐 전개되었는지 단계별로 나누어 분석하고자 한다. 둘째, 새로이 교체된 노동세력이 십장제 폐단을 제거하기 위해서 어떠한 활동을 전개했는지, 그리고 이들의 활동이 소기의 성과를 거두지 못하고 좌절되는 과정에 대해 살펴보고자 한다. 셋째로, 5 · 16 이후 전국부두노동조합으로의 재편 과정과 조직 운영에 대해서 살펴보고자 한다. 특히 시정방침으로 내세운 등록제와 연락원제도에 대한 문제점을 검토하여 십장제 폐단이 근절되지 않고 온존될 수밖에 없었던 원인을 밝혀보고자 한다.

지금까지 진행된 노동사 연구를 살펴볼 때, 부두노동조합을 대상으로, 그리고 1950년대 후반기부터 1960년대 초를 시기대상으로 한 연구는 별

---

1) 1954년부터 1958년 10월 김기옥체제가 성립되기까지 대한노총의 세력 간 연합, 대립관계에 대해서는 임송자, 『대한민국 노동운동의 보수적 기원』, 선인, 2007, 282-287쪽 참조.

로 없는 실정이다. 1953년부터 1961년까지를 시기대상으로 부두노동자의 노동조건과 노동운동을 살펴본 논문이 있을 뿐이다.[2] 이외에 부두노동조합에 초점을 맞춘 것은 아니지만 항만산업의 노사관계, 항만하역노동에서 십장제도가 노사관계에 미친 영향 등을 연구한 이규창의 저서가 있다.[3] 따라서 부두노동조합에 대한 전반적인 연구는 물론이고 부두노동조합의 조직개편과 조직운영, 부두노동조합 지도자들의 동향에 대한 본격적인 연구는 없는 셈이다.

2. 십장제 부두노동조직과 이에 대한 비판운동

1) 부두노동자와 십장제

부두노동자는 하역작업에 종사하는 일용노무자로 고용상태가 불안정한 존재이다. 다시 말해 부두노동자는 사용자에 의해 상시적으로 고용된 상태가 아니라 사용자가 노동력을 필요로 할 때만 임시적으로 고용되어 노동하는 존재이다. 부두노동자를 자유노동자로 일컫는 것은 일시적 고용관계만을 갖는다는 의미를 내포하고 있다.[4]

항만하역노동은 반복, 숙달로 가능한 육체적인 중노동으로 특별한 기능이 필요한 것은 아니었다. 이에 항만노동자들은 교육정도가 비교적 낮은 청장년층들로 구성되었다. 〈표 12〉를 통해서 알 수 있듯이 1962년 2월 현재 부두노동자들의 91.1%가 국졸이거나 국문해독이 가능한 정도의 학력을 갖고 있었으며, 중졸 이상의 학력은 8.9%에 불과하였다.

---

2) 한상근, 「부두노동자의 노동조건과 노동운동, 1953-1961」, 고려대 사회학과 석사학위논문, 1987.
3) 이규창, 『한국항만하역노무론』, 일조각, 1974.
4) 한상근, 앞의 책, 14쪽.

〈표 12〉 부두노동자의 학력별 상황(1962.2.28)

	大卒	高卒	中卒	小卒	국문해독
제주	1		16	89	92
부산	18	108	243	1841	3,780
인천	12	138	283	2017	814
목포	4	31	99	312	505
군산	3	3	43	494	343
장항	1	22	61	221	40
거진		2	15	28	56
마산			30	218	309
여수		4	9	525	85
속초		2	15	30	47
울산		2	16	48	20
포항			8	58	40
줄포	1	1	4	34	61
강경			4	75	16
논산			5	30	18
주문진		3	7	89	105
계	40	316	858	6,109	6,331
	0.3%	2.3%	6.3%	44.7%	46.4%

※ 전국부두노동조합, 『활동보고』, 1962, 96쪽.
※ 등록자수를 대상으로 한 학력별 상황이며, 비율은 등록자수에 대한 %를 말한다.

항만하역업은 계절적으로 파동성이 강할 뿐만 아니라 작업량을 예측하기 곤란하다는 단점이 있다. 이러한 이유로 항만하역업자들은 위험부담을 줄이기 위해 최소의 시설과 노동자만으로 사업을 운영하였다. 하역량이 격증하여 자기 보유의 시설과 노동력이 부족한 경우에는 다른 곳으로부터 노무를 공급받거나 하청을 주었으며, 때로는 스스로 일용노동자를 모집하기도 하였다.[5] 또한 하역회사는 십장이라는 중간관리자를 두어 하역작업에 관한 일체의 권한을 부여하였다.[6]

중간관리자 십장은 대개 노동조합 분회장이 맡고 있었다. 이들은 하청업주로 군림하여 작업배치, 급여 배분, 노무관리와 감독 등의 권한을 행사하였다. 부두노동조합 간부이면서 항만하역 작업조직의 장(長)을 지역에 따라 명칭을 달리했는데, 인천에서는 십장으로, 부산에서는 반장으로 불렀다. 십장제 노무조직은 하역회사에 대하여는 노동자를 대표하는 노조간부이면서 노동자에 대해서는 감독자의 위치에 있는 이중적인 성격을 갖고 있었다.[7]

중간착취기제로서 십장제는 개항기와 일제시기에도 존재한 제도로 그 역사가 오래되었다. 개항기 항만에서는 관리가 노동자 고용과 취업권을 통제하고 있었는데, 이들은 '십장' 또는 '반수(班首)'라는 작업감독자를 임명하여 작업할당, 임금지급, 고용 등의 업무를 부여하였다. 일제시기 십장에 의해 고용된 노동자들은 그들의 작업권한을 지키기 위해 십장을 중심으로 노동조합을 조직하였다. 이리하여 항만에서는 특수한 형태의 노무조직이 노동조합이라는 이름으로 존재하면서 노동자를 공급하는 기능을 수행하고 있었다.

개항 이래 일제시기에 존재한 십장제는 해방 이후에도 그대로 온존되고 있었다. 1953년에 제정된 노동관계법에서 "중간착취의 배제"를 명문화하였지만 항만하역업체는 십장제라는 고용방식을 그대로 답습하였다. 더욱이 대한노총 산하 노동조합 조직 과정에서 중간착취자들이 노동조합 간부로 편입되어 부두노동계를 지배하였다.

십장제에 의해 부두노동자의 생활은 열악하기 그지없었다. 인천부두노조의 예를 들어 보자면, 십장은 기업주로부터 임금을 총괄적으로 인수하

---

5) 이규창, 앞의 책, 108쪽.
6) 십장이란 "사업주에 소속되지 않고 중간인으로 부두노동자의 취업에 개입해서 그들의 보수(이득)를 노동자에게서 취하는 자"를 의미한다. 이규창, 앞의 책, 110쪽.
7) 이규창, 앞의 책, 108쪽, 111쪽, 118쪽.

여, 먼저 조합비를 2% 공제하고 '십장몫'의 형태로 임금의 일부를 공공연하게 갈취하였다. 십장몫은 각 반에서 1명분의 임금에 해당하는 것으로, 작업 수에 따라 총임금의 6% 내지 10% 정도에 이르렀다. 또한 노동자들의 임금은 3, 4개월 체불되는 것이 상례화 되었으며, 게다가 노동력의 대가로 임금(현금) 대신에 '작업 전표'를 지급하였다. 십장은 노동자들의 생활고를 이용하여 고율의 금리로 할인하여 '작업 전표'를 매입하였으므로 노동자들의 실제임금은 턱없이 낮아질 수밖에 없었다. 한편 십장은 회사쪽과 단독으로 임금을 결정하였고, 경쟁입찰에서 작업권 획득을 위해 임금을 낮추는 경우도 있었다.[8]

십장제, 반장제를 기초로 한 노동조합에서 노동자들은 조합원으로서 권리를 행사하지 못하고 있었다. 1958년 9월, 서울대학교 사회법학회가 인천부두노조에서 조사한 보고서에 의하면, 조사대상자 100여 명의 노동자 중에서 거의 선거권을 행사해 본적이 없는 것으로 드러나고 있다.[9] 십장인 간부들의 독단에 의해 노동조합이 비민주적으로 운영되고 있는 단적인 사례라 할 수 있다. 십장들은 부두노동자들이 자유노동자로서 고용상태가 불안한 존재라는 약점을 이용하여 독단적으로 노동조합 조직을 운영하고 착취구조를 강화해 나갔다.

2) 십장제에 대한 비판

부두노동에서 존재하는 십장제는 1953년에 제정, 공포된 노동관계법에 위배되는 것이었다. 노동조합법 제5조는 "사용자라 함은 사업주 또는 사업의 경영 담당자 기타 그 사업의 노동자에 관한 사항에 대하여 사업주를 위하여 행동하는 자를 말한다"고 규정하고 있다. 따라서 십장은 사용자에

---

8) 『대학신문』 1958년 10월 15일자, 「노동자 보호와 십장제도」.
9) 『대학신문』 1958년 10월 15일자, 「노동자 보호와 십장제도」.

해당된다고 볼 수 있어 노동조합원이나 임원의 자격에서 제한을 받는 존재였다. 그리고 십장의 중간착취는 근로기준법 제8조에서 규정하고 있는 '중간착취 배제' 조항을 위반하고 있는 것이다.[10]

십장제에 대한 비판은 1950년대 후반에 본격화하였다.[11] 그런데 1953년에 노동관계법이 제정, 공포됨으로써 십장제는 집중적으로 비판의 대상이 될 수 있었음에도 그동안에 잠잠해 있다가 1950년대 후반에 와서야 본격화된 배경은 무엇인지 의문이 든다. 문제 해결의 단서는 대한노총 내 세력 사이의 연합과 갈등 · 대립에서 찾을 수 있다. 십장제 비판은 정대천을 중심으로 한 세력이 대한노총 내에서 헤게모니를 쟁취하기 위한 일환으로 자유연맹을 공격하는 전술로 이용한 측면이 강하였다. 이러한 맥락에서 십장제에 대한 비판운동을 다음과 같이 네 단계로 나누어 살펴보고자 한다.

먼저 자유연맹 쟁의부장을 지낸 김인숙이 1957년 9월에 인천자유노조를 비판하는 진정서를 보건사회부, 경기도, 국회, 대한노총, 대한노총 자유연맹에 제출하면서 십장제 비판의 포문을 열었다. 김인숙이 진정서를 제출한 시점은 1957년 8월 3일 인천자유노조 연차대회가 끝난 직후였다. 자료의 한계로 자세한 전모를 파악할 수는 없지만 인천자유노조 연차대회는 매년 4월에 개최되었으나 8월로 연기하여 진행하였다. 그리고 대회에서 규약을 개정하여 감찰위원회를 폐지하고 집행기관에 예속하는 감찰부를 신설하여 위원장의 권한을 집중시켰다.[12] 규약개정은 십장제 폐지를 주장하는 혁신파를 거세하기 위한 것이었다. 이에 김인숙을 비롯한 반대파에서 인천자유노조 위원장과 동해운수 분회장의 비위사실을 들어 시정을 촉구하는 진정서를 보낸 것으로 보인다. 이러한 김인숙의 행위에 대

---

10) 국가법령정보센타(http://www.law.go.kr).
11) 십장제를 시정하기 위한 노동자들의 투쟁은 1950년대 후반 이전에도 간헐적으로 전개되었다. 1951년 8월에는 인천부두 노동자들이 과중한 맹비의 시정을 요구하는 투쟁을 벌였으며, 그 뒤로도 각 항만부두에서 노동자들이 노동조합 민주화를 위한 투쟁을 전개하였다. 김낙중, 『한국노동운동사 -해방후편-』, 청사, 1982, 241쪽.
12) 이규창, 앞의 책, 148-149쪽.

해 『한국부두노동운동백년사』는 인천자유노동조합에서 탈락된 김인숙이 조직기반을 잡기 위해 인천자유노조 산하 동해운수분회에 조직침투를 기도하여 분규가 일어나게 되었고, 이러한 분규에 인천자유노조가 개입하여 기존간부를 두둔하게 되면서 빚어진 것으로 보았다.

그러나 김인숙의 활동을 통해서 십장제 폐단을 적극적으로 비판하는 하나의 세력이 인천부두에서 형성되고 있었다는 것을 포착할 수 있다. 김인숙의 진정서를 접수한 자유연맹, 대한노총, 보건사회부는 조사에 착수하였지만 사회적으로 파문이 확산되지는 않았다. 당시 대한노총은 정대천 세력과 자유연맹의 김기옥이 연합하고 있어 중앙조직 차원에서 십장제를 둘러싼 세력투쟁으로 이어지지는 않았다. 다시 말하면 대한노총에서 권력을 장악하고 있던 정대천 세력은 1957년 10월의 전국대의원대회를 앞두고 김기옥 세력과 연합하여 헤게모니를 장악하고자 했기 때문에 십장제 문제를 거론하지 않은 것이다. 분리, 독립된 상태에 있던 부두노조는 1955년 9월에 통합을 실현시키고 자유연맹체를 발족하여 거대한 세력을 형성하고 있었다. 따라서 이 당시까지만 해도 정대천 세력은 김기옥을 중심으로 한 자유연맹 세력이 헤게모니 싸움에서 필요하다고 보고 십장제 문제를 적극적으로 제기하지 않았다고 볼 수 있다.

두 번째 단계는 1958년 1월 15일 부두노동자 376명이 연명 날인한 탄원서를 대한노총 최고위원 앞으로 보냈고, 이에 대해 대한노총에서 실태조사를 7월 21일에 완료하는 시기이다. 대한노총의 실태조사에 앞서 자유연맹에서 2월 11일, 2월 12일에 걸쳐 조사를 실시하여 대한노총 앞으로 진상보고를 하였다. 그런데 자유연맹의 진상보고와 대한노총의 실태조사 보고는 판이하게 다르다는 점을 확인할 수 있다. 탄원서 내용과 자유연맹의 진상보고, 대한노총의 실태조사 보고를 비교하면 아래 〈표 13〉과 같다.[13]

---

13) 한국노동조합총연맹, 『한국노동조합운동사』, 1979, 483-487쪽 부록 6-7 조사보고서; 이규창, 앞의 책, 132-135쪽.

〈표 13〉 자유연맹의 진상보고와 대한노총의 실태조사 보고

	탄원서	자유연맹의 진상 보고	대한노총의 실태조사 보고
십장몫	노조간부는 십장으로 노임에서 거액을 임의로 공제하여 착복	자유노동자나 반장인 분회 간부는 실제 평균 수입에서 많은 차이가 없음	노임에서 거액을 십장몫으로 공제하고 있음. ※「공제상황표」「공제명세표」를 제시
노임체불	노임이 3, 4개월 간 상습적으로 체불. 십장들은 체불임금의 청산을 촉구하지 않고 방임	기업주가 막대한 유동자금을 보유하지 못하여 체불. 정부에서 지불하는 노임도 보통 2, 3개월 후에 방출되는 실정임	노임이 상습적으로 3, 4개월 체불. 작업 전표를 3할인 내지 5할인으로 전매. 작업 노임을 현금 지불한다는 조건으로 1할을 삭감하여 지급하는 것이 보편적으로 성행
작업단가 책정	노임단가를 십장 독단으로 결정. 심지어 현행율보다 저하시키는 예가 허다함.	노임단가를 반장 개인의 의견으로 결정한 전례가 없음	조합원들은 작업단가가 어떠한 방법으로 결정되는지 전혀 모르고 있음
잡부금	잡부금을 강요	조합비 이외에 어떠한 명목의 잡부금도 각출한 실례가 없음	일부에서 잡부금을 각출하고 있음
작업 배치권	노조간부인 십장이 노무자 모집과 작업 배치권을 가지고 있기 때문에 누구나 맹종할 수밖에 없음.	노조간부가 노동자 모집 및 작업 배치권을 갖고 있음. 이를 부정한다면 항만 자유노동자들은 기업주의 노예가 되며, 노조 존립의 근본목적이 좌절됨	노조간부가 노무자의 고용 및 해고권을 장악. 노조는 회사 노무과와 같은 임무를 담당.
노조참여	대의원회는 간부인 십장의 지명을 받은 자만이 참가	대의원 선출은 규약 또는 분회세칙에 의거하여 반 단위로 반원이 선출함	3년 이상 5년, 7년간 부두노동에 종사하였으나 노조에서 한 번도 투표한 사실이 없음.

대한노총의 실태조사 보고에서는 이외에도 부산부두에서 ① 인천의 반장제도와 동일한 형태의 반장 명칭으로 십장제가 행하여지고 있으며, ② 반장은 노조위원장이 임면하고 부위원장과 반원의 임면은 반장이 행하고 있으며, ③ 작업배치는 분회장이 행하고 있으며, ④ 반장은 총 노임의 5%를 '반장몫'으로 할당되고 있다는 사실을 지적하였다.

대한노총에서 1단계와 다르게 자유연맹의 중심조직인 부산부두와 인천부두에 대한 진상규명에 초점을 맞추어 조사를 진행하였다는 점을 확인할 수 있다. 그리고 대한노총이 조사에 들어간 시점이 노동자들의 탄원서를 보낸 지 6개월이 지난 후였다는 점을 주목할 필요가 있다. 이때가 바로 정대천 세력과 김기옥 세력이 팽팽하게 대립관계를 형성하고 있었던 시기이며, 전국대의원대회를 3개월 정도 남겨둔 때였다. 대한노총에서 파견한 조사위원은 조사통계부장 김문규, 쟁의부장 김정원, 법규부장 김관호였는데, 김문규에 대해서는 자세히 알 수 없으나 김정원과 김관호는 정대천 세력에 속하는 인물이었다.[14]

1958년 10월의 전국대의원대회를 앞둔 상황에서 자유연맹의 김기옥은 정대천에 반대하는 철도연맹의 김주홍과 연합하였으며, 이에 더하여 광산연맹 이주기 세력을 흡수하여 커다란 세력을 형성하였다. 이에 정대천 세력은 자유연맹의 십장제를 비판하는 전술을 이용하였다. 결국 헤게모니를 쟁취하기 위한 대결은 김기옥 세력의 규약개정운동을 통한 집권이라는 전술과 정대천 세력의 십장제 비판을 통한 자유연맹 세력 약화라는 전술로 압축되었다. 그러나 정대천 세력이 십장제 비판을 통해 김기옥 세력을 약화시키려는 전술은 성과를 거두지 못하고, 자유연맹의 김기옥 세력이 대한노총 내에서 1인 집권체제를 형성하였다.

---

14) 김관호 구술(일시: 2007.3.16 / 녹취: 임송자). 김관호는 구술에서 본인이 정대천 세력이라고 밝혔다. 한편 쟁의부장 김정원과 법규부장 김관호는 전국노동조합협의회 설립준비위원회 임원명단에 포함된 인물로 정대천과 뜻을 같이 했다고 볼 수 있다.

비록 십장제 문제가 헤게모니 쟁탈전 과정에서 나왔을지라도 그 의의를 폄하할 수는 없다. 대한노총에서 정대천 세력을 중심으로 제기된 십장제에 대한 비판은 사회문제로 확산되었고, 대학생들에게도 영향을 미쳐 서울대 법대 사회법학회에서 9월 10, 11일 이틀간에 걸쳐 실태조사를 단행하였다. 이러한 조사내용을 관계요로에 제출하여 시정을 촉구하였으며, 『대학신문』에 보고서 요지를 실어 십장제도와 자유노동자의 실상을 대학생층에게 알리는 계기가 되었다.[15]

세 번째 단계는 1958년 11월에 김관호 · 김말룡 · 최종자 · 노응벽이 10월에 개최된 전국대의원대회(부산대회)를 문제 삼아 인천자유노조와 부산자유노조를 비롯한 자유연맹 산하 노조의 불법성을 제기하여 법적 공방으로 이어진 단계이다.[16] '이의신립'을 제기한 김관호 · 김말룡 · 최종자 · 노응벽은 모두 정대천 세력에 속하였다.[17] 이들은 인천자유노조와 부산자유노조의 대의원은 노동조합법에 저촉되는 불법대의원, 유령대의원이므로 전국대의원대회를 통한 규약변경과 임원선거가 불법적이라고 주장하였다. 그리고 부산부두노조와 인천부두노조를 비롯한 자유연맹 대의원들이 조합원의 노임을 중간착취하고 있는 도반장 · 십장 · 반장이며, 이들 십장 · 반장을 위주로 구성된 노조는 노동조합법 제3조에 저촉되므로 불법대의원이라고 주장하였다.

한편 대한노총 인천지구노동조합연합회에서도 11월 9일 사무국장 이헌서의 명의로 「십장제(인천, 부산부두) 시정에 관한 국회청원서」를 제출하여[18] 이창우를 중심으로 한 인천부두노조, 김기옥을 중심으로 한 부산부

---

15) 『대학신문』 1958년 10월 15일자, 20일자, 「노동자 보호와 십장제도」.
16) 11월 11일 대한석탄광노동조합연합회 위원장 노응벽과 대구지구연합회 김말룡 명의로 제기된 '대한노총전국대의원대회에 대한 이의신립', 대명광업노조 김관호와 부산지구노조연합회 최종자 명의로 '대한노총 전국대의원대회 및 결격 노동조합에 대한 이의신립'이 제기되었다. 이들이 제기한 '이의신립'에 대해서는 한국노동조합총연맹, 앞의 책, 472~475쪽 부록 6-2, 6-3 참고.
17) 김관호 구술(일시: 2007.3.16 / 녹취: 임송자). 김관호는 "본래 김말룡이는 정대천계열 사람이고", "최종자하고 나(김관호)하고는 정대천씨 하고 손잡고 일"하였으며, 노응벽도 뜻을 같이하였다고 밝혔다.
18) 「십장제(인천, 부산부두) 시정에 관한 국회청원서」와 첨부문서는 전국부두노동조합, 앞의 책, 261~280쪽 참고.

두노조에서 노조간부가 직책을 모리(謀利)의 수단으로 악용하고 있고, 노동자들의 권익주장을 억제하고 있다며 십장제 근절을 위해 철저한 규명과 처단이 필요하다고 주장하였다.

이 단계에서는 대한노총 내에서 김기옥 체제가 정대천 세력을 밀어내고 확고히 자리를 잡아나갔던 시기로 자유연맹에 대한 정대천 세력의 공격은 힘을 발휘하지 못하였다. 김기옥은 대한노총 내에서 자신의 권력을 유지하기 위해 자유당과 밀착하였다. 김기옥은 대통령 경호실장 곽영주와 비서실장인 박찬일을 매개로 이승만을 접견하여 부산대회를 정치적으로 마무리하였다.[19]

네 번째 단계는 자유연맹 인천항만자유노조 김인숙, 광산연맹 대명광업노동조합 김관호, 부산지구노조연합회 최종자가 11월 28일 대한노총과 자유연맹의 위원장 김기옥, 자유연맹 부위원장 이창우, 한국운수주식회사 임봉순을 서울지검에 비료조작비 횡령죄로 고발함으로써[20] 정치적인 문제로 확산된 시기이다. 비료조작비 횡령사건은 십장제라는 조직적인 구조에서 배태된 것이었다. 그리고 이 사건의 배후에는 자유당 정치권력이 깊숙이 개입되어 있었다. 임봉순이 자유당의 임흥순과 인척관계였고, 김기옥이 임봉순의 인척인 임흥순을 라인으로 자유당의 곽영주와 밀착하고 있었던 것이다.

비료조작비 횡령사건에 대해 자유연맹은 전국대의원대회 명의로「김인숙 · 김관호 · 최종자 등의 허위고발사실에 대한 성명서」를 발표하여 반박하였으나[21] 이 사건은 국회로 비화되고 정치적인 문제로 확산되었다. 국회에서는 진상조사단을 구성하여 1959년 6월부터 7월 사이에 부산 · 여

---

19) 노동운동회고 정담(鼎談),「대한노총 결성 전후」(10),「노동공론」 10 · 11월호, 1972, 149쪽; 임송자, 앞의 책, 286쪽. 김관호는 김기옥과 곽영주와의 연결에 대해서 "조선운수 한국운수라고 있었는데, …… 김기옥이가 거기서 위원장을 했거든. 거기에 위원장을 하면서 청와대에 곽영주에게 줄을 달았어요"라고 하였다. 다시 말하면, 임봉순이 사장으로 있던 한국운수에서 활동한 인연으로 임봉순의 인척인 임흥순을 통해 곽영주와 연결되었다는 것이다.

20) 김인숙, 김관호, 최종자 명의로 서울지검에 제출한「비료조작비 23억 2천여 만 환 부당취득 및 노임 12억 2천여 만 환 배임횡령사건에 대하여」라는 진정서에 대해서는 전국부두노동조합, 앞의 책, 286-298쪽 참고.

21) 성명서 내용은 전국부두노동조합, 앞의 책, 298-300쪽 참고.

수 · 목포 · 마산 · 군산 등에서 조사를 진행하였다.[22] 그러나 현지 기관의 비협조, 자유당의 방해로 제대로 진상을 규명하지 못하였다. 이 사건을 취급한 검찰 역시 진상을 제대로 밝히지 못하였다.[23]

결국 비료조작비 횡령사건에도 불구하고 김기옥은 자유당의 비호로 대한 노총에서 권력을 유지할 수 있었다. 김기옥체제는 1959년 10월 전국대의원 대회를 앞두고 7월 31일 대구에서 열린 중앙집행위원회를 통하여 김말룡 · 노응벽을 제명하였고, 내부분열을 조장시켰다는 이유로 정대천에 대한 경 고안을 채택함으로써 도전세력을 제거해 나갔다. 이에 정대천, 김말룡을 중 심으로 반김기옥파는 8월 11일 전국노동조합협의회(전국노협) 설립준비위 원회를 구성하였다. 그러나 반김기옥파는 두 개로 분열되어 10월 26일 전국 노협 결성대회에는 김말룡을 중심으로 뭉친 세력만이 참가하였으며, 십장 제에 대한 비판운동을 통하여 결집되었던 정대천, 김관호, 최종자, 노응벽 등은 참여하지 않았다. 정대천을 중심으로 뭉친 세력은 자유당에 의한 김기 옥파와의 화합공작에 포섭되어[24] 전국노협에서 이탈하였던 것이다.

3. 4월혁명기 부산부두노동조합과 노동세력의 교체

1950년대 자유당의 권력유지를 위한 정치적 동원체로 전락하였고, 1960년 3 · 15부정선거에 깊이 개입하였던 대한노총은 4월혁명에 의한 자 유당 정권 붕괴에 강한 영향을 받을 수밖에 없었다. 4월혁명이 일어나자

---

22) 『동아일보』 1959년 6월 5일자, 「부두십장제의 실태 사보위(社保委)서 조사키로」; 『동아일보』 1959년 6월 8 일자, 「현지 출장 조사, 비료조작비의 노임횡령사건」; 『동아일보』 1959년 7월 9일자, 「증언 청취 개시, 노 임 횡령 조위(調委)」; 『동아일보』 1959년 7월 10일자, 「부산부두 노임 부당취득」; 『동아일보』 1959년 7월 11 일자, 「규명은 흐지부지? 부두노임 횡령사건 조사완료」.

23) 전국부두노동조합, 앞의 책, 300쪽; 김관호 구술(일시: 2007.3.16 / 녹취: 임송자). 고발인의 한사람이었 던 김관호는 "정치적으로 하다하다 안되니깐 고소를 했"는데, 검사가 자유당의 압력에 의해 다루지를 못 했다고 밝혔다.

24) 1959년 9월 3일 김기옥, 김주홍, 정대천 3인이 공동성명을 발표하여 대한노총 분규 종식과 다가올 정 · 부 통령 선거에서 협력할 것을 다짐하였다. 그리고 정대천이 위원장으로 있는 경전노조는 10월 6일 대한노총 산하에서 단결하겠다는 성명을 발표하였다. 김낙중, 앞의 책, 238쪽.

대한노총은 4월 23일 긴급 회무처리위원회를 소집하여 "대한노총은 모든 정당과의 관계를 끊는다"는 결의를 하고, 25일 위원장 김기옥 명의로 "모든 정당과의 연관을 끊고 정치적 자유와 경제적 자립을 확립키로 결의"했다는 내용의 결의문을 발표하였다. 5월 2일 대한노총 고문인 정대천과 김주홍이 사임했고, 위원장 김기옥도 3일에 열린 회무처리위원회에 정식으로 사표를 제출하고 위원장직을 사임하였다. 이러한 상황에서 대한노총은 수습위원회를 조직하여 사태수습에 나섰다.[25]

부두노조는 자유당정권 하에서 어용성이 노골적으로 나타났던 곳으로, 김기옥이 위원장으로 있던 부산부두노동조합에서 어용노조 규탄데모가 4월 혁명 이후 가장 먼저 일어났다. 당시 김기옥은 대한노총 위원장, 자유연맹 위원장, 부산부두노동조합 위원장 등 3개의 직함을 소유하고 있었다. 이승만의 하야성명이 발표되던 날인 4월 26일 조합원들은 "어용간부 타도"라는 구호를 외치며 조합회관을 점령하는 등 간부들의 총퇴진을 요구하였다. 결국 기존 간부들이 일괄 사퇴함으로써 부산부두노조는 조직운영에서 공백상태에 빠지게 되었다.[26] 4월 27일에는 부산부두 노동자 5천여 명이 김기옥의 집을 급습하고 체불임금 해결을 요구하며 김기옥 규탄시위를 벌였다.[27] 이어 5월 3일에는 노동자 500여 명이 "십장제도를 폐지하라", "각 하역회사에 배치되어 있는 도반장을 폐지하라", "김기옥 일파 물러가라"는 등의 플래카드를 들고 시가행진을 벌였다.[28]

부산부두노조는 공백상태를 수습하기 위해 5월 1일 산하 조합원 대표자들을 긴급 소집하여 「노조운영대책위원회」를 구성하고 9명의 위원을 선출하였다. 선출된 노조운영대책위원회 위원은 다음과 같다.[29]

25) 임송자, 앞의 책, 352~356쪽.
26) 전국부두노동조합, 앞의 책, 302쪽.
27) 『동아일보』1960년 4월 28일자, 「"체불노임 지불하라" 노총 위원장 집을 파괴」.
28) 『동아일보』1960년 5월 4일자, 「노동자들도 데모」.
29) 『동아일보』1960년 5월 3일자, 「운영대위(運營對委) 구성 대한노총 부두노조 새위원 9명 선출코」.

지도위원: 김용후(金容厚) · 전영곤(全英昆) · 전병민(田炳玟)

총무위원: 이강한(李康漢)　　쟁의위원: 이유진(李裕振)

선전위원: 김길수(金吉洙)　　후생위원: 박정진(朴正振)

조직위원: 정한주(鄭漢株)　　사정위원: 김일문(金一文)

　지도위원 김용후, 전영곤, 전병민은 김기옥 위원장체제에서 부위원장을 지낸 인물이다. 김용후는 1955년 사무국장을 거쳐 1958년, 1959년에 부위원장을 지냈다. 전영곤은 1954년 사무국장, 1955년, 1957년, 1959년에 부위원장을 지냈다. 전병민은 1954년, 1955년 감찰위원장, 1957년 부위원장을 지냈다.[30] 이들은 김기옥 위원장 체제에서 임원으로 활동하고 있었으나 반김기옥세력으로 전환하였다. 이들이 반김기옥세력으로 전환하게 된 것은 김기옥이 독단적인 지배체제를 형성하여 비판세력을 제거해 나갔기 때문이다. 김기옥은 1957년 6월대회에서 규약을 개정하여 집감위원회라는 합의적인 지도체제를 폐지하고 위원장 중심의 단일 지도체제를 형성하여 비판세력을 제거하였다. 그리고 김기옥이 대한노총 위원장에 당선된 후 부산부두노동조합의 운영을 측근이나 인척에게 맡기는 등 사조직으로 만들어 나갔다.[31] 이러한 권력의 집중과 남용을 비판하는 반김세력이 부산부두노조를 중심으로 형성되었다. 이들은 1958년 11월에 정대천 세력이 폭로한 비료조작비 횡령사건을 계기로 정대천 세력과 연결하여 김기옥에 대한 비판운동을 전개한 것으로 보인다.

　자유연맹과 부산부두노조에서의 반김운동은 1959년 5월 말에 이르러 본격화하였다. 1959년 5월 30일 김기옥이 미국무성 초청으로 도미하자 이를 기회로 반김운동을 전개하였으며, 조합원들은 부산부두노동조합의 사조직화, 비료조작비 횡령사건 등에 항의하였다.[32] 당시 부위원장으로

---

30)　부산부두노동약사편찬위원회, 앞의 책, 153-157쪽 역대 임원 연혁 참조.
31)　부산부두노동약사편찬위원회, 앞의 책, 121-122쪽; 전국항운노동조합연맹, 『하역노동운동사』, 2009, 299쪽.
32)　부산부두노동약사편찬위원회, 앞의 책, 122-123쪽.

있던 김용후는 반김세력의 대표적인 인물로, 6월 29일 김기옥파로부터 납치되어 집단폭행을 당하기도 하였다.[33]

지도위원 전영곤은 반김운동을 전개하다 김기옥 집행부로부터 1959년 8월에 제명당한 인물이다.[34] 조직위원 정한주 또한 반김세력의 대표적인 인물로 1959년 7월 27일에 열린 노조 임원회의에서 벌어진 파벌싸움 과정에서 연행되어 조사를 받고 석방되었다가 부위원장 김용후와 함께 업무상 배임혐의로 구속되었다.[35] 김용후와 정한주는 구속적부심을 신청하여 결국 부산지법으로부터 구속이유가 없다는 결정을 받았다.[36] 9월에는 반김세력의 중심인물인 김용후를 비롯한 부산부두노조 지도급 인사들이 김기옥의 비행사실을 지적하며 진정서를 보건사회부에 제출하였다.[37] 그리고 10월경에는 김용후, 전영곤, 박인근 등을 중심으로 부산지구자유노동조합 결성대회를 준비하고 있었다.[38] 이는 대한노총과 대립되는 또 하나의 노동단체 탄생을 예고하는 것이었다.

이상에서 본 바와 같이 노조운영대책위원회 위원으로 4월혁명 후 부산부두노조에 영향력을 행사한 지도급 인물들 대부분은 1958년, 1959년에 반김운동을 전개한 세력이었다고 볼 수 있다. 「노조운영대책위원회」를 구성한 후, 5월 18일에는 부산부두노동조합 임시대의원대회를 개최하고 (구)노동조합을 해체하고 노동조합을 새로이 출범시켰다. 대회에서 채택된 선언문에서는 "어떠한 정당에의 가담과 정치세력의 개입을 배격한다"는 것을 강조하였다. 이날 선출된 임원은 위원장 전병민, 부위원장 김용

---

33) 『동아일보』 1959년 6월 30일자, 「고소전(告訴戰)에서 폭력전으로 부산부두노조의 헤게모니 쟁탈분규」.
34) 『동아일보』 1959년 8월 16일자, 「14개 집단제명 부두노조 김씨 반대파의 간부」.
35) 『동아일보』 1959년 7월 26일자, 「래(來) 5일로 연기 부노(埠勞) 임원대회 유회」; 『동아일보』 1959년 7월 31일자, 「부두노조 두 간부를 구속, 업무상 배임혐의로」.
36) 『동아일보』 1959년 8월 16일자, 「지법(地法)서 석방명령, 노조 혁신파 2명」.
37) 『동아일보』 1959년 9월 12일자, 「험해지는 노총분규. 정씨파서 김씨 비난하는 진정」, 진정서 요지는 다음과 같다. ① 부산부두노조의 노무반장을 추방하고 자기파에 속하는 반장을 불법 임명 배치하였다. ② 반장 인솔하에 있던 일반조합원까지 무자비하게 추방하고 그 자리에 자기파에 속하는 노무자 269명을 배치하였다. ③ 1959년 8월 13일 부산부두노조 대의원대회를 불법적으로 소집 개최하였다.
38) 『동아일보』 1959년 10월 22일자, 「또 나올 노동단체, 부산지구자유노조 결성 준비중」.

후 · 송도환 · 박인근 · 전영곤 · 서동구였으며,[39] 이들에 의한 집단지도체제가 형성되었다.

5 · 18대회에서 새로 선출된 임원들은 조직을 재정비하였다. 김기옥세력을 일소하는 한편 1959년 8 · 13대회 이후 제명당한 조합원을 복직시키고, 정실에 의해 기용된 작업반장을 해임하였다. 그리고 분회장을 조합원의 직접 · 비밀투표로 선출하였으며, 작업반장 임명제를 폐지하고 조합원의 직접투표로 작업반장을 선출하는 등 조합운영을 체계화시켜 나갔다.[40]

이러한 운영 방향은 1950년대 후반에 집중적으로 제기됐던 십장제에 대한 폐단을 시정하기 위한 것이었다. 이는 한편으로 김기옥의 조직기반을 제거하기 위한 조치였다. 과거 도반장, 부반장이 노임의 거액을 착취하였던 폐단을 없애고자 십장제도를 폐지하였다. 그리고 십장이 작업반장을 임명하던 악습을 폐지하고 조합원의 직접투표로 선출하도록 하였다. 또한 과거 십장으로부터 지명받은 대의원에 의해 조합이 비민주적으로 운영되었던 폐단을 제거하고자 분회장을 조합원이 직접 · 비밀투표로 선출하도록 하였다. 이러한 조합운영을 통해 개항기 이래 일제시기를 거쳐 1950년대까지 이어져 왔던 부두노조의 폐단이 제거되고 노동조합 본래의 기능을 되찾을 수 있을 것으로 전망하였다. 그러나 조합운영은 순탄하지 않았다. 신구세력 간의 이해 대립으로 치열한 암투가 벌어졌고, 집단지도체제 내에서도 주도권을 둘러싸고 분열, 갈등하였다. 더욱이 조직이 안정을 되찾기도 전에 5 · 16군부쿠데타가 일어나는 바람에 4월혁명의 열려진 공간에서 추진했던 개혁은 소기의 성과를 거두지 못하였다. 이러한 과정에 대해서 살펴보면 다음과 같다.

5 · 18대회에서 성립된 신체제에 맞서 대항한 대표적인 구세력으로는 김희봉 세력과 김기옥 세력이었다. 과거 3부두사건 후에 축출당했던 김희

---

39) 『경향신문』 1960년 5월 21일자, 「정치개재(介在) 배격 부두노조 재발족」.
40) 부산부두노동약사편찬위원회, 앞의 책, 127–128쪽.

봉 세력은 재기를 노리고 신집행부에 도전하였으나 호응 세력이 미약하여 별다른 파장을 일으키지는 않았다. 그러나 김기옥의 잔존세력은 5·18대회가 소집권자인 김기옥에 의해 소집되지 않았다는 이유를 들어 불법이라고 주장하고 정화위원회라는 별도의 조직체를 만들어 도전하였다.[41] 이리하여 신구 세력 간의 갈등의 골은 깊어져 5월 31일 수백 명의 조합원들이 "노동반역자 김기옥을 처단하라", "정화위원회란 불법단체를 해체하라"는 플래카드를 들고 시위하는 양상으로 폭발하였다.[42] 데모대는 김기옥을 연행하여 "작년의 8·13대회를 불법대회"라고 시인하는 각서를 쓰라고 요구하고, 성명서를 발표하게 하였다.[43]

김기옥의 성명서 발표로 갈등·대립관계가 해소된 것은 아니었다. 신구세력 간의 대립은 고발사건으로 이어졌다. 부산부두정화위원회 위원장 안양수 외 4명이 부산부두노조 부위원장 김용후 등을 1958년에 횡령한 사실이 있다며 고발한 것이다.[44] 또한 정화위원회는 부산부두노조 위원장 전병민 외 6명의 간부를 상대로 직무집행가처분신청을 하였다. 이에 1960년 12월 15일 부산지법은 본안 판결이 있을 때까지 위원장 전병민, 부위원장 전영곤·김용후·박인근·송도환·서동구 등의 직무를 정지시키고, 부산변호사회 최성인 변호사가 위원장 직무를 대행하고 부위원장 직무는 신청인 안양수가 대행하는 것으로 결정하였다.[45]

정화위원회와의 조직분쟁은 대의원대회를 소집하기로 결정하면서 일단락되었다. 위원장 직무대행 최성인 변호사와 부위원장 직무대행 안양수는

---

41) 전국부두노동조합, 앞의 책, 305쪽.
42) 『경향신문』 1960년 6월 1일자, 「새 두통거리 '데모·붐'」; 부산부두노동약사편찬위원회, 1969: 129.
43) 부산부두노동약사편찬위원회, 1969: 129-131. 성명서는 1960년 6월 1일 김기옥 명의로 발표되었다. 성명서에서 김기옥은 1959년 8월 13일의 임시대의원대회 소집이 관례에 의하여 불법 강행한 것이었음을 시인하였으며, 신임간부 전병민 등 4명을 중상모략한 것을 사과하였다. 그리고 정화위원회 문제, 1960년 5월 18일 대회 문제, 비료조작비 문제 등 10개항에 걸친 입장을 밝혔다. 전국부두노동조합, 앞의 책, 306-308쪽.
44) 『동아일보』 1960년 11월 11일자, 「'노동귀족'에 메스. 부두노조 간부들 부정을 수사」.
45) 『경향신문』 1960년 12월 16일자, 「직무집행 정지. 지법(地法)서 부두노조 신청에 결정」; 『동아일보』 1960년 12월 16일자, 「직무집행정지가처분 결정. 부산부두노조 정화위의 소송」.

17일 전병민 등 간부 5명과의 회합에서 대의원대회를 12월 20일에 개최하여 새로운 간부를 선출하기로 합의하였다.[46) 예정대로 12월 30일에 대의원대회가 소집되었고, 대회에서 전병민 외 5명의 집단지도체제가 재신임을 획득하였다. 이로써 정화위원회와의 조직반란은 일단락되었다.

그러나 집단지도체제 내에서는 다음 해에 치르게 되는 연차 대의원대회를 앞두고 지도간부들 간에 주도권을 둘러싸고 분열하였다. 이러한 상황에서 위원장 전병민은 대의원대회를 3개월 앞당겨 소집하여 조직분열을 수습하고자 하였다. 1961년 3월대회는 송도환을 중심으로 집결된 세력과 박인근을 중심으로 구축된 조직과의 대결로 집약되었다. 결국 대회에서 송도환 세력이 승세를 잡았고, 송도환을 위원장으로, 김용후 · 전영곤을 부위원장으로 선출하여 단일지도체제를 출범시켰다.[47) 그러나 송도환 위원장체제는 단명할 수밖에 없었다. 송도환 위원장체제가 성립된 지 얼마 안 되어 5 · 16군부쿠데타가 일어나고 5월 22일 포고령 제6호 사회단체 해체령에 의해 부산부두노동조합도 해산하게 되었던 것이다.

4. 5 · 16 이후 전국부두노동조합 재편과 조직 운영

1) 전국부두노동조합 결성과 노동세력의 교체

5 · 16군부쿠데타를 단행한 군부세력은 노동조직을 재편하고자 이규철 위원장을 의장으로 하는 한국노동단체 재건조직위원회를 발족시켰다. 재건조직위원회는 9개의 산업별 노동조합 대표자로 구성되어 '9인위원회'라고도 불렸는데, 이 9인위원회에는 부두를 대표하는 인물이 포함되지 않았다.[48) 재건조직위원회는 1961년 8월 6일과 9일 두 차례에 걸친 회합에서

---

46) 『경향신문』 1960년 12월 18일자, 「간부 개선(改選)키로, 부산부두노조 분규」.
47) 부산부두노동약사편찬위원회, 앞의 책, 134쪽, 137~138쪽.
48) 한국노동단체 재건조직위원회 임원은 한국노동조합총연맹, 앞의 책, 571쪽 참조.

15개 산업별 조직위원을 위촉하는 등 중앙조직 결성대회를 준비해 나갔다. 이때 철도, 섬유, 광산, 전력, 미군종업원, 체신, 운수, 해상, 금융, 전매, 화학노조에 대해서는 조직책임위원을 임명하였으며, 부두노조에는 조직책임위원이 아닌 조직연락위원을 임명하였다.

조직책임위원이 없는 상태에서 부두노조의 재조직은 지체될 수밖에 없었다. 철도, 섬유, 광산 등 조직책임위원이 있던 11개 노조는 산별노조의 재조직을 완료하고, 8월 30~31일에 개최된 한국노총 결성대회에 대의원을 파견할 수 있었으나,[49] 부두노조는 한국노총 결성대회 전까지 재조직을 완료하지 않은 상태에 있었다. 이렇게 재조직이 지체되었던 것은 자유연맹이 포용하고 있던 운수분야를 분리하기로 결정하면서[50] 조직적인 혼란이 야기되었기 때문이다.

한국노총은 미조직분야를 조속히 처리하기 위해 9월 5일 제1차 상무집행위원회를 개최하여 부두와 연합노조의 조직책임위원을 위촉하였다.[51] 이때 부두노조의 조직책임위원으로 이춘희를 위촉하였다.[52] 이춘희는 1950년대 후반부터 대한노총 중앙조직에서 활동했던 인물이다. 그는 1957년 12월 대회, 1958년 10월 대회에서 총무부장으로 선출되어 활동하였다.[53] 4월혁명기에는 전국자유노동조합연맹 사무국장을 역임하였다.[54]

부산부두노조가 부두에서 가장 조직세가 강한 노조였으므로 부두노조의 조직위원으로 서동구, 전병주, 김희열, 정두영 등 부산부두노조를 배

49) 『동아일보』 1961년 8월 30일자, 「노조총연맹 결성대회 개막 산별대표 78명 참가」.
50) 자유연맹은 부두와 철도, 창고 등에서 노동하는 하역노동자를 비롯하여 자동차 관련 노동자, 기타 자유직업의 노동자들을 총망라한 조직이었으나 5·16 군부쿠데타 이후 재건위원들은 자유연맹의 세력을 약화시키기 위해 부두(부두노조)와 육운(운수노조)을 분리하여 독립시키기로 결정하였다. 전국항운노동조합연맹, 앞의 책, 335-336.
51) 한국노동조합총연맹, 『사업보고』, 1962, 78쪽.
52) 임송자, 앞의 책, 391쪽. 조직위원은 서동구·전병주·김희열·정두영이었다.
53) 임송자, 앞의 책, 272쪽, 280쪽.
54) 전국자유노동조합연맹은 1960년 8월 7일 서울 노동회관에서 전국 각항 부두노조 대의원들이 모여 개편대회를 개최하였다. 대회에서 위원장에 전병민(부산), 부위원장에 이봉안(군산)·노현섭(마산)·김판석(여수), 사무국장에 이춘희(부산)를 선출하였다. 전국부두노동조합, 앞의 책, 309쪽.

경으로 한 인물이 위촉되었다는 점은 쉽게 납득할만하다. 그런데 부산부두노조에서 이춘희보다도 활동경력이 있는 인물을 배제하고 이춘희를 조직책임위원으로 위촉한 것은 선뜻 이해하기 어렵다. 이에 대해서는 김봉석의 증언이 참고할만하다. 김봉석은 이춘희가 "부산부두노조에서 지도권을 가지고 있던 사람 중에서 후배격"이었다고 언급하였다. 그리고 한국노총이 후배격에 속하는 이춘희를 부두노조의 조직책임위원으로 위촉하게 된 것은 당시 간부들 대부분이 초등학교도 제대로 나오지 않았지만 이춘희는 고등교육을 받았고, 정치적인 야심이 없었기에 추천하게 된 것이라고 밝혔다.[55]

그런데 주목되는 바는 1960년 11월 30일에 성립된 김말룡 중심의 한국노련에 반발하여 전진한파에서 한국노동조합총연맹을 발족하였을 때, 이춘희가 이 조직에 가담하여 총무부장, 재정부장에 선출되었다는 점이다.[56] 1960년 11월 통합대회 당시 부산부두노조는 전진한을 지지하는 세력과 김말룡을 지지하는 세력으로 나뉘어져 있었다. 부산부두노조 위원장이자 자유연맹 위원장인 전병민, 그리고 자유연맹 사무국장 이춘희는 전진한을 지지하였다.[57] 이러한 사실에서 볼 때 이춘희는 김말룡의 반대세력이었다고 판단된다. 한편 정한주는 김말룡을 지지하였다. 정한주는 김말룡과 가까운 관계로 인해 5·16 이후 노동계에서 물러나 있다가 뒤늦게 노동계로 돌아올 수밖에 없었다.[58]

또 하나 주목할 점은 1958년 10월에 출범한 김기옥 집행부체제에서 활동한 인물 중에서 재조직 책임위원으로 위촉된 유일한 인물이라는 사실이

---

55) 김봉석 구술(일시: 2011.9.24, 11.19 / 녹취: 임송자).
56) 『경향신문』 1960년 12월 5일자, 「노련에 반기(反旗)든 전(錢)씨 별도로 임시집행부를 선임 발표」. 4월혁명기 노동조직 통합과정에서 대해서는 임송자, 앞의 책, 357-369 참조.
57) 전병민은 이규철 중심의 '한국노동단체재건조직위원회'에 대항하여 김말룡 중심의 '전국노동단체 재조직 연락위원회'가 구성되었을 때, 자유노조 대표위원으로 참여하였다. 따라서 전병민은 1960년 12월경에는 전진한을 지지하였지만, 이후 김말룡 지지로 선회하여 한국노총 결성에 참여하지 않은 것으로 보인다.
58) 김봉석 구술(일시: 2011.9.24, 11.19 / 녹취: 임송자).

다. 한국노총으로 재조직되는 과정에서 군부세력은 대한노총 중앙조직에서 활동했던 인물을 의도적으로 배제하고 조직책임자를 임명하였다. 그런데 이춘희는 새로 구성된 한국노총의 이규철 집행부에서 조직책임위원으로 선출되었는데, 이는 대한노총의 김기옥 집행부체제에서 활동한 유일한 인물이라는 점에서 특기할만하다.

재건조직위원으로 위촉된 이춘희는 전국부두노동조합 조직에 착수하여 결성대회를 개최하였다. 결성대회는 9월 20일 대의원 42명이 모인 가운데 서울노동회관에서 개최되었다.[59] 대회에서 선언과 강령을 채택하였는데, 한국노총의 선언과 대동소이하며 강령도 한국노총의 것과 동일하다.[60] 위원장에 이춘희(부산부두), 부위원장에 서동구(부산부두), 전병주(인천부두), 김희열(제주부두)이 선출되었다. 전국부두노동조합 임원진은 다음과 같다.[61]

위원장 이춘희(李春熙)
부위원장 서동구(徐東九) · 전병주(田炳疇) · 김희열(金禧烈)
사무국장 이강한(李康漢)　　총무부장 고종호(高鍾好)
조직부장 이명환(李明桓)　　조사통계부장 이봉안(李鳳雁)
쟁의지도부장 김정옥(金正玉)
회계감사 김대영(金大暎) · 張永哲(장영철) · 김동영(金道永)

위 임원진을 볼 때, 4월혁명기 부산부두노조나 자유연맹에서 주도적인 활동을 했던 인사들 다수가 일선에서 후퇴하였다는 것을 알 수 있다. 임원 중에서 4월혁명기에 주도적으로 활동했던 인물로는 이춘희, 이강한과 이

---

59) 전국부두노동조합, 『활동보고』, 1962, 68쪽; 한국노동조합총연맹, 『사업보고』, 1962, 61쪽; 『경향신문』 1961년 9월 22일자, 「이춘희(李春熙)씨 선출 부두노조 위원장」; 『동아일보』 1961년 9월 22일자, 「부두노조 결성 위원장에 이춘희(李春熙)씨」. 한국노동조합총연맹의 1962년도 『사업보고』에는 9월 20일에 결성대회가 개최된 것으로 기록하였으나, 『경향신문』, 『동아일보』는 9월 21일에 결성대회가 개최된 것으로 보도하였다.
60) 전국부두노동조합, 『활동보고』, 1964, 1-2쪽.
61) 한국노동조합총연맹, 『사업보고』, 1962, 61쪽, 106쪽.

봉안이 포함되어 있을 뿐이다. 재조직된 전국부두노동조합은 자유연맹에서 사무국장으로 재임했던 이춘희가 위원장에 선출됨으로써 새로운 판도를 형성하였다. 부산부두노조 지부장으로 전국부두노동조합 부위원장에 선출된 서동구는 이춘희를 키운 인물이었다.[62] 인천부두에서는 전병주가 전국부두노동조합의 부위원장으로 선출되었다. 부산부두노조 다음으로 인천부두노조가 조직세가 강하였으므로, 이것이 반영되어 인천부두노조에서 부위원장을 차지하였을 것으로 보인다. 그런데 비교적 조직세가 약했던 제주부두에서 김희열이 부위원장에 선출된 것은 파격적이라 할 수 있다.

재조직과정에서 별다른 파벌대립은 드러나지 않고 있다.[63] 조직 결성 후 이춘희 위원장체제는 점차 안착되어 간 것으로 보인다. 그리하여 이춘희는 1964년 9월 25일에 개최된 대의원대회에서 위원장에 재선되었다. 이때 부위원장으로 전병주 · 김동인 · 이봉안, 사무국장으로 이강한이 선출되었다.[64]

2) 전국부두노동조합 지부 결성

1961년 9월 20일 산별노조로 조직된 후 신집행부는 곧바로 산하 지부조직에 착수하였다. 지부조직 결성과정은 산별노조 위원장의 영향력이 크게 작용하였다. 산별노조 위원장이 각 지역별로 지부를 결성할만한 대표적인 인물을 조직위원으로 위촉하였고, 이들 조직위원이 부두별, 직장별로 주요한 인물들을 포섭하여 결성대회를 치루는 방식으로 진행되었다. 부산부두노조의 경우 9월 26일 위원장 이춘희가 서동구(徐東九), 김동인(金東仁), 김상윤(金尚允), 한형수(韓亨洙), 박인근(朴仁根)을 조직위원으로 위

---

62) 김봉석 구술(일시: 2011.9.24, 11.19 / 녹취: 임송자). 또한 김봉석에 의하면, 서동구는 훗날 한국노총 위원장으로 재임한 배상호(운수노조 소속이지만 부두노조 출신)와 정한주(1979년 10 · 26 이후 한국노총 위원장 직무대리)를 키운 인물이었다.
63) 철도, 전력, 광산, 섬유, 금속노조의 재조직과정이나 산별체제가 정착되는 과정에서 일어난 파벌 간 갈등에 대해서는 김준, 「5 · 16 이후 노동조합의 재편과 '한국노총 체제'의 성립」, 『사회와역사』 55, 1999 참조.
64) 전국부두노동조합, 『활동보고』, 1965, 10쪽.

촉하였고, 이들 조직위원은 부두별 또는 직장별로 조직을 대표할만한 조직요원들을 포섭하여 10월 2일에 결성대회를 개최하였다.[65]

지부 결성대회에서 지부장이나 부지부장으로 선출된 인물의 대부분이 전국부두노조 위원장 이춘희가 위촉한 인물들이었다. 따라서 산별노조와 지부 조직 사이의 인적인 연결은 긴밀할 수밖에 없었을 것으로 보인다. 각 지부별 조직 상황을 보면 다음 〈표 14〉와 같다.[66]

〈표 14〉 전국부두노동조합의 지부별 조직상황

	조직위원 위촉	결성 대회	대회 참석자	비고
제주지부	61.9.24	61.9.30	조합원 124명 참석	
부산지부	61.9.26	61.10.2	조직요원 33명 참석	
인천지부	61.9.16	61.10.2	소직요원 41명 참석	61.10.3
목포지부	61.9.26	61.10.10	조직요원 32명 참석	
군산지부	61.9.26	61.10.12	조직요원 27명 참석	
장항지부	61.10.3	61.10.13	조합원 245명 참석	
거진지부	61.10.2	61.10.28	조합원 84명 참석	61.10.25
마산지부	61.10.19	61.10.26	조직요원 19명 참석	
여수지부	61.10.13	61.11.1	조직요원 38명 참석	61.10.26
속초지부	61.10.16	61.10.29	조직요원 14명 참석	
울산지부	61.10.31	61.11.8	조직요원 27명 참석	61.11.7
포항지부	61.11.8	61.11.28	조직요원 24명 참석	61.11.19
줄포지부	61.11.8	61.11.19	조직요원 42명 참석	
강경지부	61.11.17	61.11.27	조합원 95명 참석	
논산지부	61.12.5	61.12.12	조직요원 10명 참석	
주문진지부	62.1.22	62.2.13	조합원 204명 참석	62.2.17
묵호지부	62.6.23	62.7.1	조직요원 32명 참석	
울진지부	62.7.19	62.8.3	조합원 55명 참석	

※ 전국부두노동조합(1962), 『활동보고』, 68-80쪽의 내용을 토대로 작성하였다.
※ 비고란의 날짜는 전국부두노동조합, 『활동보고』, 1962, 19쪽에 기록된 것이다.

---

65) 부산부두노동약사편찬위원회, 앞의 책, 148-149쪽.
66) 전국부두노동조합, 『활동보고』, 1962, 68-80쪽.

위원장 이춘희에 의해 위촉된 조직위원이 조직요원이나 조합원을 포섭하여 결성대회를 개최하기까지는 시일이 그리 오래 걸리지 않았다. 짧게는 6~7일에서 길게는 26일 정도 소요되었다. 각 지부의 결성상황을 보면, 제주지부가 9월 30일에 제일 먼저 결성되었고 이어 부산지부, 인천지부 순으로 1961년 말까지 15개 지부가 결성되었으며, 1962년에는 주문진, 묵호, 울진지부가 결성되어 전국부두노동조합 산하에는 총 18개의 지부를 망라하고 있었다. 전국부두노동조합의 조합원수, 지부·분회는 다음의 〈표 15〉와 같다.[67]

〈표 15〉 전국부두노동조합의 조직 일람표

| | 1962년 8월 30일 현재 | | | | | 1963년 7월 30일 현재 | | | | |
| | 지부장 | 분회수 | 조합원수 | | | 지부장 | 분회수 | 조합원수 | | |
			남	여	계			남	여	계
제주지부	김희열	6	187		187	김희열	7	241		241
부산지부	김동인	12	6,506	255	6,761	박인근	14	6,260	332	6,592
인천지부	전병주	27	3,203	15	3,218	전병주	29	2,872	19	2,891
목포지부	배석천	68	1,041	62	1,103	배석천	62	1,374	21	1,395
군산지부	이명연	7	1,066		1,066	이명연	7	1,123		1,123
장항지부	최봉상	6	878	20	898	최봉상	8	965	48	1,013
거진지부	김근성	2	84		84	김근성	1	72		72
마산지부	백찬기	14	557		557	백찬기	17	876		876
여수지부	김한모	3	623		623	이동근	2	697	27	724
속초지부	원흥팔	7	72		72	원흥팔	7	447		447
울산지부	이문조	2	92		92	이문조	2	136		136
강경지부	김유득	4	199		199	김유득	5	260		260
포항지부	김해진	4	170		170	김해진	3	299		299
줄포지부	한규성	13	95		95	한규성	11	223		223

67) 전국부두노동조합, 『활동보고』, 1962, 17쪽; 전국부두노동조합, 『활동보고』, 1963, 412쪽.

지부										
논산지부	최창돌	1	53		53	최창돌	4	53		53
주문진지부	최돈억	9	204		204	최돈억	8	357		357
묵호지부	최화춘	1	67		67	이명우	1	120		120
울진지부	김정섭	2	55		55	김정섭	3	273		273
포항직할분회						김해도	1	228		228
계	18	188	15,152	352	15,504	19	192	16,876	447	17,323

※ 전국부두노동조합, 『활동보고』, 1962, 17쪽과 『활동보고』, 1963, 412쪽의 표를 재작성하였으며, 수치 계산의 오류를 바로 잡았다.

부두노조는 빠르게 성장하여 1차 연도(1961.9~1962.8) 조직목표를 10,000명으로 설정하였으나 1961년 10월에 10,221명을 조직하여 목표를 초과 달성하였다. 1차 연도가 끝나는 1962년 8월에는 18개 지부에 188개 분회를 조직하여 조합원수가 15,504명에 이르렀고,[68] 1963년 7월 말에는 17,323명으로 조직이 성장하였다.

부두노조가 빠르게 성장하고 있었지만 한국노총 산하 전조합원수와 비교해 볼 때, 조직의 비중은 크지 않았다. 1950년대 중후반 대한노총 내에서 자유연맹의 조직적 비중에서 가장 선두를 달렸던 것과 대조적이다. 1963년 8월 현재 한국노총 산하에 포섭된 조합원은 224,420명이므로 부두노조는 7.64%를 차지하였으며, 15개의 산별노조의 조직세와 비교하자면 부두노조는 섬유노조(32,099명), 운수노조(26,852명), 철도노조(25,871명), 광산노조(20,858명), 연합노조(18,386명)에 이어 6위를 기록하였다.[69] 따라서 조합원 수치에서 비교적 약세라고 할 수 있다.

지부의 조직세는 부산지부가 6,761명(1962.8.30 현재)/6,592명(1963.7.31 현재)으로 전체 조직의 약 43.6%(1962.8.30 현재)/38.1%(1963.7.31 현재)를 차지하여 선두를 달리고 있으며, 인천지부, 목포지부

---

68) 전국부두노동조합, 『활동보고』, 1962, 17쪽.
69) 한국노동조합총연맹, 『사업보고』, 1963, 142-143쪽.

가 그 뒤를 잇고 있다.

지부장 변동 상황을 살펴보면, 부산지부, 여수지부, 묵호지부를 제외한 지부장은 연임하였다. 부산지부의 경우 1961년 10월 2일 결성대회에서 서동구가 지부장에 선출되었으나 조직비리로 인해 1962년 3월 지부장 정권이라는 징계를 당하여 김동인 부지부장이 직무대리를 수행하였다. 이후 1962년 7월 대의원대회에서 김동인이 지부장에 선출되었고, 1963년 4월의 대의원대회에서 박인근이 지부장으로 선출되었다. 이후 부산지부는 박인근 집행부체제가 1960년대 말까지 지속되었다.[70]

3) 조직 운영의 변화

자유노동자로 조직된 부두노조는 중간착취의 성격이 짙은 십장, 반장들이 인사권을 쥐고 있어 부정과 부조리의 온상이 되었다. 이러한 부두노동조합의 조직적 결함을 시정하고 운영의 합리화를 기하기 위해서는 조직운영 체계를 변화시킬 필요가 있었다. 한국노총은 부두노동조합을 결성하는 과정에서 과거 부두노동조합의 부패와 구악을 제거하기 위한 조치로 1961년 9월 7일 노총조(勞總組) 제10호로 전국부두노조 결성준비위원회에 ① 조합원 등록제 실시, ② 반장제 폐지, ③ 잡부금의 갹출 방지, ④ 노임 직불제라는 4대 시정방침을 시달하였다.[71] 한국노총에서 시달한 4대 시정방침을 전국부두노동조합은 9월 20일 결성대회에서 채택하였다.

4대 시정방침이 어떠한 과정을 거쳐 나오게 되었는지는 명확하게 설명하기 어렵다. 다만, 1950년대 후반 십장제 폐단에 대한 비판운동, 반김운동의 흐름, 그리고 4월혁명기 부두노조를 개혁하려는 노동자들의 열망 등이 결합되어 나온 것으로 보인다. 그리고 과거의 악습을 그대로 유지한다

---

70) 부산부두노동약사편찬위원회, 앞의 책, 155-157쪽.
71) 한국노동조합총연맹, 『사업보고』, 1962, 190-191쪽. 4대 시정요강은 운수노조에도 시달하였다.

면 또 다른 반대세력이 양산되어 조직적인 도전을 받을 수밖에 없다는 위기의식에서 새로이 편성된 부두노조의 지도급 인물들이 이에 대한 대비책으로 4대 시정방침을 받아들였을 가능성도 있다. 새롭게 출발한 한국노총 또한 과거 대한노총과는 다른 면모를 드러내기 위해서는 부두노조의 악폐를 개혁할 필요가 있다고 보았을 것이다. 이리하여 한국노총 신집행부와 부두노조의 조직책임위원으로 위촉된 이춘희의 사이에서 부두노조 개혁에 대한 공감대가 형성되어 4대 시정방침이 나온 것이 아닌가 짐작된다. 이러한 4대 시정방침 중에서 조합원 등록제와 반장제 폐지가 개혁의 중심을 이루고 있다고 판단되므로, 이에 초점을 맞추어 살펴보겠다.

먼저, 조합원 등록제는 항만하역 노동자의 취업과 동원을 공정하게 처리하고, 취업의 균형을 이루기 위해 채택한 것이다. 과거 반장이나 십장이 조합원들의 인사권을 쥐고 있던 폐단을 시정하기 위한 제도로 볼 수 있다. 김봉석에 의하면, 전국부두노동조합에서 미국에서의 경험을 담은 책을 이광조로부터 입수하여 김봉석이 직접 번역하여 등록제를 시행하였다.[72]

1961년 11월 1일 제1차 중앙위원회에서 조합원 등록제 실시 요령을 제정하였다. 실시 요령의 골자는 ① 각 지부에서 등록자격 심사위원 구성, ② 기존 조합원들의 등록신청 → 결격사유 심사, ③ 신규 등록의 경우 항만노무동원의 수급상황에 따라 엄격한 심사 등이었다. 실시요령에 따라 12월 15일까지 신청서를 접수하고 심사하여 1962년 1월 1일부터 등록증을 발부하였다. 이때 등록자격은 "만 17세 이상 60세 미만자로서 3개월 이상의 근무실적이 있고 강령 및 규약을 준수한 자"로 제한하였다. 그리고 조합원들의 취업은 "수입균형제를 원칙으로 윤번배치"하는 것으로 정하였다.[73] 이렇게 실시된 조합원 등록제에 따라 1962년 2월 28일 현재 지

---

72) 김봉석 구술(일시: 2011.9.24, 11.19 / 녹취: 임송자)
73) 한국노동조합총연맹, 『사업보고』, 1962, 191-192쪽.

부별 등록상황은 88.6%에 이르렀다.[74]

등록제는 십장 및 반장과 노무자 사이의 신분적인 예속관계를 무너뜨리고 노동자들의 취업을 보장하기 위한 것이었다. 과거 십장은 작업 배치권을 비롯한 하역작업 일체의 권한을 갖고 있어 노동자들은 십장에게 맹종할 수밖에 없는 처지에 놓여있었다. 그리고 십장이 노동조합의 분회장을 겸직하면서 독단으로 운영함으로써 노동자들은 조합원으로서 권리를 제대로 행사하지 못하였다. 등록제는 이러한 구조를 쇄신하고 노동자들의 취업과 동원에 공정을 기하고자 미국에서 시행되고 있던 제도를 도입한 것이다.

등록제에 의한 노동자 윤번배치는 노동조합에서 수행하는 것으로 설정하고 있다. 따라서 이 제도는 노동조합의 자주성, 민주성 여하에 따라 성패가 좌우될 수 있는 것이다. 그런데 앞에서 보았듯이 부두노조의 조직과정은 부두노조 위원장 이춘희가 위촉한 조직위원에 의해서, 그리고 조직위원이 포섭한 조직요원에 의해서 단기간에 하향식으로 급조되었다. 이러한 방식으로 결성된 노동조합이 자주성과 민주성을 얼마나 담보하였을지 의문을 제기하지 않을 수 없다. 또한 미국의 경우 Hiring Hall에서 전산 입력된 노동자들을 윤번으로 작업에 배치함으로써 등록제는 어느 정도 성과를 거둘 수 있었지만,[75] 우리의 경우 그러한 체계가 갖추어지지 않았다. 따라서 이 제도가 소기의 성과를 거두기 위해서는 제도를 실시하는 주체인 노동조합이 자주적이고 민주적인 토대를 갖추는 것이 선행되어야 했다.

다음으로, 중간착취의 온상이 되었던 반장제를 폐지하고 연락원 제도를 실시하였다. 연락원제도는 항만하역에서 노동자를 동원하기 위해 마련한 것이다. 전국부두노동조합은 규약 12조~19조에서 「직무연락원과 임무」를 규정하였다. 규약 조문을 보면, 제12조 "분회에 조합원 중에서 적당한 인원수의

---

74) 전국부두노동조합, 『활동보고』, 1962, 95쪽; 한국노동조합총연맹, 『사업보고』, 1962, 193쪽.
75) 김봉석 구술(일시: 2011.9.24, 11.19 / 녹취: 임송자).

직장연락원을 두되 작업량 증감, 조합원수 증감에 따라 인원수를 가감할 수 있다", 제13조 "직장연락원은 분회장의 추천으로 지부장이 위촉한다", 제18조 "직장연락원은 분회에 긴급 연락할 필요가 있을 시 외에는 작업장을 이탈하지 못하며 조합원과 동일하게 취업하여야 한다"고 되어 있다.[76]

이 제도는 4월혁명기 부산부두노조에서 반김세력 제거, 작업반장에 대한 임명제 폐지, 조합원의 직접투표에 의한 작업반장 선출 등에 역점을 둔 것과 비교하여 진일보한 것이었다. 특히 직장연락원들에게 "조합원과 동일하게 취업"하도록 임무를 규정하여 중간착취를 방지 내지는 일소하려는 의지를 보이고 있다. 그런데 직장연락원 위촉을 제13조에서 밝히고 있듯이 "분회장 추천으로 지부장"이 하도록 되어 있다. 이러한 조항은 연락원−분회장−지부장이라는 라인형성이 가능할 수 있는 길을 터준 것으로, 조합원들에 대한 인사권 행사, 중간착취 등을 차단하기에는 미흡한 것이었다. 이 조항에는 "분회장 추천으로 지부장"이 임명하는 내용을 삭제하고 "조합원의 직접투표"가 삽입되어야만 했다. 이상과 같은 문제점으로 인해 과거의 폐단은 쉽사리 제거할 수 없었다.

전국부두노동조합은 "4대 시정요강을 철저히 시행하여 과거 부두노동운동의 악폐였던 반장제와 잡부금 갹출을 근절하고 등록제 실시로 조합원의 수입균등화를 실현"하였다고 자부하였지만,[77] 전체 조직의 약 43.6%(1962.8.30 현재)를 차지하고 있던 부산지부에서 재건조직 초기부터 조직의 비리가 발생하여 지부장 서동구가 징계처분을 당하였다.

전국부두노조가 밝힌 바에 의하면, 서동구는 ① 한국미창 부산지점 관하(管下) 약창(藥倉)과 제2계 창고에 2개 반의 반장직을 겸직하며 중간착취를 하였으며, ② 부산하역협회와 단체협약 체결교섭에서 하역협회가 원하는대로 본조의 사전승인 없이 임의로 조인하였으며, ③ 지부 조

---

76) 전국부두노동조합, 『활동보고』, 1964, 361–363쪽.
77) 한국노동조합총연맹, 『사업보고』, 1962, 868쪽.

합비 9,351,827환을 징수하여 본조에 3,735,730환을 납부할 필요가 있었는데도 불구하고 14%밖에 되지 않은 1,280,000환을 본조에 납부하고 2,455,729환을 유용하였다.[78]

또한 인천지부의 경우 중간착취의 불합리한 폐단이 시정되지 않고 1960년대 중반기까지 온존하였다.[79] 1965년 11월 16일 전국부두노조 인천지부 산하 대한통운분회 조합원 630명이 하역작업을 거부하는 사태가 발생하자 인천시 사회과장이 "분회 연락원들이 … 9할제로 노임을 착취하고 있다"고 발언한 사실을 『경향신문』에서 보도하였다.[80] 이에 따라 논란이 벌어지자 인천시에서 전국부두노조 인천지부의 연락원제와 부정사건에 대한 조사를 실시하여 인천시장 윤갑로의 명의로 신문지상에 「해명서」를 게재하였다. 「해명서」에서는 전국부두노조 인천지부에 존재하는 연락원제도의 문제점을 다음과 같이 지적하였다.[81]

- 노조에서 임명하는 "연락원이라는 명칭의 십장제"가 존속하고 있으며, "9할제"라는 고리대금이 공공연히 행하여지고 있다. 연락원제로 위장된 것으로 십장제, 반장제의 폐단이 근절되지 않았다.
- 연락원이 조합원과 같이 작업하지 않을 뿐만 아니라 작업배치, 작업인원 동원, 작업 감독과 노임지불 등을 행하고 있다. 이는 십장제나 반장제와 차이가 없는 것으로, 일반 노무자들은 연락원이라 부르지 않고 반장이라고 호칭하고 있는 실정이다.
- 연락원은 노무자의 작업노임에서 "연락원 몫"이라 하여 총 노임의 약 6% 상당액을 임의 공제하여 중간 취득하고 있다.

인천지부에서 드러난 바와 같이 십장제가 내포하고 있는 폐단을 시정하고자 연락원제도를 신설하였으나 연락원제도가 십장제도의 명칭만을 바

---

78) 전국부두노동조합, 『활동보고』, 1962, 170-173쪽, 176쪽.
79) 1960년대 중반 이후에도 중간착취의 폐단은 계속 이어졌을 것이나 자료의 한계로 인해 명확히 밝힐 수 없는 형편이다. 앞으로 이에 대한 자료발굴이 필요할 것으로 본다.
80) 『경향신문』 1965년 11월 17일자, 「통운노조 작업거부. 9할제 폐지 운운(云云)에」.
81) 이규창, 앞의 책, 128-130쪽.

꾼 것에 불과하였다. 따라서 연락원제도를 통해 전근대적인 노무조직을 근대적인 노무조직으로 변화시킬 수는 없었다. 연락원제도는 유명무실하였을 뿐 현장에서는 구습이 되풀이 되고 있었다.

5. 나오며

십장제에 대한 비판운동을 분석하려면 대한노총 중앙조직의 세력관계와 대한노총 자유연맹, 특히 부산부두노조에 대한 세력관계를 파악하는 것이 전제되어야 한다. 그래야만 십장제에 대한 비판이 1950년대 후반에 나오게 된 배경을 설명할 수 있을 것이다.

대한노총은 1957년과 1958년 전국대의원대회에서 헤게모니 장악을 위한 세력 간 연합, 대립관계가 형성되었고, 최종적으로 자유연맹의 김기옥이 헤게모니를 장악하여 1인 집권체제를 수립하였다. 이러한 과정에서 정대천 세력이 반김기옥 운동을 전개하였으며 주요 전술로 사용한 것이 십장제에 대한 비판이었다. 십장제는 김기옥 세력에게는 치명적인 약점으로 작용하였으며, 정대천 세력에게는 김기옥의 조직기반을 무너뜨릴 수 있는 공략지점이 되었던 것이다. 정대천 세력, 반김세력은 조합원의 노임을 중간착취하는 도반장·십장·반장 위주로 구성된 노조는 노동조합법에 저촉된다며 김기옥 세력을 집중적으로 공격하였다. 이러한 반김운동은 비료조작비 횡령을 고발하는 사태로까지 확산되었다. 부산부두노조에서도 1950년대 후반 김기옥의 권력 집중과 남용을 비판하는 반김세력이 형성되었다. 이들은 1958년 11월에 정대천세력이 폭로한 비료조작비 횡령사건을 계기로 정대천 세력과 연결하여 김기옥에 대한 비판운동을 전개한 것으로 보인다. 그러나 이러한 반김운동은 자유당의 개입으로 좌절을 겪을 수밖에 없었다.

4월혁명의 공간은 1950년대 후반 반김운동을 전개하던 노동세력의 운신 폭을 넓혀주었다. 정대천은 구세력이라는 지탄을 받으며 노동계를 떠났지만 한때 정대천 세력에 가세했던 김말룡은 전국노협을 중심으로 운동을 전개하였으며, 부산부두에서는 반김운동의 대표적인 인물이었던 김용후, 전영곤, 전병민, 정한주 등이 지도급으로 영향력을 행사하였다. 이러한 과정에서 부산부두에서는 신파와 구파 사이에 치열한 암투가 벌어졌지만, 반김운동을 주도하였던 노동세력이 조직을 재정비하고 김기옥 세력을 제거하는 한편 조합운영을 체계화시켜 나갔다. 이들 세력이 조합운영의 방향을 조합원의 직접·비밀투표에 의한 분회장 선출, 작업반장에 대한 임명제 폐지, 조합원의 직접투표에 의한 작업반장 선출 등으로 설정한 것은 1950년대 후반에 전개된 반김운동의 연장선으로 볼 수 있다고 판단된다.

　5·16 이후 한국노총으로 재편성되고 부두노조도 1961년 9월 20일 전국부두노동조합이라는 산별체제로 재조직되었다. 4월혁명기 부산부두노조나 자유연맹에서 주도적인 활동을 했던 인사들이 일선에서 후퇴하고, 자유연맹에서 사무국장으로 재임했던 이춘희가 위원장에 선출됨으로써 새로운 판도를 형성하였다. 새롭게 형성된 노동세력은 결성대회에서 채택된 4대 시정방침에 따라 조직운영 체계를 변화시키고자 하였다. 이에 조합원 등록제를 실시하고, 중간착취의 온상이 되었던 반장제를 폐지하고 연락원제도를 도입하였다.

　등록제에 의한 노동자 윤번배치는 노동조합의 자주성, 민주성 여하에 따라 성패가 좌우될 수 있는 것이었다. 그러나 5·16 이후 조직된 부두노조는 위원장 이춘희가 위촉한 조직위원에 의해서, 그리고 조직위원이 포섭한 조직요원에 의해서 단기간에 하향식으로 급조되어 자주적이고 민주적인 토대를 갖추지 못하였다. 연락원제도는 4월혁명기 부산부두노조에서 운영한 내용과 비교하여 진일보한 면이 있었지만 연락원을 "분회장 추천으로 지부장"이 임명하도록 규정하고 있어 조합원들에 대한 인사권 행사, 중간착취 등을 차단하기에는 미흡한 것이었다. 이러한 문제점으로 인해 과거의 폐단은 쉽사리 제거되지 않았고, 1960년대까지 온존하였다.

제7장

광산노동조합의
리더십 변화과정과 조직활동

제7장
광산노동조합의
리더십 변화과정과 조직활동

1. 들어가며

에너지 자원이 부족한 남한에서 비교적 매장량이 풍부한 것이 석탄, 특히 무연탄이었다. 1960년대 에너지 수급에서 석탄이 차지하는 비중은 절대적이었으며, 석탄은 산업화를 위한 기초적인 에너지원으로 중요한 역할을 하였다. 무연탄의 수요급증에 따라 정부는 석탄산업을 육성하기 위한 일련의 정책을 추진하였다. 자유당 정권기에는 1956년 「석탄개발 5개년 계획 및 연료종합 5개년 계획」(이후 「탄전종합개발 10개년 계획」으로 변경), 1959년 「석탄증산 8개년 계획」이 시행되었다. 1961년 5·16 이후, 석탄 증산 개발을 위한 정책은 제1차 경제개발 5개년계획(1962~1966년)에 따라 「석탄증산 8개년 계획」으로 흡수되어 추진되었다. 그리고 1961년 12월 31일에는 「석탄개발 임시조치법」이 공포되었다.[1]

이러한 일련의 정책으로 석탄생산량이 늘어나고, 탄좌개발이 이루어졌으며, 광산노동자수도 증가하였다. 광산노동자는 열악한 작업환경에서

---

1) 석탄산업합리화사업단, 「한국석탄산업사」, 1990, 61~63쪽.

위험을 감수하면서 중노동을 하는 존재였다.[2] 또한 이들은 진폐증, 규폐증이라는 죽음의 직업병을 안고 살아가는 존재였으며, 사회적으로 격리된 광산촌에서 문화적인 혜택을 제대로 받지 못하는 이방인이었다. 정부는 광산노동자를 "산업전사"로 추켜세우면서도 이들의 처우를 개선하기 위한 정책적인 배려에는 인색하였다.

광산노동자들의 권익확보를 위해서는 무엇보다 광산노조의 역할이 중요하였다고 볼 수 있는데, 1960년대 광산노조가 어떠한 역할을 수행했는지 파악할 수 있는 연구는 아직까지 없는 실정이다. 연구의 빈약으로 '광산노조=어용노조'라는 식으로 이해하는 경향이 강하다. 특히 사북사건(항쟁)을 통해서 광산노조를 이해하고 있어, 광산노조를 어용화, 부패의 상징적인 대상물로 바라보고 있다. 문제는 1980년 사북의 동원노조와 본조의 부정적인 모습을 광산노조 전체로 확대하여 인식하거나 1950~1960년대로 소급하여 바라보는 편향된 인식이다. 어느 특정한 시점에서의 해석을 전체적인 상으로 과도하게 해석하는 태도는 지양할 필요가 있으며, 이를 위해서는 무엇보다도 광산노조에 대한 연구가 선행되어야 할 것이다.

대체로 1960년대 이후의 정치사나 사회운동사를 시기구분 할 때, 유신체제 성립을 기점으로 잡고 있다. 따라서 유신체제를 전후로 한 변화상을 파악하기 위해서는 1960년대 연구도 필수적이다. 그러나 1960년대 노동사 연구는 그다지 성과를 거두지 못하고 있다. 한국노총이나 산별노조의 경우, 권력과 자본에 순응만 한 것이 아니라 시대에 따라 저항하기도 했으며 순응과 저항의 수위도 달랐다. 유신체제에 종속되기 이전의 면모, 즉 순응과 저

---

2) 광산노동자는 작업내용에 따라 여러 직종으로 나뉜다. 크게 직접부와 간접부로 구분할 수 있다. 직접부는 경력과 작업의 숙련도에 따라 선산부, 후산부로 나뉘며, 이들은 생산이나 생산과 직결되는 작업을 하였다. 직접부의 직종으로 채탄, 굴진, 보갱이 있다. 간접부는 갱내 간접부와 갱외 간접부로 나뉘며, 직접부의 작업을 원활하게 진행할 수 있도록 지원하였다. 갱내 간접부의 직종으로 유탄, 송탄, 궤도공, 권양공, 조차공, 운전공, 배관공, 양수공, 갱내목수, 잡부 등이 있다. 갱내 작업은 갑방(오전 8시~오후 4시), 을방(오후 4시~자정), 병방(자정~다음날 오전 8시) 등 3개조로 편성되었다. 강원도, 『강원 탄광지역의 어제와 오늘』, 2006, 413-414쪽.

항의 수위를 드러내기 위해서는 1960년대 연구가 절실히 요청되고 있다.

이 장에서는 이러한 사실을 염두에 두고 1950~60년대 광산노조 리더십 변화과정과 조직활동을 살펴보았다. 첫째, 전평세력을 와해시키고 난 후 들어선 대한노총 전국광산노동조합연맹의 조직적 특성과 활동을 살펴보았다. 둘째, 1950년대 후반 새로운 노동조합운동에서 광산노조의 역할과 4월혁명기 조직활동에 대해서 파악하였다. 셋째, 1961년 5·16 이후 전국광산노동조합으로 재편성되는 과정과 리더십 변화과정을 살펴보고, 지부의 조직 재편성 과정에서 전국광산노조가 어떠한 방식으로 개입하고 통제하였는지 탐색하였다. 마지막으로 1960년대 전국광산노동조합 활동 중에서 덕대제 폐지와 연료정책 반대활동을 중점적으로 다루었다. 이러한 활동은 다른 산별노조에서 볼 수 없는 광산노조에서만 볼 수 있는 독특한 활동이라 할 수 있는데, 이에 대한 집중적인 조명은 1960년대 광산노동자들의 실상을 이해하는데 도움이 될 것이다.

2. 전국광산노동조합연맹과 새로운 노동조합운동

1) 전국광산노동조합연맹

전국광산노동조합연맹(이하 광산연맹)은 대한노총 산하 조직으로 1949년 4월 27일에 결성된 조직이다. 해방 후 삼척, 영월, 화순의 광산지역에서 대한노총 세력이 조직에 성공할 수 없을 정도로 전평세력은 강한 영향력을 발휘하고 있었으나 3·22총파업, 2·7구국투쟁 과정에서, 그리고 대한민국 정부 수립 과정에서 크게 약화되고 소멸되어 갔다. 이러한 가운데 전평세력을 대체하여 광산지역에서 대한노총 세력이 조직을 확장해 나갔으며, 1949년 4월에는 대한노총 산하 대단위 조직을 갖추어 광산연맹을 창립하였다.[3]

---

3) 대한노총 산하 광산노조 결성 상황에 대해서는 전국광산노동조합, 『광노25년사』, 1974, 204-205쪽 참고.

광산노조는 국영탄광에서 집중적으로 조직되었다. 1950년 5월 4일 대한석탄공사법이 공포되고 6월 20일에 시행령이 공포되어 국영탄광의 기틀을 마련하였다. 11월 1일에 대한석탄공사(이하 석공)가 발족하였으며, 석공은 설립 당시 정부가 지정하는 탄광(장성·도계·영월·은성·화순·함백·나전·화성·성주 등의 귀속탄광)을 개발하는 한편, 조선석탄배급회사의 석탄수급업무를 흡수 운영하였다.[4] 국영탄광의 노조들은 석공이나 상공부를 상대로 노동조건 개선과 임금인상 투쟁을 전개하였다. 그 대표적인 예로 석공에 소속된 영월, 도계, 장성, 은성, 화순 등 국내 주요 탄광노동자들이 1952년 2월 10일부터 3월 14일까지 한 달 여에 걸쳐 전개한 임금인상투쟁을 들 수 있다.[5]

광산연맹은 산별체제를 표방하였으나[6] 실제적으로는 기업별연합회였던 대한석탄광노조연합회, 대명광업노조, 대한중석노조연합회 등이 단체협약과 노사교섭을 전담하였다. 대한석탄광노조연합회, 대명광업노조, 대한중석노조연합회가 거의 같은 시기에, 다시 말하면 노동관계법이 공포된 이후에 조직되었다. 1953년 노동조합법이 공포되자 상동광산노조를 비롯하여 중석본사노조, 장성탄광노조, 도계탄광노조, 화순탄광노조 등 8개의 광산노조가 재조직되었다. 그리고 이를 기초로 1953년 6월 24일 각 노조의 대의원 28명이 참석한 가운데 광산연맹 재조직 결성대회가 개최되었다. 재조직된 광산연맹은 9월 1일에 제1차 집행위원회를 열어 기업연합회 조직을 결정하였다.[7]

기업연합회 조직 결정에 따라 도계, 화순, 영월, 은성탄광노조 등 석공 내의 각 노조가 1954년 7월 10일 결성대회를 개최하여 대한석탄광노조연

---

4) 석탄산업합리화사업단, 앞의 책, 52–53쪽; 대한석탄공사, 『대한석탄공사 50년사』, 2001, 69쪽.
5) 『동아일보』 1952년 3월 5일자, 「부득이 최후수단도 고려. 광련서 4일 당국에 성명서 제출」; 『경향신문』 1952년 3월 6일자, 「임금 지불 등 요구. 10일까지 해결치 않으면 파업」; 전국광산노동조합, 앞의 책, 49–50쪽.
6) 대한노총은 규약으로 산업별·지역별 조직을 채택하였지만, 실제로 산업별 조직이 기능을 하지 않았다.
7) 전국광산노동조합, 앞의 책, 55–58쪽.

합회(이하 탄련)를 출범시켰다.[8] 탄련 결성에 앞서 1954년 6월 1일에 상동, 달성, 대한중석본사의 각 노조가 세를 규합하여 대한중석노조연합회(이하 중련)를 조직하였다.[9] 그리고 6월 30일에는 구봉, 무극, 금정, 청양노조가 모여 대명광업노조를 결성하였다.[10]

기업연합체 결성에 따라 이후 광산노조의 투쟁은 기업연합체 주도로 전개되었으며, 그 규모와 양상도 대규모적이고 격렬한 양상을 보였다. 그 대표적인 예로 탄련이 주도한 1954년 12월의 48시간 총파업을 들 수 있다. 탄련의 노임체불과 물가앙등에 따라 실질임금이 저하됨으로써[11] 노동자들의 생존은 압박을 당하고 있었다. 이러한 상황에서 국회와 정부에 지속적으로 대책을 호소하였지만 정부는 뚜렷한 대책을 내놓지 못하였다. 이에 탄련은 10월 26일 석공을 상대로 노동쟁의를 제기하였으며, 12월 2일 도계, 영월, 은성, 화순 등 4개 광업소 노동조합원 약 7,000여 명이 임금인상, 미불임금 청산 등의 요구조건을 내걸고 48시간 총파업을 단행하였다.[12] 또한 광산연맹 위원장 이준수는 12월 7일 석공문제가 단시일 내에 해결되지 않는다면 또다시 48시간 총파업을 단행할 것이라고 경고하였다.[13]

1950년대 전반기 거의 노동쟁의가 없던 시기에 대규모로 일어났다는 점에서, 특히 상공부의 감독을 받고 있는 국영기업체에서 발생했다는 점에

---

8) 1954년 6월 25일 장성, 도계, 화순, 영월, 은성 등 5개 탄광 노동조합 대표가 석공 산하 노동조합 전체를 대표하는 기구로 탄련을 조직하기로 결정하였다. 그리고 7월 10일 결성대회를 개최하여 탄련을 출범시켰다. 그러나 초기의 탄련은 장성탄광이 2년 동안 가입하지 않은 채 대립관계에 있었다. 대한석탄공사, 앞의 책, 538-539쪽.

9) 대한중석광업주식회사, 『대한중석 70년사』, 1989, 394쪽. 『광노25년사』는 중련 결성 시기를 7월로 기술하였다. 전국광산노동조합, 앞의 책, 58쪽.

10) 전국광산노동조합, 앞의 책, 58쪽.

11) 한국은행 조사부 『경제연감』(1954)과 석공 노임통계에 의하면 1954년 생계비 총지출은 33,837원이었던데 비해 석공의 평균노임은 10,400원이었다.

12) 탄련에 가입한 도계, 화순, 은성, 영월탄광이 파업에 참여하였으며, 장성탄광은 불참하였다. 영월, 화순, 은성탄광은 48시간 파업을, 도계탄광은 24시간 파업을 단행하였다. 대한석탄공사, 앞의 책, 552-553쪽. 『동아일보』 1954년 12월 3일자, 「4개 탄광노무자 파업 단행」; 『경향신문』 1954년 12월 4일자, 「석공 산하 탄광노조원 2일 24시간 파업 단행」.

13) 김사욱, 「누적되는 체임과 임투에 궐기한 탄련 산하 석공노조원의 총파업」, 『경영과 노동』 1971년 10월호, 17쪽.

서 탄련이 주도한 48시간 총파업은 사회적으로 커다란 파문을 일으켰다. 사회부는 12월 6일 석공을 상대로 근로기준법 제36조(임금지불)와 제12조(보고출석의 의무), 그리고 노동쟁의조정법 제18조(행정관청의 조사권) 위반으로 서울지검에 고발하였다.[14) 이렇게 행정관청에서 기업주(석공 총재 임송본)를 고발한 것은 노동관계법 공포 이후 처음이었으며, 그 대상이 국책기업이었기에 사회적으로 이목이 집중되었다.[15) 사기업도 아닌 석공이 3개월씩이나 임금을 체불하는 것은 묵과할 수 없는 일이며, 책임자는 법의 제재를 받아야 한다는 여론이 일었다. 이러한 상황에서 이승만 대통령은 12월 7일 "국산 탄가를 인상하여 광부들의 복리를 도모하라"는 요지의 담화를 발표하였다.[16)

다음날 석공은 체불임금 지급을 약속하였으며, 1955년 1월부터 54%의 임금인상에 합의하였다. 이에 따라 노동쟁의는 일단락되었으나 석공 측의 임금인상 약속은 제대로 이행되지 않았다. 12월 24일 국회 본회의에서 석공 인사를 쇄신하고 운영을 합리화한다는 부대조건을 전제로 탄가 105% 인상안이 통과되었지만[17) 임금문제는 개선되지 않았다. 뿐만 아니라 정부는 합리적인 석공 운영으로 석탄을 개발하고 공전하는 노사관계의 개선과 철도건설을 지원한다는 미명하에 김일환 중장을 단장으로 한 장교와 사병

---

14) 『동아일보』 1954년 12월 7일자, 「사회부 석공을 고발. 근로기준법 위반으로 지검(地檢)에」. 석공이 위반한 근로기준법과 노동쟁의조정법의 조문은 다음과 같다. (1) 근로기준법 제36조(임금지불) ① 임금은 통화로 직접 근로자에게 그 전액을 지급하여야 한다. ② 임금은 매월 1회 이상 일정한 기일을 정하여 지급하여야 한다. (2) 근로기준법 제12조(보고출석의 의무) 사용자 또는 근로자는 본법(기준법)의 시행에 관하여 사회부 또는 노동위원회 또는 감독관의 요구가 있을 경우에는 지체 없이 필요한 사항에 대하여 보고 또는 출석하여야 한다. (3) 노동쟁의조정법 제18조(행정관청의 조사권) 행정관청은 노동쟁의를 알선하기 위하여 필요하다고 인정할 때에는 사용자 또는 그 단체, 노조 기타 관계자에 대하여 출석 또는 필요한 보고의 제출 혹은 필요한 장부서류의 제출을 요구하며 관계 공장 사업장 기타 직장업무 상황 혹은 서류 기타 물건을 조사할 수 있다.

15) 『경향신문』 1954년 12월 8일자, 「(사설) 석공 쟁의와 희유(稀有)한 고발」; 『동아일보』 1954년 12월 8일자, 「(사설) 석공의 예」.

16) 『경향신문』 1954년 12월 9일자, 「석탄증산 강조. 이대통령 파업에 담(談)」.

17) 『경향신문』 1956년 12월 26일자, 「탄가 배(倍) 인상 동의」. 국회 본회의에서 탄가 인상의 선행조건으로 결정된 내용은 ① 석공의 인사 쇄신과 감원 단행, ② 석공의 운영비와 석탄생산에 필요불가결한 기업자금 조달 등이었다. 김사욱, 앞의 글, 19쪽.

을 1954년 12월 27일 각 광업소에 배치하여 석공 운영을 감독하도록 하였다.[18] 군대가 광업소에 배치되어 광산운영을 감시, 감독하는 체제는 이후 3년간 지속되었으며, 1957년 8월 8일에 철수함으로써 막을 내렸다.[19]

탄련의 임금인상투쟁은 1955년에도 이어졌으나 군 파견관이 상주하는 상황에서 투쟁은 위축될 수밖에 없었다. 1954년의 노동쟁의에서 합의된 임금인상 약속이 지켜지지 않았을 뿐만 아니라 운영합리화라는 미명아래 단체협약 심의마저 기업주는 기피하거나 거부하였다. 이에 탄련은 1955년 9월 11일 ① 임금인상, ② 단체협약 체결, ③ 고령퇴직자 퇴직금을 입사일로부터 기산 등의 요구조건을 내걸고 노동쟁의를 제기하였다. 그러나 탄련은 500대 1의 대외환율 유지를 위한 대통령의 긴급조치령과 1956년의 5·15 대통령선거 등을 이유로 쟁의를 보류하였다. 하지만 대통령선거가 끝난 후 쟁의를 추진하여 결국은 6월 11일 ① 1956년 6월 21일부터 출근자에게 임금인상 때까지 백미 1일 1인당 1升5合을 지급하며, ② 상호성의로써 단체협약 체결에 노력한다는 내용에 노사 쌍방이 합의하여 쟁의가 종결되었다.[20]

이처럼 광산연맹 내에서 중련과 탄련이 차지하는 비중은 컸다. 그리고 이러한 기업연합체의 세력을 기반으로 광산연맹의 위원장 지위에 오를 수 있었다. 기업연합회 위원장은 아니더라도 연합회 내에서 세력을 구축하고 있던 노조의 위원장도 광산연맹 위원장 자리를 차지할 수 있는 가능성이 컸다. 1950년대 중반까지는 중련이 광산연맹에서 권력을 장악하였다. 1954년 7월 22일 대의원대회에서 위원장으로 선출된 이준수는 대한중석 노조연합회 위원장 출신이었다. 그리고 1955년 10월 10일과 1956년 11월

<hr>

18) 『동아일보』 1954년 12월 28일자, 「김(金)소장을 지휘관에? 석공 강력 운영태세 확립 위해」; 『동아일보』 1954년 12월 29일자, 「책임한계 등 주목. 이대통령 석공에 군 간부 파견 유시」; 『경향신문』 1954년 12월 29일자, 「개발, 수송, 노임 등 군에서 석공을 지휘감독」.
19) 전국광산노동조합, 앞의 책, 59-62쪽.
20) 전국광산노동조합, 앞의 책, 64-65쪽.

30일의 대의원대회에서 위원장으로 선출된 이주기는 중련 소속 상동광산 노조의 위원장 출신이었다.[21)

이러한 권력구도는 1950년대 말에 이르러 변화하였다. 그 이유는 중련의 조직세 감소 때문이었다. 달성광업소가 정부의 경영합리화 지시에 따라 1956년 1월 1일자로 직영에서 덕대제로 전환되었으며 중련을 탈퇴하였다.[22)] 또한 1957년 4월 31일자로 한미중석협정이 만료됨에 따라 대한중석은 4월 1일 제1차로 약 1,100명(상동 700명, 달성 300명, 본사 100명)의 노동자를 일시에 집단해고하였다. 다음해 1958년 10월에도 제2차로 약 600명(상동, 달성)을 집단해고하였다.[23)] 달성광업소의 중련 탈퇴와 대한중석의 잇따른 집단해고에 따라 조직세가 감소하였으며, 결국 중련은 1960년 3월에 해산되는 운명에 처하였다.[24)]

반면에 조직 초기에 참여하지 않았던 장성노조가 1956년에 탄련에 가입하였으며, 1957년에는 새로이 결성된 본사와 함백노조, 1959년에 설립된 부산과 임무소노조까지 탄련에 참여하여 탄련은 9개 노조의 연합체로 발전하였다.[25)] 이러한 조직세를 바탕으로 1958년 12월 18일에 열린 대의원대회에서 탄련 출신의 김정원이 위원장에 당선되었다. 김정원은 1954년부터 1958년 7월까지 탄련 1대~4대 위원장을 지낸 인물이었다.[26)] 이때부터 광산연맹의 권력구도는 중련에서 탄련으로 이동됐다.

김정원은 이후 1965년까지 광산연맹/전국광산노동조합(광노) 위원장을 역임하였다. 7년여에 걸친 위원장 재임시기는 노동계가 변화를 겪게 되는

---

21) 이주기는 1958년 3월 7일에 이준수의 뒤를 이어 중련 위원장으로 선임되었다. 대한중석광업주식회사, 앞의 책, 394쪽.
22) 대한중석광업주식회사, 앞의 책, 394쪽.
23) 전국광산노동조합, 앞의 책, 70쪽.
24) 중련을 계승하는 조직으로 1966년 11월 30일에 상동, 달성, 본사 등 3개 노동조합을 아우르는 대한중석지부연합회가 결성되었다. 연합회 결성 당시 조직원은 상동지부 749명, 달성지부 256명, 본사지부 221명이었다. 대한중석광업주식회사, 앞의 책, 394-395쪽.
25) 대한석탄공사, 앞의 책, 539-541쪽.
26) 대한석탄공사, 앞의 책, 546쪽. 김정원의 뒤를 이어 노용벽이 1958년 7월부터 1963년 9월까지 5~8대 위원장이 되었다.

1950년대 후반기, 4월혁명기, 1961년 5·16군부쿠데타를 거쳐 노동조직이 재편성되는 시기를 관통한다. 한 가지 놀라운 사실은 탄련 소속 노조의 조직세를 보자면 장성탄광노조가 월등하였음에도 화순탄광 소속의 김정원이 오랫동안 위원장직을 유지하였다는 점이다. 1961년 8~9월 광산의 노동조합이 재편성되었을 때, 장성탄광노조의 조합원이 3,400명이었던 반면 화순탄광노조의 조합원은 921명이었다.[27] 장성노조에 비해 현저히 약한 세력을 확보하고 있던 상황에서 화순탄광 소속의 김정원이 오랫동안 리더십을 유지하였던 것이다.[28]

2) 새로운 노동조합운동 과정에서 전국광산노동조합연맹의 역할

(1) 전국노동조합협의회의 참여와 이탈

대한노총은 1958년 대회에서 김기옥체제가 성립된 것을 계기로 분열이 극단화되었다. 김기옥체제에 대항한 세력은 정대천세력, 김말룡세력, 광산연맹세력으로 분류할 수 있다. 이들 세력 중 조직세로 본다면 광산연맹세력이 월등하였다. 그런데 광산연맹도 1958년 대회를 전후하여 두 개의 세력으로 분열하였다. 광산연맹 위원장 이주기는 김기옥과 연합하여 김기옥체제에서 사무총장에 임명되어 활동하였다. 또한 박청산도 광산연맹 위원장 이주기와 함께 김기옥이 주도하고 있던 규약개정운동에 적극 가담하였으며, 1958년 대회에서 김기옥을 위원장으로 앉히는데 기여하였다. 이러한 공헌을 인정받아 김기옥체제에서 선전부장에 임명되어 활동하였다.

이에 반해 탄련 소속 김정원을 중심으로 한 세력은 김기옥체제에 대항한 세력이었다. 이들 세력은 김기옥체제에 반대하여 '이의신립'을 제기하

---

27) 전국광산노동조합, 앞의 책, 96~97쪽.

28) 탄련 소속 장성노조 위원장 서원우는 김정원의 뒤를 이어 1965년 12월의 대의원대회를 통해서 광노 위원장이 되었다. 이후 서원우는 1972년 5월까지 광노 위원장직을 유지하였다. 광노에서 탄련이 차지하는 비중의 막강함은 1970년대에도 그대로 이어져 탄련 의장(위원장) 출신의 한기수, 최정섭이 광노 위원장이 되었다. 이러한 세력관계는 1981년에 민영탄광 노조 소속의 김규벽이 위원장이 되면서 변화하였다.

였다. 대명광업노조 김관호와 탄련 위원장 노응벽이 전면에 나서서 김기
옥체제에 대한 반대운동을 전개하였다. 노응벽은 대구지구연합회 위원장
김말룡과 함께 1958년 대한노총 전국대의원대회에 대한 '이의신립'을 제
기하였고, 김관호는 부산지구노조연합회 최종자와 함께 대한노총 전국대
의원대회 및 결격 노동조합에 대한 '이의신립'을 제기하였다.[29]

　　반김기옥파는 대한노총과는 별도로 노동조합 중앙조직 결성을 추진하
였다. 그 결과 1959년 8월 11일 전국노동조합협의회(이하 전국노협) 설립
준비위원회를 구성하였다. 전국노협 설립준비위원회에서 광산연맹의 비
중을 파악하기 위해서 당시 임원을 보면 아래와 같다.[30]

- 지도위원: 이두형 · 정대천 · <u>노응벽</u> · 최유식 · 김영태
- 위원장: <u>김정원</u>
- 부위원장: 이상진 · 김말룡
- 총무위원: 김성환 · 김광배 · 이팔갑 · 남상희 · <u>방홍규</u> · 김덕현
- 선전위원: 신현수 · 김규성 · 최종자 · <u>박석기</u> · 이세영 · 김말룡
- 연락위원: <u>김관호</u> · <u>서원우</u> · 김갑수 · 송기봉 · 정영권 · 문익모
- 규약기초위원: 김경호 · <u>한기수</u> · <u>김원환</u> · 박상익 · 박월식

　　위 임원 명단을 살펴볼 때, 전국노협 설립준비위원회는 대구지구노동조
합연맹 위원장 김말룡, 부산지구노동조합연맹 위원장 최종자, 광산노조
연맹 김정원 · 김관호 · 노응벽, 경전노동조합 정대천 · 이상진 등이 중심
이 된 것을 알 수 있다.[31] 임원 중에서 밑줄 친 부분이 확인 가능한 광산
연맹 소속 임원들이다. 광산연맹 위원장 김정원이 전국노협 설립준비위원
회 위원장으로 임명된 것으로 보아 전국노협 설립준비위원회 단계에서는

---

29) 이에 대한 자세한 내용은 임송자, 『대한민국 노동운동의 보수적 기원』, 선인, 2007, 332~336쪽 참고.
30) 김진선, 「자유당시대의 노동조합운동」, 『노동공론』 1975년 3월호, 36쪽; 한국노동조합총연맹, 『한국노동조
　　합운동사』, 1979, 490쪽.
31) 임송자, 앞의 책, 341쪽.

광산연맹이 주도적인 역할을 한 것으로 보인다. 장성노조 위원장이며, 탄련 위원장인 노응벽도 참여하여 지도위원으로 활동하였다. 이에 따라 탄련 소속 노조, 즉 화순노조의 박석기, 영월노조의 김원환·한기수, 장성노조의 서원우 등이 대거 참여하였다. 그리고 중련에서는 상동광산노조의 방홍규가 참여하였다. 한편 대한노총 사무총장 이주기는 전국노협 결성에 가담하기 위해 1959년 8월 19일 사무총장직을 사퇴하였는데,[32] 임원 명단에는 나와 있지 않아 그 구체적인 실상을 파악하기는 어렵다.

그러나 10월 26일 전국노협 결성단계에 이르러서는 광산연맹 소속 임원들은 모두 전국노협에서 이탈하였다.[33] 설립준비위원회 위원장으로 있던 광산연맹 위원장 김정원을 비롯하여 부위원장 김관호, 탄련 위원장 노응벽 등이 전국노협에서 탈퇴하였다. 탄련 소속 노조, 즉 화순노조의 박석기, 영월노조의 김원환·한기수, 장성노조의 서원우 등과 중련 소속 상동광산노조의 방홍규가 이탈하였다. 광산연맹 소속 임원만이 아니라 정대천 세력도 함께 이탈하여 전국노협에는 김말룡을 중심으로 한 세력만이 남아 있었다. 이리하여 전국노협 설립준비위원회 단계에서 24개 노조연합회 대표 32명이 참여하였으나 10월 26일 전국노협 결성단계에서는 14개 단위노조 대표 21명으로 크게 세력이 약화되었다.

전국노협에서 대거 이탈자가 나오고 세력이 약화된 것은 정부와 자유당

---

32) 「주한미대사관 일등서기관 Robert W. Tucker가 미국무부에 보낸 보고서(1959.7.10)」(NARA, 『Records of the Department of State internal affairs of Korea, 1955~1959』). 이주기는 1959년 8월 19일 성명서를 통해 "…현하 대한노총은 수십 명의 사이비 노동운동자들에게 독점화되어서 그 안에서는 여하한 역량과 성의 있는 운동자라 하여도 도저히 능력을 발휘할 수 없고 따라서 양심과 양식의 소유자는 머물러 있을 수 없는 것이 현실 그대로입니다"라고 밝혔으며, 방직공 과중노동사건, 대구 중앙집행위원회 사건, 부산부두노조 노임횡령 사건 등을 거론하면서 사무총장직을 사퇴하였다. 대한노총경전노동조합, 『노동』 제7권 제8호, 1959년 8월호, 36~38쪽; 김낙중, 『한국노동운동사 해방후 편』, 청사, 1982, 250~251쪽; 임송자, 앞의 책, 338쪽.

33) 1959년 10월 26일 결성된 전국노협의 임원은 다음과 같다. 중앙위원회 의장 김말룡, 중앙위원 심순택·강수면·김말룡·김갑수·이팔갑·김운한·이세영·김호택·박월식·양의성·배형, 사무총장 한명연, 정책위원회 위원장 엄동옥, 쟁의지도위원회 위원장 김은호, 법규연구지도위원회 위원장 강기업, 회계감사위원회 위원장 김갑수, 징계감사위원회 위원장 심순택. 『동아일보』 1959년 10월 27일자, 「노조협의회 편당적 태도 지향. 참다운 노동운동 전개한다고」.

의 탄압에 기인하였다. 정부와 자유당은 전국노협의 결성이 1960년의 정
부통령 선거에 악영향을 미칠 것을 우려하여 전국노협 결성을 부정하였으
며, 더 나아가서 전국노협에 가담한 자에 대하여는 물리적인 탄압을 가하
였다.[34] 이러한 과정에서 광산연맹도 정부와 자유당의 탄압과 회유에 맞
서 투쟁하는 것을 포기하고 전국노협에서 이탈하였다. 앞에서 언급했듯
이 광산연맹이 전국노협에서 차지하는 비중이 컸기 때문에 이들의 이탈은
1950년대 후반 새로운 노동조합운동을 더욱 어렵게 만들었다.

(2) 4월혁명기 광산노조의 활동과 조직확장

1950년대 자유당의 권력유지를 위해 정치적으로 동원되었으며, 1960년
3·15 부정선거에 깊이 개입하였던 대한노총은 자유당 정권 붕괴에 따라
큰 변화를 겪었다. 자유당 정권 하에서 어용성이 노골적으로 드러난 부두
노조의 경우, 어용노조 규탄데모가 4월혁명 이후 가장 먼저 일어났다. 부
산부두노조는 지도체제를 개편하였는데, 개편된 조직의 임원 대부분이
1950년대 후반부터 김기옥에 대항하여 운동을 전개한 세력이었다.[35]

부산부두노조와 달리 광산연맹은 조직적인 혼란을 크게 겪지는 않았다.
1958년 12월의 대회를 통해 출범한 김정원 체제는 4월혁명 이후에도 계속
유지되었으며, 1960년 7월 8일에 열린 대회에서도 김정원이 위원장으로
선출되었다. 광산연맹은 1950년대 후반 새로운 노동조합운동에 주도적으
로 참여하였다가 자유당의 탄압으로 전국노협에서 이탈하였지만, 4월혁
명이라는 열려진 공간에서 적극적으로 노동조합운동을 전개하였다.

4월혁명기 광산지역에서도 노동쟁의가 활발하게 일어났고, 신규조직도

---

34) 임송자, 앞의 책, 346쪽.

35) 4월혁명 이후 부두노동조합의 세력 재편과정에 대한 자세한 내용에 대해서는 임송자, 「4월혁명기와 5·16
이후 부두노동조합 재편 과정과 노동조합 지도자들의 동향」, 『사회와 역사』 93, 2012년 봄호, 162-166쪽
참조.

증가하였다. 5월 1일 풍곡노조를 비롯하여 6월 1일 황지지구, 6월 5일 망경, 6월 7일 상장, 6월 22일 양지리와 대한철강본사, 7월 30일 금곡에서 노조가 결성되었다. 그리고 12월 4일에는 석공임무소에서 노조가 결성되었으며, 이밖에 명주지역에도 노조가 결성되었다.[36]

4월혁명 이후 광산노조에서 전개한 노동쟁의로 대표적인 것은 상동광산 노동쟁의와 양양광산 노동쟁의, 석공의 노동쟁의를 들 수 있다. 상동광산 노조는 기업주인 대한중석회사를 상대로 임금 30% 인상과 상여금(평균임금의 100%) 지급을 요구하며 1961년 2월 13일에 쟁의를 제기하였다. 3월 13일 법정 냉각기간이 만료되자 노동조합은 파업을 단행하려 했다. 파업이 임박하자 기업주 측에서 상여금 100%와 1961년 1월부터 소급하여 임금 30% 인상을 수락함으로써 노동쟁의는 일단락되었다.

1961년 4월에는 양양광산노조에서도 노동쟁의가 일어났다. 양양광산노조는 임금 50% 인상을 요구하였으며, 쟁의행위 가부투표에서 99%의 찬성을 얻어 파업을 결의하였다. 그러나 파업 직전에 회사 측 대한철광이 임금 20% 인상에 합의하는 내용의 협정서에 조인함으로써 노동쟁의가 해결되었다.

석공의 노동쟁의는 두 차례에 걸친 파업으로 투쟁력을 과시한 사례라 할 수 있다. 석공은 1961년 2월 15일 임금 50% 인상을 요구하는 쟁의를 제기하였으며, 4월 26일을 기해 48시간 동안 제1차 파업을 단행하였다. 그러나 이러한 실력행사에도 석공 측은 불응하였다. 이에 탄련은 5월 5일부터 제2차 무기한 파업을 단행하였다. 탄련의 완강한 태도에 당황한 석공은 20% 임금 인상을 제시하였으나, 노조 측은 이를 거부함으로써 투쟁의 기세를 높여 나갔다. 그러나 투쟁과정에서 5·16 군부쿠데타가 일어나 석공의 쟁의는 백지화되고 말았다.[37]

---

36) 전국광산노동조합, 앞의 책, 85쪽.
37) 전국광산노동조합, 앞의 책, 87~88쪽.

3. 전국광산노동조합 조직체계 변화와 리더십 변화

1) 5·16 이후 전국광산노동조합의 재편성 과정

1961년 5·16 쿠데타로 권력을 장악한 군부세력은 노동조합을 해체하였으며, 8월 3일에 이르러 노동조합 재건조치의 일환으로 '사회단체 등록에 관한 법률 중 개정 법률'을 공포하였다. 군부세력이 노동조합 재건으로 방침을 전환하기까지 국제자유노련의 활동이 일정 정도 기여하였다고 볼 수 있다. 국제자유노련은 "빠른 시일 안에 민주적인 정부가 수립되기를 요망하며, 자주적인 노조운동이 계속 그 기능을 발휘할 수 있게 되기를 바란다"는 내용의 전문을 여러 차례 최고회의에 보내 노동조합 활동이 부활할 수 있도록 촉구하였다.[38]

한편 한국노련 의장 김말룡은 7월 5일 한국노련을 중심으로 중앙조직을 재건하고자 최고회의 박정희 의장에게 서한을 통해 재조직 계획안을 제출하였다. 김말룡은 서한에서 1960년 11월의 통합대회에서 조직된 한국노련은 정치적이고 부패한 노동조합 지도자들을 축출하였으며, 한국노련 조직을 통해 민주적인 노동조합운동의 기초를 세웠다고 주장하였다.[39]

그러나 최고회의는 한국노련 의장 김말룡의 재조직 계획안을 받아들이지 않았으며, 8월 3일에는 「근로자의 단체활동에 관한 임시조치법」, 「사회단체 등록에 관한 법률 중 개정법률」을 공포하였다. 다음 날 보건사회부 장관 정희섭은 「근로자의 단체활동에 관한 임시조치법」 공포·실시에 따르는 담화를 발표하였다. 담화에서 전국 단일 산업별노조로 노동조합을 재조직하라

---

38) 한국노동조합총연맹, 앞의 책, 569쪽; 임송자, 앞의 책, 383~384쪽.
39) 「주한미대사관 경제문제 상담역 Albert E. Pappano가 미국무부에 보낸 보고서(1961. 9. 6)」(NARA, 『Records of the U.S. Department of State relating to the internal affairs of Korea, 1960~1963』); 재조직 계획안에 대한 자세한 내용은 임송자, 앞의 책 384~386쪽 참조.

고 강조하였으며, 노조간부가 될 수 없는 무자격자 9항목을 제시하였다.[40]

1961년 8월 5일, 최고회의는 산업별 노동조합 조직책임자를 지명하고 이규철을 의장으로 한국노동단체재건조직위원회(이하 재건조직위)를 발족시켰다. 재건조직위원회는 9개의 산업별 노동조합 대표자로 구성되어 '9인위원회'라고도 불렸는데,[41] 전국광산노동조합(이하 광노)의 조직책임위원으로 한기수가 위촉되었다.[42] 그리고 조직위원으로 노응벽, 김원환, 정연성, 이갑순, 송기봉이 위촉되었다.

조직책임위원과 조직위원은 1961년 8월 10일 광노 결성준비위원회를 소집하여 광노 결성에 대한 전반적인 사항을 논의하였으며, 며칠간의 준비작업 끝에 대회를 개최하였다. 대회는 8월 16일 각 사업장 유력자 40여 명이 참석한 가운데 개최되었다.[43] 이로써 광노가 출범하였는데, 대회에서 선출된 임원은 아래와 같다.

위원장 : 김정원(화순)
부위원장 : 노응벽(장성), 이갑순(대명), 나혁동(상동)
사무국장 : 한기수(영월)
회계감사 : 김원환(영월), 정연성(장성), 임정규(강원)

위원장 김정원은 재건조직위에 가담하지 않고 김말룡과 함께 한국노동

---

40) 노조간부 무자격 9항목은 ① 각 정당의 중앙위원 이상 및 예하 각급 당부 정부책임자급에 있던 자, 그리고 당직을 갖고 노동단체를 정치적으로 이용하여 고유의 조합 활동에 좋지 못한 영향을 미친 자, ② 조합 고유의 활동과 조합원의 권익에 해를 끼친 자, ③ 노동조합 간부로서 조합원의 의사를 무시하고 독재를 하거나 조합 활동을 통하여 사리를 추구한 자, ④ 민주적인 조합 활동을 떠나 파벌과 반목을 일삼아 사회를 불안케 하고 산업발전을 저해한 자, ⑤ 과거 용공운동에 관여한 자, ⑥ 병역 미필자, ⑦ 공민권이 박탈된 자, ⑧ 반혁명적 언동을 하는 자, ⑨ 사이비노동자 기타 노조간부로서 부적당하다고 인정되는 자 등이었다. 『동아일보』 1961년 8월 5일자, 「전국 단일산별노조로, 정(鄭)보사, 임시조치법 실시에 담화. "과거의 정당 간부 제외" 간부무자격 기준 9항도 명시.
41) 재건조직위원회의 임원은 이규철(철도), 한기수(광산), 이광조(외기), 조창화(전력), 김광수(섬유), 조규동(체신), 안강수(운수), 최재순(해상), 김준호(금융)였다. 한국노동조합총연맹, 앞의 책, 571쪽.
42) 전국광산노동조합, 앞의 책, 91쪽.
43) 전국광산노동조합, 앞의 책, 1974, 92쪽; 전국광산노동조합, 『1962년차 대의원대회 자료』, 1962, 11~12쪽, 41쪽.

단체재조직연락위원회(이하 재조직연락위)를 조직하여 재건조직위를 "사이비 회색분자들의 발호"라고 규탄한 인물이다.[44] 재조직연락위에서 활동했던 김정원이 어떻게 광노 위원장이 될 수 있었는지 의문이다. 이에 대해서 광노에서 조직부장, 사무국장을 역임한 김관호는 김정원과 한기수와의 관계로 설명하였다. 그는 "다행히도 한기수가 광산노조 출신이기 때문에 김정원이하고 나하고 내쫓지를 않았어. 왜냐면 그 뭐 인간관계라던가 인정상 내쫓았다 그런 소리 듣고 싶지 않으니께, 나하고 김정원이를 그냥 두는 거야"라고 증언하였다.[45] 김준도 김관호의 증언을 기초로 "한기수와 김정원의 특수한 관계"와 더불어 조직위원들이 기존 조직 내의 서열과 세력 관계를 무시할 수 없었기 때문에 가능하였다고 설명하였다.[46]

광노는 8월 17일에 상무집행위원회를 열어 지부 조직책임위원의 선정기준과 당면 운동방침을 결의하였으며,[47] 곧바로 지부 재조직에 박차를 가하였다. 지부 조직은 광노에서 결정한 지부조직요강[48]에 따라 각 사업장 단위의 기성조직을 재조직하거나 신규로 노조를 조직하는 형태로 이루어졌다. 여기에는 조직책임자와 조직위원으로 구성되는 지부조직위원회가 중심적인 역할을 하였다. 조직요강에 의하면 조직책임자는 광노 위원장이 임명하였으며, 조직책임자가 5명 내지 7명의 조직위원을 위촉하였다. 이

44) 『경향신문』 1961년 8월 6일자, 「노조 재건에 분규」.
45) 민주화운동기념사업회(2007), '현장민주화운동 연구' 관련 구술(구술자: 김관호, 면담자: 임송자, 일시: 2007.3.16.).
46) 김준, 「5·16 이후 노동조합의 재편과 '한국노총 체제'의 성립」, 『사회와 역사』 55, 1999.5, 128쪽.
47) 전국광산노동조합, 『1962년차 대의원대회 자료』, 1962, 18쪽. 상무집행위원회는 11월 15일 부서 임원을 선출하였다. 총무부장 한경선, 조직부장 김관호(성주), 조사통계부장 김흥배(은성), 보안후생부장 박병호(도계), 국제부장 김덕자(대명)였다. 전국광산노동조합, 『1962년차 대의원대회 자료』, 1962, 22~23쪽.
48) 지부조직요강은 다음과 같다. ① 지부의 조직책임자는 위원장이 임명한다. ② 조직위원은 조직책임자가 위촉한다. ③ 조직위원은 5명 내지 7명 이내로 구성한다. ④ 1961년 8월 4일자 「근로자의 단체활동에 관한 임시조치법 공포에 제하여」의 내용 중 9개 항목에 해당되는 자, 그리고 5·16 이후 보건사회부가 시행하는 노동조합 재등록사무에 응하거나 아니하였거나 고의로 해태한 구(舊)노조의 간부는 조직책 또는 조직위원이 될 수 없다. ⑤ 조직책임자 및 조직위원으로 구성되는 지부조직위원회는 즉시 가입원을 받으며, 조직준비에 의한 지부규약의 기초와 예산편성 및 기타의 의안(議案)을 작성하여야 한다. ⑥ 지부 결성은 조합원수에 의하여 총회 또는 대의원대회로 한다. 단 대의원대회로 할 때에는 조직책임자의 상신으로 위원장 결재에 의한다. ⑦ 대의원의 선출비율은 해(該)지부 조직위원회가 정한다. 전국광산노동조합, 앞의 책, 94쪽.

러한 조직방식으로 미루어 지부 결성에는 광노의 영향력이 강하게 작용하고 있었던 것으로 보인다. 지부 조직 상황은 아래 <표 16>과 같다.[49]

〈표 16〉 전국광산노동조합의 지부조직 상황

지부명	조직 책임자	결성 연월일	지부장	지부명	조직 책임자	결성 연월일	지부장
석공지부연 합회	노응벽 (61.9.20)	61.9.28 (10.16)	노응벽	강원	임정규 (61.8.17)	61.8.27 (8.31)	임정규
장성	정연성 (61.8.17)	61.9.6 (10.30)	서원우	옥동	오동근 (61.8.24)	61.9.10 (9.18)	오동근
도계	박병호 (61.8.17)	61.8.23 (9.1)	이경우	봉명	김진규 (61.8.28)	61.10.31 (11.15)	강창후
함백	최병혁 (61.8.17)	61.8.27 (9.1)	최영우	월암	최봉행 (61.8.17)	61.8.31 (9.15)	김두환
영월	김원환 (61.8.17)	61.8.31 (9.14)	김원환	동양활석	윤정석 (61.9.12)	61.9.17 (9.21)	이진우
은성	김정식 (61.8.17)	61.8.27 (11.4)	유동형	풍곡	김달권 (61.8.17)	61.8.24 (8.31)	김동기
화순	박석기 (61.8.17)	61.8.27 (10.16)	박석기	옥방	심선갑 (61.8.17)	61.8.27 (11.15)	최태석
임무소	박득산 (61.8.17)	61.8.26 (9.1)	박득산	경원옥동	최임생 (61.8.21)	61.10.3	장선택
석공본사	정종택 (61.8.24)	61.8.30 (10.20)	정종택	득수	이문기 (61.9.4)	61.9.8 (9.15)	박무경
석공부산	강국순 (61.8.17)	61.8.27	강국순	시흥	이종민 (61.10.30)	61.11.5 (11.15)	심광섭
대명지부협 의회	이갑순 (61.8.17)	61.8.30 (10.5)	이갑순	군자	김태호 (61.12.8)	61.12.17 (62.3.8)	김태호
구봉	이찬기 (61.8.18)	61.8.24 (8.31)	이찬기	소달	최용서 (61.9.21)	61.10.18 (11.20)	최용서
무극	권영백 (61.8.18)	61.8.30 (9.5)	권영백	명주	최응삼 (61.8.29)	61.11.12 (12.11)	최해구
상장	심정균 (61.8.18)	61.9.1 (9.12)	심정균	유창황지	조수현 (62.2.22)	62.3.3 (3.25)	이봉덕
상동	나혁동 (8.17)	61.9.1 (9.18)	나혁동	삼덕성명 보림	강태흥 (62.4.3)	62.4.8 (5.4)	이경주

49) 전국광산노동조합, 『1962년차 대의원대회자료』, 1962, 43~48쪽. <표 16>에서 지부장은 결성 당시의 지부장인 경우가 대부분이지만, 이후 조직적인 문제가 제기되어 교체된 경우도 있다는 점에 유의할 필요가 있다.

양양	이경종 (8.17)	61.9.1 (9.11)	이경종	성주	김환영 (62.4.10)	62.6.15 (7.19)	이경태
장항	박종순 (8.17)	61.8.30 (9.12)	박종순	대원광업 동고	홍양근 (62.7.23)	62.8.6	홍양근
함태	이태만 (61.8.17)	61.9.5 (9.15)	이태만				

※ 출처 : 전국광산노동조합, 「1962년차 대의원대회 자료」, 1962, 43−48쪽에서 재정리. 조직표
　에서 경원옥동지부가 누락되어 있어 이를 포함시켜 작성하였다.
※ 조직책임자 괄호 안은 위촉 일자이며, 결성연월일 괄호 안은 확인증 교부일자이다.

위 <표 16>에서 보는 바와 같이 조직책임자가 위촉되어 조직을 결성
하기까지의 기간은 일정하지 않아서 짧게는 4~5일이 걸린 경우가 있으
며, 길게는 60일이 넘는 경우도 있다. 대체로 재조직하는 데는 1주일 내
지 2주일이 소요되었다. 8월 16일 광노로 재편성된 이래, 8월~9월 사이
에 과거 노동조합이 존재하던 사업장에서 거의 대부분 재건 조직이 결성
될 정도로 광노 지부 조직과정은 비교적 순조롭게 진행되었다. 그러나 경
원옥동광업소, 장성탄광, 은성탄광 등 몇 개의 사업장에서의 조직과정은
순탄한 과정을 밟지 못하고, 두 세 차례의 대의원대회를 거쳐 조직이 완
료되는 경우가 있었으며, 끝내는 노동조합 결성을 보지 못하고 와해되는
경우도 있었다. 조직 결성에 어려움을 겪거나 와해되는 등 순탄한 경로를
밟지 못하게 된 요인으로는 ① 사업주 측의 부당노동행위, ② 노동조합법
이나 「근로자의 단체활동에 관한 임시조치법」 규정 위반 등을 들 수 있다.
이러한 경우 광노에서 위원장이나 조직부장을 현지에 파견하여 조직결성
을 지도하거나 사용자 측과 협상하는 등 지원활동을 전개하였다.
　사업주 측의 부당노동행위에 의해 조직결성이 지연된 경우는 경원옥
동지부의 사례가 대표적이다. 광노는 경원옥동광업소 노동자 최임생을
1961년 8월 21일 지부 조직책임자로 위촉하였다. 그러자 광업소 소장 최
순형이 본조에 조직문제로 최임생이 상경하자 8월 19일자로 소급하여 그

를 근무태만이라는 사유로 해고하였다. 광노는 최임생의 해고를 부당해고로 간주하고 사용자측과 복직교섭을 추진하였다. 그러나 복직 교섭과정에서 최임생의 근무성적이 불량하다는 사실이 드러났다. 이러한 상황에서 광노 위원장 김정원과 조직부장 김관호가 현지 옥동에 출장하여 9월 20일에 대회소집을 조직위원회 합의로 시행할 것을 지시하였다. 그러나 조직위원회의 의견 불일치, 최임생의 반대공작, 중추절을 앞둔 귀성 노동자 증가 등으로 대회를 열지 못하였다. 결국에는 10월 3일의 대회에서 임원선거를 진행하여 지부장으로 장선택을 선출하는 것으로 조직결성이 일단락되었다.[50]

노동조합법이나 「근로자의 단체활동에 관한 임시조치법」 규정을 위반하여 조직결성에서 혼란을 겪게 된 경우는 장성탄광지부와 은성탄광지부가 대표적이다. 장성탄광의 정연성은 광노 위원장으로부터 8월 17일 조직책임위원에 임명되어 지부설립에 대한 준비를 마치고 설립대회를 개최하였다. 임원선거에서 부지부장 입후보자 김동필만이 과반수 득표로 당선되고, 다른 임원은 종다수 득표로 가결되었다. 여기서 종다수 득표에 의한 가결은 노동조합법을 위반한 것이어서 광노의 인준과정에서 문제가 되었다. 노동조합법 제17조 2항에는 "재적조합원의 반수 이상이 출석하여 출석조합원의 과반수로써 행한다"는 규정을 제시하여 과반수 득표만을 인정하고 있었기 때문이다. 이에 따라 광노는 대회를 재소집하라고 지시하였다. 그런데 재소집대회에서 선출된 부지부장 장광수가 「근로자의 단체활동에 대한 임시조치법」에 의한 보건사회부장관의 지도요강에 저촉되는 인물이라는 점이 다시 문제로 불거졌다. 이에 9월 2일 광노 위원장 김정원이 현지에 출장하여 장광수를 권고사임 형식으로 사퇴시키고 재소집대회

---

50) 전국광산노동조합, 『1962년차 대의원대회 자료』, 1962, 53~57쪽. 경원옥동지부는 경원산업의 해체로 인해 1962년 4월 28일 지부규약에 의거하여 해산절차를 밟았다. 전국광산노동조합, 『1962년차 대의원대회 자료』, 1962, 63~65쪽.

를 통해 임원을 선거하도록 지도하였다.[51] 이러한 과정을 거쳐 장성탄광지부의 지부장으로 서원우가 선출되었다.

은성탄광의 경우도 장성탄광과 거의 비슷한 경로로 지부조직을 완료하였다. 8월 17일 김정식이 조직책임위원으로 임명되었다. 김정식은 준비과정을 거쳐 대회를 소집하여 임원선거를 추진하였다. 그런데 선거에서 부지부장 김태구만이 과반수 득표로 당선되었으며, 나머지 임원은 과반수 미달로 당선되었다. 또한 지부장 입후보자 권오현이 보건사회부장관의 지도요강에 저촉되는 인물이었다. 이에 광노는 9월 15일 상무집행위원회를 열어 조직책임자에게 재선거를 지시하였으며, 권오현의 지부장 입후보 취소를 권유하였다.[52] 이러한 과정을 거쳐 8월 27일에 유동형을 지부장으로 하는 은성탄광지부가 결성되었다.

장성탄광지부나 은성탄광지부 결성과정에서 두드러지는 특징은 보건사회부장관이 밝힌 '지도요강'에 저촉되는 인물을 철저하게 배제시켰다는 점이다. 그런데 노조간부 무자격자 9항목 중에서 어느 항목에 해당하는지 파악은 불가능하다. 다만, 9항목의 대부분이 자의적으로 해석할 수 있는 여지가 많다는 점이다. ⑥항과 ⑦항인 "병역미필자"나 "공민권이 박탈된 자"는 명확하게 가려낼 수 있지만, 다른 항목에서 제시된 "조합 활동에 좋지 못한 영향을 미친 자", "권익에 해를 끼친 자", "사리를 추구한 자", "사회를 불안케 하고 산업발전을 저해한 자", "반혁명적 언동을 하는 자", "노조간부로서 부적당하다고 인정되는 자"라는 내용은 자의적으로 해석할 수 있는 여지가 있었다. 따라서 광노가 이러한 조항을 자의적으로 해석하여 지부 조직결성에 적극 개입하고, 지부를 통제할 수 있는 장치로 이용하였을 가능성이 크다.

그리고 광노를 중심으로 산하 지부나 분회가 철저하게 반공주의에 입

---

51) 전국광산노동조합, 『1962년차 대의원대회 자료』, 1962, 51~52쪽.
52) 전국광산노동조합, 『1962년차 대의원대회 자료』, 1962, 49~50쪽.

각하여 작동하고 운영될 수 있도록 하는데 커다란 역할을 한 것으로 보인다. 이에 대한 단적인 사례로 경북 상주군에 위치한 득수광산지부를 들 수 있다. 득수광산지부는 휴업기간의 임금지불 문제를 놓고[53] 광노와 지부장 사이에 갈등이 빚어졌는데,[54] 이 과정에서 지부장 이문기가 "부역한 친공분자"라는 이유로 지부장직을 내놓을 수밖에 없었다. 광노는 "지부장 이문기는 조직 외 불순세력과 접선하여 본조합 운영을 의식적으로 방해하는 행위가 명료"하다고 판단하고, "조직적인 여건으로 이문기의 사임은 불가피한 것"이라고 결론을 내렸으며, 부지부장 김원대를 지부장 대리로 위촉하였다.[55]

1961년 5 · 16 직전까지 광산연맹 산하에 탄련과 28개 지부가 있었으나[56] 5 · 16 이후 재편성과정에서 8월 23일 도계지부 결성을 시발로 12월까지 석공지부연합회, 대명지부협의회와 29개의 지부가 결성되었다. 5 · 16 직전까지 존재했던 중석본사, 황지지구, 양지리, 대철본사에서는 조직재편성 과정에서 노조가 해소되고, 월암, 구봉, 동양활석, 무극 등에서 지부가 새롭게 결성되었다. 그리고 탄련은 석공지부연합회로 명칭이 바뀌었으며, 대명노조는 대명지부협의회로 새롭게 발족하였다. 이리하여 8월 23일 도계지부 결성을 시발로 12월까지 석공지부연합회, 대명지부협의회와 29개의 지부가 결성되었다. 그리고 1962년 9월에 광노 대의원대회가 개최되기 전까지는 4개의 지부가 추가로 결성되어 광노 산하에는 석공지부연합회, 대

---

53) 1961년 12월 4일에 개정된 근로기준법에 의하면, "사용자의 귀책사유로 인하여 휴업하는 경우에는 사용자는 휴업기간 중 당해 근로자에 대하여 평균임금의 100분의 60이상의 수당을 지급하여야 한다. 단, 부득이한 사유로 인하여 사업계속이 불가능하여 노동위원회의 승인을 받은 경우에는 예외로 한다."고 규정하고 있다.

54) 휴업기간 중의 임금지불 문제를 놓고 전국광산노조는 근로기준법 제38조 단항(但項)에서 규정하고 있는 예외규정에 따라 휴업 기간 중 임금지급이 불가능하다고 결론을 내렸다. 그리고 휴업 기간 중 임금지급 건을 조건으로 단체협약 체결을 사용자에게 제의하여 1962년 5월 4일 단체협약을 체결토록 하였으며, 단체협약 인준을 위한 대회소집을 지시하였다. 그러나 지부장 이문기는 휴업 기간 중 임금지급이 되지 않은 단체협약의 인준을 할 수 없다고 주장하면서 인준거부운동을 전개하였다.

55) 전국광산노동조합, 『1962년차 대의원대회 자료』, 1962, 66~72쪽.

56) 전국광산노동조합, 앞의 책, 204~208쪽의 <광노 산하 조직결성 연도별 일람표> 참조.

명지부협의회와 33개의 지부가 존재하였다.

석공지부연합회, 대명지부협의회와 33개의 지부 중에서 광노 위원장이 임명한 조직책임자가 지부장으로 선출된 경우는 19개, 54%를 차지하였을 뿐이어서 광노의 계획대로 지부세력을 완전히 장악하지 못한 것으로 볼 수 있다. 그러나 조직갈등이 있을 때마다 광노에서 위원장이나 조직부장이 현지 출장하여 조정하고 통합하는 역할을 수행하였으므로 조직재편성 과정에서 광노의 영향력이 강하게 작용하였다고 볼 수 있다. 특히 앞서 언급한 바와 같이 보건사회부장관이 발표한 '노조간부 무자격자 9개 항목'은 광노에서 지부를 통제할 수 있는 장치로 이용하였을 가능성이 컸으므로 광노의 지부에 대한 통제력이 조직재편성 이전시기보다 훨씬 강했다고 볼 수 있다.

2) 리더십 변화

1961년 8월에 재건 조직된 광노는 해마다 9월에 조합원 500명 단위로 1명의 대의원을 선출하여 전국대의원대회를 개최하는 것으로, 그리고 임원의 임기는 2년으로 규정하였다. 이러한 규정에 의해 1963년 9월 21일 한국생산성본부(서울시 중구 필동) 강의실에서 전국대의원대회가 개최되었다. 대회에서 임원을 개선하였는데, 김정원이 위원장으로 재선되었다. 이후 김정원은 1965년 9월의 전국대의원대회에서 또다시 위원장에 당선되어 광노에서 김정원체제는 계속 이어졌다. 김정원이 1962년 말부터 산별노조 위원장을 결집시켜 '민주노동당' 결성을 추진하여[57] 한국노총으로

---

57) 광노 위원장 김정원 위원장은 노동자와 한국노총을 대변하는 노동자 정당을 만들자는 주장을 펼치며 1962년 말부터 7개 산별위원장과 여러 차례 모임을 갖고 가칭 '민주노동당 발기위원회'를 구성하였다. 그러나 결성과정에서 군정 당국과 한국노총 위원장 이규철의 완강한 반대로 민주노동당 창당발기취지문에 서명한 산별 위원장들이 이탈하고 김정원 위원장 혼자 고립되어 결국 유산되고 말았다. 이원보, 『한국노동운동사』 5, 지식마당, 2004, 129~132쪽.

부터 무기정권 처분을 당했어도[58] 광산노조에서의 리더십은 흔들리지 않았다.

그러나 1965년 9월 대회에서 권력 장악을 위한 세력 간 갈등관계가 폭발하여 조직적인 혼란을 겪었다. 대회에서 김정원이 위원장에 당선되자 탄련 의장 서원우와 구봉지부장 이찬기는 대회 결의무효 이의신립을 행정관청(서울시)에 제출하였다. 이에 대해 광노는 9월 30일 상무집행위원회를 열어 긴급대회 소집을 결의하였다. 12월 9일 열린 긴급대의원대회는 대의원 65명 중 63명이 참석하여 재선거 실시, 행정관청에 제기한 이의신청 취하를 결의하였다. 그리고 재선거를 실시하여 서원우를 위원장으로 선출하였다.[59] 이리하여 1950년대 후반부터 권력을 장악했던 김정원체제가 무너지고 장성노조 출신이며, 탄련 의장을 역임한 서원우를 중심으로 지도체계가 교체되었다.

긴급대의원대회로 조직분규는 일단락되었으나 또다시 사무국장 김관호와 한치현, 김영진 등이 정암 중석본사, 강릉 성풍 옥계지부 등에서 부정대의원이 개입되었다며 1966년 3월 중순 서울 민사지법에 당선무효 가처분신청을 제기하여 조직갈등을 빚었다. 이에 서원우 위원장은 제2차 긴급대의원대회를 소집하였고, 1966년 5월 2일에 열린 대회에서 당선을 재확인하였다. 그리고 긴급동의 안건으로 사무국장 김관호에 대한 제명을 상정하여 결의하였다. 김관호는 이러한 결의에 불복하여 민사지법에 직위보존가처분신청을 내고 노동청에 대회무효 이의신립을 제출하였다.

1966년 6월 30일 위원장 당선무효 가처분신청은 이유 있다고 판시, 위원장 직무대행으로 변호사 김두현을 지명하였다. 그러나 의장단은 이에 맞서 직무대행의 사퇴를 요구하면서 일체의 결재를 받지 않을 것을 결의

---

58) 김정원은 1963년 2월 16일 한국노총 중앙위원회에서 광노 위원장직 무기정권 처분을 당했다. 한국노동조합총연맹, 『사업보고』, 1963, 78, 208~209쪽. 임송자, 「1960년대 한국노총의 분열·갈등과 민주노조 운동을 향한 변화상」, 『한국근현대사연구』, 2011년 여름호, 180~181쪽.
59) 전국광산노동조합, 『광노 62년사』, 2011, 180쪽.

하였다. 이러한 상황에서 김관호는 7월 30일자로 소송을 취하하였고, 위원장은 복권되었다. 그리고 1966년 10월 5일 대의원대회에서 전임원이 사퇴하고 재선거를 실시하여 서원우를 위원장으로 선출하였다.[60] 아래 <표 17>을 통해 알 수 있듯이 1965년 12월 대회를 기점으로 김정원 지도체제에서 서원우 지도체제로 변화되었다. 그리고 조직 갈등을 수습하고 1966년 10월에 위원장으로 당선된 서원우는 1968년 9월의 대의원대회에서도 위원장에 재선되어 1972년 5월에 한기수가 당선되기까지 광노 지도부를 장악하였다.

<표 17> 전국광산노동조합의 임원(1961.8~1968.9)

	1961.8	1963.9	1965.9	1965.12	1966.10	1968.9
위원장	김정원(화순)	김정원(화순)	김정원(화순)	서원우(장성)	서원우(장성)	서원우(장성)
부위원장	노응벽(장성), 이갑순(대명), 나혁동(상동)	한기수(영월), 서원우(장성), 박용현(대명)	한기수(영월), 임정규(강원), 김원환(영월), 박석기(화순), 변중권(상동)	한기수(영월), 임정규(강원), 박석기(화순), 변중권(상동), 오동근(옥동)	김원환(영월), 박석기(화순), 권형태(도계), 김형창(함백), 이경복(중석본사)	박석기(화순), 이경우(도계), 권영백(무극), 한익섭(광전), 이대실(충주)
사무국장	한기수(영월)	김관호(성주)	김관호(성주)	김관호(성주)	방홍규(봉명)	방홍규(봉명)
총무부장	한경선	한경선	한경선	한경선	한경선	한경선(삼탄)
조직부장	김관호(성주)	방홍규	방홍규	방홍규	이찬기	강병선(동고)
교육선전부장		임정규	강병선	강병선	강병선	유성옥(화순)
조사통계부장	김흥배(은성)	김인순	이방호	이방호	이방호	임병도(도계)
보안후생부장	박병호(도계)	박기훈	정연성	정연성	정연성	정명술(장성)
쟁의대책부장			이대실	이대실	이대실	김태원(영월)
국제부장	김덕자(대명)	심정균	김인순	김인순	김인순	김종환(상동)
부녀부장		김혜란 / 한선옥	한선옥	한선옥	한선옥	한선옥(석본)

---

60) 전국광산노동조합, 앞의 책, 181쪽.

※ 출처: 전국광산노동조합, 『광노 62년사』, 2011, 부록 통계자료; 전국광산노동조합, 『제15차
년도 사업보고』, 1964, 23쪽; 전국광산노동조합, 『제17차년도 사업보고』, 1966, 14쪽; 전국
광산노동조합, 『제18차년도 사업보고』, 1967, 37쪽; 전국광산노동조합, 『제20차년도 사업보
고』, 1969, 45쪽.

이상과 같이 광노의 재편성과정과 리더십 변화과정을 살펴보았다. 1965
년 9월을 기점으로 김정원의 리더십은 서원우의 리더십으로 교체되었다.
김정원과 서원우의 리더십이 관철되는 과정을 살펴보기 위해서는 광산노
조의 활동에 주목할 필요가 있다. 따라서 다음 절에서는 광산노조의 덕대
제 폐지와 연료정책 반대활동을 다루고자 한다. 이러한 활동은 다른 산별
노조에서 볼 수 없는 광산노조에서만 볼 수 있는 독특한 활동이라 할 수
있는데, 이에 대한 집중적인 조명은 1960년대 광산노동자들의 실상을 파
악하는데 도움이 될뿐더러 광산노조에서 어떠한 방식으로 리더십을 발휘
하였는지를 파악하는데 일조할 것으로 생각된다.

4. 덕대제 폐지와 연료정책 반대 활동

1) 덕대제 폐지 활동

1896년에 사광개채조례(砂鑛開採條例)를 제정 실시한 것이 광업법규의
시초였으며, 일제시기에는 1915년 12월에 제령 제8호로 조선광업령이 공
포되었다.[61] 해방 후 신광업법 제정이 지연되다가 한국전쟁 중인 1951년
12월 23일 법률 제234호로 광업법이 공포되고, 1952년 2월 22일 발효되
었다.[62] 새로 제정된 광업법은 광업권을 토지소유권으로부터 분리 · 독립

---

61) 김연승, 『광업법 해설』, 1969, 7쪽.
62) 김연승, 『광업법 비교연구』, 1985, 47쪽.

시켜, 광업권 없이는 일정한 광물의 채굴과 취득을 할 수 없게 하였다.[63] 그리고 제13조에서는 "상속, 양도, 저당, 체납처분과 강제집행 이외에는 권리의 목적으로 할 수 없다"고 규정하여[64] 광업자영주의 원칙을 고수하였다. 여기서 광업자영주의 원칙이라는 것은 광업권을 광업권자 자신이 행사해야 하며 제3자가 행사할 수 없다는 것이다.[65] 다시 말해서 광업자영주의 원칙에 따라 임대차를 목적으로 한 광업권은 인정하지 않았으며, 이에 따라 덕대제는 법적으로 부인되었다.

덕대가행법의 기원에 대해서는 정확하게 단정할 수 없지만, 다만 예부터 사금광(砂金鑛) 및 금속광산의 가행(稼行)에서 시행되어온 관행법이라고 볼 수 있다.[66] 덕대제는 한말 국가의 승인 하에 사금광을 중심으로 광범하게 확산되어 민족자본의 성격을 지니면서 성장하였다. 그러나 일제시기에 덕대제는 경영자로써의 성격을 상실하고 광물자원 수탈을 위한 노동력 착취기구로 성격이 변하였다.[67] 해방 후에는 과도적인 혼란기를 거쳐 일인(日人)의 광업권이 국유화되면서 국유재산법에 의해 대부(덕대)계

---

63) 민법 제212조에 "토지의 소유권은 정당한 이익 있는 범위 내에서 토지의 상, 하에 미친다"라고 규정하여 토지소유권자는 자기 토지 내에 묻힌 광물도 당연히 채굴하고 취득할 수 있어야 한다. 그러나 국가가 광물자원을 보호육성하기 위하여 광업권제도를 법제화하여 지하에 묻힌 광물을 채굴할 수 있는 권리를 토지소유권의 내용으로부터 분리시켰다. 따라서 토지소유권자라도 광업권을 향유하지 않고서는 자기 토지 내의 법정광물을 채굴할 수 없었으며, 광업권자는 광구 내에서는 토지의 권리자를 배척하고 허가받은 광물을 독점적으로 채굴하고 취득할 수 있는 권리가 있었다. 김연승(1969), 앞의 책, 11쪽; 김연승(1985), 앞의 책, 56쪽.

64) 광업권을 상속, 양도, 저당, 체납처분 및 강제집행에 국한한 것은 광업이 특수한 산업으로 일반산업과 공익에 중대한 관계가 있으며 작업상 위험성이 허다하므로 국가의 충분한 감독과 조성 없이는 광업부흥이 될 수 없으므로 광업권자에게 모든 책임을 부과시키고 광업권자 자신이 법의 취지에 호응하여 광업권을 행사할 의무를 지게 한 것이다. 김연승(1985), 앞의 책, 64쪽.

65) 김연승(1985), 앞의 책, 70쪽.

66) 고승제에 의하면, 광업에 관한 덕대가행법(德大稼行法)은 예부터 사금광(砂金鑛) 및 금속광산의 가행에서 시행되어온 것이다. 그리고 조선후기에 이르러 광산경영의 관설은점제도와 사금광업의 자유가행-수세제도를 절충하여 단일한 경영제도를 제정할 때, 예부터 이루어지고 있던 덕대가행제도를 민간 관행의 지위에서 공인제도로 보편화시킨 것에 지나지 않는다. 그런데 예부터 시행되어 온 민간관행으로서의 덕대제도와 조선후기에 이르러 국가로부터 공인된 덕대가행법 사이에는 중요한 차이점이 있다. 민간 관행으로서의 덕대제도는 광업 생산과정에 동원되는 수 백 명 내지 수 십 명의 다수 노동자를 통솔하기 위한 노동조직체라고 볼 수 있다. '덕대(德大)'를 '덕대(德隊)'라고 부르는 것도 노동조직으로서의 성격을 반영하는 것이다. 반면 조선후기에 이르러 공인된 덕대제도는 경영단위로서의 성격을 구현한 것이다. 고승제, 『근세한국산업사 연구』, 대동문화사, 1959, 289-290쪽.

67) 남춘호, 「탄광업 덕대제에 관한 일 고찰」, 『사회와 역사』 제28권, 1991.11, 179, 184쪽.

약이 공공연히 실시되었다. 이를 계기로 광업권자는 광업의 일부 또는 전부에 대하여 광업소작제(덕대제)를 실시하여 덕대제의 전성기를 이루었다.[68] 이러한 상황에서 광업법이 제정되어 덕대제는 부인되었고, 임대차 광업대리인을 선임하여 광업을 관리하도록 하는 경우에도 그 계약내용이 광업권을 조차(租借)하는 것이라면 그 계약은 무효였다.[69] 그러나 덕대제는 법적으로 부인되었다고 하더라도 현실에서는 광업법 제13조를 무시하고 각 광산에서 덕대 또는 하청제도가 성행하였다.

덕대는 산업구조의 특수성에서 나온 것이었다. 광업권자와 덕대 간의 임의계약에 의하여 덕대작업이 이루어지는데, 광업권자는 독점적이고 배타적인 자기의 광구(鑛區) 내에서 덕대가 원하는 구역을 허락하지 않았다. 입지적으로 광상적(鑛床的)으로 양호한 지역은 광업권자 자신이 개발하든가 앞으로 개발할 지역으로 보류해 두는 것이 상례였다. 덕대는 광업권자에 의해 한번 개발이 끝난 후 잔탄(殘炭), 잔주(殘柱)를 회수하기 위해서 광업권자와 계약을 맺었다. 신규개갱(新規開坑)에서는 광상의 부존상태가 확실하지 않거나 탄질이 불량하여 광업권자가 자영을 꺼릴 경우 덕대가 광업권자와 계약을 맺고 작업을 하였다.[70] 따라서 덕대경영은 제대로 된 환경이나 시설을 갖추지 않은 불합리한 상태에서 이루어졌다. 광산보안에도 불철저하여 노동자들의 노동조건을 열악하게 했다. 게다가 덕대 아래의 노동자들은 노동관계법을 적용받지 못하였다.

노동조합에서 덕대제도 폐지 주장은 1960년 4월혁명 이후에야 제기됐다. 광산연맹은 1960년 7월 8일에 대의원대회를 개최하고, 당면 투쟁목표를 수립했는데, 이때 처음으로 덕대제도 폐지를 투쟁목표의 하나로 내세웠던 것이다.[71] 이러한 투쟁목표는 1961년 8월의 광노 재조직 대회에서 "중간착취

---

68) 노중선, 「덕대제도에 관한 고찰」, 『노동연구』 제1집, 1969.12, 119쪽; 전국광산노동조합연맹, 앞의 책, 171쪽.
69) 김연승(1969), 앞의 책, 19쪽.
70) 김연승(1985), 앞의 책, 348쪽.
71) 전국광산노동조합, 앞의 책, 86쪽.

기관인 덕대제도를 폐지하라"는 결의문으로 이어졌다.[72] 결의문에서 덕대제도를 "중간착취기관"으로 명확히 규정했다는 점이 주목할 만하다.

1963년 9월의 대의원대회에서는 당면운동방침으로 "덕대제도 및 임시부제도의 폐지"를 내세웠다.[73] 임시부는 근로기준법에 명시된 1년 이상 근속자에게 주어지는 퇴직금을 받지 못하며, 보너스나 각종 수당, 그리고 사택 등의 혜택을 누리지 못하는 존재였다. 근로기준법 제27조는 사용자가 노동자를 해고할 때 30일 전에 해고예고를 해야 하며, 해고예고를 하지 아니하였을 경우 30일분 이상의 통상임금을 지급하도록 정하였다. 그런데 이러한 근로기준법의 예외조항으로 제29조 1항에 "일용근로자로서 3월을 계속 근무하지 아니한 자"를 명시하고 있어 기업주가 이를 악용하는 경우도 있었다.[74]

이상에서 확인할 수 있듯이 광노는 투쟁목표나 결의문을 통해 덕대제 폐지를 주장하였을 뿐 실천활동으로 연결시키지는 않았다. 덕대제 폐지를 위한 실제적인 활동은 1964년에 들어서서 진행되었는데, 우선 덕대제도에 대한 조사연구 사업부터 착수하였다. 1964년 2월 광노가 조사한 바에 의하면 덕대는 광업권자로부터 대여받은 광물채굴권을 여러 가지 형태로 행사하고 있었다.[75] 규모가 클 경우, 덕대 아래에 몇 개의 분덕대가 있고, 그 아래에 하청이 있어 광원에게 모작을 주는 예도 있지만, 대체로 덕대 아래에 하청, 하청 아래에 모작이 있었다.[76] 그리고 수 천 만 원의 자본을 소유한 덕대도 있지만, 대부분의 덕대는 몇 만 원 정도의 영세한 자

---

72) 전국광산노동조합, 앞의 책, 93쪽.
73) 전국광산노동조합, 앞의 책, 86쪽, 93~94쪽, 109쪽.
74) 장성광업소의 경우, 임시부를 3개월 기한으로 채용하였으며, 3개월마다 해고와 채용을 연 4회에 걸쳐 되풀이 하였다. 『매일경제』 1967년 8월 7일자, 「임시제에 묶인 근속 350명 수당 · 권리 모두 박탈」.
75) 광노의 조사에 따르면, 덕대제도의 형태는 ① 광업권자 → 덕대 → 분덕대 → 하청 → 모작, ② 광업권자 → 덕대 → 하청 → 모작, ③ 광업권자 → 덕대 → 하청, ④ 광업권자 → 덕대 → 모작, ⑤ 광업권자 → 덕대, ⑥ 광업권자 → 하청, ⑦ 광업권자 → 청부, ⑧ 광업권자 → 모작 등이었다.
76) 모작은 여러 명의 노동자들이 노동력을 분담하여 생산품의 매상액을 분배하는 제도이다. 노동량과 노동시간은 전적으로 무시되었으며, 생산품의 매상액에 따라 수입이 결정되었다. 전국광산노동조합, 『제16차년도 사업보고』, 1965, 251쪽.

본으로 무리한 채광을 강행하고 있는 것이 보통이었다.

광노는 21개 광산을 조사대상으로 정하여 직영과 덕대를 비교하였는데, 강원, 충남, 경북 등 5개 지역 21개 광산에서 덕대는 128개였으며, 광업권자 직영의 노동자는 8,336명인데 비하여 덕대 아래에 있는 노동자는 6,711명이었다. 또한 광산 당 노동자수는 397명인데 반하여 덕대(하청) 당 노동자는 52명에 지나지 않아 덕대경영이 영세성을 면치 못하고 있다는 사실을 확인할 수 있다. 광노는 128개의 덕대를 대상으로 덕대제의 실태와 폐해를 파악하였는데, 이를 정리하면 아래 <표 18>과 <표 19>와 같다.[77]

<표 18> 덕대제도 실태

덕대종류	국영, 민영을 막론하고 채광, 채탄, 굴진, 운반, 선광, 선탄에 이르기까지 덕대 또는 하청을 주고 있음.
계약기간	대체로 3개월에서 6개월이라는 단기간 ※ 무책임한 난굴(亂掘)이 성행
덕대체계	대체로 국영에서는 노력도급(勞力都給)의 하청제도를 채택하고 있고, 민영에서는 덕대에서 하청, 하청에서 모작도급제를 채택. ※ 국영, 민영을 막론하고 중각착취제도 채택. 노동자에 대한 착취는 민영이 더욱 심함.
분철률 (分鐵率)	덕대가 20%에서 25%, 분덕대 또는 하청업자가 10%에서 15%. ※ 여러 차례에 걸쳐 분철료(分鐵料)로 중간착취를 당하고 있어 직접생산자인 노동자의 노임은 50~60% 정도에 불과함.
임금제도	대체로 기본금을 100원 이하로 정하여 노동강도를 무리하게 강요. 또한 기본급을 정하지 않고 도급에만 의존하여 무보수(無報酬)작업을 강요하는 덕대 또는 하청업자도 있음.
노동자 임금	직영노동자 선산부 월 8,000원, 후산부 월 5,000원보다 저액. 강원도 지역(다른 지방 보다 고액)의 경우, 선산부 월평균 5,500원, 후산부 월 4,000원 정도.
자재부담 (資材負擔)	덕대 또는 모작원이 부담 ※ 시설보안(施設保安)이 제대로 되지 않아 재해발생이 빈번.
재해보상	덕대나 하청업자에게 책임을 지우고 있음. 지불능력이 약한 덕대나 하청업자는 재해보상을 제대로 못하고 있는 실정.
해약	광업권자가 일방적으로 할 수 있음.

※ 출처: 전국광산노동조합, 『제16차년도 사업보고』, 1965, 255-256쪽에서 재정리.

77) 전국광산노동조합, 『제16차년도 사업보고』, 1965, 250-260쪽.

<표 19> 덕대제도의 폐해와 불법성

폐해	남굴 (濫掘)	대부분 계약기간이 단기이며 영세성을 면치 못하고 있어 장기계획적인 광업개발을 할 수 없음. 따라서 단기간에 소규모 투자로 생산량을 많이 올려 이익을 획득하기 위하여 남굴(濫掘)을 하게 된다. 남굴(濫掘)이 행해지는 이상 가채량의 완전채굴이란 있을 수 없으며 광상(鑛床)의 광리(鑛利) 및 인명의 보호도 있을 수 없음.
	광해, 재해 (鑛害, 災害)	광산보안시설이 빈약하며 미봉적. 또한 안전을 위한 부속 작업인 충전(充塡)이나 지주(支柱)작업을 소홀히 하여 광해(鑛害)나 재해(災害)를 많이 발생시킴.
	광업정책	덕대는 광업권자가 아니므로 법적인 책임이 없으며 국가가 덕대를 직접 지휘감독할 수 없으므로 국가의 합리적인 광업정책을 저해함.
	노동자	노동자는 중간착취로 인하여 저임과 노동강도에 시달리며, 노동자의 기본권은 물론 제반 노동조건과 신분보장, 재해보장 등의 보장을 받지 못함.
불법성	광업법과의 관계	광업법 제13조는 "상속, 양도, 저당, 체납처분과 강제집행 이외에는 권리의 목적으로 할 수 없다"고 규정하고 있어 덕내계약이나 정부 또는 하청계약은 본조(本條)의 취지에 위배됨.
	근로기준 법과의 관계	근로기준법 제8조는 "누구든지 법률에 의하지 아니하고는 영리로 타인의 취업에 개입하거나 중간인으로서 이익을 취득하지 못한다"고 규정하여 중간착취의 배제를 규정하고 있으므로 본조(本條) 위반임.
	직업안정 법과의 관계	직업안정법 제16조는 정부의 직업안정소 이외는 원칙적으로 누구를 막론하고 노무자 공급사업을 못하도록 되어 있음. 덕대는 법률에 의해 허용된 노무자 공급업이 아니므로 본법 위반행위임.

※ 출처: 전국광산노동조합, 『제16차년도 사업보고』, 1965, 256-260쪽에서 재정리

　　광노는 위와 같은 조사 연구를 바탕으로 덕대제도를 중간착취의 암적 존재로 규정을 내렸다. 그리고 1964년 9월에 열린 대의원대회에서 결의문으로 "정부는 광업법을 엄정히 시행하여 중간착취기구인 덕대제도를 폐지하라"고 밝혔다.[78] 12월 10일 광노 위원장 김정원은 상공부장관 앞으로 덕대(채탄 또는 채광)계약 또는 하청계약의 합법성 여부, 행정관청(감독관청)으로서의 대책 등을 질의하였다. 이에 대해 상공부장관은 "광업법 제13조의 규정에 위배되는 행위"이나 "고래로부터 널리 관습적으로 시행

---

78)　전국광산노동조합, 『제16차년도 사업보고』, 1965, 316쪽.

되어온 제도인 까닭에 정부는 그 행위에 대하여 장단점을 충분히 검토한 후 이에 필요한 입법조치를 취하고저 연구 중"에 있다고 회신하였다.[79]

1964년 11월 9일에는 경제과학심의위원회에 「석탄개발정책에 관한 제언」이라는 제목의 문서를 제출하여 지하자원을 보호하기 위한 방안으로 "난굴(亂掘) 방지대책의 수립", "불법적인 덕대제의 폐지"를 건의하였다. 광노는 문서에서 "무계획적인 난굴, 보안시설의 불비(不備), 영세성에 의한 기술 및 노무관리의 불합리, 광해(鑛害)의 무방비 등 지하자원 개발정책에 치명적인 손실을 초래"하는 덕대를 폐지시켜야 한다고 주장하였다. 그리고 이를 위해 우선 정부관리 기업체에서 덕대제도의 일환인 하청제도부터 폐지할 것을 건의하였다.[80] 덕대제 폐지를 위한 건의활동은 1966년에도 이어져 7월 14일 상공부장관, 경제기획원장관, 경제과학심의위원회 사무국장, 노동청장 등에게 덕대제 근절을 위해 강력한 조처를 취해 줄 것을 건의하였다.[81]

이후 1967년에도 광노는 덕대제 폐지를 위한 건의활동을 지속하였으며,[82] 9월에 열린 대의원대회에서는 8대 사업목표의 하나로 덕대 및 임시부 제도의 철폐를 내걸었다.[83] 광노가 전개한 덕대제 폐지에 대한 건의활동에 대해 상공부 당국은 "국내광산의 거의가 실시되고 있는 덕대제도를 아무런 대책 없이 갑자기 중지케 한다면 생산에 큰 차질을 가져올 뿐만 아니라 사회적인 큰 혼란이 야기될 우려가 있으므로" 광업법 개정 때에 반영하기 위해 검토 중에 있다는 답변으로 일관하였다.[84]

그리고 정부는 조광권(租鑛權)제도를 입법화하는 방향으로 광업법을 개

---

79) 전국광산노동조합, 『제16차년도 사업보고』, 1965, 263-264쪽.
80) 전국광산노동조합, 『제16차년도 사업보고』, 1965, 165쪽.
81) 전국광산노동조합, 『제17차년도 사업보고』, 1966, 113-114쪽.
82) 전국광산노동조합, 『제18차년도 사업보고』, 1967, 99-102쪽.
83) 전국광산노동조합, 앞의 책, 139쪽. 8대 사업목표는 ① 임금의 현실화 및 평준화운동의 전개, ② 덕대 및 임시부 제도의 철폐운동, ③ 조직확장 및 정비활동, ④ 간부 교육훈련 실시, ⑤ 광산보안법의 현실화운동, ⑥ 노동제법의 합리적 개정투쟁, ⑦ 성과배분의 적정화 운동, ⑧ 단체협약 체결 및 기준향상 운동 등이었다.
84) 전국광산노동조합, 『제18차년도 사업보고』, 1967, 101-102쪽.

정하고자 하였다.[85] 이에 광산노조는 1968년 1월 25일 상공부장관에게 광업법 개정법률(안) 중에서 조광권제도를 입법화한다는 것은 덕대제도를 양성화하는데 불과한 것이므로 법 개정(안)은 시정되어야 한다고 주장하였다.[86] 이러한 정책건의에 의해 1969년 1월 17일에 개정된 광업법에서 조광권제도는 입법화되지는 않았다. 그러나 1973년 2월 7일에 개정된 광업법에서 "광업권은 상속, 양도, 저당·조광, 체납처분과 강제집행 이외에는 권리의 목적으로 할 수 없다"고 명문화하여 조광권을 법제화하였다. 이로써 광산노조가 덕대제 폐지를 위해 장기간에 걸쳐 정책건의활동을 전개하였지만 소기의 성과를 거두지 못하고 결국 법 개정에 의해 조광권이 법인되고 덕대제 폐지는 실현시키지 못한 것으로 귀결되었다.[87]

2) 연료정책 반대 활동

1966년 말에서 1967년 초에 이르는 시기에 연탄파동 사건이 일어났다. 이 시기는 연탄 성수기라 할 수 있는데, 연탄의 품귀로 가정연료 공급이 수요를 따라가지 못하여 일어난 것이다. 연탄파동의 원인은 탄광에서의 생산 감소 때문이 아니라, 혹한으로 철도수송이 부진하여 소비지 저탄량이 바닥이 났기 때문에 일어났다. 따라서 연탄파동의 해결책은 무연탄의 수송량 증대에서 찾아야 했다.[88] 그런데 정부는 연료정책의 근대화라는 미명하에 석탄을 유류로 대체하기 위한 정책을 추진하였다. 쓰기가 편하고 값이 싼 석유를 많이 쓰도록 하는 것이 소비자를 위한 길이며, 고체연료에서 유체연료로 소비패턴을 바꾸는 것이 근대화의 길이라고 판단한 것

---

85) 조광권은 광업권자가 아닌 자가 광업권자와의 계약에 의하여 타인의 광구에서 그 광업권의 목적으로 되어 있는 광물을 채굴하며 취득하는 권리를 말한다. 김연승(1985), 앞의 책, 344쪽.
86) 전국광산노동조합, 「제19차년도 사업보고」, 1968, 104-105쪽.
87) 광업권 전부에 대한 조광권 설정 없이 광구의 일부 혹은 특정 광상을 대상으로 한 덕대·분광 등 종래의 관례적인 덕대개발은 1973년 광업법 개정 이후에도 근절되지 않았다. 남춘호, 앞의 논문, 193쪽.
88) 석탄사업합리화사업단, 앞의 책, 211쪽.

이다.[89] 석유가 석탄보다 다소 경제적인 비용이 적게 들더라도 국내생산이 전혀 없는 석유를 외자로 수입할 수밖에 없는 실정이어서 석유에 지나치게 의존하는 것은 정책적으로 재고할 필요가 있었다. 석탄 연료 대신에 유류를 국내 에너지로 충당하려는 급격한 유류연료 대체정책은 석탄광 생산의 위축과 석탄광 노동자들의 실직, 노임체불 등 여러 가지 문제를 발생시켰다. 석탄에서 유류로 전환시키려는 연료정책이 산업화에 따르는 불가피한 측면이 있었다고 해도 정책 집행에 따르는 사후대책을 마련하지 않은 채 연료정책을 급히 전환시키고 석유를 외국에서 대량으로 수입하였기에 문제가 야기된 것이다.

일본에서도 1955년 석유가 처음으로 수입된 이래 장기간 국가적 사회적 혼란과 진통이 일어났다. 1958~1959년에 걸쳐 230일간의 탄광파업으로 국회 해산, 내각 개편으로까지 문제가 파급되었다.[90] 한국도 이러한 일본의 상황을 타산지석으로 삼아 석탄파동을 경계하고 방지책을 마련할 필요가 있었다. 그러나 정부는 아무런 대책이 없이 급격히 연료정책을 전환시켜 주유종탄(主油從炭)정책을 실시하였다.

정부의 주유종탄정책에 따라 석탄 수요량이 감소하였다.[91] 석탄 수요량 감소에 따라 생산량도 부진하였다. 1967년 6월 말경부터 석탄광의 생산이 위축되기 시작하였다. 10월 전국생산량(상공부 통계)은 계획량 116만 톤의 89%인 103만 톤밖에 안되었으며, 11월은 72%, 12월은 69%로 더욱 감소하였다. 생산량이 저하되었어도 수요가 줄어들어 저탄장에 탄이 쌓여 갔다. 사업주들은 석탄의 판매실적이 부진하자 노임으로 현금 대신 석탄을 지급하려고 했지만 "석탄을 가져가봐야 팔리지 않기 때문에 이를 받을

89) 최희국,「석탄광업 육성에 관한 임시조치법의 목적과 내용」,『석탄산업』36, 1969년 9월호, 1쪽.
90) 송태윤,「한국의 석탄정책과 그 방향에 관하여」,『광업』, 1968년 4월호, 7~8쪽.
91) 석탄 공급에 비해 수요 과잉으로 1966년에 연탄파동이 일어나자 정부는 석유값이 석탄에 비하여 저렴하다는 이유로 연탄연료를 억제하고 석유 위주로 대체하는 주유종탄정책으로 전환하였다. 이에 따라 연탄 소비는 석유의 위세에 압박을 받아 감소하였다. 석탄사업합리화사업단, 앞의 책, 212~213쪽.

수 없는 실정"이었다.[92] 이렇게 석탄생산량이 대폭 감소하면서 많은 광산이 폐광하고 광부들은 실직하였다.

석탄산업의 파탄으로 석탄광 노동자들은 실직과 노임체불로 생계를 위협받았다. 1967년 12월 15일 심포광업소의 휴광으로 30여 명의 광부들이 실직했으며, 황지광업소는 12월 15일에 예약해고령을 내렸다가 22일 갑자기 휴광하여 183명의 노동자들이 일터를 잃었다. 명덕광업소와 호명광업소는 16일자로 예약해고령을 내렸고, 함태광업소는 11월에 150명의 광부를 해고하였다.[93] 광노에 따르면 폐광과 휴광으로 9월부터 12월 현재까지 광부의 20%에 해당하는 7,800여 명이 실직하였다.[94] 석탄의 체화(滯貨)와 소화부진에는 기업주의 책임도 컸다. 연료 수요변동에 대한 경제적인 판단을 적절히 하지 못한 채 안이하게 소비패턴에 의존하였으며, 불경기에 대한 손실을 노동자에게 전가하였다.[95]

이러한 상황에서 광노의 대응은 미온적이었으며, 명확한 대책을 수립하지 못한 채 1967년 9월의 전국대의원대회로 대응을 미룬 상태였다. 9월 27일에 개최한 전국대의원대회에서 투쟁대책을 수립하고 투쟁위원회를 구성함으로써 광노의 대응이 본격화되었다. 그런데 투쟁위원회는 이름에 걸맞지 않게 건의 진정활동에 치중하여 정부와 정당을 상대로 ① 연료정책 시정, ② 체불노임 청산, ③ 실직자에 대한 전직대책 등을 요구하였다.[96] 이러한 미온적인 시정건의활동은 정부에서 적절한 대책을 세우도록 압력을 가하는 데 한계가 있었다.

그러나 광노는 계속 시정건의활동에 매달렸다. 광노는 10월에 청와대, 정당, 국회에 보낸 건의문에서 "석탄의 가채(可採) 매장량은 약 5억 톤으

---

92) 『동아일보』 1967년 12월 29일자, 「노임 25억, 실직 7천여 명. 노동청도 대책 건의」.
93) 『경향신문』 1967년 12월 25일자, 「바람은 찬데 어디로 갈까. 탄광촌에 해고사태」.
94) 『동아일보』 1967년 12월 29일자, 「석공 보너스 2백%. 노임 6억 밀려」.
95) 『동아일보』 1967년 12월 29일자, 「(사설) 연료대체정책과 체불노임」.
96) 전국광산노동조합, 『제19차년도 사업보고』, 1968, 96쪽.

로 추정되고 있으며 1967년도 생산계획량 1,300만 톤에 대비하면 약 40여 년 간의 수급이 무난한 귀중한 자연지하자원을 중점적으로 개발 생산"하는 것이 국가적인 요청이며 필연적인 에너지 정책이어야 한다고 주장하였다. 그리고 유류전환정책은 막대한 외화를 낭비하는 것이며, 고용을 증대시켜야 할 정부가 석탄산업을 위축시켜 실업사태를 발생시켰다고 비판하였다. 그리고 당면문제에 대한 대책으로 ① 무연탄 1,300만 톤에 대한 공급계획 수립, ② 중소도시와 농촌 소비지 확대 및 장려, ③ 석탄수송용 화차의 특혜배차(特惠配車), ④ 화력발전용에 대한 전면 석탄사용 의무화 등 8개 항을 제시하고, 이러한 건의가 관철되지 않을 경우 총파업도 불사할 것이라고 밝혔다.[97]

11월 초에 이르러서 광노는 연료정책시정투쟁 기획위원회를 구성하였으며, 14일에 투쟁방안을 수립하였다. 이때에 수립한 투쟁방안도 극히 온건한 것으로 신문에 성명서를 발표하거나 대통령에게 탄원서를 제출하는데 그쳤다. 건의 진정이라는 온건한 대응방식은 12월 중순에도 이어져 22일, 15,440명이 서명날인하여 작성한 청원서를 청와대에 보내 석탄소비를 법제화 할 것, 원유수입을 최소화 할 것, 연료정책 수립에 광산노조 대표를 참여시킬 것, 군수용 · 관수용 및 화력발전소에 석탄사용을 의무화할 것 등을 주장하였다.[98] 같은 날, 광노 연료정책시정투쟁위원회 명의로 「유류대체로 인한 탄광 노동자의 감원을 결사 반대한다」는 성명서를『서울신문』과『조선일보』에 발표하였다.[99]

그러나 12월 말에 이르러 광노의 연료정책 반대투쟁은 적극적인 시위와 궐기대회로 전환하였다. 12월 28일 중앙집행위원회는 전국적으로 일제히 쟁의를 제기하기로 결의하였다. 그리고 쟁의를 제기하기 전까지 연

97) 전국광산노동조합,『제19차년도 사업보고』, 1968, 99–102쪽.
98) 『매일경제』1967년 12월 22일자,「체불노임 11억. 광산노조 청와대와 국회에 탄원서」; 전국광산노동조합, 『제19차년도 사업보고』, 1968, 22쪽.
99) 전국광산노동조합연맹, 앞의 책, 202–203쪽.

료정책시정투쟁 기획위원회의 결의에 따라 지역적 투쟁을 전개하기로 하였다.[100] 같은 날 연료대책시정투쟁위원회 대표들이 상공부 장관실과 차관실을 점거하고 각 탄광의 체불노임을 연내 청산할 것, 감원된 광부들을 정부가 책임지고 고용할 것, 체화(滯貨)된 석탄에 대한 소비대책 등의 요구조건을 내걸고 연좌시위를 벌였다. 또한 광노 대표 200여 명이 광화문에서 정부의 연료대체정책을 반대하는 시위를 벌였으며, 국회 앞에서 행진하려다가 경찰의 제지로 해산당하였다.[101]

연료정책에 대한 반대투쟁이 강경해지기 시작하자 노동청은 연료의 유류대체정책을 대폭 완화하고 석탄수용증대책을 마련하여 실직한 광부들이 다시 광산에서 일할 수 있도록 특별한 대책을 세워달라고 정부에 긴급 건의하였다. 그리고 노임체불 광산주에 대해서 근로감독관을 동원하여 근로기준법 위반으로 검찰에 입건할 것이라고 밝혔다.[102] 노동청에 의하면 임금을 가장 많이 체불하고 있는 곳은 석공이었다. 석공은 1967년에 임금과 퇴직금 총 6억7천여만 원을 체불하였으며, 이를 연말까지도 청산하지 않고 있었다. 이러한 임금체불에도 석공 측에서 본사 등 사무직 종업원에게 200%의 연말 보너스를 지급하였다는 사실이 드러나자 노동자들의 불만이 더욱 고조되었다.[103]

12월 30일 연료정책시정투쟁 기획위원회는 각 지구별로 항의시위를 전개하기로 결의하고, 장성, 황지, 도계, 영월, 정선, 문경, 화순 등 7개 지역을 선택하여 궐기대회를 개최하기로 결정하였다.[104] 광노의 이러한 투쟁에 호응하여 한국노총에서도 1968년 1월 19일 중앙위원회를 열어 "특별기구를 노총에 설치"하여 지원하기로 결의하였다.[105] 연료정책시정투

---

100) 전국광산노동조합, 『제19차년도 사업보고』, 1968, 27쪽.
101) 『매일경제』 1967년 12월 29일자, 「광산노조 연료정책 시정 건의. 이상공(李商工) 차관 석탄 소비에 최선 약속」; 『매일경제』 1967년 12월 29일자, 「체불노임 연내 청산 요구. 광산노조 대표 2백여 명 데모」; 전국광산노동조합, 『제19차년도 사업보고』, 1968, 22쪽.
102) 『동아일보』 1967년 12월 29일자, 「노임 25억, 실직 7천여 명. 노동청도 대책 건의」.
103) 『동아일보』 1967년 12월 29일자, 「석공 보너스 2백%. 노임 6억 밀려」.
104) 전국광산노동조합, 『제19차년도 사업보고』, 1968, 32쪽; 전국광산노동조합, 앞의 책, 2011, 203쪽.
105) 한국노동조합총연맹, 『사업보고』, 1968, 26쪽.

쟁 기획위원회의 결의에 따라 1968년에 들어서 광산노동자들의 연료정책에 대한 반대투쟁이 각지에서 대규모로 전개되었다. 1월 16일과 18일 장성 도계지구의 데모에 이어 황지·문곡지구에서도 20일 10여 개 민영광업소 1,000여 명의 노동자들이 궐기대회를 열었다.[106] 궐기대회에서 노동자들은 "정부의 그릇된 정책으로 직장을 빼앗기고 엄동설한에 가족과 함께 거리에서 헤매게 되었다"면서 정부를 성토하였고, "국내 석탄산업을 하루속히 구출해서 10여 만의 탄광근로자 및 가족들의 생존권을 확보해 달라"고 호소하였다. 같은 날 오후 정선지구에서는 석공 함백광업소와 삼탄, 동고, 강동 등 10여 개 민영탄광 노동조합원 1,200여 명이 모여 궐기대회를 열고 시위를 전개하였다. 이날 데모대는 석유를 넣은 관과 상여를 메고 500미터를 돌진하여 화형식을 가졌다. 영월지구에서도 석공 영월광업소와 옥동 망경지역의 노동자들 200여 명이 궐기대회를 개최하였다. 문경지구에서도 은성, 봉명, 대성 등 탄광노동자 500여 명이 모여 궐기대회를 열고 "유류대체로 인한 감원과 체불청산 및 석탄소비처를 법제화하라"는 등 7개 항목의 대정부건의문을 채택하였으며, 화순지구[107] 노동조합원 520명도 정부의 유류정책 시정을 촉구하는 궐기대회를 가졌다.[108]

반대투쟁이 광산의 전 지역으로 확산되자 1월 23일 문화방송국은 석탄광 근로자들의 실태를 방송으로 내보냈고, 25일에는 신민당에서 현지조사단을 파견하였다. 노동자들의 투쟁은 2월에도 이어져 29일 영월지역에서 영월탄광 폐광반대 궐기대회를 개최하였고, 석탄광지부는 29일 노동쟁의 발생신고서를 제출하도록 지시하였다. 이리하여 3월 11일 강원지부

---

106) 황지·문곡지구는 6,500명의 광부 가운데 1,000여 명이 감원되었고, 체불노임은 3억5천만 원에 달하였다. 『동아일보』 1968년 1월 20일자, 「"전환연료정책"에 반발. 곳곳서 광부들 데모」.
107) 석공 화순지부와 능주지부 산하 2,689명의 광부 중에서 27%인 553명이 퇴직, 또는 실직 상태였으며 30개 광구 중에서 19개가 폐광 또는 휴광하였다. 『동아일보』 1968년 1월 20일자, 「"전환연료정책"에 반발. 곳곳서 광부들 데모」.
108) 『동아일보』 1968년 1월 20일자, 「"전환연료정책"에 반발. 곳곳서 광부들 데모」; 전국광산노동조합, 앞의 책, 2011, 203쪽.

등 16개 지부가 노동쟁의 발생신고서를 중앙노동위원회에 제출하였다.[109] 이러한 상황에서 정부는 체불노임을 청산하기 위해 연말까지 두 차례에 걸쳐 13억 원의 융자조치와 석탄소비 및 생산계획을 수립하고, 중소도시와 농어촌에 분구개량자금(焚口改良資金)을 확보하여 소비확대를 도모하기로 하였다. 그리고 비수요기 저탄자금 30억 원 이내의 융자 결정을 내렸으며, 석탄에 대한 국가보호산업 지정을 주요내용으로 하는 석탄산업의 기본방향을 각의에서 결정하였다.[110] 이에 따라 광산노조는 4월 8일 상무집행위원회를 열어 정부에서 "석탄산업의 기본방향에 대하여 결의하였으므로 그 실천에 대한 것을 관망"하기로 하고, 연료정책시정투쟁을 보류하는 것으로 결의하였다.[111] 이로써 연료정책 반대투쟁은 일단락되었다.

광노의 연료정책 반대 활동은 「석탄광업 육성에 관한 임시조치법」 제정에 압력을 가하는 역할을 하였다.[112] 1969년 7월 10일 국회 본회의를 통과하고[113] 8월 4일에 공포된 이 법은 "석탄광업을 합리화하고 석탄수요의 확보, 유통의 원활화 및 고용의 안정을 기하기 위한" 목적에서 제정된 것이다. 이 법은 10년 동안 적용되는 한시법이었으며, "석탄광업의 안정성장을 위한 조성사업비로 벙커C유에 대한 석유류세의 세입예상액에 상당하는 금액 이상"을 재원으로 조성하여 ① 탄광시설의 근대화자금 및 운영자금에 대한 융자금, ② 석탄의 원거리 수송에 대한 수송비 보조, ③ 석탄의 해상수송에 대한 수송비 보조, ④ 석탄용 탄(발전용 탄 포함)의 대량소비처에 대한 가격보조, ⑤ 탄광의 심부개발을 위한 수항 시설비 보조, ⑥ 석공이 민영탄광을 매입할 때에 소요되는 자금의 일부 보조 등에 이용할 수 있도록 규정하였다.

109) 전국광산노동조합연맹, 앞의 책, 205쪽.
110) 전국광산노동조합, 『제19차년도 사업보고』, 1968, 96쪽.
111) 전국광산노동조합, 『제19차년도 사업보고』, 1968, 35쪽.
112) 법 제정과정에 대해서는 오원철, 『에너지정책과 중동진출』, 기아경제연구소, 1997, 103~114쪽 참고.
113) 『경향신문』 1969년 7월 11일자, 「22개 안건 무더기 처리. 산은법 개정 등, 국회 어젯밤 폐회」; 『동아일보』 1969년 7월 11일자, 「임시국회, 22개 안건 무더기 처리」.

5. 나오며

1950년대 후반에 탄련 출신의 김정원이 광산연맹에서 권력을 장악하였다. 위원장 김정원을 중심으로 한 광산연맹은 정대천 세력, 김말룡 세력과 함께 반김기옥운동을 전개하여 대한노총으로부터 상대적으로 독립적인 노동조합을 결성하고자 하였다. 전국노협 설립준비위원회의 임원구성과 전국노협의 임원구성을 분석해 볼 때, 전국노협 설립에 주도적으로 참여한 세력이 김말룡을 중심으로 한 세력뿐만 아니라 광산연맹에서 대거참여하였으며, 비록 자유당 탄압으로 결성단계에서는 이탈하였지만 설립준비위원회 단계에서는 광산연맹이 주도하였음을 확인할 수 있다.

4월혁명기에 들어서 광산연맹은 김정원 체제를 유지하면서 신규조직 결성, 노동쟁의 전개 등 노동조합운동을 전개하였으나 이러한 운동은 5 · 16 군부쿠데타가 일어나 좌절을 겪었다. 군부세력의 노동조합 재조직 방침에 따라 광산연맹도 조직 재편성에 들어가 김정원을 위원장으로 하는 광노를 출범시켰다. 광노 위원장은 조직책임자에 대한 임명권을 행사하였으며, 보건사회부장관이 제시한 노조간부 무자격자 9항목이라는 조항을 활용하여 지부 조직결성에 적극 개입하여 산별노조 산하 지부조직에 대한 통제력을 확보할 수 있었다. 이러한 조직방식은 1950년대 후반, 4월혁명기 새로운 노동조합운동에 가세했던 지도자들을 제거하고, 군정당국 → 한국노총과 산별노조 → 지부라는 위계체계를 만들어 나가는 과정에서 이루어졌다. 김정원도 김말룡과 함께 재조직연락위에서 활동한 바 있었지만 군정당국의 무소불위의 권력에 눌려 한국노총 산하 광산연맹에 편입되었다.

1960년대 광산노조의 조직활동 중에서 여타 산별노조와 비교하여 독특한 것이 덕대제 폐지 활동과 연료정책 반대 활동이었다. 광노는 덕대제도에 대한 조사연구 사업에 착수하여 덕대제도를 중간착취의 암적 존재로 규정을 내리고 정부당국에 덕대제 폐지를 위한 건의활동을 전개하였다. 그러나 광노의 이러한 활동에도 덕대제도는 그대로 온존되었으며, 1973년 2월에 개정된 광업법에서 조광권이 법인되었다.

덕대제 폐지활동은 남굴(濫掘)이나 광해(鑛害)를 방지하고 중간착취로 인하여 저임금과 중노동에 시달리는 노동자들의 기본권을 보장하기 위한 것이었다. 이외에도 광노의 입장에서 보면, 덕대제 폐지는 조직확장의 걸림돌을 제거하는 것이기도 하였다. 그러나 광노에서 덕대제 폐지활동을 적극적으로 전개하는 데에는 한계가 가로 놓여 있었다. 이러한 운동에 동원할 노동자들은 거의 대부분 조직노동자들이 아니었기 때문에 광노의 지도력이 미치지 않았다는 것이다. 이러한 한계로 인해 광노는 건의활동에만 매달릴 수밖에 없었다.

덕대제 폐지를 위한 활동과 더불어 광노는 정부의 주유종탄 정책에 반대하는 활동을 전개하였다. 초기에는 미온적으로 시정건의 활동에 매달려 정부가 적절한 대책을 내놓도록 압력을 가하는 데는 실패하였으나 1967년 12월 말에 이르러 적극적인 시위와 대규모 궐기대회로 전환하였다. 이러한 광노의 연료정책 반대활동은 「석탄광업 육성에 관한 임시조치법」을 제정하도록 압력을 가하는 역할을 하였다.

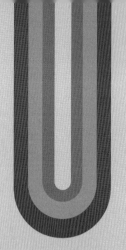

제3부
1970년대의 한국노총

제8장

도시산업선교회와
한국노총의 갈등 · 대립

제8장
도시산업선교회와
한국노총의 갈등 · 대립

1. 들어가며

도시산업선교회는 1960년대 후반부터 노동문제와 산업문제에 관심을 갖기 시작하여, 1970년대에는 비조직 노동자들을 위한 교육과 노동조합 조직에 역점을 두어 활동을 전개하였다. 또한 한국노총의 어용화, 상층지도자들의 어용귀족화, 기업주의 부당노동행위 등을 비판하면서 노동자들 편에서 적극적으로 지원활동을 펼쳤다. 도시산업선교회의 이러한 활동은 1970년대 초반까지 한국노총과 협조체제를 유지하면서 전개되었기 때문에 갈등관계가 내재되어 있었다고 하더라도 표면적으로 표출되지는 않았다.

이러한 도시산업선교회와 한국노총 사이의 협조적인 관계는 유신체제가 성립되고 한국노총이 유신체제에 종속되어 가면서 무너지기 시작하였다. 도시산업선교회를 비롯한 교회조직은 유신체제에 저항하면서 노동운동을 지원해 나갔던 반면 한국노총은 유신체제를 적극 지지하면서 권력이 요구하는 틀 속에서 노사협조를 표방하며 조직을 보존해 나갔다. 이러한 두 세력의 입장 차이로 인해 갈등 · 대립이 표면화되었다.

국가권력은 도시산업선교회 세력을 용공세력, 이단세력으로 간주하여 억압하였다. 여기에 더하여 권력에 종속적인 한국노총은 노동운동의 자율성을 추구하는 민주노조를 노동계에 침투한 불순세력으로 규정하고 한국사회에 뿌리깊이 박혀있는 반공주의를 이용하여 이들을 완전히 제거하고자 하였다. 이러한 상황은 유신체제 말기 1979년 YH사건으로 전면화되었다.

1970년대 교회조직과 민주노조운동의 관계를 다룬 기존 연구는 교회조직의 역할, 이념과 활동방식, 민주노조운동에 미친 영향 등에서 다양한 해석의 편차를 보이고 있다. 교회조직이 1970년대 민주노조운동에 중요한 영향을 미쳤다는 견해[1]가 있는 반면 교회조직의 영향력이 상대적으로 취약했다는 견해가 있다.[2] 전순옥은 민주노조에서 교회의 역할보다는 여성노동자의 활동을 강조하였다. 김원은 1970년대 민주노조운동을 민주와 어용이라는 이분법적인 틀로 단순화시킨 기존의 연구를 비판적으로 검토하고, 도시산업선교회가 민주노조운동을 추동한 중요한 행위자라는 해석은 1970년대 이후 민주화담론에 의해 만들어진 신화에 불과하며, 이러한 해석의 목적은 여성 민주노조운동의 독자성과 자율성을 약화시키기 위한 것이라고 주장하였다.

한편 노동자들의 주체적 의식이 미약하고 노동억압적 통제정책이 강화되고 있던 상황에서 1970년대 노동운동을 지원했던 교회조직의 일정한 역할을 인정하면서도 경제주의·조합주의적인 한계를 지적하는 견해가 있다.[3] 이에 대해 김준은 진보적 개신교계가 도달하였던 인식의 최고, 최

---

1) 조승혁, 『도시산업선교의 인식』, 민중사, 1981; 한국기독교교회협의회, 『1970년대 노동현장과 증언』, 풀빛, 1984; 영등포산업선교회40년사기획위원회, 『영등포산업선교회 40년사』, 1998; 구해근 지음·신광영 옮김, 『한국노동계급의 형성』, 창비, 2002; 홍현영, 「도시산업선교회와 1970년대 노동운동」, 『1970년대 민중운동 연구』, 2005.
2) 전순옥, 『끝나지 않은 시다의 노래』, 한겨레신문사, 2004; 김원, 「1970년대 민주노조와 교회단체: 도시산업선교회와 지오세 담론의 형성과 모순」, 『산업노동연구』 제10권 제1호, 2004.
3) 김인동, 「70년대 민주노조운동의 전개와 평가」, 『한국노동운동론』 I, 미래사, 1985; 최장집, 『한국의 노동운동과 국가』, 열음사, 1988; 전순옥, 『끝나지 않은 시다의 노래』, 한겨레신문사, 2004; 김원, 「1970년대 민주노조와 교회단체: 도시산업선교회와 지오세 담론의 형성과 모순」, 『산업노동연구』 제10권 제1호, 2004.

대 지평이라고 할 수 있는 민중신학, 해방의 신학이 사회발전의 원동력으로 민중을 상정했다는 점, 자본주의 사회의 구조적 모순과 정치적 억압의 비인간성에 대한 강한 이데올로기적 억압의 구조를 깨뜨리는데 일조했다는 점에서 민주노조운동을 '경제적 조합주의'로 해석하는 것은 타당하지 않다고 주장하였다.[4]

이밖에도 1970년대 가톨릭노동청년회의 노동운동, 동일방직 노동운동, 산업선교 활동과 특징, 개신교의 산업선교와 정교유착 등을 다룬 연구가 있다.[5] 이렇듯 1970년대 민주노조운동에 대한 연구가 확장, 진전되고 있음에도 도시산업선교회와 연계한 민주노조운동과 한국노총과의 관련성을 규명한 연구는 거의 없는 실정이다. 기존의 연구에서 도시산업선교회와 한국노총과의 갈등·대립관계를 부분적으로 다루고는 있지만 보다 구체적인 분석이 요구되고 있다. 한국노총과 도시산업선교회와의 갈등·대립의 관계가 어떻게 형성되고 있었는지 시기적으로, 내용적으로 변화상을 짚어볼 필요가 있다. 특히 한국노총 조직행동대가 도시산업선교회 파괴에 일조한 조직이었음에도 불구하고 이에 대한 체계적인 검토가 이루어지고 있지 못하다는 점에서 더욱 절실하다.

이 장에는 1970년대 도시산업선교회와 한국노총의 갈등·대립관계를 살펴봄으로써 새롭게 열려진 민주적인 노동운동이 어떻게 파괴되어 나갔는지 파악하는 것을 목적으로 하고 있다. 첫째, 도시산업선교회의 노동운동 지원활동을 살펴보고, 한국노총 조직행동대가 어떠한 목적에서 조직되었으며 그 조직의 성격이 어떻게 변화해 나갔는지 파악하고자 한다. 도시산업선교회의 노동운동 지원활동과 한국노총 조직행동대 결성 사이의 관

---

4) 김준, 「민주노조운동과 교회」, 『노동과 발전의 사회학』, 한울아카데미, 2003.
5) 김원, 「1970년대 가톨릭노동청년회와 노동운동」, 『1970년대 민중운동연구』, 2005; 김무용, 「1970년대 동일방직 노동운동의 젠더화와 저항의 정치」, 『1970년대 민중운동연구』, 2005; 권진관, 「1970년대의 산업선교 활동과 특징」, 『1960~70년대 노동자의 작업장 문화와 정체성』, 한울아카데미, 2006; 장숙경, 「한국 개신교의 산업선교와 정교유착」, 성균관대학교 사학과 박사학위논문, 2009.

계 여부, 조직행동대 활동의 변화상을 살펴보는데 중점을 둘 것이다. 둘째, 도시산업선교회와 한국노총의 갈등·대립이 어느 시점에서 시작되었으며, 어떠한 계기를 갖고 전면화 되었는지, 그리고 한국노총은 갈등·대립의 상황에서 어떠한 정책을 펼쳤는지 살펴보고자 한다. 이와 함께 공장새마을운동 추진과 관련하여 한국노총과 교회조직과의 갈등관계도 검토할 것이다. 이러한 정책적 대응과 활동을 통해 한국노총이 국가권력과 자본가의 이해를 충실히 대변하여 기능했던 면모를 확연히 드러낼 수 있을 것으로 본다. 마지막으로 국가권력과 한국노총이 어떠한 방식으로 도시산업선교회를 억압하고 파괴해 나갔는지를 검토하고자 한다.

2. 도시산업선교회의 노동운동 지원활동과 한국노총의 조직행동대

1) 도시산업선교회의 노동운동 지원

교회조직들은 1950년대 후반 산업전도를 시작하면서 사회문제에 관심을 갖기 시작하였다. 그러나 1960년대 중반까지 노사문제에 대한 관심은 단순히 신도수를 확장하기 위한 복음전파의 연장으로 인식하였다.[6] 대체로 1968년을 기점으로 산업전도에서 산업선교로 변화하여 노동문제와 산업문제에 관심을 갖고 활동을 전개하였다고 볼 수 있다.[7] 산업선교의 중심사업은 노동자들이 노동현장에서 당하는 문제를 스스로 인식하고 해결해 나갈 수 있도록 훈련하고 조직하는 것이었다.[8]

---

6) 최장집, 『한국의 노동운동과 국가』, 열음사, 1988, 85~86쪽.
7) 산업전도에서 산업선교로 변화하는 기점을 대체적으로 1968년으로 보고 있다. 조승혁, 『도시산업선교의 인식』, 민중사, 1981; 영등포산업선교회40년사기획위원회, 『영등포산업선교회 40년사』, 1998; 홍현영, 「도시산업선교회와 1970년대 노동운동」, 『1970년대 민중운동연구』, 2005; 장숙경, 「한국 개신교의 산업선교와 정교유착」, 성균관대학교 사학과 박사학위논문, 2009. 그러나 김준은 이러한 시기구분이 일반적으로 타당성이 인정되지만 교회조직의 노동문제, 노동운동에 대한 관심이 1968년보다 2~3년 앞서서 시작하였다고 보고 있다. 김준, 「민주노조운동과 교회」, 『노동과 발전의 사회학』, 한울아카데미, 2003.
8) 영등포산업선교회 40년사 기획위원회, 『영등포산업선교회 40년사』, 1998, 108쪽.

산업선교에 뜻을 둔 젊은 목회자들은 영등포, 동서울, 동인천, 울산, 함백탄광 등 광공업지대에 진출하여 기독교복음과 노동자들의 권익옹호를 위한 활동을 전개하였다.[9] 이러한 과정에서 활동가들은 노동자들이 조직된 힘을 가지고 기업 내에서 실제적이고 합법적인 투쟁을 할 수 있는 최선의 길은 '노동조합' 결성이라는 인식을 갖게 되었다. 이에 산업선교는 주로 미조직노동자들의 의식화와 조직화에 주력하였으며,[10] 임금체불이나 퇴직금, 현장 내 폭력 문제, 기업주의 부당노동행위 등 노동현장에서 일어나는 문제를 해결하기 위해 직접 나서기 시작하였다.

도시산업선교회는 1968년~1973년까지 전 기간 동안 인천의 기독교도시산업선교회(감리교), 동인천산업전도센터(기장), 영등포도시산업선교연합회(예장, 감리교), 경수도시산업선교회(감리교), 동서울도시산업선교회(예장) 등을 통해서 활동 기반을 마련해 나갔다.[11] 도시산업선교회 조직은 1970년대 들어 확장추세에 있었는데, 1978년 3월 1일 현재 전국적인 조직세에서 수도권이 압도적인 우위를 차지하였다.[12]

산업선교 실무자들은 1970년대에 들어서면서부터 미조직 노동자들을 위한 교육과 함께 노동조합을 조직하는데 역점을 두었다. 영등포도시산업선교회는 프레드릭 에버트재단(독일)과 한국노총의 지원을 받으면서 의류피복기업에 종사하는 수천 명의 노동자들을 조직하는데 성공하였다. 이 기간 동안 교회조직들이 노동조합을 조직한 기업체수는 100여 개 기업에 이르며 노동자 수는 40,000여 명에 이르렀다. 교회조직들은 이렇게 조직한 노동조합을 각 산별노조와 연결시켜 각 산별노동조합이 조직을 관장하

---

9) 한국기독교교회협의회, 『노동현장과 증언』, 풀빛, 1984, 254쪽.
10) 영등포산업선교회 40년사 기획위원회, 앞의 책, 112쪽.
11) 조승혁, 앞의 책, 102쪽, 104쪽. 착실하게 발전의 틀을 다져온 지역은 인천과 서울의 영등포, 동서울 지역이었다. 황지, 대전, 대구, 부산지역은 1971년 이전에 거의 활동을 중지하였으며 그렇지 않은 경우는 이름만이 남아 있을 뿐이었다.
12) 산업선교회의 전국적인 조직세는 김준, 앞의 논문, 127쪽 참조.

도록 적극 협력하였다.[13] 당시 법적으로 경쟁적인 노동조합은 허용되지 않았기에 새로 조직한 노동조합은 한국노총 조직체계 내에 편입될 수밖에 없었다. 따라서 교회조직은 노동조합을 각 산별노조와 연결시켰던 것이며, 이러한 협력관계는 자연스러운 절차였다.

한국에서 산업선교는 1970년 11월 3일 평화시장 노동자 전태일의 분신으로 크게 자극받아 활동에 나섰으며, 그 활동은 1971년 4월 한영섬유 김진수 상해사건을 계기로 본격화되었다. 영등포산업선교연합회는 김진수 사건을 적극 나서서 조사활동을 펼쳤으며, 김경락, 안광수 목사는 조사활동을 토대로 진정서를 작성하여 4월 7일에 관계기관과 언론계, 한국노총 섬유노조 등에 보내 한영섬유를 고발하고 사후처리를 요구하였다. 그러나 관계기관은 적극성을 보이지 않았을 뿐더러 한국노총과 섬유노조는 피살사건이 "가해자와 피해자간의 개인적이고 우발적인 사건" "종업원간의 분쟁"이라고 결론지었다.[14] 이에 격분한 한영섬유분회 조합원 10여명은 4월 15일 '노총을 규탄한다'고 쓴 런닝셔츠를 입고 한국노총 사무실에서 농성을 벌였다.[15]

김진수 사건을 통해서 영등포산업선교회는 노동조합 상층부가 쉽게 기업에 넘어가고 정부의 압력에 굴복하기 때문에 한국노총과 함께 일할 수 없다고 인식하기 시작하였다. 당시 섬유노조나 한국노총 간부들 중 많은 수가 산업선교와 밀접한 관계를 맺고 활동하고 있었으므로 도시산업선교회는 김진수 사건에 대처하는 한국노총 태도에 상당한 충격을 받았다.[16] 이 사건 이후 영등포산업선교회는 상급노조, 다시 말해 한국노총과 함께

---

13) 조승혁, 앞의 책, 108쪽, 153~155쪽.
14) 한국노동조합총연맹, 『사업보고』, 1971, 46쪽.
15) 『동아일보』 1971년 4월 17일자, 「노동자의 인간화운동 산업선교」; 이원보, 『한국노동운동사』, 지식마당, 2004, 439~440쪽.
16) 인명진, 「70년대 영산전략」(영등포산업선교회 40년사 기획위원회, 앞의 책, 129쪽에서 재인용).

활동할 수 없다는 결론을 내리게 되었다.[17]

한국노총 조직상충부나 산별노조의 간부들이 정부의 압력에 쉽게 굴복하거나 회사 측과 야합하여 어용노조를 조직한 사례는 1971년 신진자동차 부평공장 노조결성에서도 볼 수 있다. 신진자동차에서 노동자들이 노조를 결성하려 하자 주모자 김창수 외 5명을 부당하게 해고하고 어용노조를 조직하였는데도 금속노조 본부에서는 이를 그대로 허가하여 주었던 것이다.[18] 신진자동차 측과 금속노조가 야합한 대표적인 사례라 할 수 있다.

화학노조에서도 일선 사업장의 노동자들이 노조결성을 요구하고 있는데도 1개월이나 외면하면서 산별노조의 자기역할을 등한히 하는가 하면 본부에서 직접 회사 측과 노사협정을 변칙적으로 체결하는 행태를 보이기도 했다. 그 구체적인 과정을 살펴보자. 1971년 6월 말 서울 칠성음료회사 노동자 7백여 명이 임금인상과 노조결성 등을 회사 측에 요구하며 집단농성을 하였고, 이날 농성현장에서 370여 명의 노동자들이 노동조합 가입원서를 써서 화학노조 간부에게 전달하였다. 그런데 본조에서는 1개월이나 이를 외면하였다. 이러한 사례는 영등포에 있는 삼영화학회사에서도 볼 수 있다. 삼영화학회사에서 노동자들이 노조를 결성하였는데도 본조에서는 지부노조와 합의 없이 일방적으로 회사 측과 노사협정을 체결하였으며, 대의원대회를 소집하여 변칙적인 방법으로 지부장을 교체하고 새 지부장을 인준해 주었다.[19]

한국노총과 산별노조가 권력과 자본에 종속되고 밀착되어 가는 모습을 보면서 의식화된 노동자들은 상급노조에 적극 저항하기 시작하였다. 또

---

17) 장숙경, 앞의 논문, 96쪽. 장숙경은 이 사건을 통해 비로소 산업선교회가 노동문제를 단순히 노동자와 사용자만의 문제가 아닌 사회 전체와 관련이 있는 문제로 보는 시각을 갖게 되었다고 보았다.
18) 『매일경제』 1971년 7월 24일자, 「"어용노조 만들었다" 산별노조 간부 40명 모 직장노조서 인준에 항의」.
19) 『동아일보』 1971년 7월 26일자, 「노조본부서 조직 기피. 화학부문 종업원 요구 묵살. 변칙협약까지」. 이와 같은 사실은 고려대학교 노동문제연구소 산하 노동문제연구회가 주최하는 〈수요토론회〉에서 노동자들의 진정을 받고 2주간에 걸쳐 각 대학 노동문제 담당교수, 노조간부들, 산업선교회 목사들의 조사에서 드러난 것이다.

한 도시산업선교회를 비롯한 교회조직은 이들 노동자들의 활동을 적극적으로 지원해 나갔다. 원풍모방, 반도상사, 동일방직, 콘트롤데이타 등에서 민주노조가 결성되도록 적극 지원하였으며 노조의 민주화운동에도 힘을 기울였다. 그 대표적인 사례로는 해태제과, 방림방적 등에서의 8시간 노동제 쟁취와 체불임금 지불 요구투쟁에서 찾아볼 수 있다.[20]

2) 한국노총 조직행동대 결성과 활동

한국노총의 조직원수는 1963년 224,420명에서 1971년 8월 말 493,711명으로 꾸준한 증가세를 보이고 있으나 미조직분야는 74.8%나 되었다. 1971년 12월 말 국가보위법 선포로 인해 조직증가는 서소한 실적을 보이다가 1974년 641,561명(전년 대비 증가율 20.8%), 1975년 712,001명(전년 대비 증가율 10.98%)으로 증가하고 1978년에는 1,016,733명으로 조직원 백만 명을 넘어섰다.[21] 이러한 조직증가는 상부노조의 지원이나 노동자들 자신이 노력하여 이루어진 결과로 볼 수 있지만 교회조직의 지원도 일정 정도 역할을 한 것으로 보인다.[22]

한국노총 산하 각 산별노동조합, 지부조직은 노조를 결성하여 조직을 확장하는데 주력하였다. 그 이유는 조직이 커갈수록 조합원으로부터 거두어들이는 조합비가 증가하여 막대한 경제능력을 갖출 수 있다는 이점뿐만 아니라 한국노총 위원장, 산별노조위원장, 지부장 선거에서 조직세에 따라 당선이 좌우되었기 때문이다. 따라서 한국노총과 산별조직의 지도자들은 자신들의 권력을 유지, 획득하기 위해 자신을 뒷받침하는 조직을 확장하는데 노력을 경주할 수밖에 없었다. 1970년대 조직관할권을 둘러싸고

---

20) 이원보, 『한국노동운동사』, 지식마당, 2004, 411쪽.
21) 한국노동조합총연맹, 『사업보고』, 1979, 302~303쪽.
22) 최장집은 1980년 10월 각 노동조합 지부장과 분회장들에 대해 우편을 통해 설문조사를 실시하였다. 그 결과 '노동자들 자신에 의한 것'과 '상부노조의 지원으로' 조직을 결성한 경우가 80%라는 압도적인 다수를 차지하였고, '외부로부터의 지원'에 의한 경우는 10%라는 비중을 차지하였다. 최장집, 앞의 책, 100~101쪽.

조합 사이에 분규가 끊임없이 제기되었던 것도 자파 세력 확대라는 측면이 컸다.

1970년대 초반까지 국가의 노동통제정책으로 인해 노조 지도부에 대한 심각한 도전이나 저항은 없었다. 그렇기 때문에 국가 당국과 노조 지도부는 비교적 편안하게 노동자들을 통제할 수 있었다.[23] 그러나 교회조직이 지원하는 노동운동이 전개되고, 이를 바탕으로 교회조직이 확장되면서 노조 지도부와 교회세력 사이는 틈이 벌어지기 시작하였다.

한국노총이 조직확대 사업에 적극적으로 나서게 된 시기는 1960년대 후반이었다. 그 단적인 예가 1968년의 조직행동대(활동대)[24] 결성이라 할 수 있다. 앞서 언급했듯이 1968년이라는 시점은 종교단체가 산업전도에서 산업선교로 전환한 시기이다. 따라서 한국노총이 왜 1968년이라는 시점에서 조직행동대를 결성하게 되었는지, 그리고 조직행동대 결성과 교회조직이 산업선교로 전환한 것과는 어떠한 연관이 있는지 살펴볼 필요가 있다. 그런데 이를 설명해 주는 자료는 지금까지 나오지 않고 있다. 다만 도시산업선교회를 비롯한 종교세력의 노조결성 지원활동에 자극받아 한국노총이 조직확대 방안으로 내세운 것 중의 하나가 조직행동대 결성이 아닌가 추측해 볼 수 있을 뿐이다.

한국노총은 지역조직 확장·강화, 미조직분야 조직화, 특정업체에 대한 조직화 등에 중점을 두어 사업을 전개하였고, 1971년에는 백만 명의 조합원 확보를 당면목표로 설정하였다. 이와 함께 조직행동대 조직을 개편하고 정비하였다. 기존의 노동운동사 관련 문헌에서는 조직행동대가 1978년에 조직되어 '외부세력의 침투를 저지'하는 기능하였다고 서술하고

---

23) 최장집, 앞의 책, 168~169쪽; 전순옥, 앞의 책, 238쪽.
24) 1968년 결성 당시 명칭은 조직행동대였으나 이후 조직활동대, 조직행동대로 명칭의 혼란을 겪었다. 자료상으로 볼 때, 대체적으로 1975년까지도 조직활동대로 불렸다. 이러한 명칭은 다시 1970년대 후반에 조직행동대로 변경되었으나 그 시점이 언제인지는 알 수가 없다. 본 논문에서는 명칭을 통일하여 조직행동대로 표기하고자 한다.

있다.[25] 그러나 조직행동대는 1968년에 조직되었고, 활동의 유무, 공과를 떠나서 1970년대 말까지 존재하였다.[26] 이렇게 오랜 기간 존재했던 조직행동대는 미조직 분야의 조직 지원과 회원 노동조합의 쟁의 지원이라는 본래의 목적 외에 한국노총이 행사하는 각종 기념대회, 반공대회, 규탄대회 등에 동원되었다. 또한 1970년대 중반부터 한국노총은 도시산업선교회 세력을 '외부세력'으로 규정하고, 교회조직의 노동활동을 차단하기 위해 조직행동대를 활용하였다. 조직행동대가 미조직 분야의 조직 지원, 회원 노동조합의 쟁의 지원이라는 본래의 기능에서 1970년대 중반 이후부터는 '외부세력'을 차단하거나 제거하는 것으로 기능이 변화한 것이다.

조직행동대는 1968년 한국노총 사업계획에 따라 조직부 주관으로 미조직분야의 조직 지원과 회원노동조합의 쟁의 지원을 목적으로 편성된 조직이다.[27] 1968년 11월 24일에 소집된 조직부장 회의에서는 각 산업별노조 단위 중심으로 조직행동대를 편성할 것을 논의하였고, 1969년 8월 22일에는 조직행동대를 재편성하였다.[28] 재편성된 전국적인 조직은 조직구조 개편이 아니라 단지 임원만의 변동이 있었을 뿐이다. 또한 조직부장 회의에서 조직행동대 훈련을 논의하였지만 재정관계로 인해 실시하지 못하였다. 1970년에는 조직행동대 요강 시안을 작성하여 발표하였다. 요강 시안은 조직행동의 목적, 성격, 의무, 자격, 구성, 대장 및 부대장의 임무 등 12개의 조항으로 구성되었다.[29] 요강 시안에 의하면 조직행동대는 "조합의 정식 기관에 직결된 행동조직이며 조직 및 쟁의투쟁의 전위대(前衛役)"이며, "미조직노동자의 조직화 및 노동쟁의에 대한 지도 및 지원을 통하여 조직의 확대 및 강화를 촉진함을 목적"으로 하고 있다. 조직행동대의

---

25) 최장집, 앞의 책, 172쪽; 전 YH노동조합 · 한국노동자복지협의회, 『YH노동조합사』, 형성사, 1984, 150쪽.
26) 조직행동대가 1980년대에 어떻게 존재하고 있었는지에 대해서는 검토하지 못하였다. 차후의 논의로 돌리고자 한다.
27) 한국노동조합총연맹, 『사업보고』, 1968, 46쪽.
28) 한국노동조합총연맹, 『사업보고』, 1969, 48쪽.
29) 한국노동조합총연맹, 『사업보고』, 1970, 44~45쪽.

자격으로는 (1) 반공사상이 투철하며 봉사정신과 정의감이 강한 자, (2) 체력이 건장 민활하며 통솔력이 있는 자, (3) 노동조합 운동이념에 투철하며 이론적으로 훈련된 자 등으로 규정하고 있다. 또한 "모든 출판물과 선전물을 점검 배포"하고, "파업, 태업, 항의, 농성, 유인물 살포 등 실력행위 일체를 준비하며 이에 대한 모든 행동을 진두지휘"하는 것을 조직행동대 임무로 설정하였다.

1971년 11월 17일 한국노총은 산하 17개 산별 노동조합의 조직부장 연석회의를 통해 조직행동대를 개편 정비하기로 결의하였다.[30] 이는 조직확대와 부당노동행위를 막기 위한 방안으로 나온 것이었다. 각 산별노조 조직부장을 포함한 35명으로 구성된 행동대를 결성, 노조의 조직확대와 쟁의투쟁의 전위역을 맡도록 한 것이다. 당시 조직부장 연석회의에서 결의한 내용을 보면, 조직행동대의 주된 임무는 한국노총과 각 노조 단위로 편성하여 한국노총의 지휘 아래 제일모직, 동명목재, 한국나일론 등 대기업에서 집중적으로 조직확대 사업을 수행하는 것이었다. 또한 사용자들의 부당노동행위를 막고 쟁의가 발생할 경우 파업, 폐업, 항의농성, 유인물 배포 등을 담당하는 것이었다.[31]

이러한 사실을 통해 한국노총이 조직행동대를 가동하여 대기업 조직화를 본격적으로 전개하려 했던 것을 확인할 수 있다. 대기업 사용자는 노조 결성을 극도로 꺼려했다. 이러한 대기업의 노조 기피현상은 한국노총이 조직을 확대하는데 최대의 걸림돌이었다. 배상호 집행부는 이를 극복하는데 의욕을 보였다. 그는 1971년 초에 1백만 조직확대, 생활급 확보, 미조직된 대재벌의 노조 조직사업 등을 주창하였으며,[32] 이를 위해 11월에 이르러서 조직행동대를 개편 정비하였던 것이다. 이러한 조직행동대에

---

30) 『동아일보』 1971년 11월 18일자, 「부당노동에 대항 조직행동대 편성, 노총 조직부장회의 결의」.
31) 『매일경제』 1971년 11월 18일자, 「노총 조직행동대 결성, 조직방해·부당노동행위에 대처」.
32) 『매일경제』 1971년 11월 19일자, 「가중되는 압력, 노총 조직행동대 결성 언저리」.

대해 대한상공회의소에서는 노동공세의 강화로 해석하였다. 또한 사용주 측에서도 한국노총의 움직임을 예의주시하였으며, 조직행동대가 자칫 '노 동깡패'라는 성격으로 변질될 것이라고 우려를 표시하였다.[33]

조직행동대를 활용하여 일백만의 조합원을 조직화하겠다는 한국노총의 계획이 성과를 거두지는 못하였다. 국가보위법 발동 등 여러 가지 외부적 여건으로 조직행동대가 본격적으로 활동을 전개할 수는 없었던 것도 성과 를 거두지 못한 요인 중의 하나였던 것으로 보인다.[34] 이렇듯 조직행동대 는 미조직노동자의 조직화라는 주요임무를 수행하지 못하고 있었지만 한 국노총에서 개최하는 각종 행사에 동원되어 조직의 질서와 규율을 유지하 는 역할을 하였다.[35]

한국노총은 조직행동대를 보다 강화하기 위해 매년 특별 하기훈련을 실 시하였다.[36] 또한 노동쟁의에 대처하거나 산하조직으로부터 지원요청이 있을 것에 대비하여 조직행동대 동원계획도 검토하였다. 그러나 구체적인 계획만 세웠을 뿐 이를 실천으로 옮기지는 않았다. 그러다가 1973년 8월 에 이르러 조직행동대 설치를 본격화하였다. 8월 28일 중앙위원회에서 그 동안 시안으로만 존속해 오던 조직행동대 설치요강을 원안대로 채택하기 로 결정하였던 것이다.[37]

한국노총이 조직행동대를 활용하여 교회조직을 파괴하려고 했던 시기 는 교회조직과의 갈등·대립이 극에 달했던 1974년부터였다. 이는 1974 년 1월 19일 산별 위원장 및 시·도협의회 연석회의에서 배상호 위원장 이 했던 발언을 통해 파악할 수 있다. 배상호 위원장은 개회사에서 "조직

---

33) 『매일경제』 1971년 11월 19일자, 「가중되는 압력, 노총 조직행동대 결성 언저리」.
34) 한국노동조합총연맹, 『사업보고』, 1972, 29쪽.
35) 한국노동조합총연맹, 『사업보고』, 1973, 37쪽.
36) 1971년 11월 30일~12월 18일 아카데미 하우스에서 특수교육, 1972년 8월 7일~8월 12일 강원도 강릉에서 제2차 훈련 실시, 1973년 7월 27일~7월 31일 충남 만리포에서 제3차 훈련 실시, 1974년 8월 5일~8월 8 일 충남 서산군 남면 몽산포에서 훈련을 실시하였다. 한국노동조합총연맹, 『사업보고』, 1974, 48쪽.
37) 한국노동조합총연맹, 『사업보고』, 1973, 37~38쪽.

에 침투해서 극렬한 책동을 계속함으로써 노사분규와 조직의 분열 등 여러 가지 혼란과 부작용을 불러일으킴으로써 심상치 않은 사태를 빚어내고" 있는 상황에서 "불순분자의 조직침투행위에 대하여 전체조직력을 총동원하여 지난날 전평을 타도한 그 기개로서 단호히 분쇄할 것"이라고 밝혔던 것이다.[38] "전평을 타도한 기개"를 갖고 전체 조직력을 총동원하여 단호히 분쇄하겠다는 결의 표명은 미군정기 대한노총과 대한민청을 연상시키는 것이다. 다시 말하면 미군정기 대한민청의 별동대가 대한노총과 연합하여 좌익세력과 전평을 파괴한 것처럼 조직행동대를 동원하여 도시산업선교회를 비롯한 교회조직을 파괴하겠다는 의도를 드러낸 것이라 할 수 있다. 배상호 위원장의 발언을 통해서 판단해 볼 때, 한국노총의 상층지도부가 전평을 도시산업선교회로 등치시키지는 않았을지라도 도시산업선교회를 비롯한 교회조직을 사회혼란세력으로서 전평에 버금가는 조직으로 간주하였다는 것을 알 수 있다.

배상호 위원장의 뒤를 이어 1976년 10월 위원장에 취임한 정동호[39]도 전임 위원장이 추진한 교회조직에 대한 적대정책을 그대로 계승하였으며, 조직행동대를 적극 활용하여 '외부세력'을 제거하고자 하였다. 그는 1978년 2월 28일 한국노총회관에서 있었던 조직행동대 요원교육을 위한 대회사에서 "일부 불순분자들이 종교를 가장해 가지고 노동조합 조직에 침투하여 조직분규를 야기하고 사회를 혼란에 빠트리고 있다. 우리는 앞으로 종교와 싸워야 한다. 월남전쟁도 종교 때문에 패망했다. 몇 백만의 조직의 힘으로써 우

---

38) 한국노동조합총연맹, 『사업보고』, 1974, 185-186쪽.
39) 정동호 위원장의 이력은 다음과 같다. 경기도 화성군에서 출생. 수원농림고교, 단국대 졸업. 고려대 경영대학원 수료. 삼립식품에서 화학노조를 만들어 1961년 화학노조 쟁의부장을 지냈고, 1967년 한국노총 조사통계부장, 1973년 전국화학노조 위원장. 대학 때는 학생운동에 적극 참여했고 1973년 화학노조 위원장에 당선된 후 3년만에 4만여 명의 조합원을 10만 조합원으로 끌어 올리는 실적을 보였다. 『동아일보』 1976년 10월 22일자, 「인터뷰 "임금인상 위해 노력" 신임 노총위원장」; 『경향신문』 1976년 10월 22일자, 「7대 노총위원장 정동호씨의 포부 "5백만 근로자의 권익을 위해 정책노조로 키워나가겠다"」; 『조선일보』 1976년 10월 22일자, 「새 노총 위원장에 정동호씨」.

리는 행동요원으로서 그들과 싸워야 한다"고 강조하였다.[40]

한국노총에서 말하는 '외부세력'을 축출하기 위해 조직행동대가 활약한 대표적인 사례는 동일방직사건에서 찾아볼 수 있다. 1978년 2월 14일 대구 수성호텔에서 조직행동대 강화식을 개최하였는데, 이 자리에서 섬유노조 위원장 김영태는 풍한방직 신탄진공장 노조 지부장 맹원구를 대장으로 임명하여 민주노조를 무력화시키기 위한 사전공작을 벌였다.[41] 이 조직행동대가 1978년 2월 21일 인분투척사건으로 유명한 동일방직사건에 지원대로 파견되어 활약하였다. 조직행동대는 1978년 3월 10일 노동절 행사에도 동원되었다. 동일방직 노조원들이 기념식장인 장충체육관에 들어가 시위를 벌이자 경찰과 함께 시위진압활동을 전개하였다.[42] 이렇듯 한국노총은 민주노조 활동을 파괴하기 위해 조직행동대를 활용하였으며, 조직행동대를 운영하기 위한 경비도 각 지부나 분회의 조합원들에게 강제로 분담하도록 하였다.[43]

조직행동대를 동원하여 동일방직노조 대의원선거를 방해한 사건은 국제 노동조직의 주목을 끌었다. 섬유노조 위원장 김영태는 4월 6일부터 7일까지 밀라노에서 열리는 국제섬유노련 회의에 참석하여 이러한 사실을 해명할 수밖에 없는 처지에 놓이게 되었으며, 영국 BBC 프로그램에도 출연하게 되었다. 예상했던대로 김영태는 섬유노조에서 깡패들로 이루어진 행동대를 조직하여 동일방직 분쟁에 동원한 사실을 질문 받았다. 김영태는 사실과 다르게 변명하였다. 그는 전혀 근거 없는 것이라고 답변하였으

---

40) 이태호, 『70년대 현장』, 한마당, 1982, 111쪽.
41) 전 YH노동조합 · 한국노동자복지협의회, 앞의 책, 150쪽.
42) 『경향신문』 1979년 12월 8일자, 「긴급조치 1호에서 9호까지 '묻혔던 사건'」; 동일방직복직투쟁위원회, 『동일방직 노동조합운동사』, 돌베개, 1985, 108~109쪽.
43) 이러한 실태는 1978년 4월 해직 노동자들이 동일방직 조합원들에게 보낸 호소문에 잘 드러나 있다. 호소문에는 "우리 노동조합을 이렇게 짓밟은 깡패조직인 조직행동대의 횡포는 우리 모두 다 아는 사실인데, 이 조직행동대의 운영을 핑계로 각 지부에게 돈을 더 내라고 요구하며 자기의 심복 부하인 경남지부장 이상기가 어용이므로 산하 분회장들이 반발하자, 위원장은 각 회사 사장들을 만나 회사 사장들과 짜고 분회장들을 모두 해고시켜 버렸습니다."라고 조직행동대의 횡포와 조직행동대 운영을 위한 경비를 지부나 분회에 강제하였음을 밝히고 있다. 동일방직복직투쟁위원회, 위의 책, 146~147쪽.

며, 조직행동대는 노동자들이 자율적으로 조직한 것이며 사용자 측에 맞
서 불합리한 노동관행을 시정하기 위해 조직한 것이라고[44] 주장하는 등
거짓해명으로 일관하였다. "사용자 측에 맞서 불합리한 노동관행을 시정
하기 위해 조직한 것"이라는 김영태의 발언은 조직행동대가 조직된 1968
년부터 1970년대 초반까지의 시기로 한정한다면 틀린 주장은 아니었다.
그러나 1970년대 중반부터 조직행동대는 교회조직의 지원을 받고 있던 민
주노조를 파괴하기 위한 조직으로 변화하였다. 한국노동사에서 한국노총
이나 섬유노조가 씻을 수 없는 오욕을 남긴 대표적인 사례의 하나가 바로
1970년대 중반 이후 조직행동대의 민주노조 파괴활동이라 할 수 있다.

3. 도시산업선교회와 한국노총의 갈등 · 대립

1) 한국노총 조직의 '역조합기구화'

한국노총은 1971년 12월 6일 박대통령의 비상사태선언이 있자 성명을
발표하여 "국가가 있은 다음 노동운동이 있다"면서 정부시책에 적극 호응
하고, 솔선수범할 것을 결의하였다.[45] 또한 국가비상사태를 악용하거나
부당한 노동행위 등을 하는 악덕기업주에 대해서도 투쟁할 것이라고 경고
하였다. 11일에는 17개 산별노조 위원장들과 공동으로 「비상시국하의 근
로자의 자세」라는 성명을 발표하여 "합리적이며 합법적인 노동운동을 계
속 추진할 것"이라고 밝혔다.[46] 1971년 12월 27일에는 국가보위에 관한
특별조치법이 공포되어 노동자계급의 정치적 지위가 약화되고 노동조합
은 단체교섭권과 단체행동권을 갖지 못하고 행정관청의 사전조정을 받아

---

44) 전순옥, 앞의 책, 247-250쪽.
45) 『경향신문』 1971년 12월 7일자, 「한국노총 성명. 비상(非常)에 적극 호응」; 한국노동조합총연맹, 『사업보고』, 1972, 73쪽.
46) 『동아일보』 1971년 12월 11일자, 「노총. 비상사태에 성명」.

야 하는 등 노동기본권이 크게 제약을 받게 되었다.[47]

이러한 상황에서 한국노총은 1972년의 활동방향으로 안보 우선의 새 가치관 확립, 노총 중심의 지도체제 강화, 실리 위주의 활동지향, 국민 주체세력으로서의 능력배양 등 14개항을 채택하였다.[48] 3월 22일에는 중앙위원회를 소집하여 보위법 시행에 따른 대책을 협의하였으며, 「보위법 시행에 따른 노총의 활동 지침」(노총법규 제777호, 72.3.24)을 시달하였다.[49] 활동지침의 주요내용은 "국가보위법 제9조의 정신에 입각하여 앞으로의 노동운동은 안정된 생산질서와 국민총화의 중핵으로서 국가 경제건설과 총력안보 태세 확립에 이바지"한다는 것이었다.

위와 같이 한국노총은 박 정권이 비상사태를 선언하고 국가보위법을 선포하여 노동억압의 고삐를 더욱 강하게 당기고 있는 상황에 처하여 정부시책에 적극 호응하고, 솔선수범하겠다는 결의를 다졌던 것이다. 또한 한국노총은 정부시책에 적극 호응하기 위한 실천으로써 새마을운동에 적극 참여하였으며,[50] 7·4공동성명을 적극 지지하는 국민궐기대회를 주도해 나갔다.[51]

1972년 10월 17일 비상계엄을 선포하고 대통령 특별선언에 의해 ① 국회해산, 정당 정치활동의 중지 등 현행 헌법의 일부 기능 정지, ② 비상국무회의에 의한 국회 권한의 대행, ③ 남북의 평화적 통일을 지향하는 신헌법안을 1개월 이내에 국민투표에 붙일 것 등을 밝히고, 이어 1972년 12월 27일 유신헌법을 공포함으로써 유신독재체제를 정착시켰다.[52] 유신헌

---

47) 1969년의 임시특례법과 1971년의 국가보위법, 1973년과 1974년의 개정법 등 노동법상의 중요한 개악이 있을 때 노동자들의 단결권은 침해받지 않았다. 그러나 노동자들의 단결권은 단체교섭권, 단체행동권과 기능적으로 연결될 때 힘을 발휘한다는 점을 고려할 필요가 있다. 최장집, 앞의 책, 98~99쪽.
48) 『매일경제』 1972년 1월 28일자, 「근대적 노사관계 확립」.
49) 한국노동조합총연맹, 『사업보고』, 1972, 76쪽.
50) 『동아일보』 1972년 5월 9일자, 「새마을운동 참여」; 『동아일보』 1972년 5월 12일자, 「노총 새마을실천 선언식」; 『경향신문』 1972년 5월 12일자, 「노총서 새마을운동 실천대회 "총화와 정신혁명을"」.
51) 『경향신문』 1972년 8월 11일자, 「7·4성명 지지 남북적(南北赤) 회담 촉진 국민궐기대회」.
52) 한국기독교교회협의회, 앞의 책, 137쪽.

법이 공포되자 한국노총은 10월 20일 「구국통일을 위한 영단을 적극 지지한다」는 제목의 10·17선언을 지지하는 성명을 발표하였다.[53] 그리고 10월 26일 전국대의원대회를 "박대통령의 특별선언을 뒷받침하기 위한 대응 태세를 갖추는 하나의 비상대회"로 규정하고 노동운동을 "국가이익의 우선"이라는 기본이념 하에서 전개할 것이라고 밝혔다.[54] 이후 위원장, 부위원장, 사무총장으로 구성된 국민투표 계몽반을 3개반으로 편성하여 10월 30일부터 11월 5일까지 24개 지역 2,630명의 조합간부들을 대상으로 계몽활동을 전개하였다. 각 산별조합에서도 한국노총의 지시에 따라 계몽활동을 실시하였는데, 총 4,812회에 걸쳐 760,841명의 조합원들이 동원되었다.[55]

이렇듯 한국노총과 17개 산별노조는 1971년 말의 국가비상사태 선언 및 국가보위법 선포, 1972년의 10월유신 이후 가해진 노동관계법 개정 등 노동억압이 심화되는 과정에서 국가권력에 순응, 지지하는 자세로 일관함으로써 사실상 노동운동을 포기하였다. 유신체제가 표방한 노사협조주의를 그대로 수용하였으며 경제투쟁마저도 소극적으로 대처하는 등 노동조직으로서 자기역할을 방기하였다.[56]

한국노총이 배상호 위원장을 중심으로 국가정책에 적극 부응하자 박 정권은 반대급부로 1973년 10월의 위원장 선거에서 배상호체제를 적극 지지하여 재선에 성공할 수 있도록 지원하였다. 그 과정을 살펴보자. 1973년의 선거는 규약을 어겨가면서 '산별위원장 전형위원회'가 단일후보로 배

53) 한국노동조합총연맹, 『사업보고』, 1973, 103쪽; 『동아일보』 1972년 10월 20일자, 「10.17선언 지지 각 단체 성명 발표」.
54) 『매일경제』 1972년 10월 26일자, 「"국가이익 우선의 이념을" 한국노총 전국대의원대회서 다짐」.
55) 한국노동조합총연맹, 『사업보고』, 1973, 40~41쪽.
56) 한국기독교회협의회, 앞의 책, 233쪽.

상호 위원장을 추천함으로써 논란을 빚었다.[57] 그리고 후보단일화의 배후에는 정부당국의 막후공작이 있었다는 소위 '오더설'이 난무했으며, 단일후보로 추대된 배상호에 대해서 중앙정보부와 밀접한 관련을 맺고 있다는 풍문이 돌았다.[58] 대의원대회에서 단일후보 추천 경위에 대하여 전형위원회 위원장 이춘선(섬유노조 위원장)은 "정부협조를 얻기 쉬운 사람이 배씨라는데 의견을 모았다"고 말하면서 정부 압력 운운하지만 그것은 사실과 다르다며 단지 "배상호 씨면 무난하지 않겠느냐는 의견 제시가 있는 정도였다"고 보고하였다.[59] 결국 단일후보 인준투표를 진행하여 배상호가 찬성 137표, 반대 59표, 기권 14표를 획득하여 위원장으로 선출되었다.[60] 배상호의 충의에 대하여 박 정권의 답례가 성사되는 순간이었다.

한국노총이 어용노조라는 비난을 받으면서, 노동조직으로서 자기임무를 다하지 못한 것에는 하향식 관제조직으로 재건되었고, 노조의 상층부가 권력에 충성스런 인물들로 구성되었다는 사실 외에도 중앙정보부라는 국가기관의 통제도 크게 작용하였다. 중앙정보부는 한국노총 사무총장과 각 산별노조 위원장을 사실상의 하수인으로 삼아 노동세력의 움직임을 1일보고 형식으로 보고받았으며, 한국노총 본부, 산별노조, 각 지역 단위 노조에 담당관을 배치하고 중요한 정책 수립이나 집행과정에 개입하였다.

---

57) 노총 규약 제32조는 "위원장 부위원장 사무총장의 선출은 직접 무기명투표에 의한다"라고 되어 있다. 따라서 산별위원장 전형위원회가 단일후보를 내세운 것은 명백한 규약위반이었다. 한국노총 상임지도위원이었던 김말룡은 모든 조합원에게는 선거권과 피선거권이 있음을 지적, "누구도 간섭받지 않고 선거가 자율적이고 자주적인 입장에서 치러져야 한다"고 강조하면서 노동조합의 규약대로 선거를 하자고 발언하였다. 그러나 이에 대해 대의원들은 찬동의 뜻을 밝히지 않고 침묵하였다. 『동아일보』 1973년 10월 11일자, 「규약 휴지화 노총 위원장 선출 내막」. 김말룡은 1974년 2월 4일 한국노총 위원장 배상호가 노총규약을 무시한 불법 결의에 의해 선출된 것이라고 주장하면서 대회결의 무효확인청구소송을 서울민사지법에 냈다. 『동아일보』 1974년 2월 4일자, 「노총위장 당선 무효소(無效訴) 제기. 전(前) 지도위원 김말룡씨, 배상호씨 걸어」; 『경향신문』 1974년 2월 4일자, 「자동차노조 김말룡씨 노총위원장 당선무효 소송 "전형위서 단일후보는 위법"」; 『조선일보』 1974년 2월 5일자, 「노총위장(委長) 선거 무효소(無效訴) 전 지도위원 김말룡씨 "직접투표 규약 위배"」.
58) 이원보, 『한국노동운동사』, 지식마당, 369쪽.
59) 『동아일보』 1973년 10월 11일자, 「규약 휴지화. 노총 위원장 선출 내막」.
60) 『동아일보』 1973년 10월 10일자, 「노총 새위원장에 배상호씨 선출」; 『조선일보』 1973년 10월 11일자, 「규약무시 … 인준투표로 노총 위장(委長)에 배상호씨 재선」.

중앙정보부 요원들은 중앙위원회의 각종 회의에 동석하여 회의 안건을 미리 보고받거나 중요한 성명서나 담화문이 발표되기 전에 그 내용을 검토하였다.[61]

1971년 12월 말에 나온 국가보위에 관한 특별조치법 실시 이후 임금의 부당한 동결과 체불, 조직 방해, 조합 활동을 부정하는 사용자의 악질적인 부당노동행위가 증가하고, 정상적인 조합 활동이 이전보다 더욱 제약을 받게 되었는데도 한국노총은 노동조합 중앙조직으로서의 기능을 상실해가고 있었다. 한국노총과 산별노조 집행부는 유신체제와 유착하여 저임금·장시간노동을 심화시켰으며, 고용상황을 더욱 악화시켰다. 이러한 상황을 반영하여 노동자들의 상층 노동조합에 대한 불신은 더욱 높아져만 갔다. 한국노총이라는 상층 조직을 믿을 수 없는 상황에서, 그리고 악화되는 노동상황에 대응하기 위해 민주적인 노동조합 활동을 전개하려는 노동자들은 자연히 도시산업선교회를 비롯한 교회조직과의 연대를 모색하기에 이르렀다.[62]

2) 도시산업선교회와 한국노총의 갈등·대립

도시산업선교회가 지원하는 노동운동은 1960년대 후반에서 1970년대 초반까지는 한국노총과 적대적인 관계에 있지는 않았다. 지부 수준이나 분회 수준에서 노동조합 결성이나 노동조건 개선투쟁 과정에서 두 세력 간 갈등이 표출되기도 하였지만 협조체제는 1970년대 초반까지는 유지되고 있었다. 최장집은 1971년 12월까지 협조체제가 유지되었다고 보면서, 그 실례로서 한국노총의 지도자들과 도시산업선교회 및 가톨릭노동청년회의 활동가들이 한국노총이나 기타 기관에서 실시하는 노조간

---

61) 이태호, 『불꽃이여 이 어둠을 밝혀라』, 돌베개, 1984, 30–31쪽.
62) 한국기독교교회협의회, 앞의 책, 253쪽.

부 교육과정에 함께 참석했다는 것을 들고 있다.[63] 실제로 1960년대 후반 인천산업선교회 주최 「세미나」, 「심포지엄」에 강사를 파견하여 교육활동을 전개하였다.[64] 1971년 교회 선교실무자 중 한 사람이 노동자 교육센터 건축을 위한 아이디어를 한국노총 사무차장(당시 조선원)과 협의하였으며, W.C.C(세계교회협의회)의 협조를 받아 독일교회 원조기관인 B.F.W(Bread for the World)와 접촉하여 노동교육센터 건축을 위한 20만 불 지원을 받도록 했던 일도 있었다.[65] 한편 조승혁은 1972년까지 교회조직과 노동조합 간에 협력관계가 유지되었음을 언급하였다. 그는 1973년부터는 노동조합의 문제보다는 정치적인 이유에서 멀어지게 되었으며 기업과의 관계도 마찬가지 현상이 나타났다고 주장하였다.[66]

한국노총과 도시산업선교회 사이의 협조체제가 무너지게 된 시기는 1971년 12월 말 국가보위에 관한 특별법 공포와 뒤이어 나온 유신체제 수립 이후였다. 그런데 이 당시까지도 한국노총은 도시산업선교회를 비롯한 교회조직에 대해서 전면적으로 공격을 가하지는 않았다. 한국노총은 1972년 3월 22일 「보위법 시행에 따르는 노총의 활동지침」을 각급 조직에 시달하였는데, 단지 "불순분자"의 침투를 막고 직장방위를 담당할 만반의 태세를 갖출 것을 지시하고 있었을 뿐이었다. 그런데 1974년부터 "불순세력", "외부세력"으로 규정하면서 전면적으로 공격을 가하기 시작하였다.

---

63) 최장집, 앞의 책, 169쪽. 김원도 최장집의 견해를 받아들여 초기 교회조직, 특히 도시산업선교회와 한국노총이 공존하는 관계였으며, 초기 인천도시산업선교회의 경우에도 조승혁, 오글 등 목사와 한국노총과의 관계는 1973년을 전후로 한 시기처럼 악화되지 않았다고 언급하였다. 한편 김준은 1960년대 말 이후 기성 노조에 대한 불신이 고조되면서 도시산업선교회는 점차 어용노조를 민주노조로 변화시키는 방향으로 나아가기 시작하였다고 설명하였다. 그리고 이러한 도시산업선교회의 어용노조 민주화운동이 한국노총 상층부와 정부의 공공연한 공격을 받게 되었고, 결국 1970년대 후반 산업선교회와 한국노총 간의 격렬한 대립과 투쟁을 전개하게 되었다고 주장하였다. 김원, 앞의 논문, 70쪽; 김준, 앞의 논문, 119-120쪽.
64) 한국노동조합총연맹, 『사업보고』 1968, 51쪽; 『사업보고』 1969, 58쪽. 조승혁에 의하면 한국노총이 지방단위의 노동조합 활동을 생각지도 않고 있을 때 노동조합 지도자 교육활동을 하였으며, 노총이 지방단위의 노조지도자 교육활동에 관심을 갖고 교육하게 되자 도시산업선교는 이를 노총이나 산별노조에 맡기고 그들이 관심을 갖지 않는 현장 노동자 교육에 중점을 두기 시작하였다. 조승혁, 앞의 책, 15-16쪽.
65) 조승혁, 앞의 책, 156쪽.
66) 조승혁, 앞의 책, 109쪽.

한편, 공장새마을운동 추진과 관련하여 한국노총과 교회조직과의 갈등이 벌어졌다. 한국노총은 박 정권이 추진한 새마을운동에 적극 부응하여 공장새마을운동을 추진하면서 노사협조체제를 유지한 데 비해 도시산업선교회를 비롯한 교회조직에서는 새마을운동에 대하여 냉담한 반응을 보였다. 공장새마을운동은 1972년부터 시작되었는데,[67] 아마도 초기에는 관망의 자세를 취하다가 1970년대 중·후반기에 이르러 공장새마을운동의 본질을 깨닫기 시작하고 점차 비판적인 입장을 취했던 것으로 보인다. 도시산업선교회를 비롯한 교회조직은 공장새마을운동을 품질향상과 생산성향상운동에 노동자들을 무보수로 동원하기 위한 것으로 인식하였다. 1975년 3월 10일에 나온 「민주노동운동을 위한 자율화투쟁 선언문」에는 새마을운동이 언급되어 있지 않지만 1977년의 노동절에 즈음하여 발표한 「노동자인권선언서」에는 "새마을운동이라는 미명으로 노동자에게 무보수 노동을 강요하며 자기 이익을 꾀하는 기업주를 강력히 규탄"한다는 내용이 포함되어 있다는 사실을 상기해 봄직하다.

방림방적 노동자들의 투쟁이 잔업수당을 지불하지 않은 것에서 발단이 되었다시피 공장새마을운동에 대한 노동자들의 불만의 목소리는 높았다. 방림방적은 공장새마을운동을 내세워 노동자들에게 강제노동을 시키면서 수십억이 넘는 잔업수당을 지불하지 않았다. 노동자들은 노동조건과 임금실태를 노동청에 진정하였으며, 같은 진정서를 전국섬유노조 방림방적 지부의 간부들에게 제출하고 협조를 요청하였다. 이에 대해 한국노총 부위원장을 겸임하고 있던 방림방적 노조 지부장 이춘선은 "회사가 잘 되어야 노동자도 잘된다. 회사에 너무 손해를 끼쳐서는 노동자에게도 돌아갈 게 없다"며 체불임금을 받아내려는 운동에 소극적이었다.[68] 방림방적 노동자투쟁에서 볼 수 있듯이 한국노총과 전국섬유노조 및 방림방적 노조는

___

67) 1973, 1974년에 시작되었다는 기존의 연구와 달리 필자는 1972년부터 시작된 것으로 보고 있다.
68) 이태호, 앞의 책, 120~124쪽.

노동자들의 호소를 외면하였지만 영등포도시산업선교회는 이와 달리 여성노동자들의 잔업수당 받기 운동을 적극 지원하였다.

한편 한국노총에서 실시하던 새마을교육은 노동자들에게 노사협조의식을 주입시키기 위해 진행된 것이었다. 교육의 내용은 민주노조와 연계를 갖고 있던 교회조직에 대해 사회혼란세력, 공산주의에 물든 세력으로 공격하는 것도 포함시켰다. 섬유노조는 회사 측과 야합하여 한순임을 강사로 초빙하여 동일방직 조합원들을 강제로 동원하여 교육을 받도록 하였다. 한순임은 원래 산업선교회 교육을 받고 성장한 인물로서 반도상사 노동조합 지부장으로 있었으나 1977년에 지부장직에서 해임된 경력이 있었다. 한순임은 교육하는 자리에서 산업선교회를 비난하면서 "현 동일방직 지부는 빨갱이 단체와 연결되었다"는 주장을 하였다.[69] 한국노총에서 실시하던 조합원 교육에도 도시산업선교회를 비롯한 교회조직을 공격하는 내용의 강의가 이루어졌다. 교재로 홍지영이 저술한『산업선교는 무엇을 노리는가』(금란출판사, 1977)라는 책자를 이용하였다.[70]

한국노총은 1972년 3월 24일자「보위법 시행에 따른 노총의 활동지침」을 통해 "안보 및 건설을 집단으로 뒷받침할 수 있는 태세를 확립하는 동시에 국민의 주체세력으로서 불순분자의 침투를 막고 유사시에는 자치적으로 직장방위를 담당할 만반의 준비"를 갖출 것을 각급 조직에 시달하였다.[71] 여기서 "불순분자"는 교회조직과 연계한 노동운동가를 지칭하는 것이었다. 또한 1973년 6월 30일에는 배상호 위원장 명의로 각 산별노조 위원장과 각 시도 및 지구협의회 의장에게「승공방첩태세 강화에 관한 특별지시」를 내려 보내 불순분자 침투를 막을 수 있는 완벽한 직장방위태세를 갖추어 승공방첩태세를 완비하라고 하달하였다.[72]

69) 동일방직복직투쟁위원회, 앞의 책, 95쪽; 이태호, 앞의 책, 134쪽; 전순옥, 앞의 책, 294-295쪽.
70) 최장집, 앞의 책, 172쪽.
71) 한국노동조합총연맹,「사업보고」, 1972, 76쪽.
72) 한국노동조합총연맹,「사업보고」, 1973, 37쪽.

한국노총은 1972년까지 교회조직과 연계한 노동운동가들을 "불순분자"로 지칭하였으나 1974년 긴급조치 이후에는 "외부세력", "불순세력"으로 바꾸어 표현하였다.[73] 척결하여야 할 대상이 활동가 개인에서 집단으로 바뀐 것으로, 교회조직을 척결대상으로 상정한 것이라 할 수 있다. 이때부터 한국노총이 표방한 노사협조체제에 부응하지 않는 세력을 외부세력, 불순세력으로 규정하고, 이러한 세력에 대한 전면적 대응, 공격을 가하겠다는 의지를 적극적으로 표명하기 시작하였다.

긴급조치가 선포된 직후인 1974년 1월 14일 정부당국은 교회와 연대한 노동운동을 억제하기 위하여 문화공보부의 이름으로 산업선교회와 JOC에 대해 공문을 보냈다. 그 주요 내용은 노조 및 노사문제에 종교단체가 직접 관여하거나 개입하여 사회적 물의가 야기되는 일이 없도록 협조하라는 것이었다.[74] 한국노총은 「대통령 특별조치 제3호에 따른 조직 활동에 관한 사항」이라는 제목으로 산별노조와 각급 기관에 지시하였는데, 이때에도 "가능한 한 노사 간의 불필요한 격돌을 피하고", "조직에 개입하여 개인적인 이익을 취하려는 불순분자가 있을 경우 법과 조직력으로 엄밀히 조치"하고, "외부세력의 불순한 조직침투를 경계"하라고 지시하였다.[75]

한국노총이 1973년을 거치면서 1974년 1월에 이르러 교회조직을 "외부세력", "불순세력"으로 규정하고, 이들 세력에 대하여 전면적인 공격을 결의하게 된 배경에는 진보적 기독교계의 신학적 인식전환이 자리하고 있었다. 진보적 기독교계는 1970년대를 거치면서 사회변혁적인 신학을 표방하였는데 1973년에 박형규 목사는 예수를 '해방자'로, 교회를 '해방군'

---

73) 한국노동조합총연맹, 『사업보고』, 1974, 10쪽. 한국노총은 1974년 운동기조로써 (1) 고복지, 균형경제의 실현, (2) 인플레 대책의 강화, (3) 산업민주주의의 확립, (4) 자율적 노동운동의 강화, (5) 정치적, 사회적 지위의 향상으로 설정하였다. 여기서 (4) 자율적 노동운동의 강화라는 항목에서 "보위법 제9조 제1항으로 부당하게 억제되어 있는 단체행동권과 단체교섭권을 정상화하여 우리의 유일한 자력구제수단을 정당하게 행사하는 동시에 어떠한 외부세력의 조직침해행위도 단호히 분쇄하고 참다운 노사협조체제를 강화해야만 할 것이다"라고 하였다.
74) 한국기독교교회협의회, 앞의 책, 270-271쪽.
75) 한국노동조합총연맹, 『사업보고』, 1974, 18-19쪽.

으로 인식하였다. 1975년에 이르러서는 민중신학이 탄생하는데,[76] 민중신학은 박 정권의 개발독재에 의해 억압받는 노동자, 농민, 도시빈민들의 고난과 투쟁을 신학적으로 성찰하고 실천에 참여했던 그리스도인들의 경험에서 탄생한 한국적 해방신학이었다.[77] 신학적으로 인식을 전환한 진보적 기독교계는 1973년 4월 22일 남산 부활절 연합예배에서 민주회복과 언론자유를 주장하는 성명서를 발표하고 유신체제에 맞서 투쟁할 것을 결의하였으며, 이후 반정부, 반유신운동을 보다 적극적으로 전개하였다. 이러한 기독교계의 활동에 대해 정부는 긴급조치를 행사하여 저항운동을 억압하는 한편 유신체제에 종속되어 기능하고 있던 한국노총을 동원하여 도시산업선교회를 비롯한 교회조직을 파괴하는 정책을 구사하였다. 한국노총도 정부 정책에 부응하여 교회조직을 '외부세력'으로 규정하고 전면적인 공격태세를 갖추었다. 따라서 이 시기를 전후하여 교회조직과 한국노총간의 대립관계가 확대되고, 전면화 되었다고 볼 수 있다.

한국노총과 교회조직 사이의 갈등, 대립은 1974년 초 한국모방 지부장 구타사건을 계기로 심각한 상황으로 치달았다.[78] 이 사건 이후 교회조직은 한국노총의 어용성을 격렬히 비난하였다. 1974년 1월 5일, 19개 신·구교 종교단체로 구성된 신구교노동문제공동협의회는 결의문을 통해 노동사회 곳곳에서 인권유린행위가 빚어지고 있음에도 노동자를 착취하는

---

76) 김준, 앞의 논문, 122-123쪽.
77) 채수일, 「1970년대 진보교회 사회참여의 신학적 기반」, 『한국기독교와 역사』 18, 2003.2, 19쪽. 민중신학의 개념은 김형효(당시 서강대 철학과 교수)와 서남동(당시 연세대 신학과 교수)의 논쟁에 의해 처음으로 등장하였다. 민중은 민중신학자들의 추상적인 허구일 뿐이라고 지적하면서 민중신학의 투쟁적인 열광주의를 경고한 김형효의 글에 대하여 서남동이 '예수, 교회, 한국교회'라는 논박문을 통해 '민중신학'이라는 개념을 구체화시켰다. 서남동은 논박문에서 "기독교는 지금까지의 '억압자의 이데올로기'로부터 민중의 교회, 해방의 복음으로 복귀한다"고 선언하였다. 채수일, 같은 논문, 20쪽과 김준, 앞의 논문, 123쪽에서 재인용.
78) 한국모방 노동자들은 1971년부터 가톨릭 교회와 영등포산업선교회의 지원으로 노조민주화투쟁을 전개하였다. 1972년 7월에 한국모방노조정상화투쟁위원회를 결성하고 8월의 대의원대회에서 지동진이 지부장으로 선출되었다. 1973년에 들어서 회사부도 위기에 직면하자 수습대책위원회를 구성하여 활동하던 중 지동진 지부장이 1973년 12월 31일 백승빈 사장에 의해 구타를 당하는 사건이 발생하였다. 이원보, 앞의 책, 454-467쪽.

제2의 기구로 전락하였다고 한국노총을 비난하고, 천주교회와 기독교가 노동사회의 인권유린문제를 풀기 위해 구체적으로 활동을 전개할 것이라고 밝혔다.[79]

신구교노동문제공동협의회의 도전에 직면하여 한국노총은 1974년 1월 19일 전국최고간부확대회의를 개최하였으며, 성명서를 발표하여 도시산업선교회를 비롯한 교회조직을 비난하였다. 한국노총과 17개 산별노조 위원장, 10개 지역노조협의회 의장 명의로 작성된 성명서를 1974년 1월 21일자 동아일보 광고란에 실어 일반에 널리 홍보하였다.[80] 그 주된 내용은 ① 노동단체의 생명인 주체성을 침해하는 탈선행위를 즉각 중지할 것, ② 1974년 1월 5일자 결의문에서 우리 노동단체를 모독한 도전적인 망언을 즉각 취소할 것, ③ 노동단체에 침투하여 선량한 노동자를 선동하고 조직의 분열과 노사간 분규를 야기시키는 일부 종교인의 맹성을 촉구하며, 그와 같은 행동을 계속할 때에는 조직력을 총동원하여 단호히 응징하겠다는 것으로 되어 있다. 이러한 성명서를 볼 때, 한국노총이 노동조합의 정상조직으로서 주체성을 상실한 것을 자기반성하지 않은 채 노동운동을 지원하는 종교세력을 적대시하여 응징하겠다는 감정만을 표출시킨 것으로밖에 달리 해석할 길이 없다. 종교세력이 왜 노동문제에 나서게 되었는지 근본적으로 물음을 제기하고 반성해야 할 처지에 놓여 있는데도 불구하고 오히려 종교세력을 적대시 한 것은 노동조합의 중앙조직으로써 취해야 할 행위는 아니었다.

1974년 11월 25일 기독교도시산업선교회, 에큐메니칼 현대선교회협의체,[81] 한국기독학생총연맹 등 21개 기독교단체는 기독교회관에서 노동문

79) 한국기독교교회협의회, 앞의 책, 269-270쪽.
80) 『동아일보』 1974년 1월 21일자, (광고) 「일부 종교인의 직분을 망각한 노동조직 침해행위를 엄중 경고하면서」.
81) 한국교회사회선교협의체는 한국산업문제협의회(1971년 1월 4일~1971년 8월까지), 크리스챤 사회행동협의체(1971년 9월~1972년 11월까지), 에큐메니칼 현대선교회협의회(1972년 12월~1974년 12월까지) 등 4회에 걸쳐 개칭을 하였고, 1975년 1월 한국교회사회선교협의체를 끝으로 1976년 9월 25일 해체되었다. 조승혁, 앞의 책, 48쪽.

제 심포지엄을 가진 뒤 선언문를 발표하였다. 한국교회 노동법개악반대투쟁위원회라는 이름으로 발표된 이 선언문에서도 "5·16 이후 한국노총은 시세에 영합하여 민주노선의 이념을 스스로 포기"했다며 한국노총을 신랄하게 비판하였다.[82]

이에 대해 한국노총 산하 17개 산별노조는 12월 9일에 개최한「국가 안보강화 촉구 및 북괴남침터널구축 규탄 궐기대회」를 통해 "도시산업선교회를 중심으로 한 일부 종교인들이 또다시 노동조합 조직에 개입하여 분열과 파쟁을 조성하는 등 자기직분을 망각한 행위를 자행하고 있다"고 규탄하였다.[83] 이어서 1975년, 1976년의 한국노총 운동기조에도 '외부세력'에 대하여 전면적으로 대응하겠다는 내용을 포함시켰다. 즉, 운동기조 항목의 하나로 '자율적 노동운동의 강화'를 제시하였는데, 이를 위해서는 "외부세력의 조직침해 행위도 이를 단호히 분쇄"하고 "노사협조체제를 이룩해야" 한다고 밝혔다.[84]

도시산업선교회를 비롯한 교회조직은 1975년 1월 25일과 1월 28일에「한국노총에 보내는 권고문」,「배상호 한국노총 위원장께 보내는 고언(苦言)」이라는 제목의 경고문을 동아일보 광고면에 실었다.[85] 「한국노총에 보내는 권고문」에서는 ① 한국노총은 가톨릭노동청년회에 보낸 공개 경고문을 즉각 철회하고 본연의 임무로 돌아갈 것, ② 노동자의 권익 대변을 스스로 포기한 배상호 위원장은 스스로 물러날 것, ③ 노총의 사이비성에 대한 공개토론을 벌일 것, ④ 노동자의 권익을 대변하는 동아일보 구독에 앞장설 것을 요구하였다. 또한「배상호 한국노총 위원장께 보내는 고언」에서는 "불의와 부정한 방법으로 일부 부패한 정상배들과 결탁하여 현 한

---

82) 『동아일보』 1974년 11월 26일자, 「21개 기독단체 선언. 긴급조치 반영 의도. 노동3법 개악 우려」.
83) 『경향신문』 1974년 12월 9일자, 「노총 궐기대회. 국가안보 강화 촉구. 북괴지하터널 규탄도」.
84) 한국노동조합총연맹, 『사업보고』, 1975, 36쪽.
85) 『동아일보』 1975년 1월 25일자, (광고) 「한국노총에 보내는 권고문」; 『동아일보』 1975년 1월 25일자, 「노총 선언 반박성명. 도시산업선교회·현대선교협의회」; 『동아일보』 1975년 1월 29일자, (광고) 「배상호 한국 노총 위원장께 보내는 고언(苦言)」.

국노총의 집행부를 불법적으로 차지"한 배상호 위원장은 노동자들의 권리를 짓밟는 '어용사이비 노동귀족'이라고 규정하였다.

한국노총과 종교세력 사이의 공격과 역공격이 이어지면서 대립의 골은 깊어만 갔다. 이러한 상황에서 1975년 3월 10일 노동절을 맞이하여 개최한 한국노동운동자율화추진 발기인대회에서는 발기인 156명의 이름으로 민주노동운동을 위한 자율화투쟁 선언문과 3개항의 결의문을 채택하였다. 선언문에서 "현재 조직노동자들은 조합간부의 선출권 마저 짓밟히고 노동삼권도 제약받고 있다"고 전제하고 노동자들의 권익을 대변하는 총본산인 노총은 오늘날 관제 어용 사이비 노동귀족의 도피처로 전락했다고 주장했다. 그리고 ① 자주적인 민주노동운동 성취, ② 노동조합의 자율적인 운영, ③ 비민주 부패의 표본인 한국노총 배상호 위원장 사퇴 등을 결의했다. &

는 한국노총 상층지도부에 대해 반감을 갖고 있던 크리스챤 노동자들이 중심이 된 조직이었다.[86] 한국교회사회선교협의회는 1977년 3월 10일 노동절을 맞이하여 「노동자 인권선언서」를 발표하여 노동삼권 보장, 국가보위법과 임시특례법 철폐, 기업주와 경영인들의 불법적이며 비인도적인 행위 배격 등을 주장하였다.[87]

한국노총이나 산별조직에서만이 아니라 단위사업장 수준에서도 교회세력을 적대시하였다. 단위사업장 수준에서 어용노조로 꾸려진 지부나 분회가 회사 측과 야합하여 도시산업선교회를 적대시하고 탄압한 사례는 남영나일론과 동일방직에서 찾아볼 수 있다. 1977년 5월 임금인상을 요구하며 농성파업에 돌입한 7백여 명의 여성노동자들을 남영나일론노조가 회사 측과 야합하여 여성노동자들을 구타하여 해산시킨 사건이 일어났다.[88] 남

---

86) 『동아일보』 1975년 3월 10일자, 「근로자 대표 20명 노동운동 자율 결의」; 조승혁, 『도시산업선교의 인식』, 민중사, 1981, 121쪽, 162~163쪽.
87) 조승혁, 앞의 책, 132~133쪽.
88) 이태호, 앞의 책, 124~125쪽.

영나일론에서 일어나 농성은 도시산업선교회 소속 여성노동자들이 주도한 것인데 어용노조와 회사 측이 야합하여 도시산업선교회를 공동의 적으로 간주하여 탄압하였던 대표적인 사례였다.

본조와 지역지부, 그리고 회사 측이 야합하여 도시산업선교회와 연계되어 있던 민주노조를 파괴한 경우는 동일방직 사례에서 찾아 볼 수 있다. 동일방직사건 수습책임위원인 전국섬유노조 기획실장은 단체협약을 전격적으로 갱신하여 반장에게도 조합원 자격을 부여하는 등 회사 측 입장에서 업무를 수행하였으며, 1978년 2월 회사 측과 밀착된 조합원들이 인분투척사건을 야기시켜 대의원선거를 방해하였다. 인분투척사건 당시 본조는 조직행동대원을 응원대로 파견하여 민주노조 파괴활동을 적극 지원하여,[89] 동일방직 지부를 사고지부로 결정하고 업무일체를 조직수습책임위원에게 인계하라고 지시함으로써 민주노조를 파괴해 나갔다. 동일방직노조 집행부에서 사고지부 결정에 거부하고 저항하였음에도 불구하고 본조는 수습이라는 명분으로 조직행동대를 동원하여 노조 사무실을 점거하였고, 3월 6일 본조 중앙위원회는 지부장 이총각, 부지부장 정의숙·이병국, 총무 김인숙 등 4명의 조합간부를 '반노동조합적 활동'을 했다는 이유로 제명하였다.[90] 그리고 노조 사무실을 점거한 수습책임위원과 조직행동대는 본조의 지시대로 대의원선거를 강행하였으며, 회사 측과 밀착하여 조합원들을 강제로 동원하여 교육시켰다.[91]

---

89) 전국섬유노조는 1978년 1월 23일 임시대의원대회를 열고, 지부·분회의 자율권을 제한하고 본조 및 본조위원장의 권한을 크게 강화시키는 규약개정을 단행했다. 개정된 내용은 ① 본조가 단체협약의 체결 및 본조교섭할 수 있으며, ② 본조의 집행위원회가 사고지부를 결정할 수 있으며, ③ 지부 임원에 대해 본조 중앙위원회 결의로써 제명이나 정권 등의 징계처분을 하도록 규정하였다. 이로써 한국노총 집행부만이 특정 지부를 사고지부로 결정할 수 있었던 제한이 철폐되었다. 이 회의에 참석한 원풍모방, 반도상사, YH무역 지부장이 참석하여 반대의견을 피력하였지만 이들은 즉각 퇴장당했다. 한편 동일방직 지부장이던 이총각은 참석 자격이 안된다는 이유로 회의참석을 제한당하였다. 동일방직복직투쟁위원회, 앞의 책, 93쪽; 전순옥, 앞의 책, 239쪽.
90) 동일방직복직투쟁위원회, 앞의 책, 100-108쪽; 이태호, 앞의 책, 133-137쪽.
91) 동일방직복직투쟁위원회, 앞의 책, 145쪽.

3) 국가권력의 도시산업선교회 억압

교회조직과 연대하고 있던 노동자들은 박 정권이 노동운동을 억압하기 위해 마련한 법적, 제도적 장치를 무시하고 '위법적' 노동운동을 전개하였다.[92] 유신체제 이후 노동쟁의의 상당부분이 교회조직과 연대하여 전개되었고, 이러한 쟁의는 조직적이고도 격렬한 양상을 보였다. 정부 당국은 교회조직과 연대한 노동운동의 억제에 주력하였으며, 노동운동의 주체세력과 협력자들을 '사회를 혼란시키는 극렬분자'로 규정하여 본격적으로 탄압하였다. 1972년 11월 28~29일 영등포도시산업선교회 사무실이 서울시경의 수색을 받았으며, 1973년 2월 9일에는 영등포도시산업선교회의 김경락, 조지송 두 실무목사가 영등포경찰서에 연행되어 철야심문을 당하는 사태가 발생하였다.[93] 이어서 1973년 4월 남산부활절사건이 발생하였고, 1974년 1월 17일에는 도시산업선교회 실무자들을 긴급조치 1호 위반사건으로 구속하였다.

노동청장은 도시산업선교회와 노동청년회를 불법단체로 규정하도록 지시하였다.[94] 그리고 이들 도시산업선교회와 노동청년회에 의한 노동조합 결성이나 의식화교육을 좌경노동운동으로 간주하여 이단시하였다.[95] 한편 산업선교를 공산주의자, 용공주의자로 몰아세우는 내용의 책자가 공장과 기숙사에 배포되었다. 이러한 책자는 경영자 교육프로그램이나 공장새마을운동 교육교재로도 사용되었다.[96] 대표적으로 이 시기에 배포된 것은 홍지영의 『산업선교는 무엇을 노리는가?』라는 책이다.

---

92) 한국기독교교회협의회, 앞의 책, 256쪽.
93) 한국기독교교회협의회, 앞의 책, 267-268쪽.
94) 『동아일보』 1977년 6월 27일, 「국회속기석 아파트 수사중단은 범법의 묵인(질의) 외국투자 없어도 경제발전은 지속(답변)」.
95) 『동아일보』 1978년 10월 11일자, 「국회 속기석 의료복지 제도적 보완책 없나(질문) 농지제도의 개선방안 연구중(답변)」.
96) 최장집, 앞의 책, 172쪽.

홍지영은 이 책에서 "산업선교란 공산당 간접침투 전략으로서 러시아 KGB를 통해 WCC를, WCC가 한국의 산업선교를 지원하므로 산업선교는 공산당 전략에 따라 노동사회에 침투한 용공세력"이라고 규정하였다. 산업선교에 대한 왜곡과 비방, 흑색선전이 난무하는 가운데 영등포산업선교회 총무 인명진 목사가 구속되었다. 인명진 목사는 1978년 4월 17일 청주산업선교회가 주최한 '억울한 농민을 위한 기도회'에서 설교하였는데, 당국에서 설교한 내용이 대통령 긴급조치 9호를 위반했다는 이유를 들어 5월에 구속시킨 것이다.[97]

도시산업선교회에 대한 정부 당국의 탄압은 YH무역 노조사건에서 절정에 달했다. 1979년 8월 YH무역 여성노동자들의 신민당사 농성투쟁을 배후 조종했다는 혐의로 영등포산업선교회 총무 인명진, 한국교회사회선교협의회 부위원장 문동환, 총무 서경석, 전 고려대 교수 이문영, 시인 고은을 구속하는 한편, 각종 담화와 성명서, 보고서를 통해 도시산업선교회를 좌경세력으로 몰아세웠다.[98]

8월 15일 공화당과 유정회는 합동회의를 열어 "도시산업선교회의 일부 인사가 YH무역사건 배후세력으로 작용했을 뿐만 아니라 그동안 여러 형태의 노사분규에서 배후세력으로 작용했다"고 분석하였다. 그리고 노사 문제에 외부세력이 개입하는 것을 규제하기 위해 노동관계법안을 공동으로 마련하기로 결정하였다.[99] 또한 박 대통령은 16일 일부 종교를 빙자한 불순단체와 세력이 산업체와 노동조합에 침투하여 노사분규를 선동하고 사회불안을 조성하고 있다며 그 실태를 철저히 조사해서 보고하라고 법무장관에게 지시하였다.[100]

---

97) 영등포산업선교회 40년사 기획위원회, 앞의 책, 193-194쪽.
98) 『경향신문』 1979년 8월 17일자, 「YH농성사건 배후 조종 '도산' 간부 등 8명 구속」; 이원보, 앞의 책, 355쪽.
99) 『동아일보』 1979년 8월 15일자, 「여당 '도시산업선교' 조사. 외부세력 규제 노동법규 개정 검토」.
100) 『경향신문』 1979년 8월 16일자, 「노사분규 선동・사회불안 조성 불순세력 철저 조사하라」.

한편 매스컴에서는 "포섭된 근로자들을 교육시켜 사원 공모나 여타 기회를 이용하여 타 업체에 침투시킨다. 침투한 회원은 철저한 점조직으로 소속된 기업체 내에서 세력을 확장해 나간다"는 내용으로 도시산업선교회를 보도하였다.[101] 또한 전국섬유노조 김영태 위원장은 14일 밤 MBC-TV의 보도특집 프로에서 "도시산업선교회의 활동은 순수한 선교활동이 아니며 공산당이라 할 수는 없으나 공산당과 유사한 행위를 하고 있다"고 발언하였으며, 도시산업선교회의 정체를 분명히 알고 발본색원해야 한다고 강변하였다.[102] 『경향신문』은 공화·유정 합동의원 총회에서 독자적으로 수집, 조사한 자료를 입수하여 8월 18일자에 「도시산업선교회의 정체, 그 조직과 수법을 벗긴다」라는 제목으로 해방신학의 사상적 배경, 정치와 종교관, 활동양상 등을 여과 없이 게재하였다.[103]

또한 상공부는 YH사건을 계기로 도시산업선교회가 노동운동에 개입하는 것을 저지하기 위한 대책을 다각도로 검토하였으며,[104] 법무부 장관의 지시로 대검 공안부장은 특별조사반을 편성하여 실태를 조사하였다. 또한 노동청, 경찰, 문공부 합동으로 한국노총과 한국수출공단을 방문하여 관계자들로부터 외부세력 침투실태를 조사하였으며, 동일방직·반도상사·남영나일론·진로주조·해태제과·방림방적 등을 대대적으로 조사하였다.[105]

한편 신민당은 8월 16일 성명서를 발표하여 "도시산업선교회가 반정부단체인지는 몰라도 반국가단체는 아니며 지하단체도 아니고 더욱이 공

---

101) 조승혁, 앞의 책, 298쪽.
102) 『조선일보』1979년 8월 15일자, 「섬유노조위장(委長), 도시산업선교회는 순수종교활동 안해」; 『경향신문』 1979년 8월 15일자, 「김 섬유노조위장(委長), MBC-TV서 "도시산업 정체 알아야. 순수한 선교활동 안해"」.
103) 『경향신문』1979년 8월 18일자, 「도시산업선교회의 정체, 그 조직과 수법을 벗긴다」.
104) 『조선일보』1979년 8월 17일자, 「구로공단에 70여명 활동」. 8월 16일 상공부차관은 한국수출산업공단 이사장을 불러 구로공단 안에서의 도시산업선교회 활동 현황을 보고받았다. 최명환 이사장은 수출산업공단에는 그동안 10여개 업체에 2백여 명 가까이 도시산업선교회 요원들이 활동해 왔으나 현재는 70여 명이 활동하고 있다고 보고하였다.
105) 『경향신문』1979년 8월 20일자, 「대검 지시 산업체 침투 외부세력 조사」.

산당은 아니"라고 밝히면서 "지금 이 나라엔 공화당 정권을 지지하는 세력 이외에는 모두 불순세력으로 몰아붙이려는 정권 말기적 바람이 세차게 불어 닥치고 있다"고 비판하였다.[106] 김영삼 신민당 총재는 22일 담화문을 발표하여 "YH사건에 따른 관계자 전원의 무조건 석방"을 요구하면서, "정부는 도시산업선교회를 불순세력으로 볼 것이 아니라 이 기회에 국가보위에 관한 특별조치법을 폐지하여 근로자에게 노동3권을 돌려주고 모든 노조가 권력의 간섭 없이 자유롭게 자기들의 권익을 보호받을 수 있도록 해야 할 것"이라고 강조하였다.[107]

이에 대해 한국노총은 13일 중앙위원회를 소집하여 YH사건을 검토하고 노사문제의 정치적 이용 중지 등 6개항의 결의문을 채택하였다.[108] 그런데 한국노총은 결의문에서 "도시산업선교회를 비롯한 모든 외부세력"를 YH사건에 책임이 있는 것으로 돌리고, 외부세력에 의한 '사회혼란'을 신민당에서 정치문제로 이용하고 있다고 주장하였다.

결의문 발표 이후 한국노총은 도시산업선교회를 비롯한 교회조직을 집중적으로 공격하였다. 더욱이 정동호 위원장은 도시산업선교회를 비롯한 교회조직이 "노사관계 · 근로조건 · 고정처리 상황 등 근로자들의 불만요소가 많은 사업장을 사전 탐지한 다음 전문적인 교육을 받은 자를 위장 입사"시키고 있다고 발언하였다.[109]

YH사건을 계기로 정부당국의 탄압은 극에 달했고, 여기에 한국노총과 언론이 가세하여 매카시즘 광풍이 휘몰아쳤다. 박정희 정권과 김영삼 · 신민당 사이의 대립이 극으로 치달았고, 여당은 10월 4일 김영삼 의원의 제명을 변칙 처리하였다. 이러한 정권 말기적 현상은 부마항쟁으로 이어졌다. 이러한 상황에서 한국노총 위원장으로 정동호의 뒤를

106) 『조선일보』1979년 8월 17일자, 「'도산' 반국가단체 아니다. 신민, 불순세력 규정 비난」.
107) 『조선일보』1979년 8월 23일자, 「김총재 "도시산업선교회 불순 규정 부당. 보위법부터 폐지를"」.
108) 한국노동조합총연맹, 『사업보고』, 1979, 238-239쪽.
109) 『서울신문』1979년 8월 21일자(조승혁, 『도시산업선교의 인식』, 민중사, 1981, 299쪽에서 재인용).

이어 10월 21일에 김영태가 선출되었다. 김영태는 미군정기 대한민청 감찰부장으로 활약한 김두한의 최측근이었으며, 대한민청 별동대장으로 좌익세력 제거에 앞장서온 인물이었다.[110] 그는 이러한 반공투쟁의 전력을 바탕으로 한국노총 부산시협의회 의장, 섬유노조 위원장을 거쳐 한국노총 위원장이라는 지위에 오를 수 있었다. 김영태는 섬유노조 위원장으로 있던 당시 조직행동대를 동원하여 동일방직 노조대의원대회를 방해하였으며, 동일방직 해고자 126명의 명단을 부서, 주민등록번호, 본적까지 기재한 이른바 '블랙리스트'를 만들어 전국 노조와 사업장에 배포하는 등 민주노조운동 억압활동에 전력을 기울인 인물이었다. 이러한 인물이 한국노총 위원장에 선출되었다는 것은 이후 한국노총이 도시산업선교회에 대하여 어떠한 억압과 폭력을 행사할지는 명약관화하였다. 김영태는 위원장에 선출된 직후 "국가가 우선이다. 국가 없이 노동조합이 있을 수 없다"고 강조하고 "국민총화에 역행하는 불순세력은 행동으로 분쇄하겠다"고 밝혔다.[111] 도시산업선교회를 비롯한 교회조직에 대한 전면적인 공격을 선포한 것이다.

그러나 며칠 후 10·26사건이 발생한 가운데 노조 민주화운동이 전개되었고, 한국노총 위원장과 섬유노조 위원장을 겸직하고 있던 김영태 위원장은 1980년 들어 섬유노조 정상화추진위원회와 민주노조, 해고 노동자들에 의해 사퇴압력을 받았다. 이러한 조직 내 반발에 부딪히자 그는 2월 8일 한국노총 의장단회의에서 신병 때문에 직무를 수행할 수 없다면서 정한주 부위원장을 위원장 직무대리로 위촉하였다. 즉각 사퇴가 아닌 직무대리를 위촉하는 것으로 사태를 수습하려 했던 것이다.

110) 이경남, 『분단시대의 청년운동』 상, 삼성문화개발, 1989, 228~236쪽.
111) 『조선일보』, 1979년 10월 21일자, 「김영태 노총위원장」.

4. 나오며

도시산업선교회를 비롯한 교회조직은 권력과 자본의 억압, 한국노총의 어용화에 저항하여 민주적인 노조를 결성하거나 사용자들의 부당노동행위에 맞서 투쟁을 적극적으로 지원해 나갔다. 도시산업선교회와 연계되어 조직된 원풍모방, 반도상사, 동일방직, 콘트롤데이타 등 민주노조는 1970년대 아래로부터 노동조합운동을 주도해 나갔다.

도시산업선교회가 노동자들의 의식화 교육을 진행하거나 노조결성 지원 활동을 전개해 나가자 한국노총도 조직확대 사업에 적극 나서게 되었다. 그 단적인 예가 1968년의 조직행동대 결성이었다. 기존의 노동운동사 관련 문헌이나 연구에서는 조직행동대가 1978년에 조직되어 '외부세력의 침투를 저지'하고자 만든 것으로 서술하고 있으나 이는 사실의 왜곡이다. 조직행동대는 1968년에 결성된 조직이었으며, 조직 초기에는 활동 유무, 공적의 유무를 떠나서 미조직분야의 조직 지원과 회원 노동조합의 쟁의 지원이라는 본래의 목적에 충실하고자 했다. 1971년 초 한국노총 배상호 집행부는 1백만 조직 확대, 생활급 확보, 대재벌회사를 중심으로 한 노조 조직사업 등을 주창하였고, 1백만 명의 조합원 확보를 목표로 조직행동대 조직을 개편 정비하였다. 그러나 국가보위법 선포 등 여러 가지 외부적 여건으로 본격적인 활동을 전개하지 못하였으며, 조직행동대는 한국노총의 각종 행사에 동원되어 조직의 질서와 규율을 유지하는 역할만을 수행하였다.

도시산업선교회가 지원하는 노동운동은 1960년대 후반에서 1970년대 초반까지는 한국노총과 적대적인 관계에 있지는 않았다. 갈등이 내재해 있었지만 1971년 말까지 협조체제가 유지되었다. 협조체제가 무너지게 된 시기는 1971년 12월 말 국가보위에 관한 특별법이 공포된 이후였다.

그런데 이 시기에도 도시산업선교회를 비롯한 교회조직에 대해 전면적인 공격을 가하지는 않았다. 다만 "불순분자"의 침투를 막고 직장방위를 위한 만반의 태세를 갖출 것을 지시하는 정도에 그치고 있었다. 그러다가 긴급조치가 선포된 직후인 1974년 초부터 도시산업선교회를 비롯한 교회조직을 전면적으로 공격하였다. 이때부터는 이들 조직을 "불순세력", "외부세력"으로 규정하기 시작하였다.

한국노총이 1973년을 거치면서 1974년 1월에 이르러 교회조직을 "외부세력", "불순세력"으로 규정하고, 전면적인 공격을 결의하게 된 배경에는 진보적 기독교계의 신학적 인식전환이 자리하고 있었다. 진보적 기독교계는 1970년대를 거치면서 사회변혁적인 신학적 태도를 견지하였으며, 1975년에는 민중신학을 탄생시켰다. 이를 기반으로 진보적 기독교계는 반정부 반유신운동을 적극적으로 전개하였다. 이에 대해 정부는 긴급조치를 발동하여 저항운동을 억압하는 한편 유신체제에 종속된 한국노총을 동원하여 도시산업선교회를 비롯한 교회조직을 파괴하였다.

한국노총과 도시산업선교회를 비롯한 교회조직의 갈등·대립 속에서 1974년에 공격과 역공격의 성명전이 오갔다. 한국노총과 종교세력 사이의 갈등과 대립이 극에 달했던 시기는 1974년부터라고 할 수 있는데, 한국노총은 조직행동대를 활용하여 도시산업선교회 세력을 파괴해 나가기 시작하였다. 미군정기 대한노총이 대한민청의 별동대와 연합하여 좌익세력과 전평을 와해시켜 나갔던 것처럼 한국노총도 조직행동대를 동원하여 교회조직을 외부세력, 불순세력, 사회혼란세력으로 규정하여 파괴해 나갔던 것이다. 이러한 대표적인 사례는 동일방직에서 볼 수 있는데, 인분투척사건으로 유명한 동일방직사건에 조직행동대가 동원되어 민주노조를 파괴하는데 일조하였다.

한국노총이 공장새마을운동을 추진하는 과정에서도 교회조직과 갈등하였다. 한국노총은 박 정권이 추진한 새마을운동에 적극 부응하여 공장새마을운동을 추진하면서 노사협조체제를 유지한 반면 도시산업선교회를 비롯한 교회조직에서는 새마을운동에 대하여 냉담한 반응을 보였다. 교회 세력은 공장새마을운동 초기에는 관망의 자세를 취하다가 1970년대 중·후반기에 공장새마을운동의 본질을 깨닫기 시작하고 점차 비판적인 입장을 취했다. 이들은 공장새마을운동을 품질향상과 생산성향상운동에 노동자들을 무보수로 동원하는 운동으로 인식하기 시작하였던 것이다. 이때부터 교회조직은 공장새마을운동으로 인한 노동자들의 불만을 대변하여 체불임금이나 잔업수당 받기 운동 등을 지원해 나갔다.

정부도 도시산업선교회를 반정부세력으로 간주하고 억압정책을 강화하였다. 도시산업선교회를 비롯한 교회조직이 노동조합 결성을 지원하거나 노동자들에게 의식화 교육을 진행하는 것을 좌경노동운동으로 규정하여 이단시하고 탄압하였다. 도시산업선교회에 대한 정부당국의 탄압은 1979년 8월 YH무역 노조사건에서 절정에 달했고, 한국노총과 언론이 가세하여 매카시즘의 광풍을 가속화시켰다. 박정희 정권과 김영삼·신민당과의 대립이 극으로 치달았고, 여당은 10월 4일 김영삼 의원의 제명을 변칙 처리하였다. 이러한 정권말기적 현상은 부마항쟁으로 이어졌다. 이러한 상황에서 한국노총 위원장으로 정동호의 뒤를 이어 10월 21일에 김영태가 선출되었다. 김영태는 위원장에 선출된 직후 도시산업선교회를 비롯한 교회조직을 향하여 전면적인 공격을 선포하였다. 그러나 얼마 지나지 않아 10·26사건이 발생한 가운데 기존 노조의 민주화운동이 전개되었고, 섬유노조 정상화추진위원회와 민주노조, 해고노동자들에 의해 사퇴압력을 받게 되자 정한주 부위원장을 위원장 직무대리로 위촉하였다.

제9장

공장새마을운동의 전개와
한국노총의 활동

제9장
공장새마을운동의 전개와 한국노총의 활동

1. 들어가며

1970년부터 농촌에서 시작된 새마을운동은 도시와 직장(공장)과 학교로 파급·확산되었다. 박정희 정권은 농촌새마을운동을 통하여 농민을 동원하고 통제하였으며, 그 가시적인 성과를 바탕으로 도시민이나 노동자 그리고 학생으로까지 운동의 대상을 넓혀 전국민적인 운동으로 확대시키고자 하였다. 이리하여 공장새마을운동은 1972년부터 전개되었으며, 1973년 말 유류파동을 계기로 적극적으로 추진하게 되었다. 즉, 공장새마을운동은 유류파동에 의해 불어 닥친 불황을 타개하기 위한 방안으로 적극 추진되었던 것이다. 공장새마을운동은 물자절약, 생산성향상, 경영합리화, 직업윤리, 기업윤리 등을 강조하면서 1979년 말 박 정권이 무너지기까지 지속적으로 전개되었다.

공장새마을운동은 농촌새마을운동의 연장선에서 전개되었으므로 공장새마을운동을 이해하기 위해서는 먼저 새마을운동에 대한 연구사를 검토할 필요가 있다. 1970년대 (농촌)새마을운동에 대한 연구는 그간 많이 축적되었는데, 이들 연구들의 견해는 다양한 편차를 보이고 있다. 먼저 정부 차원의 관변연구에서는 성공적인 근대화전략이었다는 긍정적인 평가를 하였다. 반면 임경택은 새마을운동이 유신체제 하 국민전체에 대한 총동원의 대표적인 성격을 지닌 것으로 파악하였다.[1] 그는 새마을운동 연구를 통해 유신권위주의체제가 국민을 어떻게 동원하고 통제하였는지를 검토하였고, 정치·경제·사회적 상황에 따라 동원과 통제의 양상이 변화하는 측면을 살폈다. 박진도·한도현은 국가 최고지도자(박정희 대통령)가 자신의 정치적 목적 혹은 이념을 달성하기 위해 전체 행정조직을 이용하여 전 국민을 동원한 운동으로 평가하였다.[2] 새마을운동의 가시적 성과에도 불구하고 농촌의 구조적 문제는 해결되지 않았으며 오히려 심화되었다고 비판하였다. 그는 새마을운동이 안고 있는 커다란 문제점은 농촌의 구조적 문제를 국민운동으로 해결하고자 한 데 있다고 보았다. 한편 새마을운동을 국가동원체제로 보고, 그람시의 역사블럭 관점에 기초하여 자발적 동원으로 이해하고 분석한 연구[3]와 그람시의 헤게모니 권력전략의 관점에서 국가가 일상 속에 특정한 생활규범을 침투시키고자 한 '농민생활의 근대적 규율화'운동으로 평가한 연구가 있다.[4] 이렇듯 기존의 새마을운동에 대한 연구는 다양한 이론적 접근을 통해 이루어졌으며, 그 결과 많은 연구성과를 거두었다.

공장새마을운동에 대한 연구는 농촌새마을운동에 대한 연구에 비해 많지 않은 편이다. 최장집은 『한국의 노동운동과 국가』라는 저서에서 공장새마을운동을 부분적으로 언급하였다. 그는 1973년 오일쇼크로 인하여 현대식 경영기법을 발전시킬 필요성이 가속화됨에 따라 관료적 계획과 신

1) 임경택, 「한국 권위주의체제의 동원과 통제에 대한 연구 -새마을운동을 중심으로-」, 고려대학교 정치외교학과 박사학위논문, 1991.
2) 박진도·한도현, 「새마을운동과 유신체제 -박정희정권의 농촌새마을운동을 중심으로-」, 『역사비평』 47, 1999년 여름호.
3) 김대영, 「박정희 국가동원 메커니즘에 관한 연구」, 『경제와 사회』 61, 2004년 봄호.
4) 고원, 「박정희 정권 시기 농촌 새마을운동과 '근대적 국민 만들기'」, 『경제와 사회』 69, 2006년 봄호.

속히 결합하여 노사협조의 이데올로기를 주입시키고 생산성을 향상시키기 위해 공장새마을운동이 고안된 것으로 평가하였다.[5] 임경택은 동원과 통제의 대상과 양상이 변화하는 과정을 분석하면서 공장새마을운동을 살펴보았다. 그는 10월유신을 합리화하기 위한 의도에서 나온 것으로, 보다 강력한 경제적 동원과 통제가 요구된 시점에서 표출되어 나타난 것이 공장새마을운동이었다고 주장하였다. 한편 공장새마을운동이 경영합리화 전략에서 나온 것으로 이해하는 연구가 있다. 신원철은 국가에 의해서 위로부터 추진되었지만, 기업수준의 '경영혁신', '합리화' 운동으로서의 성격을 갖고 있다고 규정하면서 공장새마을운동이 작업조직과 고용관계에 미친 영향을 파악하였다.[6] 그는 대한조선공사를 사례로 들어 공장새마을운동을 파악하고 있는데, 〈제안활동〉·〈QC 분임조 활동〉 등 다양한 소집단 활동과 결합하였으며, 애국적 공동체 논리와 새마을성과급 등 설득과 유인에 더하여 작업장 규율을 강화하기 위한 목적으로 전개되었다고 평가하였다.

지금까지의 연구성과를 검토해 볼 때, 공장새마을운동에 대한 체계적인 연구는 제대로 진행되지 못했다. 노동조직의 상급단체였던 한국노총이 어떻게 대응하였는지에 대한 검토도 이루어지지 않았다. 역기능적인 역할을 했든 순기능적인 역할을 했던 간에 1970년대 노동운동 선상에서 한국노총이 차지하는 비중은 크다고 볼 수 있다. 공장새마을운동의 전체상을 파악하기 위해서는 한국노총이 국가가 주도하는 이러한 운동에 대해 어떻게 대응하였으며, 어떠한 활동을 전개하였는지 구체적으로 검토해 볼 필요가 있다.

따라서 이 장에서는 공장새마을운동의 전개과정과 한국노총의 활동을 검토하여 공장새마을운동에 대한 성격을 파악하고자 한다. 먼저 공장새마

---

5) 최장집, 『한국의 노동운동과 국가』, 열음사, 1988, 183-187쪽.
6) 신원철, 「경영혁신운동으로서의 공장새마을운동 : 대한조선공사 사례」, 『산업노동연구』 제9권 제2호, 2003.

을운동의 추진목적, 추진기구 등과 함께 운동의 구체적인 추진 형태로 나타난 새마을교육과 분임조 활동에 대해 검토할 것이다. 다음으로 권력에 종속되어 유신체제를 적극 지지했던 한국노총이 공장새마을운동을 어떠한 방식으로 전개해 나갔는지를 배상호 체제기(1971.10~1976.10)와 정동호 체제기(1976.10~1979.10)로 나누어 그 변화양상을 분석하려 한다.

2. 공장새마을운동의 전개과정

1) 추진 목적

농촌새마을운동은 1970년 4월 22일 한해 대책을 위한 지방장관 회의에서 박 대통령의 유시에 의해 단초가 열렸다. 즉, 박 대통령의 유시를 이행하기 위한 '새마을 가꾸기 운동'에서 비롯되었다.[7] 새마을운동 초기에는 경제건설과 병행해서 정신계발이라는 측면을 부각시켜 추진하였다. 이러한 사실은 박 대통령의 발언이나 유시를 통해 파악할 수 있다. 1971년 7월 30일 지방장관 회의에서 박 대통령은 "나는 이 사업의 목표를 경제적인 측면보다도 주민들의 정신계발이라는 측면에 두고 이를 더 중요시하고 있습니다"라고 발언하였다.[8] 이어서 9월 17~18일에 개최된 전국 시장·군수 '비교행정'회의 유시에서도 정신계발은 국가발전의 기본개념이며, "3차 5개년 계획을 추진해 나가는데 있어 가장 중요한 관건"이라고 강조하였다.[9]

1971년 하반기에 박 대통령은 새마을운동에서 계발해야 할 정신으로 자조·자립·협동·단결·근면 등을 강조하였으며, 1971년 12월 6일 비상사태를 선언한 이후에는 새마을운동의 정신을 '국가안보체제 확립'을 위한

---

7) 대통령비서실, 『새마을운동 박정희 대통령 연설문 선집』, 1978, 37쪽.
8) 대통령비서실, 위의 책, 90~91쪽.
9) 대통령비서실, 위의 책, 111~112쪽.

정신, '건전한 사회기풍과 올바른 국민윤리를 생활화하는 정신'과 결합시킬 것을 언급하였다. 1972년 5월 16일에 열린 '5 · 16혁명 제11주년 및 제7회 5 · 16 민족상 시상식'에서는 새마을운동이 "5 · 16혁명 이념을 계승 · 발전"한 것이며 "조국근대화를 위한 일사분란의 국민총화를 이룩하는 원동력"이라고 밝혔다.[10] 더 나아가 1972년 12월 27일 제8대 대통령 취임사와 1973년 1월 12일의 연두 기자회견에서도 새마을운동을 10월유신과 등치시켜 "새로운 정신혁명의 원동력"이며, "10월유신은 곧 새마을운동"이라고 언급하였다. 12월 22일 전국 새마을지도자 대회 유시에서는 "한국적 민주주의의 실천도장", "참다운 애국심을 기르기 위한 실천도장", "10월유신을 실천하는 생활철학이요, 또 그 실천도장"이라고 천명하였다.[11]

새마을운동이 일정 정도 가시적으로 성과를 드러내자 박 대통령은 새마을운동을 유신정치체제를 지탱하는 관료적 대중동원의 핵심운동으로 전화시키고자 하였다.[12] 농촌에 국한하여 전개된 운동을 도시와 공장으로 파급시켜 범국민적인 운동으로 확산시키려고 한 것이다. 새마을운동을 범국민적인 운동으로 확산시키겠다는 의도를 맨 처음 드러낸 것은 1972년 2월 26일 서울대학교 졸업식 치사에서였다. 박 대통령은 치사에서 새마을운동을 범국민적으로 전개해야 한다고 언명하였으며, 이후 3월 7일 지방장관 회의에서도 "도시라고 해서 이 범국민적인 운동에 방관자가 되거나 외면을 해서는 안된다"고 강조하였다.[13]

박 대통령이 범국민적인 운동을 촉구하자 가장 먼저 반응을 보인 단체는 한국노총이었다. 1972년 5월, 한국노총은 각급 조직에 새마을운동추진위원회를 편성하였다. 지금까지의 연구에서는 공장새마을운동이 1973

---

10) 대통령비서실, 앞의 책, 236, 295, 335쪽.
11) 대통령비서실, 앞의 책, 349~352쪽.
12) 최장집, 앞의 책, 184쪽.
13) 『조선일보』 1972년 2월 27일자, 「박대통령 서울대 졸업식서 치서 "올바른 국가관의 확립을"」; 『조선일보』 1972년 3월 8일자, 「박대통령 지방장관 순시 자조부락 우선 지원. 경제계획 역점은 '새마을운동'」; 대통령비서실, 앞의 책, 182, 209쪽.

년 말 유류파동 이후에 전개된 것으로 보고 있으나, 자료상으로 볼 때 1972년 5월에 한국노총에서 먼저 추진하였다. 그리고 1972년 8·3조치를 단행한 이후에는 기업인들이 공장새마을운동에 참여하였다. 박대통령은 8월 12일 기업인들에게 "새마을운동을 전개하는데 있어서 농민과 도시민의 구별이 있을 수 없으며 특히 기업인들은 8·3조처를 계기로 보다 새롭고 겸허한 마음가짐으로 기업과 생활을 통해 새마을운동에 적극 참여해야한다"[14]고 촉구하였다. 8월 12일은 8·3조치 이후 처음으로 정부에서 경제계 대표들과 공식적으로 접촉을 갖고 물가안정과 기업풍토를 개선하기 위해 기본대책을 협의한 날이다. 이 회의에서 정부 측이 제기한 경영개선 요구에 대해 경제계 대표들은 그동안 협의, 결정한 사항을 요약 보고하였는데, 이때 근본적인 기업체질개선을 위해 낭비성 경영을 지양하고 납세풍토를 개선하며 검약을 통한 기업저축을 확대해서 생산성 향상에 주력할 것을 공약하였다.[15] 이러한 사실로 보아 8·3조치 이후 경제계 대표가 정부 측에 약속했던 경영개선과 생산성 향상이 박대통령의 새마을운동 촉구와 결합하여 공장새마을운동이 전개되었던 것을 확인할 수 있다.

박대통령은 1973년 1월 1일 신년사를 통해 기업가의 경영합리화와 근로자의 생산증강을 강조하였다. 신년사에서 "근면·자조·협조의 새마을 정신을 농촌과 도시의 구별 없이 각기 자기의 생활영역에서 발휘하여 농촌에서는 소득증대에, 기업가는 경영합리화에, 그리고 근로자는 생산증강에 각기 전념함으로써 국력 배양에 이바지"할 것을 표명하였다.[16] 공장새마을운동에 대한 박 대통령의 구체적인 언급은 1973년 11월 30일 '수출의 날' 치사를 통해 나왔다. 박 대통령은 공장새마을운동을 보다 더 적극

---

14) 『조선일보』 1972년 8월 13일자, 「박대통령 지시 "기업인도 새마을 참여"」.
15) 『조선일보』 1972년 8월 13일자, 「정부-경제계 '8·3조처' 후 첫 공식 회합」. 12일 경제기획원에서 열린 경제각료 및 재계 대표 연석회의에는 박두병 대한상의 회장, 김용완 전경련 회장, 이활 무역협회장, 김봉재 중소기업협동조합 중앙회장과 정부측에서 태완선 기획원장관, 남덕우 재무장관, 이낙선 상공장관, 이병옥 무임소장관과 김성환 한은총재, 정소영 청와대 비서관이 참석하였다.
16) 대통령비서실, 앞의 책, 303~304쪽.

적으로 전개해 줄 것을 당부하면서 다음과 같이 언급하였다.[17]

> 회사나 공장에서 하는 새마을운동도 별다른 것은 아닙니다. 근본정신에
> 있어서는 역시 근면 · 자조 · 협동입니다. 회사는 사장 이하 전종업원이
> 일치단결하여 낭비를 없애고 능률을 올리며 생산성을 향상시키는 데 전
> 력을 다해야 하는 것입니다. 그리고 노사가 서로 협동하여, 사장은 사
> 원들과 종업원들의 처우 개선과 복지 향상에 최대의 성의를 다해야 하
> 는 동시에, 또한 종업원들은 자기들이 맡은 일에 대하여 책임과 열성을
> 가지고 공장 일을 자기 일처럼, 공장을 자기 공장처럼 아끼면서 열심히
> 일해야 하는 것입니다. 이러한 회사는 하나의 가족적인 분위기 속에서
> 능률도 오르고 근로자들의 복지도 향상될 수 있는 이상적인 회사가 될
> 수 있다고 나는 생각합니다.

공장새마을운동도 농촌새마을운동과 마찬가지로 그 근본정신은 근면 ·
자조 · 협동이라면서 노사가 협력하여 사장은 처우개선과 복지향상에, 노
동자는 '공장 일을 자기 일처럼, 공장을 자기 공장처럼' 여기면서 생산증
강에 나설 것을 촉구한 것이다. 이처럼 공장새마을운동의 핵심은 노동자
와 사용주에게 공동운명체라는 것을 각인시키고 노사대립적인 측면을 중
화시켜 생산성 향상을 도모하고자 한 것이다.

공장새마을운동을 적극적으로 추진하게 된 배경에는 1973년 10월의 유
류파동이 존재하였다. 유류파동은 에너지가격 등 원자재 가격을 급등시켜
국내물가를 크게 자극하고 실질소득과 수요를 감소시키면서 불경기, 성장
둔화, 실업 증가를 초래하였다. 이와 동시에 수입 부담 증가와 수출 둔화
로 인해 국제수지 적자 폭이 상승하여 한국경제는 국내외적으로 큰 타격을
받았다. 고도성장을 위한 에너지원으로 석유를 주종으로 삼았던 한국경제

---

17) 대통령비서실, 앞의 책, 366-367쪽.

는 석유파동이라는 국제적 충격으로 성장정책에 제동이 걸리게 된 것이다. 정부는 이러한 위기를 극복하기 위한 일환으로 공장새마을운동을 본격화하였다.[18] 운동 초기에는 낭비를 없애고 능률을 올리며 생산성을 향상시키는 것에 주안점을 두었다. 박대통령은 1974년 10월 30일 수출진흥확대회의에서도 "전 세계적인 불황 속에서 모든 나라가 경제적인 어려움을 겪고 있으나 이 불황을 극복, 해소하는데도 공장새마을운동은 크게 도움이 될 것"이라며 전경련, 상공회의소, 중소기업협동중앙회, 무역협회 등 경제 4단체에서도 공장새마을운동에 적극 앞장설 것을 촉구하였다.[19]

한편 공장새마을운동은 경영합리화라는 목표를 추구하였다. 신문 사설에서도 경영합리화라는 차원에서 공장새마을운동을 강조하였다. 즉, "경영자와 근로자가 일치단결해서 생산성을 높이고 품질을 개선하여 국제경쟁력을 강화하여 수출을 증대시키며 자원난 시대를 인식하여 물자절약으로 원가압력을 감소시키는 경영합리화의 원동력이 될 것"[20]이라고 주장하였다.

공장새마을운동은 노사협조의 기풍을 구현하여 한국적 노사관계를 확립한다는 데 그 목적이 있었다. 박 대통령은 1977년 3월 10일 한국노총 간부들을 접견한 자리에서 노사가 공존하는 노동운동을 주문했다. 그는 "우리나라 노동운동은 근로자는 사주에 대해 투쟁하고 기업주는 어떻게 해서든지 임금을 싸게 하여 이익만 추구한다는 통념적 대결도식에서 탈피하고 노사가 공존하여 가정과 같은 형태의 노동운동으로 발전해야 합니다. 이것이 한국 고유의 방식입니다"라고 하였다.[21] 또한 노동법이나 노동운동이 서구에서 들어온 것으로 한국의 실정에 맞지 않는다고 주장하였

18) 공장새마을운동추진본부, 『공장새마을운동의 미래상』, 1978, 18쪽; 내무부, 『새마을운동 10년사』, 1980, 539-540쪽.
19) 『조선일보』1974년 10월 31일자, 「박대통령 지시, 공장새마을운동 계속」.
20) 『매일경제』1976년 3월 22일자, 「(사설) 근로자의 생활안정부터, 제3회 상공의날을 보내면서」.
21) 『동아일보』1977년 3월 11일자, 「박대통령·노총간부 환담 내용. 박대통령, 노사 공존하는 노동운동을」; 『경향신문』1977년 3월 11일자, 「"노사 대결 아닌 공존을" 박대통령, 노총간부 19명 접견」.

다. 한국적 노사관계 확립을 위한 공장새마을운동에 한국노총이 적극 참여하도록 독려한 것이다.

박대통령이 농촌새마을운동에 대해 '한국적 민주주의의 실천도장'이라고 한 것과 같은 맥락에서 공장새마을운동은 한국적 노사관계 확립을 위한 실천도장이었다. '한국적' 민주주의는 박정희를 정점으로 한 집권자들이 유신체제를 지탱하기 위한 목적에서 한국의 실정에 적합한 민주주의라고 강조한 이데올로기이다. 이러한 측면에서 보편적 가치로서의 민주주의 이념은 '한국적'이라는 제한된 틀 속에서, 다시 말해 유신체제라는 틀 속에서 제한적으로 작동되거나 억압되는 것으로 이해할 수 있다. 같은 맥락에서 '한국적'이라는 제한적인 수식어가 붙은 '노사관계'라는 것도 노사대립적인 측면을 희석시키기 위한 이데올로기 장치였다고 볼 수 있다.

2) 추진 기구와 사업전개

앞서 보았듯이 박 대통령은 1972년 2, 3월경에 새마을운동을 범국민적인 운동으로 확산시켜 나갈 것을 주창하였으며, 1973년 신년사에서도 기업가의 경영합리화와 근로자의 생산증강 등을 강조하였다. 이러한 박 대통령의 공장새마을운동 제창에 따라 1973년 6월경부터 정부주도의 정책으로 추진되었다.

상공부는 공장새마을운동을 체계적으로 계획, 조정, 통제하는 역할을 담당하였다. 1973년 6월에 장관 주재로 열린 공장새마을운동 제1차 간담회 이후 기본구상 작업에 착수하여 기본방향을 설정해 나갔다.[22] 당시 정부에서 발표한 내용을 간략히 살펴보면, "새마을 정신의 차원에서 생산성 활동, 경영합리화, 서정쇄신 등의 과업을 실천하는 행동철학으로 승화"시키겠다는 목표를 잡았으며, 운동의 추진단계를 (1) 내실화 단계 (2) 확산

---

22) 내무부, 『새마을운동 10년사』, 1980, 249쪽.

단계 (3) 결실단계로 나누었다.[23] 한편 정부에서는 이와 같은 기본구상을 실현시키기 위한 선행과제로써 기업윤리관의 확립, 한국적 노사관계의 새로운 방향제시가 필요하다고 보았다.[24]

이후 1973년 10월 유류파동을 겪으면서 공장새마을운동은 시범업체를 중심으로 본격적으로 전개되었다. 유류파동으로 인한 불황국면에서 기업주는 부당해고·임금체불을 비롯한 근로기준법과 단체협약 위반 등의 부당노동행위를 거듭하여 노사관계는 악화일로에 있었다. 이런 상황에서 정부는 한편으로 1974년 1월 14일 국민생활의 안정을 위한 대통령 긴급조치 제3호를 발표하였으며,[25] 다른 한편으로는 노동자들에게 노동윤리를 주입시켜 낭비를 없애고 능률을 올리며 생산성을 향상시키려는 보다 새로운 방식으로 노동에 대한 통제를 강화하기 위한 목적에서 공장새마을운동을 추진하였다.[26]

상공부는 1973년 10월 31일 수출진흥확대회의에서 박 대통령에게 공장새마을운동에 대한 기본정책을 보고하였으며, 1974년에는 공장새마을운동 추진기구인 중앙추진회를 조직하였다. 중앙추진회는 경제4단체의 간부와 학계인사로 구성되었다.[27] 중앙추진회는 공장새마을운동의 기본방

---

23) 공장새마을운동추진본부, 앞의 책, 82쪽.
24) 공장새마을운동추진본부, 앞의 책, 87쪽.
25) 한국기독교교회협의회, 『노동현장과 증언』, 풀빛, 1984, 227-228쪽. 긴급조치 3호 제4장 '근로조건의 개선'에서는 비정상적 노사관계를 시정하기 위해 도산된 기업체에 있어서 근로자들을 위한 임금채권의 우선변제, 법정근로조건의 유지를 위한 근로기준법 위반자에 대한 벌칙강화, 단체협약 비준수자와 부당노동행위를 한 자에 대한 처벌 등을 규정하였다.
26) 최장집, 앞의 책, 185쪽.
27) 중앙추진회는 위원장 1인과 20인 이내의 위원으로 구성하되 위원장은 상공부 장관이 되고 위원회는 내무부 차관, 재무부 차관, 문교부 차관, 농수산부 차관, 상공부 차관, 동력자원부 차관, 보사부 차관, 공업진흥청장, 노동부 차관, 환경청장, 대한상공회의소 회장, 전국경제인연합회 회장, 한국무역협회 회장, 중소기업중앙회 회장, 한국노총 위원장, 기타 새마을운동에 관한 학식과 경험이 풍부한 자 중에서 상공부 장관이 위촉한 자로 구성되었다. 임경택, 「한국 권위주의체제의 동원과 통제에 대한 연구 -새마을 운동을 중심으로-」, 고려대학교 정치외교학과 박사학위논문, 152쪽. 그런데 이후 중앙추진회는 조직이 변화한 것으로 보인다. 『매일경제』 1976년 8월 9일자에는 "공장새마을운동은 상공부차관을 위원장으로 하고 공업진흥청 및 공단관리청 차장과 한전, 석공 등 국영기업체 부사장을 위원으로 한 '공장새마을운동 중앙추진위원회'에 의해 시범업체를 지정하고 교육사업을 통해 중점 지도하는 방식으로 추진되어 왔다"고 되어 있다.

향을 모든 기업인의 창의화, 모든 종업원의 능률화로 설정하였다.[28] 상공부는 공장새마을운동 초기에 새마을정신의 확산과 기업내실화를 통하여 근로자의 실질소득증대와 기업의 생산성을 제고하겠다는 것에 중점목표를 두었다. 그리고 기업의 생산성향상을 위하여 종업원의 능률을 극대화하고 그 축적된 정열을 다시 종업원의 실질소득증대로 직결시켜 나가는 경영합리화운동에 초점을 맞추었다.[29]

상공부는 1974년 3월 제1차로 200개 시범공장을 지정한 것을 비롯하여 제2차로 300개 공장을 추가로 선정하였으며, 6월에는 11개 공장에 대한 선진사례를 발굴하여 홍보하였다. 또한 500개 시범공장에 대한 지도 독려활동을 전개하였다.[30] 1976년 7월 2일에는 공장새마을운동 추진요강을 상공부 공고 제76-63호로 제정하였다.[31] 참가업체 현황을 보면 다음의 〈표 20〉과 같다.

〈표 20〉 공장새마을운동 참가업체 현황

	74	75	76	77	78	79	80
시범공장	500	1,034	1,460	–	–	–	–
평가대상 공장	–	–	–	2,190	3,367	5,209	7,000
지도대상 공장	500	1,034	1,460	1,000	1,200	15,000	16,000

※ 내무부, 『새마을운동 10년사 자료편』, 1980, 77쪽.

한편 노동청은 1976년 3월 18일 노사협의회 운영지침을 마련하여 각 사업장의 노사협의회를 공장새마을운동을 추진하는 모체가 되도록 유도하였다. 운영지침에 의하면 각 사업장에서 새마을운동을 적극 추진시키기 위해서 노사협의회의 기능을 대폭 강화하여 생산적 노사협조체제로 정착

---

28) 내무부, 앞의 책, 257쪽.
29) 내무부, 앞의 책, 540쪽.
30) 내무부, 앞의 책, 259쪽.
31) 임경택, 앞의 논문, 152쪽.

시킨다는 것이었다. 이는 각 사업장에 설치된 노사협의회 운영이 미흡하다고 보고, 노사 동수의 협의회를 구성하여 (1) 생산성 향상, (2) 사업장 새마을운동 전개, (3) 교육 훈련, (4) 작업환경 개선, (5) 불만처리, (6) 노사분규 예방, (7) 기타 노사 공동이익 추구에 관한 사항을 협의하도록 한 것이다.[32)]

정부는 공장새마을운동의 특성을 감안하여 민간이 자발적으로 참여하도록 유도하였다. 이리하여 1976년 7월부터는 상공부에서 주관하던 것을 상공회의소에서 주관하도록 결정하였다.[33)] 그동안 공장새마을운동은 상공부 차관을 위원장으로 하고 공업진흥청 및 공단관리청 차장과 한전, 석공 등 국영기업체 부사장을 위원으로 한 '공장새마을운동 중앙추진위원회'에 의해 시범업체를 지정하고 교육사업을 통해 중점 지도하는 방식으로 추진되어 왔다.[34)] 상공부로부터 공장새마을운동 추진기구를 이어받은 상공회의소는 9월 12일부터 18일까지 상공부 새마을 제1연수원에서 기업인 160명을 대상으로 공장새마을운동 교육을 실시하였다.[35)]

정부는 1977년의 연중목표로써 공장새마을운동을 적극적으로 파급시켜 나갈 계획을 세웠다.[36)] 박 대통령은 1977년 1월 22일 상공부를 순시하고, 장예준 장관으로부터 신년 업무계획을 보고받는 자리에서 "전 기업체가 공장새마을운동에 적극 참여토록 지도하라"고 지시하였다.[37)] 이에 부응하여 노동청에서는 신년 목표 중 하나로 노사협의회의 기능과 운영을 공장새마을운동에 맞춰 추진하는 것으로 계획하였다.[38)] 공장새마을운동

---

32) 『매일경제』 1976년 3월 18일자, 「생산적 노사협조체제 강화. 30인 이상 업체 '협의회' 조직 월내 완료. 3등급으로 분류 지도. 노동청 공장새마을운동 모체로」.

33) 『경향신문』 1976년 7월 24일자, 「공장새마을운동 이관」.

34) 『매일경제』 1976년 8월 9일자, 「공장새마을운동 상의(商議)서 주도케」.

35) 『경향신문』 1976년 9월 13일자, 「최고경영자 공장새마을교육 실시」.

36) 『동아일보』 1977년 2월 26일자, 「(사설) 근로자 보호, 법의 명문만으로는 보호될 수 없다」.

37) 『경향신문』 1977년 1월 22일자, 「박대통령, 상공·건설부서 지시 "모든 기업 공장새마을 참여"」; 『동아일보』 1977년 1월 22일자, 「박대통령 상공부 순시서 지시 "모든 기업의 '공장새마을' 참여를"」.

38) 『매일경제』 1977년 1월 24일자, 「복지증진에 전력투구 —올 노동행정의 기본방향. 적절한 소득분배 유도. 산재보상도 대폭 높여」.

을 주관하고 있던 상공회의소는 새로운 기업관 정립을 1977년의 중점사업으로 내세웠다.[39] 그리고 전경련도 1월 28일 이사회를 열어 (1) 공장새마을운동에 의한 한국적 노사협조관계 정립, (2) 재계의 적극적인 참여와 협조, (3) 서정쇄신과 기업풍토의 정화, (4) 새로운 기업윤리관을 확립하기 위한 경제사회풍토정화위원회 설치 등을 결정하였다.[40]

공장새마을운동 시범업체 수가 증가하자 이를 지도할 수 있는 조직이 필요하였다. 이에 1977년 2월 21일 상공회의소 내에 공장새마을운동추진본부를 설치하였다.[41] 대한상공회의소는 지방에도 상공회의소 조직을 갖고 있었기 때문에 공장새마을운동의 추진본부로서 역할을 할 수 있다고 판단했던 것이다.[42] 공장새마을운동추진본부 창립대회에서 추진요강과 사업계획을 결정하였으며, 대한상공회의소 회장 태완선을 본부장으로 선출하였다. 또한 사무국 업무를 상공회의소에서 담당·운영하도록 결정하였다.[43]

한편 상공부장관은 3월 28일 경제4단체 회장단과 노총 간부 등 노사 지도자들을 초청, 공장새마을운동의 효율적인 추진방안을 협의하였다. 이날 간담회에서 상공부장관은 공장새마을운동의 성패는 노사협조에 달려 있다고 판단하고, 공장새마을운동에 대한 노사 간의 의견을 집약시킬 수 있는 공장새마을운동협의회를 설치하여 운영하겠다고 밝혔다.[44] 또한 1977년 6월에는 운동의 실적과 성과에 따라 각종 정책지원에 차등을 두겠다고 언급하였다.[45]

---

39) 『경향신문』 1977년 1월 26일자, 「시급한 새로운 기업관 정립」; 『매일경제』 1977년 2월 4일자, 「"올바른 기업관 정립 노력" 태 상의(太 商議) 회장 노사협력체제 더욱 강화」
40) 『매일경제』 1977년 1월 29일자, 「전경련 내에 경제사회풍토 정화위를 설치」
41) 『경향신문』 1977년 2월 22일자, 「공장새마을운동추진본부 현판식」; 『매일경제』 1977년 2월 22일자, 「공장새마을운동추진본부 현판식」; 공장새마을운동추진본부, 앞의 책, 27-28쪽.
42) 공장새마을운동추진본부, 앞의 책, 27-28쪽; 내무부, 앞의 책, 261쪽.
43) 대한상공회의소, 『상공회의소 100년사』, 1984, 462쪽.
44) 『매일경제』 1977년 3월 29일자, 「공장새마을협의회 설치. 장(張)상공 노사지도자 간담회서 밝혀」. 간담회에는 장예준 상공부장관을 비롯하여 태완선 상공회의소 회장, 김용완 전경련 회장, 박충훈 무역협회 회장, 김봉재 중소기업협동중앙회 회장 등 4단체회장단과 정동호 한국노총 위원장 등 30여명이 참석하였다.
45) 『매일경제』 1977년 6월 3일자, 「공장새마을운동 확산. 장(張)상공 "실적 따라 차등 지원"」

공장새마을운동추진본부는 각 지방 상공회의소와 각 협회 및 단체들이 참여하여 구성된 조직이다.[46] 39개 지방상공회소를 중심으로 전국적으로 서울과 부산, 대구, 인천직할시를 비롯한 각 도의 34개 시와 130여 개 군을 관할하는 각 지부가 창설되었다.[47] 그러나 추진본부는 별다른 성과를 거두지는 못하였으며, 1년 동안 유명무실한 상태에 있었다. 이에 상공부는 1978년에 상공회의소를 포함하는 경제4단체의 종합조정기관으로 기구를 개편하도록 하였다.[48] 그리고 공장새마을운동 활성화 방안을 발표하는데, 그 내용은 (1) 기업의 생존과 종업원의 생계유지라는 공동목표로 합심 노력하는 한국적인 노사관계 정립 (2) 새마을 분임 활동의 전력화 등이었다.[49]

3) 새마을교육과 분임조 활동

공장새마을운동도 농촌새마을운동이나 도시새마을운동과 마찬가지로 근면·자조·협동하는 기풍을 진작시키기 위한 정신계발운동의 특성을 지니고 있었다.[50] 공장새마을운동에서 무엇보다도 정신계발이 긴요하다고 판단하여 제1단계로 조치를 취한 것이 새마을 연수교육이다. 이에 새마을지도자연수원의 기업인반이 만들어지고 상공부 제1, 제2 연수원, 부산연수원이 차례로 발족되었다.[51] 교육수요가 증대하자 한전연수

---

46) 추진본부의 고문으로 전국경제인연합회, 한국무역협회, 중소기업 협동조합중앙회의 회장이 추대되었고, 각 지방 상공회의소 회장 및 중요 기업단체장과 협회·조합이사장 등이 부(副)부장과 운영위원으로 임명되었다.

47) 대한상공회의소, 앞의 책, 462쪽. 추진본부는 공장(직장)의 제2가정화운동을 전개하였다. "종업원을 가족처럼 공장 일을 내 일처럼"하자는 표어를 내걸고 (1) 불우동료 돕기 운동 (2) 가정통신문 보내기 (3) 가정새마을운동의 권장 (4) 합동생일 축하회 (5) 합동결혼식 (6) 사내 복지시설의 공동 활용 (7) 종업원가족들의 현장 견학 (8) 종업원가족들까지 포함하는 가족의날 행사 (9) 야간특별학급 운영 (10) 효자, 효녀, 효부 표창 등을 권장하였다. 내무부, 『새마을운동 10년사』, 1980, 262쪽.

48) 공장새마을운동추진본부, 앞의 책, 90쪽.

49) 내무부, 앞의 책, 267쪽.

50) 내무부, 앞의 책, 541쪽.

51) 내무부, 앞의 책, 542쪽.

원을 1974년 3월 18일에 상공부 공장새마을 제1연수원으로 지정하였으며, 1975년 7월 7일에는 한국수출산업공단에 상공부 공장새마을 제2연수원을 건립하였다. 한편 여성고용인력에 대한 교육을 목적으로 1978년 4월 25일 여성전용 주안연수원을 설립하였으며, 1978년 11월 6일에는 부산의 상공인들이 자진하여 부산에 연수시설을 건립하여 운영하였다.[52]

공장새마을 연수교육은 1973년 초부터 시작되어 기업주, 경영자, 중간관리자 등이 연수원에 입소하여 교육을 받았다. 처음에는 지도자의 지도능력배양에 목표를 두고 실시되었지만, 점차로 교육수요가 증대되었다. 1974년 봄부터 상공부에서는 경제단체 책임자들과 재벌급 기업인들을 새마을지도자 연수원에 입교시켜 기업사회에도 새마을운동의 바람이 확산될 수 있도록 하였다. 기업인들이 야간 분임토의에서 노사관계 협조 문제를 논의하였는데, 여기서 논의된 것들은 이후 공장새마을운동의 방향설정에 영향을 주었다.[53]

연수교육은 상공부가 지정한 연수기관에서만 이루어진 것은 아니었다. 공장새마을운동이 민간주도의 운동으로 변화해 감에 따라 지정연수원 외에 민간연수원이 많이 설립되었다. 연수교육도 기업단체장이나 간부교육에 치중하던 것에서 일반직원을 대상으로 넓혀서 진행하였다.[54] 교육실적은 다음의 〈표 21〉과 같다.

---

52) 내무부, 앞의 책, 542-543쪽.
53) 임경택, 앞의 논문, 148쪽. 기업인들이 야간 분임토의에서 논의한 내용은 다음과 같다.
   · 기업체내에 건전가요 부르기를 보급시킨다.
   · 기업체내에 놀고 있는 땅에 운동시설을 증설하여 종업원들의 체력증진과 인화단결에 힘쓴다.
   · 연수원의 분임토의기법을 품질개선반의 운영과 노사협조를 위한 대담에 있어서도 활용한다.
   · 기업체내의 국기게양, 애국가제창, 그리고 아침체조 등을 매일 실시한다.
   · 종업원들을 위한 기숙사와 식당시설을 증설하고 기숙사내의 생활을 보다 건전하고 즐겁게 만든다.
   · 기업체에도 새마을연수원을 건립한다.
   · 새마을 성공사례를 종업원들이 교육에 활용함으로써 노사일체감을 이록한다.
   · 기업체연수원의 교과과목에 새마을교육을 도입하고 우수한 교관을 확보한다.
   · 가정이 가난해서 학교교육을 받지 못한 종업원들에게 공부할 수 있는 기회를 많이 마련해 준다 등이었다. 박진환, 86-87쪽(임경택, 149쪽에서 재인용).
54) 내무부, 앞의 책, 544쪽.

<표 21> 공장새마을운동의 교육실적(연도별 교육현황)

구분	계	74	75	76	77	78	79	80
계	272,710	1,286	19,048	30,927	39,196	55,001	48,998	18,254
대표	4,385	525	822	702	612	974	672	78
임원	9,558	761	1,330	2,308	2,516	1,476	1,047	120
부·과장	19,671	–	1,209	3,629	3,302	3,851	6,302	1,378
조장·사원	179,096	–	15,687	24,288	32,766	48,700	40,977	16,678

※ 내무부, 『새마을운동 10년사 자료편』, 1980, 78쪽.

1974년에는 기업체 대표와 임원만을 대상으로 교육을 실시하였지만 1975년에는 부장, 과장, 조장, 사원으로 확대하여 실시하였다. 이러한 대상범위 확대에 따라 전체 교육인원도 1974년에 1,286명이던 것이 1975년에 19,048명으로 비약적으로 증가하였다. 이러한 증가세는 1978년까지 지속되었다. 1975년부터 1979년까지 대표, 임원을 포함한 관리직과 사원(근로자)의 비율을 살펴보면, 관리직은 17% → 21% → 16% → 11% → 16%를 차지하였고, 사원(근로자)은 82% → 79% → 84% → 89% → 84%를 차지하였다. 교육과정으로는 새마을운동의 기본이념과 국가안보 및 경제현실을 다룬 과목이 기본을 이루었다. 이 밖에도 공장새마을운동에 필요한 특별과목, 즉 품질관리, 생산성향상, 노사협조, 분임토의기법 등이 있었다.[55] 이러한 교육의 내용은 안보와 국민총화, 경제적 위기와 성취, 노동자의 직업윤리, 기업가의 기업윤리 등을 강조함으로써 근로자의 저항의식과 권리의식을 위축 내지는 마비시키는 내용이 주를 이루었다.[56]

---

55) 내무부, 앞의 책, 1980, 543-544쪽.
56) 임경택, 앞의 논문, 161쪽.

공장새마을운동 추진본부는 본부 내에 각 기업체의 공장새마을운동에 대한 진단과 교육을 담당하도록 전문지도교육단을 설치하였다. 전문지도교육단은 대학교수와 공장새마을 전문가로 구성되었다. 정신계발, 노사협조, 생산성향상, 복지후생, 여가선용 등 5개 분과가 있었으며 각 업체에 대한 이동순회교육과 지도상담을 담당하였다.[57] 한편 각 기업체에서도 21개 업체가 부설 연수원을 설립하여 업체 자체의 산업훈련 과정과는 별도로 공장새마을운동 교육과정을 편성하여 운영하였다.[58]

분임조는 1970년대 몇몇 대기업에서 채택하여 운영하였다. 국가보위법이 공포되기 전인 1970년 초에 몇몇 대기업들이 생산성 저하에 적극적으로 대처하기 위하여, 그리고 수출상품의 품질수준과 표준화에 대한 국제시장의 요구에 부응하기 위하여 품질관리분임조 운영이라는 일본식 방법을 채택하기 시작한 것이다.[59] 1973년 유류파동으로 인하여 이러한 경영기법의 필요성이 더욱 높아졌으며, 1973년 후반 공장새마을운동과 결합하여 수용되었다.

1976년 10월 상공부장관은 품질관리 서클 활동을 강조하였다. 그는 품질관리 서클 활동이 "수출신장과 제품의 고급화를 뒷받침하는 가장 슬기로운 수단"이라는 견해를 밝히면서 제품의 질, 경영의 질, 작업의 질 등 기업의 체질을 가장 경제적으로 개선해야 한다고 주장하였다.[60] 1978년 5월에는 상공부, 추진본부, 공업진흥청이 협의하여 다원화된 체계(QC, ZD, 새마을분임반 등)로 이루어진 각종 분임활동[61]을 새마을분임조 활동

---

57) 내무부, 앞의 책, 545-546쪽.
58) 내무부, 앞의 책, 546쪽.
59) 최장집, 앞의 책, 187쪽.
60) 『매일경제』 1976년 10월 5일자, 「노사협조 뒷받침 제품고급화 위한 슬기로운 수단. 장(張)상공, 전국QC대회 치사」.
61) 공장새마을운동의 핵심적인 조직활동은 분임활동이었다. 분임활동은 농촌새마을운동에서 이동(里洞)과 같은 역할을 담당하였다. 임경택, 앞의 논문, 154쪽

으로 일원화하였다.[62] 이러한 분임조 활동의 일원화는 생산현장의 기능직 사원들만을 동원하던 큐씨써클활동, 지디써클활동을 배제하고 공장의 모든 직원이 전개하는 경영합리화운동으로 전화시키기 위한 목적에서 나온 것이다.

새마을분임조에서는 정신계발이나 환경개선 문제에서부터 에너지 절약, 물자절약, 품질관리, 공정개선, 기술개발 나아가서 성과배분, 복지후생 문제까지를 포함하는 광범위한 경영개선 문제를 다루었다.[63] 이러한 새마을분임조 활동에서 몇몇 기업은 커다란 성과를 거둔 것으로 보인다. 인천제철의 경우 1975년부터 공장새마을운동을 전개하였으며, 사내에 86개의 분임반을 편성하여 활동을 펼친 결과, 1977년 상반기에 7억 2천만 원 상당의 원가를 절감하였다고 한다.[64] 기업체에서 전개한 공장새마을운동으로 1977년 한 해 동안 2천 7백억 원의 물자를 절약했으며, 공장새마을분임조를 통해 품질개선·기술개발 등으로 적자경영에서 흑자로 전환된 업체는 인천제철·청구목재 등이었다. 또한 생산성을 크게 올린 업체는 대한중석·대한전선·서통 등이었다.[65]

몇몇 기업체에서 달성한 공장새마을운동의 성과를 긍정적으로 평가할 수 있다. 그렇지만 상공부에서 밝힌 내용으로 볼 때, 공장새마을운동에 형식적으로 참여하거나 참여하더라도 공장새마을운동을 악용한 기업

---

62) 공장새마을운동추진본부, 앞의 책, 90쪽. 큐씨나 지디는 매우 한정된 분야의 업무만을 담당하고 있는데 반하여 새마을분임조는 정신계발, 환경개선문제에서부터 에너지절약, 물자절약, 품질관리, 공정개선, 기술개발, 성과배분, 복지후생문제까지를 포함하는 광범위한 경영개선문제를 다룬다는 점에서 차이점이 있다.

63) 공장새마을운동추진본부, 앞의 책, 90쪽.

64) 『매일경제』 1976년 7월 29일, 「인천제철 상반기 7억 절감. 공장새마을운동 큰 성과」.

65) 『매일경제』 1978년 5월 17일자, 「기업체 공장새마을 적극 참여로 2천7백억원 물자 절약」. 한편 상공부가 1978년 5월 무역확대회의에서 보고한 공장새마을운동 우수업체와 부진업체는 다음과 같다. (1) 대규모업체 : △ 우수업체 = 제일모직·포항종합제철·제일합섬·인천제철·코오롱구미공장·동명목재부산공장·쌍용영월공장·대농 청주공장·대한중석·한일시멘트 △ 부진업체 = 세진전자·와이비리상사·원풍산업모방공장·서광산업·국제피혁부산공장·원림물산·새한정밀·모나미 (2) 소규모업체 : △ 우수업체 = 동오실업·한양화학울산공장·한국전자표시·제일제당인천공장·영풍상사석포제련소·삼화콘덴서·우성식품·우미나이롱·남양어망·동일방직인천공장 △ 부진업체 = 계면산업·범양제복·한양니트·코리아파트·대원산업사·한불전자공업·천일상사·성진산업·한국고전무선제작소·동일기업.

체가 많았던 것으로 보인다. 상공부에 따르면 종업원 50인 이상인 5,171개 업체 중 1977년 말 현재 부진업소가 전체의 65%(3,361개소), 보통이 28%(1,448개소), 우수업체가 7%(362개소)였다고 한다. 그리고 이렇게 부진할 수밖에 없었던 이유로 (1) 기업주의 공장새마을운동을 악용한 규정시간 외 노동강요 (2) 동원행사 중복으로 인한 일선업체 업무부담 가중 등을 들고 있다.[66]

한편 1978년 11월의 여론조사는 공장새마을운동을 노동자들이 어떻게 인식하고 있는지 단편적으로 보여주는 것이라 할 수 있다. 조사에 따르면 응답자의 3분의 1이 '생산성높이기', 4분의 1이 '물자절약운동'에 공장새마을운동의 본뜻이 있는 것으로 이해하고 있었다. 그리고 종업원의 복지향상(4%), 노사관계개선(4%) 등에는 5% 미만의 의견을 제시하였다.[67] 공장새마을운동의 성과가 기업주에게 귀속된 반면 노동자들에게 돌아가지 않고 있다는 사실을 여론조사에서 단편적으로나마 보여주고 있는 것이다.

분임토의제도는 공장새마을운동의 실천방안의 하나이며, 핵심이라고 할 수 있다. 그런데 분임토의를 위한 조직이 공장 내에 존재할 경우, 노동자들은 두 개의 조직 사이에서 갈등하는 상황에 처하게 된다. 다시 말하면 공장 수준에서 노동자들은 자발적인 대표조직으로서의 노동조합과 생산성과 노사협조를 증진하기 위하여 강제적으로 조직된 새마을 분임조라는 두 종류의 조직 사이에서 어느 하나를 선택해야 할 상황에 직면하게 되는 것이다. 이러한 사실에 입각해 볼 때, 새마을분임조와 같은 비노조 조직들은 노동조합의 활동을 중화시키거나 노조 자체를 파괴할 수 있는 역할을 할 가능성이 컸다.[68]

---

66) 『경향신문』 1978년 3월 31일자, 「상공부 공장새마을 세제 혜택. 악덕업체 행정조치」.
67) 『동아일보』 1978년 11월 22일자, 「근로청소년 43%가 전직 희망」.
68) 최장집, 앞의 책, 191쪽.

3. 한국노총의 공장새마을운동 전개

1) 배상호체제 하에서의 공장새마을운동

한국노총은 노동운동을 크게 제약하는 일련의 법안이나 유신체제에 저항하는 운동을 강력히 펼쳤어야 했다. 그러나 저항은커녕 체제에 순응하여 유신체제를 적극 지지하는 활동을 전개하였다. 노동조합 조직의 중앙본부로서 역할을 포기하고 유신체제에 종속된 기구로 전락하였던 것이다.[69] 한국노총은 1971년 12월 국가비상사태의 선포와 함께 국가보위에 관한 특별조치법이 공포되자 〈비상시국하의 우리 노동자의 자세를 밝힌다〉는 성명서를 발표하였으며, 10월 유신에 즈음해서는 〈구국통일을 위한 영단을 적극 지지한다〉는 성명서를 발표하여[70] 유신체제를 적극 지지하였다.

한국노총은 10월유신을 제도적으로 확립하기 위하여 유신헌법의 찬부를 묻는 국민투표 실시 과정에서도 정권과 영합하여 10월유신 계몽운동을 적극적으로 전개하였다. 위원장, 부위원장, 사무총장으로 구성된 국민투표 계몽반을 3개 반으로 편성하여 한국노총 시도협의회와 지구협의회 소재지를 순회하면서 지방의 조합 간부들을 대상으로 계몽운동을 하였다.[71] 또한 각 산별노동조합에서도 한국노총의 지시에 따라 계몽활동을 전개하였다.

이러한 활동을 적극 추진했던 한국노총 배상호 위원장은 1973년의 전국

---

69) 이상우, 『박정권 18년 그 권력의 내막』, 동아일보사, 1986, 365쪽.

70) 한국기독교교회협의회, 『노동현장과 증언』, 풀빛, 1984, 233~234쪽. 〈비상시국하의 우리 노동자의 자세를 밝힌다〉는 성명서에서는 "12월 6일 정부가 국가비상사태를 선언한데 대하여 우리는 이를 적극 지지하며 우선 국가가 있고서야 노동운동도 발전할 수 있다는 대국적인 차원에서 안으로는 '일면건설, 일면방위'의 확고한 태세를 더욱 알차게 갖추는 동시에 밖으로는 군·관·민이 혼연일체가 되어 자숙과 방위태세 확립에 협동할 것을 호소"한다고 하였다. 〈구국통일을 위한 영단을 적극 지지한다〉는 성명서에서는 "일체의 혼란과 무질서를 과감히 제거하고 민족사의 새 전기를 마련할 수 있는 능동적인 새 체제를 지향하여 유신적인 비상개혁의 영단을 내린 박대통령각하의 10월유신을 지지"한다고 하였다.

71) 한국노동조합총연맹, 『사업보고』, 1973, 40쪽.

대의원대회에서 위원장에 재선되었다. 배상호 위원장의 재선은 유신체제를 공고히 하려는 목적을 갖고 국가권력이 개입한 결과물이다. 그 과정을 보자. 1973년 한국노총 전국대의원대회는 유신체제 출범 이후 처음 갖는 임기대회로 향후 노동운동 진로와 관련하여 비상한 관심을 끌었다. 그런데 국가권력은 한국노총 산별노조 위원장을 움직여 배상호 위원장이 당선되도록 개입하였다. 이리하여 15개 산별노조 위원장들은 노조의 단합된 힘을 과시한다는 명분으로 '한국노총 위원장 단일입후보 추진위원회'를 구성하여 배상호를 위원장으로 추대하였던 것이다. 이리하여 인준투표가 진행되었고, 그 결과 배상호가 위원장에 재선되었다.[72]

앞서 밝혔듯이 공장새마을운동을 가장 먼저 전개한 조직은 한국노총이었다.[73] 1972년 새마을운동추진위원회를 각급 조직에 구성하였으며, 5월 12일 3·1당에서 노동조합 간부 1,300여 명이 참석한 가운데 노총 새마을운동 선언식을 개최하고 새마을운동에 앞장설 것을 결의하였다.[74] 이날 새마을운동 중앙추진위원회 명의로 〈실천선언〉을 발표하였는데, 그 내용은 다음과 같다.

---

72) 이원보, 『한국노동운동사』 5, 2004, 369쪽; 『동아일보』, 1973년 10월 11일자, 「노총위원장 선출 내막, 규약 휴지화」; 한국기독교교회협의회, 앞의 책, 236쪽. 원래 위원장선거에는 광산노조 한기수 위원장과 한국노총 김말룡 상임지도위원이 출마의사를 밝혀 3파전으로 가는 형세였다. 산별노조위원장이 단일후보를 추대한 것은 명백히 노총규약에 위배되는 것이다. 이러한 후보단일화의 배후에는 정부당국의 막후공작이 있었다는 소위 '오더설'이 난무했으며, 당시 단일후보로 추대된 배상호에 대해서는 중앙정보부와 밀접한 관련을 맺고 있다는 풍문이 돌고 있었다. 김말룡은 발언권을 얻어 "단일후보가 과연 어떠한 경로로 이루어졌으며, 전체 산별위원장의 자유의사냐 아니면 타의에 의해 본의 아니게 부득이 그럴 수밖에 없었느냐를 규명해야 한다"고 주장하였다. 이에 대해 전형위원회 위원장 이춘선(섬유노조 위원장)은 "정부협조를 얻기 쉬운 사람이 배씨라는데 의견을 모았다", "정부압력 운운하지만 그것은 사실과 다르다"고 발언하였다. 결국 김말룡의 제의는 지지를 얻지 못하고 인준투표 결과 배상호가 위원장에 재선되었다.

73) 최장집은 노동조합 측에서 새마을운동에 별다른 관심을 갖지 않았다고 보았다. 그러나 이는 사실과 다르다고 할 수 있다. 한국노총의 『사업보고』를 보건대 새마을운동 초기단계부터 적극적으로 참여하였으며, 1970년대 후반까지 지속적으로 관심을 보였다. 최장집, 앞의 책, 183~184쪽; 한국노동조합총연맹, 『사업보고』, 각 연도 참조.

74) 『조선일보』 1972년 5월 13일자, 「한국노총서 새마을 실천 선언」; 한국노동조합총연맹, 『사업보고』, 1972, 147~148쪽. 중앙추진위원회는 위원장 배상호, 부위원장 윤영제, 간사장 정한주, 부간사장 조선원, 서무간사 안영익 등으로 구성되었다.

1. 우리는 새마을운동의 생활화로 깨끗한 직장, 명랑한 생활환경, 풍요한 복지 사회를 건설하는데 앞장선다.
2. 우리는 창의와 연구 및 노력으로 신제품의 개발과 품질의 개선 그리고 생산 배가, 소득배가운동을 전개하여 경영자와 노동자 및 소비자의 공동이익과 국민경제개발에 기여한다.
3. 우리는 내핍과 근검절약의 기풍을 진작하여 건전한 조직생활과 안정된 개인 생활을 영위할 수 있도록 모든 노력을 경주한다.
4. 우리는 새로운 지도자도(指導者道)를 확립하고 올바른 조합원상(像)을 부각 시켜 일반의 사표(師表)가 되며 이 운동의 핵이 되고 기수가 되어 농공병진 의 근대조국을 시급히 건설한다.
5. 우리는 안보우선의 새 가치관과 새로운 정신자세로서 일체의 파쟁과 부조리 를 일소하고 총화와 단결로서 승공민주통일의 추진력이 된다.

위 실천선언에서 주목되는 점은 4항의 "새로운 지도자도(指導者道)를 확립하고 올바른 조합원상(像)을 부각시켜 일반의 사표(師表)"가 되겠다는 것과 5항의 "안보우선의 새 가치관과 새로운 정신자세로서 일체의 파쟁과 부조리를 일소하고 총화와 단결로서 승공민주통일의 추진력"이 되겠다고 결의한 내용이다. 1971년 12월 6일의 비상사태 선언, 12월 27일 국가보위에 관한 특별조치법을 지지하였던 한국노총이 공장새마을운동이라는 실천활동을 통해 집권세력의 요구에 부응하겠다는 의지를 적극적으로 표명한 것이라 할 수 있다. '새로운 지도자도', '올바른 조합원상'은 〈비상시국하 우리 노동자의 자세를 밝힌다〉라는 성명서에서 드러나는 바와 같이 "국가가 있고서야 노동운동도 발전할 수 있다는 대국적인 차원에서 안으로는 '일면건설, 일면방위'의 확고한 태세"를 갖춘 지도자, 조합원으로 해석할 수 있다. 한국노총은 이러한 실천선언을 통해 노동운동을 제약하는 일련의 법안에 대한 저항운동이나 근로조건개선운동, 임금인상운동 등을 포기하고 공장새마을운동을 통하여 '안보우선의 새 가치관과 새로운 정신자세'로서 '승공민주통일의 추진력'이 될 것을 명확히 밝히고 있는 것이다.

본격적으로 새마을운동을 추진한 시기는 1972년 6월부터이다. 산하 17개 산별노조가 새마을운동 추진위원회를 구성하고 '생산배가 소득배가'라는 목표를 설정하고 실천운동을 전개하였다.[75] 이때 실천사업은 자매부락 돕기, 새 직장 가꾸기, 환경정리 등에서부터 조합원의 복지시설 개선, 조합원 돕기 운동, 근무자세 확립 등 다양하였다.

1973년 1월 25일에는 각 회원조합 새마을운동추진 간사장 회의를 개최하였다. 회의에서는 (1) 조합원의 근로조건 및 복지향상, (2) 노총 산하 각 기관의 허례의식 폐지운동 전개, (3) 새마을운동 지도자교육 필요성 등을 토의하였다. 이때 10월유신의 기본정신에 따라 조직적인 단결을 이루었으며, 총화체제를 이룩하기 위한 새마을운동이 많은 성과를 거두었다고 스스로 평가하였다. 주목할 점은 한국노총에서 전개한 새마을운동의 실천사항을 월별로 집계하여 청와대, 국무총리실, 보사부장관, 노동청장에게 보고하였다는 사실이다.[76] 2월에는 『노총새마을』 제224호에 추진 권장사업을 다음과 같이 발표하였다.[77]

- 생산성 향상 및 소득증대 운동 : 소모품(자재) 절약, 생산성 향상, 노사협조, 품질개량운동, 안전보건운동, 조합원 소비조합, 복지시설 운영개선 및 설치, 공정한 성과배분 제도의 기풍 조성
- 10월유신의 생활화 운동 : 내 집 앞 쓸기 솔선수범, 이웃돕기 및 지역사회 개발, 혼분식 생활화, 사업장 단위 합창단 조직운영, 직장별 자체환경 정리, 모범운동자 자체 표창, 자매결연, 영세근로자 돕기 및 소년부녀근로자 보호, 가정의례준칙, 1인 1통장 갖기 운동

---

75) 한국노동조합총연맹, 『사업보고』, 1972, 149쪽.
76) 한국노동조합총연맹, 『사업보고』, 1973, 167-168쪽.
77) 한국노동조합총연맹, 『사업보고』, 1973, 167쪽, 169쪽.

공장새마을운동은 경영의 합리화, 기업의 체질 개선, 생산성 향상이라는 구실 밑에 근로조건을 악화시키고 근로자에게 일방적으로 봉사만을 강요하는 운동으로 변질될 가능성이 컸다. 새마을운동에서 지도자나 지도위원은 대부분 회사 중역이나 과장급 이상의 간부들이 차지하였다. 이에 따라 사용자 측의 일방적인 결정과 지시·명령에 따라 추진될 수밖에 없었다. 이러한 기업 주도적인 체제와 운영방식은 추진과정에서 많은 문제점을 드러냈다. 또한 운동의 성과가 운동의 주체인 노동자의 몫으로 돌아가지 않고 경영자가 일방적으로 처분했기 때문에 노동자의 자발적인 협력을 끌어내기에는 한계가 있었다. 저임금구조를 개선하지 않은 채 노사협조라는 구호 밑에 노동자들에게 생산성 향상을 강조하는데 그친 경우가 많았던 것이다.[78]

이러한 한계에도 불구하고 박 대통령은 지속적으로 공장새마을운동을 강조하였다. 박 대통령은 1976년 3월 10일 노동절 기념대회를 마치고 청와대를 예방한 배상호 위원장 등 한국노총 간부 19명을 접견하는 자리에서 새마을운동 방식을 강조하였다. 박 대통령은 각 노조마다 사정이 다르고 산하 기업체마다 각기 사정이 다른 만큼 산별노조 위원장들은 기업주들과 같이 모범적인 새마을공장을 찾아 직접 그 현황을 파악하여 원만한 노사협조가 이루어질 수 있도록 하라고 지시하였다.[79]

공장새마을운동을 통해 저임금과 열악한 노동조건을 근본적으로 개선시킬 수는 없었다. 근로기준법에 명시되어 있는 것조차도 제대로 지키지 않는 기업주가 주체가 된 운동은 명백히 한계를 가질 수밖에 없었다. 더욱이 정부는 국가보위법으로 단체교섭권, 단체행동권을 제한하고 있었으

---

78) 박정희 대통령이 1976년 3월 16일 구로·주안공단을 시찰하면서 "다른 지역의 공장과 비교하여 수준 이하의 저임금은 기업주로 하여금 자진해서 개선토록 적극 지도하라"고 관계관에게 지시한 것은 저임금의 실상을 단적으로 보여주는 것이다. 『동아일보』 1976년 3월 17일자, 「"기업주들 저임개선들" 박대통령 구로·주안공단을 시찰」; 『경향신문』 1976년 3월 18일자, 「(사설) 저임금의 일소 시급하다」.
79) 『동아일보』 1976년 3월 11일자, 「박대통령, 노총간부들 접견. 노조는 '새마을'방식으로」; 『매일경제』 1976년 3월 11일자, 「박대통령 근로자 권익옹호 노력. 광부, 병역 면제 고려」.

므로 노동자들에게는 단결된 조직력으로 노동조건을 개선시킬 수 있는 힘도 가지지 못했다. 자본가들이 공장새마을운동을 역이용하여 임금개선이나 복지향상을 외면한 채 자본이윤을 늘리기에 급급해도 이에 저항할 수 있는 법적 장치도 마련되지 않았던 것이다. 각 사업장의 부당노동행위에 대해 노동청에서 근로감독관들을 파견하여 감독하도록 하였으나 제구실을 한 경우가 얼마나 있었을지 의문이며, 오히려 자본가 측을 대변하는 경우가 상당수 존재하였다. 이러한 상황에서 한국노총은 문제의 본질을 정확히 파악하여 노동자의 이익을 대변해야함에도 불구하고 그 본분을 망각한 채 국가권력에 굴종하고 자본가 측의 이익을 보장해주는 역할을 하였다. 공장새마을운동에 대해서도 한국노총이 적극적으로 호응하였다는 점은 이러한 사실을 뒷받침하는 것이다.

2) 정동호체제 하에서의 공장새마을운동

한국노총은 박 정권이 노사협조주의를 제창하면서 추진해나갔던 공장새마을운동을 적극적으로 받아들였다. 그러나 1976년 후반기부터는 서서히 공장새마을운동의 문제점을 지적하기 시작하였다. 공장새마을운동을 적극적으로 펼친다는 기본적인 활동방향에는 변함이 없었지만 운동을 통해서 드러난 문제점들을 지적하면서 이에 대한 해결을 정책당국자에게 진정하는 방식도 취했던 것이다.

이러한 변화는 공장새마을운동 전개과정에서 누적된 불만을 더 이상 방치할 수 없다는 판단에서 나온 것이다. 그동안 유신체제에 순응하면서 박 정권의 정책을 아무런 여과 없이 그대로 받아들여 공장새마을운동을 전개하였던 한국노총이 문제점을 지적하게 된 배경에는 1976년의 한국노총 위원장 교체가 있었다는 것도 생각해 볼 여지가 있다.

1976년 10월 정동호가 한국노총 위원장으로 선출되었다. 그는 한국노총의 정책을 일신하려는 의욕을 내보였다. 취임사에서 "노동기본권의 정상화를 계속 추진함으로써 억압과 굴종에 의한 음성적인 대립의 요소를 일소하고 노사가 대등한 위치에서 기업의 발전과 쌍방의 이익을 위해 서로 협의하고 협력하는 파트너로서의 관계"를 형성하도록 노력하겠으며, "근로자의 경영참가제도를 단계적으로 도입함으로써 산업민주주의 체제를 확립"시키겠다고 밝혔다. 1977년 기자회견 발표문에서도 노사협의회법을 새로 제정하여 경영에 관한 발언권을 확보하겠으며, 노조 새마을운동의 합리적인 방향을 정립하기 위해 노력하겠다고 표명하였다.[80]

그런데 이보다 더 중요한 요인은 기업주나 노동청에서 노사협의회를 만들고 공장새마을운동의 추진기구로 활용하게 하여 노동조합을 무력화하려고 시도했던 것에서 찾을 수 있다. 즉 기업주들은 공장새마을운동을 악용하여 사업장 내에 노사협의회라는 어용조직을 만들어 노동조합을 무력화시키려고 하였으며, 노동청도 노사협의회를 공장새마을운동의 모체가 되도록 유도하였는데 한국노총은 이에 대한 시급한 대응책을 마련하지 않으면 안되었던 것이다.

노동청은 1976년 3월 18일 노사협의회 운영지침을 마련하여 각 사업장의 노사협의회를 공장새마을운동을 추진하는 모체가 되도록 유도하였다. 1977년 3월에는 노사협의회 기능을 강화하는 방침을 세웠다. 이는 생산성 향상과 공장새마을운동을 효율적으로 수행할 목적에서 나온 것으로, 1차로 전국 30인 이상 사업장 9,918개소 가운데 노사협의회가 설치되어 있지 않은 306개소에 대해 상반기 중에 노사협의회를 설치하도록 행정지도를 하고, 이미 설치된 업체 가운데 부실한 사업장과 취약성을 지닌 사업장을 가려내 중점적으로 지도한다는 것이었다. 또한 노사협의회도 3개월에 2회씩 개최하던 것을 월 1회 이상으로 늘려 개최하도록 권장하였으며,

---

80) 한국노동조합총연맹, 『사업보고』, 1977, 135-139쪽.

회의록과 회의결과를 관할 노동청 지방사무소에 보고하도록 하였다.[81] 상공부장관이 3월 28일 경제4단체 회장단과 한국노총 간부 등 노사 지도자들을 초청하여 공장새마을운동의 효율적인 추진방안을 협의하는 자리에서 공장새마을운동협의회를 설치, 운영하겠다고 한 것도 노동청의 이러한 방침과 같은 맥락에서 진행된 것이다. 정부에서 설치, 강화하려는 노사협의회는 노동조합을 배제한 협의기구로서 노조무력화 기능을 염두에 둔 것이었다. 따라서 한국노총은 이에 대한 대응의 일환으로 그동안에 전개된 공장새마을운동의 문제점을 다음과 같이 지적하기 시작하였다.[82]

1) 추진기구의 구성이나 추진계획부터가 근로자의 의사와는 관련이 없이 경영 측에 의하여 일방적으로 결정됨으로써 즉흥적이며 평면적인 행사로 끝나는 경우가 많았다.

2) 원가절감 또는 물자절약이라는 명분 밑에 〈전등 한등 끄기〉 운동으로 시력을 약화시키거나 안전용 장갑의 질을 저하시켜 재해의 위험도를 증대시킨 사례도 있었다.

3) 출근시간을 앞당기거나 퇴근시간을 늦추어 환경정리나 환경미화작업을 시킴으로써 근로자들에게 피로를 가중시키는 사례도 없지 않았다.

4) 모든 운동이 근로자 개인의 소득과는 아무 관련이 없이 추진되는 경우가 대부분이었다.

5) 일부 기업에서는 이 운동이 범국민적인 명제임을 악용하여 근로자의 기본권리이며 민주적 조직체인 노동조합을 약화 내지 파괴하기 위한 부당노동행위를 자행함으로써 도리어 노사 간의 대립만 격화시킨 사례도 있다.

6) 일반적으로 최고경영자의 관심과 참여도가 낮은 경향이 있었다.

7) 당국에 대한 기업 측의 의존도가 높을 뿐 아니라 전시효과에만 치우치는 경향이 없지 않았다.

---

81) 『매일경제』 1977년 3월 30일자, 「노사협의회 기능 강화키로. 노동청 미설치 사업장 중점지도」.
82) 한국노동조합총연맹, 『사업보고』, 1977, 90쪽.

여기에는 공장새마을운동이 그동안 하향식으로 추진되어온 것에 대한 강한 비판이 담겨있다. 일방적인 자본가의 결정에 의하여 추진되어 온데서 발생한 문제점을 지적하였으며, 노동자가 주체가 되어 자발적으로 추진되어야 한다는 점을 강조하였다. 공장새마을운동의 주요목표에서 생상성향상이나 품질관리에 역점을 두고 있으면서도 그 성과에 대한 공정 배분이 이루어지지 않은 것도 치명적인 문제점으로 드러났다. 정부 당국에서는 공장새마을운동이 품질향상과 생산성 제고를 위한 것으로 자본가에는 기업발전을, 노동자들에게는 처우개선과 복지향상을 도모할 수 있다는 것을 강조하였지만 생산성 제고로 얻은 이익이 노동자에게 환원되지는 않았다. 기업의 순이익은 급증하였지만 노동생산성에 비례하여 실질임금지수는 늘어나지 않았다.

이러한 상황에 대해 『조선일보』 1976년 1월 30일자 사설은 통계를 인용하여 다음과 같이 기술하였다.[83]

70년을 기준(100)으로 한 75년의 관계지표를 보면, 노동생산성은 154%로 늘어났고, 산업생산지수와 종업원 1인당 부가가치생산액 및 종업원 1인당 매출액은 각각 298.5%, 210%, 270%로 늘어나고 있다. 그런데 노동자들의 실질임금지수는 121.7%밖에 늘어나지 않았으며, 노동소득 분배율은 오히려 70년의 39.9에서 37.7로 줄어들고 있고, 제조원가 중 직접 노무비도 70년의 6.8%에서 75년에는 4.2%로 격감추세를 나타내고 있는 것이다. 이에 반하여 기업의 순리(純利) 증가추세를 보면 70년에 11.9, 73=28.1, 74=22.0으로 나타나 각각 2.36%, 1.85배란 고율의 증가를 보이고 있는 것이다.

공장새마을운동에서 자본가와 더불어 노동자들은 운동의 주체가 되었

---

83) 『조선일보』 1976년 1월 30일자, (사설)「박대통령의 노사협조론. 도시·공장새마을운동과 그 지향의 의의」

지만 운동에서 얻은 성과의 귀속주체는 노동자가 아닌 자본가가 될 수밖에 없는 구조였으므로 노동자들은 희생만을 강요받는 결과를 초래하였던 것이다. 이에 대해 정부는 공장새마을운동의 성과가 노동자에게 귀속될 수 있도록 정책대안을 마련하지 않은 채 노사 간의 협조만을 강조하였다. 최규하 국무총리도 노사 간의 긴밀한 협조를 통해 생산성을 꾸준히 제고해 나가야 하며, "노력의 성과가 근로자들의 처우개선과 복지향상으로 결부"되어야 한다고 강조하였다.[84] 박정희 대통령도 공장새마을운동을 통해 물자절약, 생산성향상 등에 나타난 이익이 근로자의 처우개선, 복지향상에 환원됨으로써 노사협조에 도움이 되고 있다며,[85] 모든 기업체에서 공장새마을운동을 전개하라고 지시하였다.[86]

공장새마을운동이 소득증대사업이라면서 기회 있을 때마다 강조하였지만 실제로는 회사 간부들의 일방적인 지휘명령에 의해 무료로 노동시간을 연장하여 진행되는 경우가 많았다.[87] 한국노총에서 조사한 사업장 현황조사 결과에 따르면, 시간외 근무로 공장새마을운동을 진행한 경우 수당을 지급한 사업장은 19개였으며, 무료봉사로 진행된 경우는 62개 사업장으로 나타났다. 공장새마을운동을 위해 지출된 시간은 1일 30분부터 5시간까지이며, 월 15시간에서 78시간까지 되는 경우도 있었다. 또한 공장새마을운동 추진을 위한 지도자나 지도위원 대부분이 과장급 이상의 간부였으며, 이들에 의한 일방적인 지휘명령으로 강행되고 있었다.[88]

---

84) 『경향신문』 1976년 11월 11일자, 「"국가 위한 기업성장 근로자 처우개선·복지 힘쓰도록" 최총리, 건전사회 촉진대회 치사」.
85) 『매일경제』 1976년 12월 11일자, 「"새마을은 민주실천의 도장" 박대통령, 전국지도자대회 유시 '5천년 가난'서 탈피」.
86) 『경향신문』 1977년 1월 22일자, 「박대통령, 상공·건설부서 지시 "모든 기업 공장새마을 참여"」; 『매일경제』 1977년 1월 24일자, 「상공부 연두순시서 "전기업 공장새마을 참여, 에너지 10% 절약 강력히" 박대통령 지시」.
87) 1977년 강제노동 거부와 체불임금(잔업수당) 지급을 요구하며 농성과 데모를 벌인 방림방적 노동자의 경우가 대표적인 예이다. 방림방적 노동자들은 1977년 9월부터 수개월 동안 "정각에 출근하고 정각에 퇴근합시다." "공짜 일을 하지 맙시다." "몇 년 동안 하루에 30분 내지 1시간 30분씩의 작업을 해준 데 대한 수당을 모두 받읍시다"라고 외쳤다. 이태호, 『70년대 현장』, 한마당, 1982, 107쪽.
88) 한국노동조합총연맹, 『사업보고』, 1977, 284-285쪽.

윤홍직 한국노총 부위원장은 1977년 4월 18일 대한상공회의소가 마련한 '공장새마을운동의 현황과 과제'라는 주제의 심포지엄에서 이러한 실상을 밝혔다. 그는 "일부 기업에서 공장새마을운동을 악용, 노동조합을 악화 내지 파괴하기 위한 부당노동행위를 자행, 노사 간의 대립만 격화시킨 사례도 있다고 지적"하였으며, 공장새마을운동이 "단순히 능률 위주의 노무관리의 한 수단으로 전락되어 이윤극대화를 위한 방편으로 이용되어서는 안 될 것"이라고 주장하였다.[89]

한국노총은 1977년 4월에 직장새마을 추진요강을 마련하여 각 산별 기관에 배포하였다. 추진요강에는 실천계획으로 근로기준법 준수운동을 새롭게 제시하고 있는 것이 주목된다.[90] 그리고 실천방법으로 근로시간의 연장이나 노동강도를 무리하게 높임으로서 지속적인 성과 제고를 저해할 염려가 있는 방법은 피해야 하며, 운동의 성과에 대한 분배율을 미리 계획에 반영시켜 전종업원에게 기대감을 갖게 해야 한다고 밝히고 있다. 기업이 이윤추구의 한 방편으로 공장새마을운동을 이용하여 근로자의 일방적 봉사만을 강요하고 있는 것을 한국노총에서 경계하기 시작한 것이다.

〈추진요강〉에서 한국노총은 공장새마을운동의 추진기구가 어떠해야 하는지를 밝히고 있다. 즉, 추진기구는 (1) 노사 동수의 위원으로 구성되어야 하며, (2) 최고경영자가 반드시 참여하여야 하고, (3) 근로자 대표위원은 일선 근로자 중에서 민주적으로 선출하여야 하며 (4) 노동조합법 제6조에 의한 노사협의회를 추진기구로 대체시킬 경우에는 양측 최고책임자를 새마을운동 추진기구의 최고책임자로 보강해야한다는 것이다.[91] 이러한 추진기구를 통해서 공장새마을운동이 전개되어야만 전종업원의 자발

---

89) 『조선일보』 1977년 4월 19일자, 「공장새마을운동 악용. 일부 기업 능률위주 이윤극대화 방편」.
90) 실천요강에서 제시한 실천계획은 근로기준법 준수운동, 원자재 10% 절감운동, 품질개선운동(품질 1등급 올리기), 신제품개발운동, 생산성향상운동, 재해예방운동, 시설애호운동, 작어환경개선운동, 폐품수집 및 활용운동, 직장마을금고운영 및 1인 1통장 갖기 운동, 가정의례법 준수운동, 불우동료 돕기운동, 가족의 부업지도 및 지원, 지역새마을운동 참여 등이었다. 한국노동조합총연맹, 『사업보고』, 1977, 88쪽.
91) 한국노동조합총연맹, 『사업보고』, 1977, 88쪽.

적인 운동으로 승화될 수 있을 것으로 판단하였다.

추진요강에 따라 한국노총은 새마을운동을 전개하였지만, 공장새마을 운동의 문제점을 해결하는 방식도 단결투쟁의 방식이 아닌 건의와 진정 이라는 온건한 방식을 선택하였다. 1977년 10월 21일에 개최된 노총 전국대의원대회에서도 "올바른 국가관을 확립하기 위하여 각종 노동교육과 새마을 교육을 강화"하겠다는 결의문을 채택하였으며,[92] 이를 1978년도 의 당면 활동목표로 설정하였다. 그리고 복지사회 건설, 사회정의 구현이 라는 새마을운동의 이념과 목표는 노동조합의 그것과 일치되는 것이라고 주장하였다.[93] 3월 10일 노동절에는 〈대통령 각하에게 드리는 글〉을 통해 일부 기업인들이 국가보위법과 직장새마을운동의 본뜻을 망각하고 근로자의 정당한 권리인 단결권마저 부당하게 침해하고 있는 사례가 많다고 호소하였다. 그리고 이를 시정하기 위해서 최저임금법, 산업안전보건법, 근로원호법 제정과 노동관계법 개정, 근로 감독행정 강화가 필요하다고 건의하였다.[94] 1979년 8월에는 노사협의회법 제정을 건의하였다. 노동기 본권이 일부 규제되어 노사대립이 격화되고 있는 상황에서 노사관계의 문제점을 시정하고, 협조적이며 근대적인 노사관계 확립을 위해서는 단체교 섭의 자율성을 보장하고, 노사협의회의 내실화가 선행되어야 한다는 것이 었다.[95]

한국노총은 공장새마을운동을 위한 자체교육을 실시하였다.[96] 배상호 체제에서 1976년 7월부터 한국노총과 산별노조의 상임집행위원, 지부장

---

92) 한국노동조합총연맹, 『사업보고』, 1978, 242쪽.

93) 한국노동조합총연맹, 『사업보고』, 1978, 41쪽.

94) 한국노동조합총연맹, 『사업보고』, 1978, 251쪽.

95) 단체교섭기능의 정상화를 전제로 독립강행법으로 노사협의회법을 제정해 줄 것을 건의하고 있는데, (1) 협의사항, (2) 협의사항 처리방법, (3) 결의 효력, (4) 구성, (5) 회의, (6) 벌칙 등으로 구성되어 있었다. 한국노동조합총연맹, 『사업보고』, 1979, 167~168쪽.

96) 교육을 실시하기 위해 1975년에 서울 근교 안양에 한국노총의 중앙교육연수원을 건립하였다. 중앙교육연수원은 새마을교육을 위한 중앙교육본부로서 기능하였다. 한국노동조합총연맹, 『사업보고』, 1974, 78쪽; 한국노동조합총연맹, 『사업보고』, 1975, 94쪽; 최장집, 『한국의 노동운동과 국가』, 1988, 189쪽.

급 이상(위원장 제외)을 대상으로 교육을 실시하였다. 그리고 이후 교육 대상의 범위를 넓혀 분회장 이상의 노조간부를 교육하였다. 이러한 교육 프로그램을 이어받아 정동호 체제에서도 공장새마을교육을 꾸준히 실시 하였다.[97] 한국노총이 새마을 교육과정을 신설한 목적은 "각급 노조간부 들로 하여금 새마을정신을 계발하고 조직풍토를 쇄신하여 운동면에 체질 화함으로써 유신과업의 수행을 통한 민족중흥의 선도적 역할을 담당"한다 는 것이었다. 교육과정에서 주요 교과내용은 〈유신과업과 지도이념〉, 〈새 마을운동과 지도이념〉, 〈새마을정신과 노동운동〉, 〈새마을운동과 정신 혁명〉, 〈국난극복사〉, 〈북괴의 대남전략과 우리의 자세〉, 〈한국노동운 동사〉 등이었다.[98] 교과내용과 교육시간은 시기에 따라 약간의 변동이 있 었는데, 1976년 7~8월에는 15과목, 1976년 9월부터 1978년 8월까지는 20과목 70시간, 1978년 9월~1979년 6월까지는 18과목 70시간이었다.

새마을교육은 노동운동을 측면에서 지원했던 도시산업선교회를 비롯한 교회단체를 공격하는 내용의 강의도 이루어졌다. 교재로 홍지영이 저술한 『산업선교는 무엇을 노리는가』(금란출판사, 1977)라는 책자도 이용되었 다.[99] 도시산업선교회를 비롯한 JOC(가톨릭노동청년회)는 1970년대 미 조직노동자들의 의식화와 조직화에 주력하여 1970년대 민주노조가 성장 하는데 상당한 기여를 하였다. 교회조직은 노사협조를 강조하면서 유신체 제 내에 안주하고 있던 한국노총을 비판하면서 기층노동자들의 권익을 확 보하기 위해 노동운동을 측면에서 적극 지원하였다. 유신체제에서 노동 쟁의의 상당부분은 교회와 연대한 노동운동이 차지하고 있었다. 이리하 여 정부당국은 노동운동을 억제하기 위해 도시산업선교회나 JOC를 '사회

---

97) 새마을교육이 처음 실시된 1976년 7월부터 1979년 6월까지 53회에 걸쳐 3629명의 연수생을 배출하였다. 1976년 7~8월에는 한국노총 및 산별노조의 상집위원과 지부장급 이상(위원장 제외)을 대상으로 실시하였 다. 이후 1976년 9월부터 1979년 6월까지는 분회장급 이상 각급 노조간부를 대상으로 6박 7일간의 일정으 로 실시하였다.
98) 한국노동조합총연맹, 『사업보고』, 1976, 100쪽.
99) 최장집, 앞의 책, 172쪽.

혼란을 조장하는 극렬분자'로 규정하고 극도로 탄압하는 정책을 구사하였다.[100] 이러한 정부 당국의 정책에 부응하여 한국노총에서도 적극적으로 도시산업선교회나 JOC를 공격해 나갔다. 상층노동운동에 대한 기층노동자들의 불신, 노동운동을 지원하고 있던 종교단체에 대한 신뢰가 깊어갈수록 더욱 강도를 높여 비난하고, 공격하였다.

1972년부터 전개된 공장새마을운동은 참여도나 성과면에서 그다지 성과를 올리지는 못하였다. 이러한 사실은 1978년 3월 유정회의 결정을 통해 파악할 수 있다. 즉, 유정회는 저조한 공장새마을운동을 촉진시키기 위해 운동을 벌이는 업체에 대해 금융·세제상의 특혜를 부여하고 건축제한규제를 완화하기로 하는 등 촉진 강화방안을 마련하여 정부에 건의하기로 결정하였다.[101] 이로써 공장새마을운동이 시작된 지 5년이 경과된 때에도 기업체가 적극적으로 참여하지 않았던 것을 짐작할 수 있다.

한편 1979년 YH사건이 일어나자 정부는 YH사건을 계기로 노사분규 사전대비책으로 공장새마을운동을 활성화하기로 결정하였다. 정부는 YH사건이 발생한 요인 가운데 하나가 노사불화였다고 판단하고, 공장새마을운동을 보다 활성화시키기 위한 정책적인 방안을 마련해 나갔던 것이다. 상공부는 상시종업원 50명 이상 업체(전국 5,600개)에 대해서만 실시하고 있는 것을 상시종업원 10명 이상인 업체에까지 확대하고, 새마을운동 전담요원을 채용하고 대학교수, 공장새마을운동 전문가 40명을 지도위원으로 위촉하여 순회강연을 실시한다는 계획을 세웠다. 또한 각 공장에 설치돼 있는 새마을운동협의회 개최 회수를 월 1회 개최하던 것을 월 2회 이상

---

100) 한국기독교교회협의회, 『노동현장과 증언』, 풀빛, 1984, 256-268쪽.
101) 유정회 정책연구실은 1978년 3월 30일 상공부 측과 연석회의를 갖고 상공부 측으로부터 공장새마을운동 추진현황을 보고 받은 후 각종 문제점을 검토하여 방안을 확정했다. 방안은 공장새마을운동의 일환으로 추진하고 있는 사업에 대해서는 세제상의 혜택을 부여하고, 후생복지시설에 투입하는 자금을 손비(損費)처리하도록 하며, 구내식당의 판매행위에 대한 부가세를 면세하고 새마을운동으로 발생한 이익부분을 종업원들에게 지출할 경우 재산세 등을 면세한다는 내용으로 되어 있다. 『조선일보』 1978년 3월 31일자, 「유정회 '공장새마을'에 세제 혜택」.

개최하는 것으로 확대하여 노사협의가 이루어지도록 유도한다는 방침을 세웠다.[102] 이어서 8월 31일에는 최각규 상공부 장관을 비롯한 경제4단체장, 전국 시도 추진본부 지부 및 분회장 등 120여 명이 참석한 가운데 공장새마을운동 촉진 상공인 확대회의를 개최하였다.[103] 그러나 이러한 노력에도 불구하고 10 · 26사건에 의해 새마을운동 추진의 최고 정점이었던 박대통령이 시해됨으로써 이후 방향타를 잃고 서서히 국가주도의 공장새마을운동이 소멸되어 갔다.

4. 나오며

농촌새마을운동이 가시적으로 성과를 드러내자 박대통령은 유신체제를 지탱하는 관료적 대중동원의 핵심운동으로 전화시키기 위해 새마을운동을 범국민적인 운동으로 확산시켜 나갔다. 이러한 과정에서 공장새마을운동이 전개되었다. 공장새마을운동 초기에는 낭비를 없애고 능률을 올리며 생산성을 향상시키는 것에 주안점을 두었다. 공장새마을운동의 목적은 경영합리화, 노사협조의 기풍 조성, 한국적 노사관계 확립이었다. 그런데 한국적 노사관계 확립이라는 것은 "통념적 대결도식에서 탈피하여 노사가 공존하여 가정과 같은 형태의 노동운동으로 발전"해야 한다는 내용을 담고 있는 것으로, 노사 대립적인 측면을 희석시키기 위한 이데올로기 장치의 하나로 볼 수 있다.

한국노총은 유신체제를 적극 지지하였다. 유신헌법의 찬반을 묻는 국민

---

102) 『경향신문』 1979년 8월 17일자, 「상공부 YH무역사태 계기로 공장새마을 활성화」; 『동아일보』 1979년 8월 17일자, 「공장새마을 확대」; 『조선일보』 1979년 8월 18일자, 「공장새마을운동 확대. YH사건 계기 '종업원 10명'에도 활성화」.

103) 『동아일보』 1979년 8월 31일자, 「공장새마을 촉진 상공인 확대회의」; 『경향신문』 1979년 8월 31일자, 「공장새마을 방향 등 협의. 정부 · 재계 백20명 참석 확대회의의」; 『매일경제』 1979년 8월 31일자, 「공장새마을 활성화 결의대회 "노사합심해 난관 극복"」. 이날 회의에는 최각규 상공부 장관을 비롯한 김영선 상공회의소 회장, 정주영 전경련 회장, 박충훈 무역협회장, 김봉재 중소기업협동조합 회장과 공장새마을 추진요원 등이 참석하였다.

투표 실시에 즈음하여 10월유신 계몽운동을 전개하였으며, 각 산별노동 조합에서도 한국노총의 지시에 따라 계몽활동을 적극적으로 전개하였다. 공장새마을운동을 가장 먼저 전개한 조직도 한국노총이었다. 1972년 새마을운동추진위원회를 각급 조직에 구성하였으며, 1973년 6월부터 본격적으로 새마을운동을 추진하였다. 산하 17개 산별노조가 새마을운동 추진위원회를 구성하고 '생산배가 소득배가'라는 목표 아래 실천운동을 전개하였다. 주목할 점은 한국노총에서 전개한 새마을운동 실천사항을 월별로 집계하여 청와대, 국무총리실, 보사부장관, 노동청장에게 보고하였다는 사실이다.

공장새마을운동은 경영의 합리화, 기업의 체질개선, 생산성향상이라는 구실 밑에 근로조건을 악화시키고 근로자의 일방적인 봉사만을 강요하는 운동으로 변질될 가능성이 컸다. 또한 기업 주도적인 체제와 운영방식으로 무리하게 추진하여 많은 문제점도 야기시켰다.

한국노총은 1976년 후반기 정동호 위원장체제로 들어서면서 공장새마을운동의 문제점을 서서히 지적하기 시작하였다. 이는 노동조합 무력화를 위해 기업주나 노동청에서 노사협의회를 만들어 이를 공장새마을운동의 추진기구로 활용하려 했기 때문에 대응에 나서지 않을 수 없었던 상황이 반영된 것이다. 한국노총은 그동안 전개된 공장새마을운동의 문제점을 지적하면서 노동자가 주체가 되어 자발적으로 운동이 추진되어야 한다고 강조하였다. 공장새마을운동의 주요목표로써 생산성 향상이나 품질관리를 설정하고 있으면서도 그 성과를 공정하게 배분하는 장치가 없었다는 점도 큰 문제로 드러났다. 자본가와 더불어 노동자는 운동의 주체였지만 성과를 배분받지 못하고 일방적으로 희생만을 강요받았다. 이에 한국노총에서는 〈추진요강〉을 발표하여 공장새마을운동의 문제점들을 시정해나가고자 하였다.

그러나 문제해결의 방식은 단결투쟁이라는 방식이 아닌 건의와 진정이라는 온건한 방식을 선택함으로써 공장새마을운동에서 노동자들의 주체적인 참여를 이끌어내지 못하였다. 더욱이 공장새마을운동이 안고 있는 구조적인 문제점에 대하여 적극적으로 시정하려 하지 않고 미온적으로 대응한 결과 노동자들의 희생만을 강요하는 운동으로 전락시켰다. 또한 공장새마을운동의 이념 속에 내재되어 있는 노사협조주의를 맹목적으로 추종하였다. 이러한 한국노총의 태도는 박 정권에 예속되어 노동조합 중앙조직으로서 본연의 역할을 제대로 수행하지 못하였다는 것을 단적으로 드러내는 것이었다.

보론

1987년 노동자대투쟁 시기 강원도 탄광노동자들의 노동쟁의 양상과 특징

보론
1987년 노동자대투쟁 시기 강원도 탄광노동자들의 노동쟁의 양상과 특징

1. 들어가며

　1987년 7월부터 9월에 이르는 노동자대투쟁은 박정희 정부가 강요하던 작업장 독재, 저임금 장시간노동, 노동기본권 유보 등을 거부하고 근대적인 작업장 질서, 공정분배, 노동기본권 확보를 요구하는 노동자들의 거대한 선언이었다.[1] 한 연구자가 "한국에서 근대적 임노동자가 형성된 이후 이들 노동자에 의해 추진한 최대 규모의 저항행동"[2]이라는 평가를 내릴 정도로 노동자대투쟁은 노동운동사에서 중요한 위치를 차지하고 있다.

　역사적 의의와 중요성에 비추어 그동안 1987년 노동자대투쟁에 대한 연구가 진행된 반면, 광산 부문에 대한 연구는 거의 없는 실정이다.[3] 노동자대투쟁이 제조업을 비롯한 운수업, 광업, 서비스업 등 거의 모든 업종으로 확대되었으며, 전국적인 전개 양상을 보였는데도 이에 대한 각각의 구체적인 분석은 거의 이루어지지 않은 실정이다. 특히 광산부문에 대한 연구가 진척되지 않았다.

---

1)　한국노동연구원, 『1987년 이후 한국의 노동운동』, 2000, 12-13쪽.
2)　김동춘, 『한국사회 노동자연구』, 역사비평사, 1995, 100쪽.
3)　1987년 노동자대투쟁에 관한 연구 성과는 한국노동연구원, 앞의 책, 58-59쪽 참고.

1987년 노동자대투쟁 시기 광산노동자들의 노동쟁의를 다룬 것으로는 한국기독교사회문제연구원이 펴낸 『7~8월 노동자대중투쟁』(기사연 리포트)이 있다. 그러나 이 책은 광산노동자들의 노동쟁의에 대한 사실을 개략적으로 나열하는데 그치고 있다. 안재성의 『80년대 광산 노동운동사: 타오르는 광산』은 1987년 노동자대투쟁 시기의 삼척탄좌, 대성탄좌(경북 문경), 강원탄광의 노동쟁의만을 서술하고 있어 광산노동자들의 노동쟁의에 대한 전체상을 파악하기 어렵다. 한국노동조합총연맹에서 1988년에 『1987년도 노동쟁의』를 연구보고서 형식으로 펴냈지만 강원도지역 노동쟁의 사례를 일지 형식으로 간략하게 정리한 것에 불과하여 노동쟁의의 전모를 파악하는데 한계가 있다. 전국노동조합협의회에서 펴낸 『전국노동조합협의회 백서: 기나긴 어둠을 찢어버리고』에서도 기존의 논의를 반복하여 정리하는 차원에 머무르고 있다.

1987년 노동자대투쟁 시기 광업분야에서 노동쟁의건수는 제조업이나 운수 창고업에 비하여 적었던 반면, 사업체수에 대한 쟁의발생건수나 고용인구에 대한 참가인원은 높은 수치를 기록하고 있다. 사업체수에 대한 쟁의발생건수는 운수 창고업에 이어 2위를 차지하고 있었고, 노동자들의 쟁의 참가율은 수위를 점하였다. 따라서 이 글에서는 노동쟁의 발생율과 참가율이 높았던 광산부문에 주목하여 1987년 노동자대투쟁 시기 강원도 지역 탄광노동자들의 노동쟁의를 살펴보고자 한다. 강원도로 지역을 한정한 이유는 광산이 집중된 곳이기 때문이다. 그리고 석탄광업에 종사하는 노동자들이 금속광이나 비금속광에 속하는 노동자들에 비해 압도적으로 다수를 차지하고 있어[4] 탄광노동자들의 노동쟁의로 한정하여 살펴보더라도 광산부문의 노동쟁의를 전반적으로 파악하는데 무리가 없을 것으로 판단된다. 남한에

---

4) 1987년 12월 현재 광산노동자는 81,727명으로, 이 중에서 금 은 동 철 아연 중석 등 금속광의 노동자는 4,997명, 흑연 활석 납석 고령토 석회석 규석 등 비금속광의 노동자는 8,239명이다. 이에 비해 석탄광의 노동자는 68,491명으로 전 광산노동자의 83.8%를 차지하고 있다. 전국광산노동조합연맹, 『사업보고』, 1988, 163~164쪽.

서 비교적 매장량이 풍부한 것이 석탄, 특히 무연탄이며, 이 무연탄은 삼척탄전에 집중되어 있다.[5] 삼척탄전, 영월탄전, 정선 평창탄전, 강릉탄전 등 강원도지역의 탄전에서 전국석탄매장량의 75.4%, 가채량의 73.4%를 차지하고 있어[6] 이 지역에 탄광노동자들이 집중되어 있다.

따라서 노동자대투쟁시기 광산부문에 대한 연구가 진척되지 않은 사실을 감안하여 강원도지역의 탄광노동자들의 노동쟁의에 대한 사실 분석에 중점을 두고자 한다. 먼저 광산노동자들의 노동쟁의를 (1) 울산 현대엔진노동조합 결성으로 촉발된 노동운동이 광산지역으로 확산되는 과정, (2) 국영광업소와 대규모 민영탄광으로 노동쟁의가 확대되는 과정, (3) 대규모 탄광의 재파업과 중소 탄광의 노동쟁의 지속 등 세 시기로 나누어 살펴볼 것이다.[7] 다음으로 노동쟁의 과정에서 제기된 노동자들의 요구사항이나 투쟁방식, 참가층 등을 분석하여 쟁의의 양상과 특징을 탐색하고자 한다.

2. 노동쟁의의 전개 양상

1) 탄광지역으로의 노동쟁의 확산

1980년의 사북사건 이후에도 광산노동자들의 노동조건은 크게 나아지지 않았다. 열악한 노동조건과 더불어 도급제로 대표되는 전근대적인 임

---

5) 탄전지대는 삼척탄전, 영월탄전, 정선 평창탄전, 강릉탄전, 단양탄전, 보은탄전, 문경탄전, 충남탄전, 호남탄전 등으로 나뉜다. 이 중에서 삼척탄전은 주로 강원도 태백시 일대에 있으며, 일부는 도계지구와 영월군, 정선군에 걸쳐 있다. 삼척탄전에는 석탄공사의 장성·도계·함백광업소를 비롯하여, 강원탄광, 함태탄광, 한성탄광, 황지탄광, 장원탄광, 어룡탄광, 동해탄광, 태영탄광 등과 사북·고한지역의 삼척탄좌, 동원탄좌, 정동탄광, 경일탄광, 묵산탄광, 동고탄광, 자미원탄광, 옥동탄광 등이 있다. 석탄산업합리화사업단, 『한국석탄산업사』, 1990, 97~102쪽.

6) 석탄산업합리화사업단, 앞의 책, 103쪽.

7) 논자들 간에 약간의 시기 차이가 있으나 대체로 1987년의 노동자대투쟁은 7월 초부터 8월초까지(제1기), 8월 초부터 8월 말까지(제2기), 8월 말 이후(제3기)로 시기구분할 수 있다. 한국노동연구원, 앞의 책, 86쪽. 이 논문에서는 강원도 지역 탄광노동자들의 노동쟁의로 한정하여 시기를 구분하여 7월 초부터 8월 초까지(제1기), 8월 초부터 8월 중순까지(제2기), 8월 중순 이후(제3기)로 나누어 서술하였다. 이러한 시기구분은 강원도 지역뿐만 아니라 경상도, 충청도 지역 등 전 지역을 망라한다면 달라질 수도 있다.

금제도가 그대로 유지되고 있었다. 강도 높은 노동과 산업재해율, 진폐증으로 대표되는 직업병, 그리고 생계비에 못 미치는 낮은 임금과 직종간 차별대우 등으로 광산노동자들의 처지를 암울하게 만들었다. 이러한 현실에서도 광산노조 대부분은 제기능을 다하지 못하거나 어용성을 탈피하지 못한 채 기업주와 야합하여 노동을 통제하는 역할을 하는 경우가 많았다.

1987년 6·29선언으로 국가의 억압적 통제기구가 이완되면서 노동자투쟁이 속출하였다. 6월 29일 경기도 성남시 택시노동자들이 시민들과 합세하여 가두시위를 전개하였으며, 7월 4일에는 광주시내 택시노동자들이 기존 노조가 체결한 임금협정의 부당성을 주장하며 투쟁을 전개하였다. 이후 각 지역의 택시, 버스 등 운수노동자들이 적극적으로 투쟁을 확산시켜 나갔다. 그러나 전국적 총파업의 양상으로 노동자대투쟁을 촉발한 결정적 힘은 울산 현대엔진 노동조합 결성투쟁이었다.[8] 7월 5일 울산 현대엔진노동조합 결성을 시작으로 노동운동은 전국적으로 확산되었으며, 창원, 울산 등 경남지역에서 제조업 특히 중공업분야를 중심으로 노동쟁의가 일어나 전국으로 파급되었다. 그리고 경인지역에서는 제조업 분야에서, 호남과 충남지역에서는 주로 버스, 택시 등 운수업 분야에서, 강원지역에서는 탄광업에서 노동쟁의가 발생하였다.

6·29선언이 발표된 이후 강원도 광산지역 노동자들의 투쟁은 어룡광업소 노동자들의 임금인상 요구투쟁으로부터 시작되었다.[9] 7월 7일 상여금 지급방법을 개선하기 위한 노동쟁의 발생을 신고하면서 시작된 것이다. 그러나 강원도 광산지역 노동자대투쟁은 7월 중순부터 본격적으로 전개되었다고 볼 수 있다. 7월 16일에는 동해탄광 노동자 400여 명이 노

---

8) 김금수, 『한국노동운동사』 6, 지식마당, 2004, 88쪽.

9) 어룡광업소 노동쟁의는 1~2차에 걸쳐 일어났다. 1차 노동쟁의는 7월 7일부터 14일까지 8일간에 걸쳐 일어났으며, 2차 노동쟁의는 8월 6일부터 8월 15일까지 사이에 발생했다. 한국노동조합총연맹, 『1987년도 노동쟁의』, 1988, 114-115쪽. 2차 노동쟁의가 일어난 날짜를 『1987년도 노동쟁의』에서는 8월 8일로 기록하였지만, 신문기사를 참조하여 8월 6일로 정정하였다.

조사무실을 점거하고 농성에 들어갔다. 셀마 태풍으로 회사에서 운행하는 차가 정지되어 생긴 공휴일을 회사 측이 무급처리한 것에 반발하여 일어난 것이다. 이들 노동자들은 18일까지 3일간에 걸쳐 농성하여 복지비지급, 만근공수 월 25공 인정, 정년 연장 등을 타결하였다.[10] 같은 날(7월 16일) 동원탄좌에 소속된 월산광업소에서는 노민구 등을 비롯한 노동자와 가족 등 20여 명이 동원탄좌 노조 사무실을 점거하여 해고자 복직을 요구하며 단식농성을 벌였다.[11] 월산탄광에서 채탄부로 일하던 노민구는 1987년 3월 대의원으로 입후보하여 선거운동을 하다가 회사 측에 의해 허위 전단을 벽보에 게시하였다는 이유로 해고된 노동자였다. 그는 해고 이후 임금인상, 부비끼 철폐, 공구수당과 사택수당의 현실화 등을 요구하며 노동자들을 조직화하는 활동을 전개하였다. 그리고 울산에서부터 대파업의 열기가 달아오르자 7월 16일 동원탄좌 노조사무실을 점거하고, 무기한 단식농성을 선언하였다.

단식농성이 전개되자 7월 17일 민주헌법쟁취 강원도 운동본부 정선지부, 가톨릭 광산노동사목협의회, 태백지역 인권선교위원회, 가톨릭 광산노동문제상담소, 가톨릭 광산인권문제상담소가 공동으로 성명서를 발표하여 이들의 투쟁을 지지하였다. 이러한 운동으로 18일 해고자 5명이 복직에 성공하였고 2명은 계속 단위사업장별로 협의하기로 하고 투쟁을 마무리하였다.[12]

광업소의 노동쟁의는 재벌그룹이 경영하고 있는 태백시 한보탄광의 농성으로 이어졌다. 한보탄광 통보광업소 노동자들은 7월 20일 광업소 사무

---

10) 전국광산노동조합연맹, 앞의 책, 87~88쪽. 한국기독교사회문제연구원, 『7~8월 노동자대중투쟁』(기사연리포트), 민중사, 1987, 161쪽. 동해탄광에서는 7월 16~18일에 걸친 1차 쟁의에 이어 8월 8~14일에 2차쟁의가 일어났다.
11) 안재성, 『80년대 광산 노동운동사: 타오르는 광산』, 돌베개, 1988, 163쪽.
12) 한국기독교사회문제연구원, 앞의 책, 160~161쪽; 안재성, 앞의 책, 150~151쪽, 163쪽. 안재성은 3명이 복직에 성공하였다고 밝혔으나 여기에서는 한국기독교사회문제연구원에 따라 5명이 복직에 성공한 것으로 기술하였다.

실에 모여 ① 퇴직금 누진제 실시, ② 상여금 연 200%에서 400%로 인상, ③ 월 근무일수를 26일에서 25일로 낮출 것 ④ 어용노조 퇴진, 직선제 등을 요구하며 철야농성을 벌였다.[13] 한보탄광의 경우, 지난 6월 노사 간에 임금인상이 타결되었음에도 이를 이행하지 않아 노동쟁의가 발생한 것이다.[14] 21일 자정부터 채탄작업을 전면 중단하고 농성을 전개하였으며,[15] 21일 오후 2시경에는 300여 명이 광업소 입구에서 1km 떨어진 태백~통리 간의 국도로 진출하였다. 이로 인해 황지~통리, 통리~철암 간의 차량통행이 차단되기도 하였다. 이들은 22일 새벽 1시경까지 도로를 점거하고 농성을 벌였다. 농성이 계속되는 동안 이종명 부사장, 농성자 대표 이가평, 전국광산노련 위원장 홍금웅 등이 21일 밤 10시 30분부터 22일 새벽 4시까지 마라톤협상을 진행하였으며, 협상에서 회사 측이 요구조건을 받아들임으로써 노동자들은 농성을 풀고 해산하였다.[16]

한편 태백시 삼성광업소 노동자 60여 명이 21일부터 근로조건 개선, 상여금 및 복지후생비 지급 등을 요구하며 농성을 벌였으며, 동해탄광 조광업체인 태극광업소와 한성광업소 노동자들도 각각 7월 21일과 25일에 투쟁을 전개하였다. 한성광업소 노동자들은 ① 통상임금 400%를 상여금으로 지급, ② 사택수당 지급, ③ 퇴직금 누진제, ④ 어용노조 퇴진, 직선제 실시 등을 요구하였다.[17] 이들은 태백시내로 진출하여 경찰과 투석전을 벌이고 KBS방송국 점거를 시도하는 등 격렬하게 투쟁을 전개하였다. 이러한 과정에서 26일, 27일 연이어 회사 측과 협상하였으나 해결을 짓지 못하였다. 29일에 이르러 시위과정에서 연행된 노동자들이 석방되고, 상여금 통상임금 320% 인상, 사택 미입주자 월 1만원 지급, 만근공수 26공

---

13) 『동아일보』 1987년 7월 21일자, 「광원 처우개선 요구 6백여 명 철야 농성」; 전국광산노동조합연맹, 앞의 책, 89쪽.
14) 『동아일보』 1987년 7월 22일자, 「노조 결성된 68개 탄광 동자부, 노사지도 강화」.
15) 『동아일보』 1987년 7월 21일자, 「광원 처우개선 요구 6백여 명 철야 농성」
16) 『동아일보』 1987년 7월 22일자, 「사업장 집단행동 잇따라」
17) 전국광산노동조합연맹, 앞의 책, 90~91쪽.

수 인정 이라는 회사 측의 협상안을 노동자들이 받아들여 투쟁은 일단락되었다.[18] 7월 31일에는 황지광업소 200여 명의 노동자들이 농성에 들어가 회사 측과 협상을 진행한 결과, 8월 2일 오후에 상여금 인상, 월 만근일수 조정 등 7개항의 요구사항을 관철시켰다.[19]

8월에 들어서도 노동자들의 투쟁은 지속되었다. 6일에는 태백의 어룡광업소 노동자들이 상여금 인상 등 19개 항을 요구하며 전면 채탄거부에 들어갔다.[20] 3일째 되는 8일 오전, 노동자 50여 명이 안 회장과 직접 담판하기 위해 상경하였으며,[21] 4백여 명의 노동자는 10시부터 가두시위에 들어갔다.[22] 9일 제3사택 앞 도로를 점거하고 시위를 전개하였으며,[23] 농성 7일째 되는 12일 오후에는 노동자 150여 명이 회사 측이 대화에 응하지 않은 데 흥분하여 사무실 집기와 유리창을 부수고 합숙소 건물에 불을 질러 40여 평을 전소시키는 등 격렬하게 시위를 벌였다.[24] 이러한 시위는 14일까지 지속되었지만 노사 간에 타결한 사항은 노동자들의 요구에 훨씬 못 미치는 미흡한 것이었다.

2) 국영탄광과 대규모 민영탄광에서의 노동쟁의 확대

광산노동자들의 투쟁은 함백광업소, 도계광업소, 장성광업소 등 대한석탄공사(이하 석공) 소속 국영탄광으로 확대되었다. 정선군 신동읍 석

---

18) 전국광산노동조합연맹, 앞의 책, 90~91쪽; 한국기독교사회문제연구원, 앞의 책, 163~165쪽.

19) 합의한 내용은 상여금을 통상 200%에서 280%로 인상하고, 월 만근일수를 27, 28일에서 26, 27일로 조정하는 것 등이었다. 『경향신문』 1987년 8월 3일자, 「황지광업소 농성 풀어」; 『매일경제』 1987년 8월 3일자, 「88건 중 5건만 미타결」; 전국광산노동조합연맹, 앞의 책, 94~95쪽.

20) 『동아일보』 1987년 8월 6일자, 「노사분규 47개사로 확산」; 『동아일보』 1987년 8월 8일자, 「탄광지대 노사분규 확산」.

21) 전국광산노동조합연맹, 앞의 책, 103쪽.

22) 『경향신문』 1987년 8월 8일자, 「채탄 거부 농성 시위」.

23) 『매일경제』 1987년 8월 10일자, 「노사분규 운수 탄광 확산」.

24) 『동아일보』 1987년 8월 13일자, 「장성 어룡탄광 방화 국도점거 농성」; 전국광산노동조합연맹, 앞의 책, 102~105쪽. 노동자들의 요구사항은 ① 상여금 현 200%에서 280%로 인상, ② 연탄지급, ③ 만근수당 지급, ④ 가족수당 인상 등이었다.

공 함백광업소 노동자 600여 명은 8월 6일 도급제 폐지, 유급 호봉제 실시 등 6개 항의 요구조건을 내걸고 농성에 들어갔다.[25] 3일째 되는 날인 8일 오전 홍금웅 전국광산노조 위원장과 김동철 석공노조 위원장이 현지에 내려와 중재에 나섰으나 타협점을 찾지 못하였으며, 노동자와 가족 800여 명은 오후 2시 이후 계속 농성을 전개하였다.[26] 파업 1주일 만에 노사 간에 타결을 보고 노동자 800여 명이 정상조업에 들어갔다.

삼척군 도계읍에 있는 석공 도계광업소에서도 노동자 2,000여 명이 7일 오후 4시 30분부터 작업을 전면 거부한 채 노조 임원 직선제 실시와 임금인상 등을 요구하였다.[27] 삼척의 도계광업소 노동자와 가족 등 1,500여 명은 8일 오후 노조 사무실 집기와 유리창 등을 부수고 한때 도계읍 흥전리 철도와 국도를 점거하였고, 9일에도 300여 명이 회사 앞 도로를 점거하고 하계휴가 유급실시 등을 요구하며 농성하였다.[28] 도계광업소 파업농성은 5일만인 12일 밤 11시에 노사 간에 합의를 보고 13일 오전부터 갑방 800여 명 중 400여 명이 출근하여 채탄작업에 들어갔다.

8일에는 석공 장성광업소에서 노동쟁의가 일어났다. 태백시 석공 장성광업소 노동자 400여 명은 10일 오전 8시부터 광업소 앞에서 처우개선을 요구하며 농성을 벌였다. 이들은 11일 밤에 철제 바리케이트 5개로 광업소 앞을 통과하는 25번 국도 양쪽을 차단하고 시위를 벌여 한동안 교통이 단절되기도 하였다. 12일 밤 10시에는 노동자 1,500여 명이 노조 사무실에 돌을 던져 유리창을 깨는 등 시위를 하였고, 200여 명이 황지~철암 간의 국도를 점거하고 농성을 계속하였다. 농성과 시위는 계속 이어져 14일 밤 9시경에는 노동자 1,500여 명이 시내 하문곡 제일교와 장성극장 앞 신

25) 전국광산노동조합연맹, 앞의 책, 157쪽;『경향신문』1987년 8월 8일자,「위험수위 이른 휴업 조단(操短)」「채탄 거부 농성 시위」.
26)『매일경제』1987년 8월 10일자,「노사분규 운수 탄광 확산」.
27) 전국광산노동조합연맹, 앞의 책, 157쪽;『경향신문』1987년 8월 8일자,「위험수위 이른 휴업 조단(操短)」「채탄 거부 농성 시위」.
28)『매일경제』1987년 8월 10일자,「노사분규 운수 탄광 확산」.

흥교, 공화교 등의 도로를 점거하고 태백~봉화 간의 교통을 마비시켰다. 밤 10시 30분경에 가족과 합세하여 시위 인원은 2,600여 명으로 불어났고, 시내 곳곳에서 격렬한 시위를 전개하다가 경찰에 의해 해산되었다.[29] 장성광업소 파업은 16일 노사합의가 이루어져 진정국면으로 접어들었다.[30]

석공 소속 민영탄광뿐만 아니라 동원탄좌 사북광업소, 삼척탄좌 정암광업소, 강원탄광 등 대규모 민영탄광으로도 노동쟁의가 확산되었다. 동원탄좌 사북광업소에서는 노조 대의원 24명이 8일 오후 8시부터 ① 어용노조 완전퇴진, 직선제 선거, ② 도급제 철폐, 완전 월급제 실시, ③ 상여금 400%를 총소득 기준으로 적용, ④ 퇴직금 누진제 실시 등을 주장하며 농성을 전개하였다.[31] 회사 측과 협상이 결렬되자 14일 오후부터는 광업소 밖으로 진출하여 노동자와 가족 등 500여 명이 태백선 철길과 사택 앞 38번 국도를 검거하고 철야농성을 벌였다. 이어 15일에도 계속 철길을 점거한 채 경찰과 대치하였다. 경찰은 15일 오전 8시 30분경 6개 중대 1,000여 명의 전경과 소방차 1대를 동원하여 노동자들을 강제해산시키고자 하였다.[32] 이러한 사태에 직면하여 제2의 사북사건이 일어날 것이라는 우려가 있었으나 16일 오전 11시 40분에 이연 회장이 서울에서 내려와 상여금 500% 지급, 농성기간 6일에 대한 유급 휴가처리, 나머지 요구사항에 대해서는 성의를 갖고 협의할 것을 약속함으로써 타결의 실마리를 찾았다.[33]

정선군 고한읍 삼척탄좌 정암광업소 노동자와 가족 1,500여 명은 8일 오후 4시부터 도급제 철폐, 어용노조 퇴진, 퇴직금 누진제 실시 등의 요

---

29) 『동아일보』 1987년 8월 15일자, 「광원 농성 태백선 불통」; 『경향신문』 1987년 8월 15일자, 「철도 도로 점거 계속 사북 장성 등 태백탄광지대」.
30) 16일 노사합의가 이루어져 진정국면으로 들어갔던 장성광업소에서는 노동자들이 31일 또다시 도급제 폐지 등을 내걸고 작업거부에 들어갔다. 오전 8시 갑반 노동자 700여 명, 오후 4시 을반 노동자 800여 명, 그리고 밤 12시 병반 노동자 500명이 입갱을 거부한 것이다. 이후 쟁의과정에 대해서는 자료로 확인되지 않고 있어 자세히 알 수 없다. 『동아일보』 1987년 9월 1일자, 「석공 장성광업소 채탄 중단」.
31) 전국광산노동조합연맹, 앞의 책, 120-121쪽; 『매일경제』 1987년 8월 10일자, 「노사(勞使)분규 운수 탄광(炭鑛) 확산」.
32) 『동아일보』 1987년 8월 15일자, 「광원 농성 태백선 불통」.
33) 『동아일보』 1987년 8월 17일자, 「사북 장성광업 정상조업」 「성의로 푼 광원 농성」.

구조건을 내걸고 투쟁에 돌입하였다.[34] 노동자들은 고한역까지 진출하여 철도와 국도를 점거하고 시위를 전개하였다. 노동자 1,000여 명이 이틀째 고한역 철도를 점거한 채 농성을 벌이자 경찰은 1,200여 명의 병력을 투입함으로써 극한상태로 치달았다.[35] 노동자들은 10일 오후에도 고한역을 점거, 철야농성을 벌였으며,[36] 4일간 철야농성을 전개한 끝에 11일 밤 12시경 임시노조 대표와 회사 측 사이에 ① 도급단가 2% 인상, ② 보너스 40% 인상, ③ 법정공휴일 유급 처리 등에 합의하였다. 그러나 노동자들의 높은 투쟁열기에 비해 합의사항은 너무나 미흡하였다. 노동자들이 요구한 내용의 핵심은 어용노조 퇴진과 민주노조 건설, 도급제 철폐와 월급제 쟁취였으나 파업지도부가 이러한 노동자들의 요구를 담아내기에는 역부족이었다.

태백시 동점동의 강원탄광에서는 10일 오후 4시부터 어용노조 퇴진, 월급제 실시, 보너스 인상 등 요구조건을 내걸고 농성에 돌입하였다.[37] 노동자 500여 명이 회사 앞에서 10km 떨어진 영동선 철도건널목을 점거하였으며, 회사 옆에 위치한 삼표제작소 건물과 광원복지회관 합숙소 등에 돌을 던져 유리창을 부수고, 삼표제작소 소속 트럭 1대와 회사 창고에 불을 질러 전소시켰다. 이들은 11일 오전 6시까지 철야농성을 벌였다.[38] 노동자들은 11일 낮 12시 20분부터 또다시 영동선 철도를 점거하고, 철야농성을 벌인 뒤, 12일 오전 7시 경찰에 의해 밀려나와 광업소 정문 앞에서 경찰 300여 명과 대치하였다.

---

34) 전국광산노동조합연맹, 앞의 책, 113~115쪽.
35) 『동아일보』 1987년 8월 10일자, 「철도 점거 농성자 강제해산」; 『경향신문』 1987년 8월 10일자, 「광주 전주 시내버스 운행 중단. 노사분규 전국 확산 대중교통 곳곳서 마비」; 『매일경제』 1987년 8월 10일자, 「노사분규 운수 탄광 확산」.
36) 『동아일보』 1987년 8월 11일자, 「과격농성…가두진출까지」.
37) 전국광산노동조합연맹, 앞의 책, 104~105쪽; 『경향신문』 1987년 8월 10일자, 「광주 전주 시내버스 운행 중단. 노사분규 전국 확산 대중교통 곳곳서 마비」; 『동아일보』 1987년 8월 11일자, 「군산 시내버스도 전면 운휴. 20여 광업소 농성」.
38) 『동아일보』 1987년 8월 11일자, 「과격농성…가두진출까지」.

이밖에도 8월 7일에서 16일 사이에 태백시 태영탄광(8.9.~13), 성원탄광(8.10~11), 장원탄광(1차 : 8.7~11 / 2차 8.16~17), 정선군 우전탄광(8.10~12), 세원탄광(8.12~13), 자미원탄광(8.11~13), 경일탄광(8.8~16), 인동탄광(8.10~12), 서진탄광(8.11~13), 영월군 옥동탄광(8.10~11), 명신탄광(8.12~13), 명주군 강릉탄광(8.11~14), 흥일탄광(8.13~15) 등 중소 규모의 광업소에서도 노동쟁의가 일어났다.[39]

3) 대규모 광업소의 재파업과 중소 탄광의 노동쟁의

강원도 태백탄전지대 광산노동자들의 투쟁은 8월 16일을 전후로 강원탄광과 석공 장성광업소를 제외한 석공 함백·도계·장성광업소, 동원탄좌 사북광업소, 삼척탄좌 정암광업소 등 대규모 업체에서는 일단락되어 갔다. 진정국면에 들어갔던 석공 장성광업소가 최종협상을 진행하여 20일에야 가족수당, 작업시간 준수, 건강관리비, 학자금 지급 등 10개항에 대한 극적인 타결을 보고 농성을 풀었다. 그리고 강원탄광의 파업은 장기화되어 8월 24일에야 노사 간에 최종 합의안이 통과되어 해결의 실마리를 풀었다. 보너스 420%, 중식대 1,000원 지급 등 합의내용은 다수 노동자들에게 불만족스러운 것이었으나 15일간의 장기파업으로 투쟁의 대열이 흐트러지고 분위기가 침체된 상태에서 높은 수준의 요구사항을 관철시킬 수 없어 합의에 이르게 된 것이다. 파업 주도세력이 중시했던 어용노조 퇴진 문제는 투쟁을 통해 얻어내지 못하여 이후의 과제로 남겨지게 되었다.

8월 중순 이후 대규모 탄광이나 광업소에서의 노동쟁의가 거의 진정국면으로 접어들었던 반면, 소규모 탄광에서의 투쟁은 계속되었다. 정선군의 삼왕탄광 등 동원탄좌의 조광업체 노동자들은 17일에도 작업을 중단하고 모광인 동원탄좌 노동자들과 동등한 대우를 요구하며 농성을 계속하였

---

39) 전국광산노동조합연맹, 앞의 책, 96-136쪽.

다.[40] 또한 태백시 삼봉탄광과 태극탄광 등 중소 광업소에서 노동쟁의가 새로 발생했으며, 18일에는 명주군 금산탄광, 영월군 덕일탄광 등에서도 노동쟁의가 일어났다.[41] 노동자들은 100~200여 명씩 광업소 광장에 모여 임금인상과 처우개선 등을 요구하며 농성을 전개하였다. 정선군의 태흥광업소 노동자 50여 명도 18일 오후 4시부터 입갱을 거부하였으며, 19일 오전 6시까지 철야농성을 하였다. 20일에는 태백시 삼경탄광, 명주군 관서탄광 등 2개 광업소에서도 노동쟁의가 일어났다.[42]

한편 8일부터 4일간 철야농성을 전개한 끝에 회사 측과 합의사항을 수락하고 농성을 풀었던 삼척탄좌 정암광업소 노동자는 21일에 또다시 농성을 재개하였다.[43] 이들은 ① 기본급 20% 인상, ② 도급단가 등급의 단순화, ③ 퇴직금 누진제 실시, ④ 24공수 만근제 등 요구조건을 내걸고 재파업에 돌입한 것이다. 회사 측은 노동자들의 시위가 과격해지자 무기한 휴업으로 대응하였다. 이에 노동자 1,000여 명은 광업소 객실을 점거하고 철야농성을 벌였다.[44] 정암광업소 노동쟁의는 계속되는 협상에도 불구하고 합의에 이르지 못하였으며, 31일에는 노동자 200여 명과 사무직원 50여 명 사이에 투석전이 벌어져 8명이 중상을 입는 사태로까지 번졌다.[45] 이러한 상황에서 경찰은 9월 1일 오전 6시 20분경 680명의 병력을 정암광업소 농성현장에 투입하여 강당에서 농성중인 노동자 등 200여 명(여자 50명 포함)을 강제해산시켰다.[46]

---

40) 삼왕탄광은 8월 10일부터 쟁의에 들어갔다. 전국광산노동조합연맹, 앞의 책, 156쪽;「동아일보」 1987년 8월 17일자,「사북 장성광업 정상조업」;「매일경제」 1987년 8월 17일자,「탄광 수습국면」.
41)「경향신문」 1987년 8월 18일자,「탄광 해결 국면 속 5곳서 새로 시작 태백 정선」.
42)「경향신문」 1987년 8월 21일자,「태백탄광 또 새 분규 장성광업소는 타결」.
43)「경향신문」 1987년 8월 24일자,「정암 광원 4일째 난동시위」.
44)「동아일보」 1987년 8월 24일자,「무기한 휴업 반발 광업소 객실 점거」.
45)「경향신문」 1987년 9월 1일자,「태백탄전 노사분규 재연」.
46)「동아일보」 1987년 9월 1일자,「석공 장성광업소 채탄 중단」.

3. 노동쟁의의 특징

1) 노동자들의 요구사항

전국광산노동조합연맹(이하 광산노조)에 의하면, 1987년 노동자대투쟁 시기 광노 산하 60여 개 조합이 쟁의에 돌입하였다. 이 중에 태백, 정선, 영월 등 강원도 지역의 석탄광에 속하는 노동조합은 35개였다. 그러나 광산노조에서 산하 조합만을 대상으로 파악했으므로 쟁의에 참가한 탄광은 이보다 훨씬 많은 수를 차지할 것으로 추정된다.[47] 대체적으로 8월 중순 이후 쟁의에 돌입한 태백시 삼봉탄광과 태극탄광, 삼경탄광, 명주군 금산탄광, 관서탄광 등은 노동조합을 결성하지 않은 탄광업체였다.[48]

탄광 노동자들이 쟁의에서 요구한 사항과 쟁의를 통해 타결한 사항은 다양하였다(〈표 22〉 참조). 탄광 노동자들이 주로 내걸은 요구조건은 도급제 철폐, 퇴직금 누진제, 상여금 인상, 어용노조 퇴진, 노조 직선제 실시 등으로 집약할 수 있다. 이밖에도 만근공수 축소, 정년 연장, 각종 수당 지급 및 인상, 복지후생(중식대, 휴가비, 연탄 지급 등) 등의 다양한 요구를 표출하였다. 1987년 노동자대투쟁 시기 전 산업의 노동쟁의에서 제기한 요구사항은 임금 및 수당이 50.3%, 임금 이외 근로조건이 24.9%, 노조활동 및 단체협약이 8.2%, 경영 및 인사는 8.2%를 차지하였다.[49] 광업에서 제기한 요구사항은 임금 및 수당이 52.7%, 임금 이외의 근로조건이 15.9%, 노조활동 및 단체협약이 5.7%, 경영 및 인사가 15%를 차지하였다.[50] 이를 전 산업과 비교해 볼 때, 광산에서는 임금 및

---

47) 노동부, 앞의 책에 의하면 광업에서 78개의 광산에서 노동쟁의가 발생하였다.

48) 이러한 탄광업체의 쟁의 상황에 대해서는 신문자료를 통해서 확인이 가능하며, 많은 경우 기사화되지 않아 숫자상으로 얼마나 많은 곳에서 쟁의가 발생했는지 계산하기 어렵다. 동력자원부에 등록된 광산업체는 전국에 361개로 이 중 150개 업체는 노동자 100명 이하의 영세업체이며, 노동조합이 설립된 업체도 120여 개 안팎이었다. 『경향신문』 1987년 8월 11일자, 「운수 광산업체의 딜레머」.

49) 노동부, 앞의 책, 24쪽.

50) 노동부, 앞의 책, 41쪽.

수당, 근로조건에 대한 요구, 노조활동 및 단체협약이 차지하는 비율이 전 산업에 비해 약간 낮으며, 대신에 경영 및 인사에 대한 요구가 높은 비율을 나타냈다.

도급제 철폐는 석공 장성·도계·함백·나전광업소를 비롯하여 삼척탄좌, 동원탄좌, 강원탄광 등의 대단위 광업소에서 요구하였다. 묵산탄광, 경일탄광 등 중소규모 탄광에서 도급제 철폐를 내세우고, 삼왕탄광의 경우는 도급단가 인상을 주장하기도 하였지만 대체적으로 중소탄광에서는 도급제 철폐를 내세우지 않은 채 임금인상을 주장하였다. 전근대적인 임금제도인 도급제를 폐지하고 완전 월급제를 실시하라는 노동자들의 요구는 받아들여지지 않았다. 일부에서 도급단가 인상을 타결했을 뿐 도급제 자체를 폐지하지는 못하였다.

도급제는 월급제나 일당제와는 다른 형태로, 노동자가 일정한 시간 내에 달성한 작업량을 임금의 기준으로 설정하여 지불하는 일종의 "성과급여제"이다.[51] 이러한 도급제는 거의 대부분의 탄광에서 실시되고 있었다. 일반적으로 탄광노동자들의 임금이 다른 직종의 노동자들에 비해 높다고 인식되고 있지만[52] 노동강도를 고려하면 턱없이 낮다고 보는 것이 타당하다. 탄광노동자들은 30도를 넘는 지열과 높은 지압, 낮은 갱도에서 중노동을 하였으며, 이들의 노동강도는 제조업의 3배, 일반사무직의 7배나 된다.[53] 탄광노동자들은 강도 높은 중노동과 도급제로 인해 무리한 작업을 강요받으면서도 회사 측에서 주관적으로 작업량을 평가하기 때문에 정당한 임금을 받지 못하였다. 따라서 도급제 철폐는 노동자대투쟁 시기 노동자들이 해결해야 할 핵심 사안이었으나 끝내 관철시키지 못하였다.

---

51) 도급제의 형태로 갱도급제, 방도급제, 막장도급제가 있다. 이에 대해서는 이영진, 「한국탄광산업의 노동실태에 관한 일 연구」, 고려대학교 사회학과 석사학위논문, 1989, 26-27쪽 참고.
52) 노동부 통계에 따르면, 1987년 전 산업 평균임금 369,000원이며, 탄광노동자 평균임금은 375,000원이다. 이영진, 앞의 논문, 29쪽.
53) 이영진, 앞의 논문, 44쪽.

퇴직금 누진제는 국영탄광의 파업에서는 요구사항으로 내세우지는 않았으나, 동해탄광, 한보탄광, 한성탄광, 어룡탄광, 세원탄광, 옥동탄광, 강릉탄광 등 중소탄광뿐만 아니라 동원탄좌 사북광업소, 삼척탄좌 정암광업소 등 대규모 민영탄광의 파업에서 등장하였다. 1년을 근로하면 퇴직 전 3개월의 임금을 기준으로 평균한 1개월분의 임금을 퇴직금으로 지급하는 것이 보통이었는데 퇴직금 누진제는 근속연수에 따라 연간 30일분에 며칠씩 더 늘리는 등 추가적인 인센티브를 더하여 퇴직금을 산정하여 지급하는 방식이다.[54]

상여금 인상에 대한 요구도 동해탄광, 한보탄광, 한성탄광, 황지탄광 등 중소 규모의 탄광에서뿐만 아니라 강원탄광, 삼척탄좌 등 대규모 민영탄광에서 제기하였다. 강원탄광 노동자들이 600%를 요구한데 비해 삼척탄좌나 중소규모의 탄광 노동자들은 400%~300%를 요구하였다. 그런데 국영탄광에서는 상여금을 통상임금으로 지급할 것을 요구하였고, 대규모 민영탄광이나 중소규모 탄광에서도 평균임금이나 통상임금을 책정기준으로 요구하는 경우가 대부분이었다. 그러나 기본급으로 요구하는 탄광도 존재하였으며, 책정기준이 불분명한 곳도 있었다.

1970년대 후반부터 1980년대에 접어들면서 탄광노동자는 기본급이나 수당 외에 상여금을 받고 있었으나 각 탄광별로 차이가 많았다. 적게는 100%에서 많게는 600%까지 지급되었으며, 책정 기준도 기본급, 통상임금, 평균임금 등 천차만별이었다.[55] 통상임금은 기본급에 법정 제수당을 제외한 수당을 포함한 것이며, 평균임금은 최종 3개월분의 임금을 모두 합쳐 1개월분으로 산출한 것이다. 따라서 어느 기준을 적용하여 상여금을 책정하느냐에 따라 액수 차이가 있게 된다.

어용노조 퇴진과 노조 직선제 실시는 동해탄광, 한보탄광, 한성탄광,

---

54) 강원도, 『강원 탄광지역의 어제와 오늘 강원 탄광지역 변천사—』(상), 2006, 385쪽.
55) 이영진, 앞의 논문, 34쪽.

강원탄광, 묵산탄광, 경일탄광, 동원탄좌, 옥동탄광 등에서 제기하였다. 이들 탄광의 노동자들은 투쟁의 공격대상으로 노조를 설정하고, 노조의 비민주성, 무능력, 부조리 등을 비판하면서 퇴진을 주장하였다. 간선제로 선거를 치를 경우 기존 노조집행부나 광업소가 선거에 개입할 수 있는 여지가 컸다. 광업소는 대의원 후보를 타갱으로 전출시키거나 출마 자체가 불가능한 무연고 탄전구역으로 보내 구미에 맞지 않는 지부장 선출을 원천적으로 봉쇄해 왔다. 또한 특정후보에게 측면으로 지원하여 선거의 공명성과 자율성을 크게 훼손시켰다. 이러한 상황에서 대다수 노동자들은 직선제로 지부장을 선거하는 것이 간선제도의 폐해를 줄일 수 있다고 판단한 것이다.

간선제의 폐해를 비판하며 노조 지부장 직선제 투쟁을 전개한 대표적인 사례는 1985년 3월의 장성광업소 노동자들의 투쟁을 들 수 있다. 3월 2일부터 4일간에 걸쳐 지부장 직선제를 요구하며 농성을 전개함으로써 당시 간선으로 선출된 김동철 지부장의 사퇴, 광업소장 인사조치라는 성과를 거둘 수 있다.[56] 이러한 투쟁의 경험이 1987년 노동자대투쟁으로 이어져 광산노동자들에 의한 노조 직선제 주장이 나온 것이다. 그러나 노동자들의 어용노조 퇴진이나 노조 직선제 요구가 관철된 경우는 많지 않았다. 일부 탄광에서 파업지도부가 노조 집행부를 몰아내고 새로 지도부를 구성하였지만 새 집행부는 경험미숙이나 노동운동에 대한 인식 부족 등으로 오래 버티지 못하였으며, 기업주 측의 회유에 의해 어용화되기도 하였다.

---

56) 『동아일보』 1985년 3월 4일자, 「장성광업소 노조장(勞組長) 직선요구 2백여 광부 농성」; 『경향신문』 1985년 3월 5일자, 「장성광업소 광부 가족 7백여 명 농성 4일째」; 『동아일보』 1985년 3월 5일자, 「사고 징계 저임 직업병…'불안' 가득한 탄광」 「13명 연행 장성광업소 광부 가족 500명 나흘째 농성 태백시 4곳서 경찰과 대치」; 『경향신문』 1985년 3월 6일자, 「농성 4일만에 해산 장성탄광 정상 회복」.

〈표 22〉 1987년 탄광노동자의 쟁의 요구사항과 타결사항

	요구사항	타결사항
동해탄광 소재지: 태백시 조합원수: 540 쟁의기간: 7.16~18 8.8~14	〈1차 요구사항〉 ① 임금인상 5.5%를 8%로 인상, ② 연탄 월 115장 지급, ③ 복지비: 연 12만원을 15만원으로 지급, ④ 만근공수: 월 25공 인정, ⑤ 상여금: 통상임금(통임) 250%를 평균임금(평임) 250%로 지급, ⑥ 정년: 노무원 53세를 55세로 인정, ⑦ 특별휴가: 추석, 민속의날 각 3일씩, ⑧ 간접부 만근 상여금을 직접부와 동일 지급 〈2차 요구사항〉 ① 퇴직금 누진제, ② 상여금: 통임의 400%, ③ 연차휴가비 지급 및 휴가 인정, ④ 가족수당: 배우자 1만원, 부양가족 5천원, ⑤ 법정공휴일 유급휴일 인정, ⑥ 임금 10% 인상, ⑦ 중식비 1일 1천원 지급, ⑧ 각종 안전장비 무상지급, ⑨ 최저임금 보장, ⑩ 직·간접부 차등대우 철폐, ⑪ 어용노조 퇴진, 직선제 실시	〈1차 타결사항〉 ① 연탄 월 120장 지급, ② 복지비: 연 15만원 지급, ③ 만근공수: 월 25공 인정, ④ 정년: 노무원 55세, 여자 48세로 인정, ⑤ 특별휴가: 추석, 민속의날 하기휴가 2일간, ⑥ 상여금: 통임 250%를 총수득의 200%로 지급 〈2차 타결사항〉 ① 퇴직금: 구분 누진제, ② 상여금: 통임의 400%를 분기별로 지급 ※ 8.28 임시대의원대회에서 노조집행부가 총퇴진. 임원선출을 직선제로 규약 개정. ※ 9.8 직선제로 위원장 선출
한보탄광 소재지: 태백시 조합원수: 666 쟁의기간: 7.20~22	① 상여금: 통임 200%에서 통임 400%로 지급, ② 퇴직금 누진제, ③ 해고자 2명 복직, ④ 하기휴가비 지급, ⑤ 김장대 5만원 지급, ⑥ 연탄지급, ⑦ 연차수당 지급: 출근일수 연 270일, ⑧ 만근공수: 월 27공에서 월 25공으로, ⑨ 어용노조 퇴진, 직선제 실시, ⑩ 쟁의로 인한 민형사상 책임면책	① 상여금: 통임 300%, ② 퇴직금 누진제 구분 실시, ③ 해고자 2명 복직 합의, ④ 하기휴가비: 연 10만원 지급, ⑤ 연탄지급: 월 15공 출근자 100% 지급, ⑥ 연차수당 지급: 출근일수 305일에서 290일, ⑦ 만근공수: 26공으로 인하, ⑧ 쟁의로 인한 손해책임 불문. 휴업기간을 출근으로 인정
한성탄광 소재지: 태백시 조합원수: 900 쟁의기간 7.25~29	① 상여금: 통임의 200%에서 400%로, ② 사택수당 지급, ③ 합숙수당, ④ 퇴직금 누진제 인상, ⑤ 만근공수: 월 28일에서 월 25공 인정, ⑥ 연차휴가 미사용시 임금지급, ⑦ 어용노조 퇴진, 직선제 실시, ⑧ 임금 10% 인상, ⑨ 구속자 석방 및 쟁의로 인한 민형사상 면책	① 상여금: 통임 320% 인상, ② 사택수당: 사택 미입주자 월 1만원 지급, ③ 합숙수당: 독신자에 한하여 월 1만원 보조, ④ 퇴직금: 근속 8년 이상 5일 인상, ⑤ 만근공수: 26공 인정. 만근자 백미 15kg 지급, ⑥ 연차휴가 미사용시 임금지급, ⑦ 구속자는 전원 석방, 쟁의로 인한 민형사상 책임불문, 휴업에 대한 임금은 출근으로 인정하여 지급

유창황지 탄광 소재지: 태백시 조합원수: 837 쟁의기간 7.31∼8.2	① 퇴직금 누진제 향상 조정, ② 상여금 평임에서 연간 300% 지급, ③ 연탄 월 150장 지급, ④ 매주 공휴 실시, ⑤ 복지후생비: 월 20공수 이상 출근자에 지급하는 것을 공수에 상관없이 지급, ⑥ 배우자 부모 길사나 흉사에 유급 5일간 지급, ⑦ 자체공상자 7일까지 유급처리, ⑧ 농성기간 전조합원 유급처리	① 상여금 연간 통임 280%, ② 퇴직금: 현제도에서 3일간 가산지급, ③ 연탄 연간 1,310장 지급, ④ 공휴일: 월 30일인 경우 월 3회, 월 31일인 경우 월 4회, ⑤ 복지후생비: 월 16공수 이상 출근자에게 3개월에 7만원 지급, ⑥ 배우자 부모 사망에만 5일간 유급처리, ⑦ 자체공상자 7일 이내 유급처리
어룡탄광 소재지: 태백시 조합원수: 473 쟁의기간 8.6∼14	① 상여금: 평임 200%에서 280%로 인상, ② 퇴직금 누진제(석공과 동일) ※ 현재, 구분누진제, ③ 연탄지급: 월 14공수 이상 출근시 하기 80장∼100장, 동기 100장∼120장, ④ 만근수당: 직·간접부 동일지급 5천5백원 ※ 현재 직접부 5천5백원, 간접부 3천원∼3천4백원, ⑤ 후생복지: 1일 계란 1개, 우유 1병 지급(신설), ⑥ 입항자 위험수당: 갱 간접부 기술수당 공당 2백5십원 지급(신설), ⑦ 발파수당: 선산부 공당 2백원 지급(신설), ⑧ 아파트 관리비: 월 4천원 부담, ⑨ 사택수당 월 5천2백원을 2만원으로 인상, ⑩ 가족수당: 공당 3백6십원을 1천2백원으로 인상, ⑪ 임금보장: 선산부 40만원, 후산부 35만원 보장하에 도급작업 실시	① 유급휴가: 단오절, 개광기념일, ② 무급휴가: 개천철, 국군의날, 3.1절, 식목일, 한글날, ③ 만근기준: 26공수, 매년 2월은 24공수, ④ 연차기준: 290공수 100%, 260공수 90%, ⑤ 월차휴가: 사용하지 않고 계속 근무 50/100 가산지급, ⑥ 특별유급: 부모 회갑 1일을 2일로, 처부모 사망 3일을 5일로, ⑦ 연작업복 1착, ⑧ 상여금: 평임 230%, ⑨ 연탄: 월 20공수 이상자 동절기 140장, 하절기 120장

동원탄좌 소재지: 정선군 조합원수: 2,962 쟁의기간 8.8~16	① 어용노조 완전 퇴진, 직선제 실시, ② 도급제 철폐, 완전 월급제 실시, ③ 상여금 400%를 총소득 기준으로, ④ 월 만근 26공수에서 24공수로, ⑤ 하계휴가, 추석, 신·구정 3일간 유급휴가(하계휴가비 10만원, 기타 5만원씩), ⑥ 중식비 1일 1천2백원, ⑦ 가족수당 1인당 2만원, ⑧ 장학금 자녀수에 관계없이 지급, ⑨ 기준 근로시간 6시간 환원, 2시간 연장수당 소급 지급, ⑩ 자체공상 폐지, 산재, 진규폐 보장 기준 확립, ⑪ 회사경영실태 완전 공개, ⑫ 간접부 입갱수당 기본급의 30%, ⑬ 퇴직금 누진제 실시, ⑭ 간접부 가동 독려금 즉시 지급, ⑮ 해고 종업원 즉시 복직, ⑯ 관리자 부조리 즉시 철폐, ⑰ 복지후생 철저히, ⑱ 남방 사업장 즉시 이전, ⑲ 사택 미입주자 사택비 3만원으로 인상	① 상여금 통임 400%에서 500%로, ② 가동독려금: 월 26공수를 25공수로, ③ 하기휴가 3일, 유급휴가비 3만 5천원에서 7만원으로, ④ 중식대 공당 3백원, ⑤ 간접공 입갱수당 공당 1백5십원에서 3백원으로, ⑥ 연차 공수 기준 300일에서 299일로 100% 기준, ⑦ 사택수당 월 5천원에서 1만원으로, ⑧ 퇴직금: 1~3년은 30일(전과 동일), 4~5년은 40일(전에는 35일), 6~7년은 55일(전에는 50일), 8~9년은 65일(전에는 60일), 9년 초과는 80일, ⑨ 농성기간 유급 실시, ⑩ 책임자 문책하지 않음
삼척탄좌 소재지: 정선군 조합원수: 2,760 쟁의기간 8.8~11 8.21~9.3	① 도급제 철폐, ② 상여금 현행 270%를 400%로(평임 기준), ③ 만근공수: 26공수를 24공수로, ④ 하기휴가 유급, 휴가비 4만원을 1십만원으로, ⑤ 김장대 2만5천원을 5만원으로, ⑥ 신정, 구정, 추석 떡값 1만원을 3만원으로, ⑦ 보안장비 무상지급, ⑧ 중식대 270원을 700원으로, ⑨ 진폐 의증시 통상임금 200일분 지급 부활, ⑩ 경영상태 정기적 공개, ⑪ 갱내 근무시간 6시간으로 하고, 2시간 초과 근로수당 지급, ⑫ 마을금고 소비조합 운영권을 노동조합으로 인계하거나 노사 운영, ⑬ 근로조건 조광, 하청에도 동일하게 실시	① 임금인상2% 인상, ② 상여금: 310%, ③ 보안장비 지급, ④ 정부 임시 공휴를 유급 실시, ⑤ 퇴직금: 연말 단체협약 갱신시 상향 조정, ⑥ 자체공상 3주 이내: 휴업급여 100%, ⑦ 자체공상 치료 후 후유증 발생하면 보상, ⑧ 연탄: 하절기 100장, 동절기 150장, ⑨ 사택 미입주 수당 1만원 지급, ⑩ 중식대 공당 3백원, ⑪ 입갱수당 공당 5백원, ⑫ 소요사태 기간 유급처리

강원탄광 소재지: 태백시 조합원수: 1,504 쟁의기간: 8.10~24	① 구속(연행자) 석방, ② 어용노조 퇴진, ③ 월급제 실시(도급제 폐지), ④ 상여금 340%를 600%로 인상, ⑤ 항외작업 배치 요구, ⑥ 가족수당 지급(3인 기준 3만5천원 / 부인 1만5천원, 자녀 1인당 1만원), ⑦ 중식대 1인당 1천5백원 지급, ⑧ 유급휴가 실시(하계휴가), ⑨ 만근공수 제한, ⑩ 퇴직금 누진제, ⑪ 복지후생비: 전종업원에게 동일하게 지급(여름 휴가비, 월동보조비, 무상 연탄지급), ⑫ 근로자 인권존중, ⑬ 합숙관리 개선	① 상여금: 통임 400%, ② 유급휴가 3일, ③ 만근공수: 현 27공수에서 큰 달은 26일, 작은달은 25일로, ④ 중식대 공당 1만원 신설, ⑤ 생산장려금 통임 20% 연말 지급, ⑥ 하계휴가비, 월동비 각 1만원 추가 지급, ⑦ 농성기간 중 공당 5천원 지급
대한석탄 공사 – 장성광 업소 도계광 업소 함백광 업소 나전광 업소	① 체력단련비 정액 지급, ② 추석, 구정, 하계 연휴 유급 휴가 실시, ③ 가족수당 평임 산입, ④ 학자금 지급 확대, ⑤ 사택보조비 현실화, ⑥ 노무원 호봉제 실시, ⑦ 노무원 반장 처우 개선, ⑧ 노무원 심부작업수당 지급, ⑨ 도급제 폐지, ⑩ 상여금: 통임 기준으로 지급, ⑪ 중식대 현금화 및 평임 산입	① 체력단련비: 1일 1회 기본급 50% 기준으로 지급, ② 연휴: 하계 연휴 2일 실시, ③ 가족수당: 9월 1일부터 시행, ④ 학자금: 전문대, 대학 100% 지급, ⑤ 사택보조비: 1만원 지급, ⑥ 노무원 호봉제: 88년 1월부터 시행, ⑦ 노무원 반장 처우: 채탄, 굴진 보갱반장에 한하여 장려가급 직접부 수준 지급. 88년 1월 시행, ⑧ 노무원 심부작업수당: 88년 1월부터 시행, ⑨ 도급제 폐지문제: 연구 검토, ⑩ 상여금: 통임 기준 지급, ⑪ 중식대 현금화 및 평임 산입

〈장성광업소〉 소재지: 태백시 / 조합원수: 4,900 / 쟁의기간: 8.10~15
〈도계광업소〉 소재지: 도계읍 / 조합원수: 2,600 / 쟁의기간: 8.7~11
〈함백광업소〉 소재지: 정선군 / 조합원수: 1,620 / 쟁의기간: 8.6~11
〈나전광업소〉 소재지: 정선군 / 조합원수: 528 / 쟁의기간: 8.10~11

※ 자료: 전국광산노동조합, 『사업보고서』, 1988, 87–150쪽에서 재정리

2) 노동쟁의의 동시다발성과 격렬성

1987년 6·29 선언 이후 10월 31일까지 노동쟁의는 3,311건, 참가인원 1,225,830명이었고, 이 가운데 3,235건이 쟁의행위를 수반하였다.[57] 전체 3,311건 중에서 제조업이 1,785건, 53.9%, 운수·창고업이 1,198건, 36.2%, 광업이 79건, 4.3%를 차지하고 있다. 이에 비해 산업별 사업체수에 대한 쟁의발생건수는 제조업이 4.1%인 반면 광업은 10.2%, 운수·창고업은 18.6%이다. 쟁의 참가인원을 산업별 고용인구와 대비하여 보면 제조업에 종사하는 노동자는 1인당 평균 0.5회, 운수·창고업은 0.4회임에 비하여 광업의 경우는 0.9회였다.[58] 이렇게 보면 쟁의발생률과 쟁의참가율에서 광업이 상당히 우세했다고 평가할 수 있다.

산업별 근로손실일수를 통해서도 광업노동자들의 참여도가 다른 산업보다 매우 높았음을 알 수 있다. 1987년 노동자대투쟁 시기 산업별 근로손실일수는 운수창고업이 9,299일(53.3%), 제조업이 6,944일(39.8%)을 차지하고 있는 반면 광업은 480일(2.6%)을 차지하였다. 그러나 산업별 1인당 노동자수와 비교하여 보면, 제조업이 2.5일, 운수·제조업이 2.6일인데 비해 광업의 경우는 4.9일로 수위를 차지하고 있다.[59]

1987년 노동자대투쟁 시기 노동쟁의는 동시다발적인 성격을 지녔다. 노동쟁의가 발생한 3,311건 중에서 74.6%인 2,469건은 8월 중에 발생하였다. 특히 8월 17일에서 23일 사이에 전체의 26.6%인 총 880건이 발생하여 1일 평균 126건이나 되었다. 강원도 광산지역 노동쟁의의 주요 특징 중의 하나도 동시다발성이었다. 태백·도계·정선 등 탄광지대에서 거의 동시적으로 광산노동자들의 농성과 시위가 잇따랐다. 7월 중순부터 8

---

57) 쟁의행위는 작업거부 등과 같은 단체행동에 의하여 사실상 근로손실된 것을 모두 포함한 것이며, 휴식시간을 이용하거나 일과시간 이후에 일어난 단체행동은 쟁의행위를 수반하지 않은 것으로 분류하였다. 노동부, 앞의 책, 1988, 10쪽.
58) 노동부, 앞의 책, 15-19쪽.
59) 노동부, 앞의 책, 30-31쪽.

월 중순까지 한 달 사이에 집중적으로 전개되었으며, 석공 장성광업소, 도계광업소, 강원탄광, 삼척탄좌 등 대규모 탄광이 대거 파업에 참여하였다.[60] 강원도 태백·도계·정선 등 탄전지대에는 동일직종의 작업장이 한 곳에 밀집해 있어 노동쟁의의 파급효과가 컸으며, 이에 따라 동시다발적으로 확산되었다고 볼 수 있다.

또 하나의 특징은 노동쟁의에서 노동자들은 쟁의발생 신고나 냉각기간 등의 법적 규제에 구애받지 않았다는 점이다. 당시 노동위원회의 적법성 심사를 거친 뒤 일반사업은 30일, 공익사업은 40일의 냉각기간이 지나야 파업이 가능했다. 그런데 노동자대투쟁 시기 3,749건의 파업 가운데 94.1%가 법적 절차를 밟지 않았고, 법적 절차를 거친 쟁의행위는 5.9%에 불과했다.[61] 광산노동자들도 거의 대부분 법적 절차를 밟지 않고 파업을 전개하였다. 어룡탄광만이 유일하게 노동쟁의조정법에 의하여 노동쟁의를 신고한 후 파업에 돌입하였다.[62] 각 탄광에서 초기에는 작업거부나 농성 등 비교적 온건한 형태를 유지하였으나 협상이 결렬되면서 시간이 갈수록 격렬한 시위를 동반하였다. 가두진출, 철도와 도로점거 등으로 투쟁의 수위를 높여 나갔다.

한보탄광과 어룡광업소 노동자들이 국도를 점거하여 농성시위를 전개하였으며, 석공 도계광업소, 동원탄좌 사북광업소, 삼척탄좌 정암광업소, 강원탄광의 노동쟁의에는 국도와 철도 점거농성에 500~2,000여 명의 노동자들이 참여하여 투쟁력을 과시하였다. 강원탄광의 경우, 조합원과 가족 2,000여 명이 회사 사무실 일부와 노조사무실, 신협 구판장을 파괴하였으며, 회사 자재창고 방화 등으로 수 억 원에 달하는 피해를 발생

---

60) 한 신문 기사는 "8월 6일부터 13일까지 일주일 동안 분규가 발생한 광산이 무려 45개에 달했다"고 기술하였다. 이는 전국적인 광산을 대상으로 한 것이지만, 강원도 지역 석탄광 노동쟁의의 동시다발성을 확인할 수 있는 기사로 볼 수 있다. 『매일경제』1987년 8월 14일자, 「갱에서 흘린 땀 보상해줘야죠」.
61) 김금수, 『한국노동운동사』6, 지식마당, 2004, 129쪽.
62) 전국광산노동조합연맹, 앞의 책, 103쪽.

시키기도 하였다. 또한 영동선 철도를 12시간 이상 차단하는 등 격렬한 투쟁 양상을 보였다.[63] 삼척탄좌의 경우도 조합원과 가족 1,000여 명이 고한 시가지로 진출하고, 고한 철도역을 점거하는 등 극한 투쟁으로 치달았다.

이러한 격렬한 투쟁 양상은 광산지역이라는 특수성에서 나온 것이었다. 광산지역은 산간 오지에 위치하고 있어 일반 시민과 격리된 상태에 있기 때문에 파업투쟁에 대한 사회적 관심을 끌기에는 한계가 있었다.[64] 이러한 한계를 극복하기 위한 방편으로 가두 진출, 도로나 철도 점거라는 투쟁방식을 구사한 것이다. 이러한 격렬한 시위과정에서 100여 명의 노동자들이 경찰에 연행되고 이 중에서 구속 기소된 노동자도 30여 명에 달했고, 해고된 노동자들도 100여 명에 이르렀다.[65]

한편 광산노동자 투쟁에서 동맹파업과 연대투쟁은 나타나지 않았다. 하청업체 노동자들이 본사에서 진행되고 있는 투쟁에 동참한 경우가 있었으나 연대파업 등을 성사시키기 위해 의식적으로 노력을 기울이지는 않은 것으로 보인다. 더욱이 하청업체 노동자들의 연대 시도도 본사 노동자들의 거부로 무산된 경우가 있었다.[66]

3) 부녀자와 가족의 참여

시위나 농성에는 대다수의 부녀자가 적극 참여하였다. 이들은 단순 가담의 정도가 아니라 농성을 주도하거나 대열의 선두에 서서 광산노동자들의 투쟁열기를 고취시켰다. 거의 대부분의 탄광 노동쟁의에는 노동자와 함께 부녀자와 가족이 참여하였다. 이러한 양상은 타직종이나 타산업의

---

63) 전국광산노동조합연맹, 앞의 책, 105쪽.
64) 강원도, 앞의 책, 380쪽.
65) 전국광산노동조합연맹, 앞의 책, 35쪽.
66) 안재성, 앞의 책, 168쪽.

노동쟁의에서 찾아보기 힘든 것으로, 광산노동쟁의에서 볼 수 있는 독특한 것이었다.

부녀자들이 노동쟁의에 적극 나선 것은 탄광노동자들이 시위와 파업을 주도하다가 회사 측에 밉보여 해고되거나 불이익을 받게 되는 것을 피하기 위한 방편의 일환이기도 했다.[67] 탄광노동자의 부인들은 최저생계비에도 못 미치는 임금으로 불편한 생계를 꾸려나가면서 남편이 언제 사고를 당할지 모르는 불안한 생활을 보내는 존재이다. 이들이 이용하는 공동빨래터는 집단성과 연대성, 저항성을 응집시키는 공간으로 작용하였다. 부인들이 공동빨래터에 모여 잡담하는 것을 '수도방송', '우물방송'이라고 불렀다. 한 신문기사에는 '수도방송'에 대해 "이 수도방송은 광업소의 스피커보다, 그리고 광부들 자신보다 훨씬 더 정확한 소식통으로 정평이 나있다. '소장이 갈린다더라'는 인사문제에서부터 이웃집 부부싸움에 이르기까지 사택촌이나 광업소의 각 과(課), 각 갱(坑)에서 일어나는 일과 갖가지 소문이 온통 쏟아져 나오기 때문이다."라고 묘사하였다.[68] 이렇듯 공동빨래터는 공분과 성토의 장이었고, 저항의 무기였다.[69]

한편 탄광지역 주거형태는 시위나 농성에 가족이나 부녀자가 적극 참여할 수 있는 요인으로 작용하였다. 광부들의 사택은 일정한 구역으로 집단적으로 밀집되어 있어 집단성을 발현하기에 유리한 조건을 갖추고 있었다. 여기에 더하여 사택공간의 불평등한 이중구조는 탄광노동자와 가족들의 불만을 내재시키는 요인이 되었다. 탄광 관리자들의 사택과 노동자들의 사택이 공간적으로 분리되어 있었으며, 광부 사택은 관리자들의 사택과 비교하여 열악하였다. 방음, 방습, 상·하수도, 화장실 등 주택으로써의 기본적인 요건을 갖추지 못하였으며, 많은 집들이 군대의 막사처럼 병

---

67) 강원도, 앞의 책, 380쪽.
68) 『동아일보』 1970년 6월 13일자, 「땀 흘리는 한국인 광부 아내들(19)」.
69) 박철한, 「사북항쟁연구: 일상 공간 저항」, 서강대학교 정치외교학과 석사학위논문, 2001, 33~36쪽.

렬식으로 붙어 있어 사생활 보호에도 취약하였다.[70] 이러한 불평등하고도 열악한 환경에서 광부 가족과 부녀자들의 내재된 불만이 노동쟁의를 계기로 외화되어 나타난 것으로 볼 수 있다.

1980년 4월의 사북사건, 1985년 3월의 장성광업소 파업 등에서 부녀자들은 매우 적극적이었다. 사북사건에서는 동원탄좌 노동자들의 투쟁이 본격화하자 투쟁 초기부터 부인들이 적극적으로 가세하였고, 지부장 이재기의 부인을 찾아내 린치를 가하는 일에도 가담하였다. 그리고 노사협상에서도 노동자 측 대표로 참여하여 의견을 조정하고 수렴하는 역할을 하였다. 1985년 3월, 4일간에 걸쳐 노조 지부장 직선제 선거를 요구하며 투쟁을 전개한 장성광업소 파업에서도 부녀자들은 시위나 철야농성 등에 적극 참여하였다.

부녀자들의 활약이 컸던 사례로 1986년 7월에 일어난 삼척 경동탄광 파업을 들 수 있다. 노동자들에 대한 차별대우가 직접적인 원인이 되어 일어났는데, 이 투쟁에는 부녀자들이 먼저 나서서 파업을 결의하였고, 남성 노동자들이 합류하는 양상을 보였다. 7월 25일 부녀자 50여 명이 사택 마당에서 자신들이 먼저 나서서 파업을 일으킬 것을 결의하고 도계에서 회사로 진입하는 도로를 봉쇄하고 도로 위에서 연좌농성을 벌였다. 그리고 이 소식을 듣고 부녀자들이 속속 집회에 가담하였고, 남성노동자들이 거기에 합류하여 집단행동이 본격화되었다.[71] 이 투쟁은 1986년 한 해 동안 발생한 노동쟁의 중 가장 격렬했던 것으로 전국적으로 관심을 받았다.

1987년 노동자대투쟁 시기에도 한보탄광, 삼척탄좌 정암광업소, 석공 장성광업소, 도계광업소, 동원탄좌 사북광업소 등에서 노동자의 가족과 부녀자들이 대거 투쟁의 대열에 참여하였다. 부녀자들은 농성 중인 노동

---

70) 강원도, 앞의 책, 470쪽.
71) 「동아일보」 1986년 7월 26일자, 「광원들 차별임금에 항의 5백여 명 농성…합의해산」; 「동아일보」 1986년 7월 28일자, 「"봉급 늦게 주며 보너스까지 차별" 광원 가족들이 더 분개…집단폭발」

자들에게 밥을 지어 배달하는 일도 하였지만 거리시위, 도로 점거, 철도 점거 농성이나 철야농성에도 적극 참여하여 투쟁의 열기를 고취시켰다. 특히 삼척탄좌의 경우, 노동자들이 고한역을 점거하여 경찰과 대치했을 때 선산부를 비롯한 부녀자들이 앞에 서서 몸싸움을 벌였으며, 2차 파업 농성에도 참여하는 적극성을 보였다.

4) 노동활동가의 참여와 지원

사북사건 이후 광산노동의 실태가 외부에 알려지면서 학생운동 경험이 있는 활동가들이 광산지역 사회운동에 참여하거나 노동현장에 투신하였다. 활동가들은 노동상담이나 주민 계몽 사업을 펼쳤고, 일부는 태백을 비롯한 정선 등지의 탄광에 노동자로 들어가 광산노동을 체험하면서 노동자들을 조직화하는 활동을 전개하였다.

사북사건을 겪은 황인오는 1985년 석공 장성광업소에서 노조 직선제를 요구하면서 전개한 3일 동안의 파업을 지켜본 후, 사북으로 돌아와 교회 청년회 활동을 통해 활동가를 조직화하였다. 그리고 1986년 1월 초에는 교회 내에 '가톨릭광산노동문제상담소'를 개설하여 공개적인 활동을 하였다. 그는 영인탄광 대형 산재사건을 계기로 탄광지대 전반의 산업재해 실태와 문제점 등을 지적하는 팜플렛을 제작하여 탄광 일대 천주교회와 노동조합, 사북 일대 사택단지에 배포하기도 하였다. 1987년 노동자대투쟁 시기에는 사북을 비롯한 고한과 증산지역 사업장의 파업을 지원하는 활동을 하였다.[72]

학생운동 출신자도 사북지역에서 노동운동의 기초를 세워 나갔다. 1986년 봄 서울노동운동연합에서 활동하던 안재성을 비롯한 3명의 활동가가

72) 황인오, 『조선노동당 중부지역당』, 천지미디어, 1997, 26-34쪽, 81쪽.

사북으로 내려와 탄광지역에서 활동의 기초를 다져나갔다.[73] 이들은 노동자대투쟁 시기 노동쟁의를 외부에서 지도, 지원하거나 시위 대열에 직접 참여하여 활동하기도 하였다. 그 대표적인 예로 삼척탄좌 파업을 들 수 있다. 삼척탄좌의 파업은 학생운동 경험을 가진 활동가가 적극적으로 개입하여 투쟁을 전면에서 지도하였다는 특징이 있다. 시위를 주도한 정운환은 강원대학교를 중퇴하고 탄광노동운동을 위해 김영민이라는 가명으로 삼척탄좌에 취업하여 활동한 인물이었다. 정운환의 배후에는 강원대학교 선배인 안재성이 있었다.[74] 또한 정운환의 처 임인자도 권대순이라는 가명으로 활동하였다. 이들은 1차 파업 당시 '노조민주화 추진위원회'를 구성하여 민주노조 결성을 위한 조직적인 토대를 마련하였고, 1차 파업 후 임시집행부 구성을 통해 새로운 노조 건설을 위한 준비작업을 펼쳐 나갔다. 그리고 2차 파업에도 적극 개입하여 파업을 주도하였다.

정운환은 9월 1일 정암광업소 농성현장을 강제해산하는 과정에서 경찰에 의해 불법집회와 유언비어 유포혐의로 연행되어,[75] 집회 및 시위에 관한 법률, 사문서 위조 및 동행사, 폭력, 철도법, 전기공사법 등의 위반혐의로 구속되었다.[76] 황인오 또한 동원탄좌 사북광업소, 석탄공사 함백광업소, 삼척탄좌 정암광업소 등 노동쟁의에 개입했다는 혐의로 구속되었다.[77]

---

73) 황인오, 앞의 책, 34쪽.
74) 황인오, 앞의 책, 85쪽.
75) 『동아일보』 1987년 9월 1일자, 「석공 장성광업소 채탄 중단」; 『경향신문』 1987년 9월 1일자, 「태백탄전 노사분규 재연」.
76) 『경향신문』 1987년 9월 2일자, 「분규개입 외부세력 37명 구속」.
77) 『동아일보』 1987년 9월 1일자, 「노사분규 개입 6명 구속」.

4. 나오며

1987년 노동자대투쟁 시기 노동쟁의 발생률이나 참가율이 높았던 광산에 주목에 하여 강원도 지역 탄광노동자들의 노동쟁의를 분석하였다. 탄광노동자들의 노동쟁의는 7월 초부터 8월 초에 이르기까지 어룡광업소 노동쟁의로 시작되어 동해탄광, 월산광업소, 한보탄광, 황지광업소 등으로 이어졌다. 8월 6일부터는 석공 소속 국영탄광으로 확대되었으며, 동원탄좌 사북광업소, 삼척탄좌 정암광업소, 강원탄광 등 대규모 민영탄광으로도 노동쟁의가 확산되었다. 이러한 광산노동자들의 투쟁은 8월 16일을 전후하여 강원탄광과 석공 함백광업소를 제외하고 대규모 업체에서는 일단락되어 진정국면으로 들어갔다. 대규모 광업소, 탄광에서 노동쟁의가 진정국면으로 접어든 반면, 소규모 탄광에서의 투쟁이 8월 중순 이후 지속되었다.

탄광노동자들이 주로 내걸은 요구조건은 도급제 철폐, 퇴직금 누진제, 상여금 인상, 어용노조 퇴진, 노조 직선제 실시 등으로 집약할 수 있다. 이밖에도 만근공수 축소, 정년 연장, 각종 수당 지급 및 인상, 복지후생 등의 다양한 요구를 표출하였다. 쟁의를 통해 노동자들은 임금인상, 상여금 인상, 퇴직금 누진제 신설 및 개선, 각종 수당 신설 및 인상, 복지후생 부문 개선, 기타 근로조건 개선 등에서 성과를 올렸으나 전근대적인 임금제도인 도급제를 철폐시키지는 못하였다. 일부에서 도급단가 인상을 타결했을 뿐 도급제 자체를 폐지하지는 못하였다.

탄광부문의 노동쟁의는 발생율과 참여율에서 다른 산업부문과 비교하여 상당히 우세하였으며, 7월 중순부터 8월 중순 사이에 집중적으로 전개되었다. 그리고 어룡탄광만을 제외한 거의 모든 탄광에서 법적 절차를 밟지 않고 파업에 돌입하였다. 투쟁형태는 초기에 작업거부나 농성 등 비교적 온건한 형태를 유지하였으나 협상이 결렬되면서 가두진출, 철도와 도로점거 등으로 수위를 높여 나갔다.

광산쟁의의 특징 중 하나는 시위나 농성에 대다수 부녀자가 적극 참여하였다는 점이다. 이들은 단순 가담 정도가 아니라 농성을 주도하거나 투쟁대열의 선두에 서서 광산노동자들의 투쟁열기를 고취시켰다. 부녀자들은 1980년 사북사건, 1985년 3월의 장성광업소 파업에서 매우 적극적이었는데, 1987년 노동자대투쟁 시기에도 이러한 투쟁의 경험을 이어받아 파업, 농성에 적극 참여하였다. 광산지역 노동쟁의에서 노동활동가들이 1980년대 중반 이후 사북지역에서 활동의 둥지를 틀기 시작하였으며, 1987년에 들어서 투쟁의 전면에 나타나기 시작하였다. 특히 삼척탄좌 파업은 학생운동 경험을 가진 활동가가 적극적으로 개입하여 투쟁을 전면에서 지도하였다.

참고문헌

[1] 참고자료

『동아일보』, 『조선일보』, 『경향신문』, 『서울신문』, 『매일경제』, 『대학신문』

공보처, 『대통령 이승만 박사 담화집』, 1953
내무부, 『새마을운동 10년사 자료편』, 1980
勞動部, 『1987년 여름의 노사분규 평가보고서』, 1988
대통령비서실, 『새마을운동 박정희대통령 연설문 선집』, 1978
대한노총 경전노동조합, 『노동』 제5권 제11호, 1957.11
대한노총 경전노동조합, 『노동』 제8권 제1호, 1960년
대한노총경전노동조합, 『노동』 제7권 제8호, 1959년 8월호
보건사회부, 『보건사회통계연보』, 1959
보건사회부, 『보건사회통계연보』, 1960
全國鑛山勞動組合, 『1962年次 代議員大會資料』, 1962
全國鑛山勞動組合, 『광노25년사』, 1974
全國鑛山勞動組合, 『事業報告』, 1964~1969 각 연도
全國鑛山勞動組合聯盟, 『鑛勞62年史』, 2011
全國鑛山勞動組合聯盟, 『事業報告書』, 1988
전국노동조합협의회 백서 발간위원회, 『전국노동조합협의회 백서: 기나긴 어둠을 찢
　　　어버리고』, 논장, 2003(개정판)
전국부두노동조합, 『한국부두노동운동백년사』, 1979
전국부두노동조합, 『활동보고』, 1962~1965 각 연도
전국연합노동조합, 『사업보고』, 1968
전국외국기관노동조합, 『사업보고』, 1964, 1966~1972 각 연도
한국군사혁명사편찬위원회, 『한국군사혁명사』 제1집(상), 1963
한국기독교교회협의회, 『1970년대 노동현장과 증언』, 풀빛, 1984
한국기독교사회문제연구원, 『7~8월 노동자대중투쟁』(기사연 리포트), 민중사, 1987

한국노동연구원, 『1987년 이후 한국의 노동운동』, 2000

한국노동조합총연맹, 『1987년도 노동쟁의』, 1988

한국노동조합총연맹, 『사업보고』, 1962~1964 각 연도

한국노동조합총연맹, 『사업보고』, 1967~1979 각 연도

「Edwin M. Cronk가 미국무부에 보낸 보고서(1958.12.18)」(NARA, 『Record of the Department of State internal affairs of Korea, 1955~1959』).

「주한미대사관 일등서기관 Edwin M. Cronk가 미국무부에 보낸 보고서 (1956.12.12)」(NARA, 『Records of the Department of State internal affairs of Korea, 1955~1959』)

「주한미대사관 일등서기관 Edwin M. Cronk가 미국무부에 보낸 보고서 (1958.1.16)」(NARA, 『Records of the Department of State internal affair of Korea, 1955~1959』)

「주한미대사관 일등서기관 Edwin M. Cronk가 미국무부에 보낸 보고서 (1958.12.18)」(NARA, 『Record of the Department of State internal affairs of Korea, 1955~1959』)

「주한미대사관 일등서기관 William J. Ford가 미국무부에 보낸 노동보고서 (1962.2.2)」(NARA, 『Records of the U.S. Department of State relating to the internal affairs of Korea, 1960~1963』)

Holland, Anthony D, 「Internal economic, industrial and social affairs; labor and union, cooperration with US concerning farm labor」(NARA, 『Record of the U.S Department of State relating to internal affairs of Korea, 1960-1963』)

Holland, Anthony D, 「Labor organization; trade union, 1963」(NARA, 『Confidential U.S. State Department Central Foreign Policy Files; Korea 1962-1963』).

Robert W. Tucker, 「미대사가 국무부에 보낸 반연간(semi-annual) 노동보고 서」, 1958.8.28(NARA, 『Record of the Department of State internal affairs of Korea, 1955~1959』)

주한미대사관 경제문제 상담역(Counselor of Embassy for Economic Affairs)
　　　Edwin M. Cronk가 미국무부에 보낸 보고서(1959.12.30)」(NARA,
　　　『Records of the Department of State internal affairs of Korea,
　　　1955～1959』).
주한미대사관 일등서기관 William J. Ford가 미국무부에 보낸 노동보고서
　　　(1961.10.23)」(NARA, 『Records of the U.S. Department of State
　　　relating to the internal affairs of Korea, 1960～1963』).

[2] 참고 도서

① 단행본
강원도, 『강원 탄광지역의 어제와 오늘 강원 탄광지역 변천사-』(상), 2006
공장새마을운동추진본부, 『공장새마을운동의 미래상』, 1978
구혜근 지음 신광영 옮김, 『한국노동계급의 형성』, 창비, 2002
김금수, 『한국노동운동사』 6, 지식마당, 2004
김낙중, 『한국노동운동사 해방후 편-』, 청사, 1982
김동춘, 『한국사회 노동자연구』, 역사비평사, 1995
김사욱, 『한국노동운동사』 하, 산경문화, 1979
金演昇, 『鑛業法 解說』, 1969
金演昇, 『鑛業法比較研究』, 1985
김영미, 『그들의 새마을운동』, 푸른역사, 2009
김운태, 『한국현대정치사』 제2권, 성문각, 1986
김윤환·김낙중, 『한국노동운동사』, 일조각, 1992
김중열, 『노동문제총론』, 집현사, 1969
대한상공회의소, 『상공회의소 100년사』, 1984
대한석탄공사, 『대한석탄공사 50년사』, 2001
大韓重石鑛業株式會社, 『大韓重石七十年史』, 1989
동일방직복직투쟁위원회, 『동일방직 노동조합운동사』, 돌베개, 1985

박인상 회고록, 『외줄타기』, 매일노동뉴스, 2009

박태균, 『우방과 제국, 한미관계의 두 신화』, 창비, 2006

부산부두노동약사편찬위원회, 『부산부두노동약사』, 1969

서중석, 『조봉암과 1950년대』 (상), 1999

石炭産業合理化事業團, 『韓國石炭産業史』, 1990

송종래 외, 『한국노동운동사』 4, 지식마당, 2004

안재성, 『80년대 광산 노동운동사: 타오르는 광산』, 돌베개, 1988

안재성, 『청계, 내청춘』, 돌베개, 2007

영등포산업선교회 40년사 기획위원회, 『영등포산업선교회 40년사』, 1998

오원철, 『에너지정책과 중동진출』, 기아경제연구소, 1997

유병용 최봉대 오유석, 『근대화전략과 새마을운동』, 백산서당, 2001

이경남, 『분단시대의 청년운동』 상, 삼성문화개발, 1989

이규창(1974), 『한국항만하역노무론』, 일조각

이석우, 『한미행정협정과 국제법』, 학영사, 2005

이원보, 『한국노동운동사』 5, 지식마당, 2004

이태호, 『70년대 현장』, 한마당, 1982

이태호, 『불꽃이여 이 어둠을 밝혀라』, 돌베개, 1984

임송자, 『대한민국 노동운동의 보수적 기원』, 선인, 2007

전 YH노동조합 한국노동자복지협의회, 『YH노동조합사』, 형성사, 1984

전국외국기관노동조합, 『외기노조 20년사』, 1981

전국철도노동조합, 『철로 30년사』, 1977

전국항운노동조합연맹, 『하역노동운동사』, 2009

전순옥, 『끝나지 않은 시다의 노래』, 한겨레신문사, 2004

전업노동조합, 『전업노조 10년사』, 1959

조승혁, 『도시산업선교의 인식』, 민중사, 1981

중앙선거관리위원회, 『대한민국선거사』 제1집, 1973

최장집, 『한국의 노동운동과 국가』, 열음사, 1988

한국노동조합총연맹, 『한국노동조합운동사』, 1979

한국노동조합총연맹, 『한국노총 50년사』, 2002

한국민주노동자연합 엮음, 『1970년대 이후 한국노동운동사』, 동녘, 1994

한국역사연구회 현대사연구반, 『한국현대사』 2, 풀빛, 1991
황인오, 『조선노동당 중부지역당』, 천지미디어, 1997

② 논문

고　원, 「박정희 정권 시기 농촌 새마을운동과 '근대적 국민 만들기'」, 《《경제와사회》》69, 2006년 봄호

공덕수, 「한국노동조합과 정당의 관계 연구」, 동국대 정치학과 박사학위 논문, 1999

권진관, 「1970년대의 산업선교 활동과 특징」, 『1960-70년대 노동자의 작업장 문화와 정체성』, 한울아카데미, 2006

金三洙, 「韓國資本主義國家の成立とその特質 1945~1953年」, 동경대 경제학연구과 박사학위논문, 1990

김대영, 「박정희 국가동원 메커니즘에 관한 연구」, 『경제와사회』 61, 2004년 봄호

김무용, 「1970년대 동일방직 노동운동의 젠더화와 저항의 정치」, 『1970년대 민중운동연구』, 2005

김세균, 「한국의 '민주' 노조운동」, 『진보평론』 13, 2002.8

김영명, 「이승만 정권의 흥망과 그 정치사적 의미」, 『한국정치학회보』 제25집 제1호, 1991

김용철, 「제1공화국 하의 국가와 노동관계 -수혜적 포섭에서 약탈적 후원으로-」, 『한국정치학회보』 29-3, 1995.12

김　원, 「1970년대 가톨릭노동청년회와 노동운동」, 『1970년대 민중운동연구』, 2005

김　원, 「1970년대 민주노조와 교회단체: 도시산업선교회와 지오세 담론의 형성과 모순」, 『산업노동연구』 제10권 제1호, 2004

김인동, 「70년대 민주노조운동의 전개와 평가」, 『한국노동운동론』 I, 미래사, 1985

김　준, 「5·16 이후 노동조합의 재편과 '한국노총 체제'의 성립」, 『사회와 역사』 55, 1999.5

김　준, 「민주노조운동과 교회」, 『노동과 발전의 사회학』, 한울아카데미, 2003.

김　준, 「아시아 권위주의국가의 노동정치와 노동운동: 한국과 대만의 비교연구」, 서울대학교 사회학과 박사학위논문, 1993

김창수, 「한미상호방위조약과 한미행정협정」, 『역사비평』 2001년 봄호, 2001.2

김치선, 「한미행협과 노무조항」, 『Fides』 13, 1967.2

남춘호, 「炭鑛業 德大制에 관한 일 고찰」, 『사회와 역사』 제28권, 1991.11

盧重善, 「德大制度에 관한 考察」, 『노동연구』 제1집, 1969.12

문정인·류상영, 「자유당과 경무대—'정치사회'의 출현과 붕괴의 정치학」, 문정인 김
　　　세중 편, 『1950년대 한국사의 재조명』, 선인, 2004

바비 클레이톤, 「전국 미군종업원 노동조합연맹의 조직과정과 활동」, 고려대 교육대
　　　학원 석사학위논문, 2000

박진도·한도현, 「새마을운동과 유신체제 —박정희정권의 농촌새마을운동을 중심으
　　　로—」, 『역사비평』 47, 1999년 여름호

박철한, 「사북항쟁연구: 일상 공간 저항」, 서강대학교 정치외교학과 석사학위논문,
　　　2001

박태균, 「1954년 제3대 총선과 정치지형의 변화」, 『역사와현실』 17, 1995

서중석, 「자유당 창당과 일민주의의 운명」, 『이승만의 정치이데올로기』, 역사비평사,
　　　2005

서중석, 「자유당의 창당과 정치이념」, 『한국사론』 41·42, 1999

성장현, 「한·미 주둔군 지위협정(SOFA)의 정책의제 형성에 관한 연구」, 단국대학
　　　교 행정학과 박사학위논문, 2003

손봉숙, 「한국 자유당의 정당정치 연구」, 『한국정치학회보』 제19집, 1985

신원철, 「경영혁신운동으로서의 공장새마을운동 : 대한조선공사사례」, 『산업노동연
　　　구』 제9권 제2호, 2003

연정은, 「제2대 국회 내 공화구락부—원내자유당의 활동에 관한 연구」, 성균관대 석
　　　사학위논문, 1997

오정자, 「전국외국기관노동조합 활동에 관한 연구」, 고려대 경영대학원 석사학위논
　　　문, 1971

오제연, 「1956-1960년 자유당 과두체제 형성과 운영」, 서울대 석사학위논문,
　　　2003

유경순, 「1980년대 변혁적 노동운동의 형성과 분화에 관한 연구」, 고려대학교 한국
　　　사학과 박사학위논문, 2011

유경순, 「청계피복 노동조합의 활동과 특징」, 『1970년대 민중운동 연구』, 2005

유광호, 「제1공화국의 노동정책」, 『한국 제1·2공화국의 경제정책』, 한국정신문화연

구원, 1999

이영진, 「한국탄광산업의 노동실태에 관한 일 연구」, 고려대학교 사회학과 석사학위
　　　논문, 1989

이우현, 「건국초기 한국노동조합의 조직적 특성」, 『경제논총』 19, 2000.11

임경택, 「한국 권위주의체제의 동원과 통제에 대한 연구 ―새마을운동을 중심으
　　　로―」, 고려대학교 정치외교학과 박사학위논문, 1991

임송자, 「1950년대 후반 전국노동조합협의회 결성과 4월혁명기 노동운동」, 한국민
　　　족운동사연구』 49, 2006

임송자, 「1960년대 한국노총의 분열 · 갈등과 민주노조 운동을 향한 변화상」, 『한국
　　　근현대사연구』 57, 2011

임송자, 「1960년대 전국외국기관노조와 한미행정협정 체결 촉구 운동」, 『사림』 32, 2009

임송자, 「1960년대 한국노총의 분열　갈등과 민주노조 운동을 향한 변화상」, 『한국
　　　근현대사연구』, 2011년 여름호

임송자, 「1970년대 도시산업선교회와 한국노총의 갈등　대립」, 『사림』 35, 2010.2

임송자, 「4월혁명 이후 노동조직 변화와 한국노총 결성과정」, 『한국독립운동사연구』
　　　26, 2006

임송자, 「4월혁명기와 5 · 16 이후 부두노동조합 재편과정과 노동조합 지도자들의
　　　동향」, 『사회와 역사』, 2012년 봄호.

임송자, 「牛村 錢鎭漢의 협동조합 및 우익노조 활동」, 『한국민족운동사연구』 36,
　　　2003

임송자, 「한미행정협정 체결 이후 전국외국기관노동조합의 감원반대와 퇴직금 개선
　　　운동」, 『역사연구』, 2011.12

장미현, 「1950년대 후반 대구 대한방직 노동쟁의와 전국노동조합협의회」, 연세대학
　　　교 사학과 석사학위논문, 2007

장상철, 「작업장통제전략으로서의 공장새마을운동 : 성과와 한계」, 『1960-70년대
　　　노동자의 작업장 문화와 정체성』, 한울아카데미, 2006

장숙경, 「한국 개신교의 산업선교와 정교유착」, 성균관대학교 사학과 박사학위논문, 2009

정영태, 「노동조합 정치참여의 역사와 평가」, 인하대사회과학연구소, 『논문집』 9,
　　　1990.6

조　국, 「유린당한 주권 · 인권과 한미행정협정의 허구성」, 『역사비평』 1992년 여름

호, 1992.5

조돈문, 「1950년대 노동계급의 계급해체 -노총의 호응성 전략과 노동자들의 저동원」, 『경제와사회』 29, 1996년 봄호

채수일, 「1970년대 진보교회 사회참여의 신학적 기반」, 『한국기독교와 역사』18, 2003.2

한상근, 「부두노동자의 노동조건과 노동운동, 1953-1961」, 고려대 사회학과 석사학위논문, 1987

홍현영, 「도시산업선교회와 1970년대 노동운동」, 『1970년대 민중운동 연구』, 2005

황수현, 「1970년대 한미동맹 갈등요인 연구」, 경남대학교 정치외교학과 박사학위논문, 2010

Hwasook Nam, 『Building Ships, Building A Nation : Korea's Democratic Unionism Under Park Chung Hee』, University of Washington Press, 2009

③ 기타

金仕郁, 「累積되는 滯賃과 賃鬪에 蹶起한 炭聯傘下 石公勞組員의 총파업」, 『經營과 勞動』1971년 10월호

김영태, 「도큐멘타리 노동운동 20년 소사」(4), 『노동공론』 1972년 3월호

김중열, 「노동일화낙수」(1), 『노동공론』 1972년 4월호

김진선, 「자유당시대의 노동조합운동」, 『노동공론』 1975년 3월호

노동운동 회고 鼎談, 「대한노총 결성 전후」(10), 『노동공론』, 1972년 10 11월

노동운동 회고 鼎談, 「대한노총결성전후」(7), 『노동공론』, 1972년 6월

宋泰潤, 「韓國의 石炭政策과 그 방향에 關하여」, 『鑛業』, 1968년 4월호

신동아 편집부, 「막바지에 이른 외기노조의 쟁의」, 『신동아』 1966년 3월호

전진한, 「노동운동과 협동조합주의」, 『노동공론』 1972년 1월호

최희국, 「석탄광업 육성에 관한 임시조치법의 목적과 내용」, 『석탄산업』 36, 1969년 9월호

이 책에 실린 글은 아래와 같은 학술지에 수록된 것을 일부 수정한 것이다.

제1부

제1장: 「1950년대 한국 노동운동의 보수와 진보」, 『사림』 29, 2008.2.

제2장: 「1950년대 노동조직과 이승만 · 자유당 권력과의 관계」, 『한국사학보』 30,
2008.2.

제3장: 「1960년대 한국노총의 분열 · 갈등과 민주노조 운동을 향한 변화상」, 『한국
근현대사연구』 57, 2011.6.

제2부

제4장: 「1960년대 전국외국기관노조와 한미행정협정 체결 촉구 운동」, 『사림』 32,
2009.2.

제5장: 「한미행정협정 체결 이후 전국외국기관노동조합의 감원반대와 퇴직금개선 운
동」, 『역사연구』 21, 2011.12.

제6장: 「4월혁명기와 5.16 이후 부두노동조합 재편과정과 노동조합 지도자들의 동
향」, 『사회와 역사』 93, 2012.3.

제7장: 「1960년대 광산노동조합 리더십 변화과정과 조직활동」, 『사림』 44,
2013.2.

제3부

제8장: 「1970년대 도시산업선교회와 한국노총의 갈등 · 대립」, 『사림』 35, 2010.2.

제9장: 「1970년대 공장새마을운동의 전개와 한국노총의 활동」, 『한국근현대사연구』
52, 2010.3.

보론: 「1987년 노동자대투쟁 시기 강원도 탄광노동자들의 노동쟁의 양상과 특징」,
『통합인문학연구』 5권 1호, 2013.2.

찾아보기